Entwicklung

Allgemeine Verläufe – Individuelle Unterschiede
Pädagogische Konsequenzen

Festschrift zum 60. Geburtstag
von Franz Emanuel Weinert

Herausgegeben von
Monika Knopf und Wolfgang Schneider

Verlag für Psychologie · Dr. C. J. Hogrefe
Göttingen · Toronto · Zürich

© by Verlag für Psychologie · Dr. C. J. Hogrefe, Göttingen 1990.

Das Werk einschließlich aller seiner Teile ist urheberrechtlich geschützt. Jede Verwertung außerhalb der engen Grenzen des Urheberrechtsgesetzes ist ohne Zustimmung des Verlages unzulässig und strafbar. Das gilt insbesondere für Vervielfältigungen, Übersetzungen, Mikroverfilmungen und die Einspeicherung und Verarbeitung in elektronischen Systemen.

Gesamtherstellung: Hubert & Co., Göttingen.
Printed in Germany.
Auf säurefreiem Papier gedruckt.
ISBN 3-8017-0441-6

INHALTSVERZEICHNIS

Vorwort

I. THEMENBLOCK ENTWICKLUNGSPSYCHOLOGIE

Entwicklung von behinderten und gefährdeten Kindern und Frühförderung
Hellgard Rauh   1

Zur Entwicklung moralischer Reflexion: Eine Kritik und Rekonzeptualisierung der Stufen des präkonventionellen moralischen Urteils in der Theorie von L. Kohlberg
Monika Keller   19

Gedächtnisentwicklung im Vorschulalter: "Theoriewandel" im kindlichen Verständnis des Lernens und Erinnerns?
Wolfgang Schneider und Beate Sodian   45

Die Altersabhängigkeit von Vorstellungen über Freundschaft bei 6- bis 14Jährigen
Manfred Hofer, Ute Becker, Beate Schmid und Peter Noack   65

Entwicklung eines kognitiven Schemas vom eigenen Kind bei Frauen vor ihrer ersten Geburt
Gabriele Gloger-Tippelt   83

Vertraut, unvertraut, neuartig, kurz, lang? Determinanten des Gedächtnisses für Handlungen bei jüngeren und älteren Menschen
Monika Knopf   100

II. THEMENBLOCK DIFFERENTIELLE UND PÄDAGOGISCHE PSYCHOLOGIE

Kategoriales Organisieren als Gedächtnisstrategie: Allgemeine und differentielle Entwicklungsperspektiven im Grundschulalter
Marcus Hasselhorn   117

Zur Relevanz von bereichsspezifischen Vorkenntnissen bei der Verarbeitung und Reproduktion von Geschichten
Joachim Körkel   144

Die Entwicklung der Wortlesefertigkeit - Empirische Befunde und pädagogische Implikationen
Werner Zielinski und Christoph Rott   162

Zur Kompatibilität kognitiver, affektiver und motivationaler Zielkriterien des Schulunterrichts - Clusteranalytische Studien
Andreas Helmke und Friedrich-Wilhelm Schrader   180

Differentielle Verhaltensgenetik: Vergangenheit, Gegenwart und Zukunft
Jens Asendorpf   201

III. HOMMAGE

Franz E. Weinert: Ein Mann vieler Tugenden und Lebensspuren
Paul B. Baltes   224

Franz E. Weinert: Repräsentant einer Wissenschaft
Carl Friedrich Graumann   229

Franz E. Weinert: Mensch und Wissenschaftler
Hans-Joachim Kornadt   233

Erinnerungen an gemeinsame Bonner Assistentenjahre
Ursula Lehr   239

Die Studien- und Assistentenjahre von F. E. Weinert aus der Sicht eines seiner Lehrer
Hans Thomae   242

IV. PUBLIKATIONEN VON FRANZ E. WEINERT   247

V. SACHREGISTER   260

VI. PERSONENVERZEICHNIS   262

VORWORT

Die vorliegende Festschrift ist **Franz E. Weinert** zum 60. Geburtstag am 9. September 1990 gewidmet. Der Einladung, sich an einem solchen Buchprojekt zu beteiligen, sind zahlreiche Schüler, ehemalige Mitarbeiter und Kollegen mit großer Bereitschaft gefolgt. Ihrem tatkräftigen Engagement ist es zu verdanken, daß es innerhalb kurzer Zeit möglich war, einen - wie wir glauben - reichhaltigen und vielseitigen Band zusammenzustellen.

Wir wollen nicht verschweigen, daß es uns angesichts der vielfältigen wissenschaftlichen Interessen des Jubilars und der großen Zahl von Schülern, die er als Hochschullehrer nach hohen wissenschaftlichen Standards ausgebildet hat, einige Schwierigkeiten bereitet hat, eine repräsentative Auswahl zu treffen. Unbehagen bereitete uns auch das Wissen um die generelle skeptische Haltung Franz Weinerts gegenüber Festschrift-Sammelbänden, die er kürzlich in einer Buchrezension so zusammengefaßt hat:

> "We learn from experience! This is one reason why there is a generally critical attitude toward festschrifts published on the occasion of a colleague's 60th, 70th, or 80th birthday. Only too often, such volumes include a very mixed collection of chapters. Because the contributions are usually written to honor the scholar to whom the book is dedicated, their theoretical ideas and empirical data are often neither new nor original" (1989, p. 1102)[1].

Vor die Wahl gestellt, entweder einen klar auf ein Generalthema festgelegten Band mit Beiträgen von Autoren zu produzieren, von denen lediglich eine kleine Minderheit zum Kreis der Schüler zählen würde, oder aber ein im wesentlichen von Mitarbeitern, Schülern und Kollegen gestaltetes Werk zu publizieren, das dann durch größere Heterogenität der Beiträge gekennzeichnet sein würde, haben wir uns für die letztere Variante entschieden. Wir hoffen, daß Franz Weinert es uns in diesem speziellen Fall nachsehen wird, nicht zuletzt deshalb, weil u.E. in den vielfältigen Beiträgen zu diesem Buch eine Reihe neuer, möglicherweise sogar origineller Gedanken, Thesen und Ergebnisse zusammengetragen sind. Wir werden an dieser Stelle darauf verzichten, eine Übersicht über den beruflichen und wissenschaftlichen Werdegang von Franz Weinert zu geben. Einzelne Stationen seiner zweifellos außergewöhnlichen wissenschaftlichen Laufbahn wie auch der Mensch Franz Weinert werden im *Hommage-Teil*, dem dritten Teil dieses Buches, von Kollegen und Freunden charakterisiert, die Gelegenheit hatten, ihn während vieler Jahre und Jahrzehnte zu kennen, mit ihm zusammenzuarbeiten, ja mit ihm befreundet zu sein. Sie können eine solche Würdigung sicherlich sehr viel kompeter vornehmen. Uns selber ist anhand dieser Schilderungen klar geworden, daß sich der Mensch Franz Weinert innerhalb der letzten

---

[1] Weinert, F.E. (1989). A tribute to knowledge. Review of E. van der Meer & J. Hoffmann (Eds.), Knowledge aided information processing. *Contemporary Psychology, 34*, 1102-1103.

beiden Jahrzehnte in vielen Zügen kaum verändert hat. Uns hat in den vergangenen Jahren seine persönliche Ausstrahlung in unzähligen Situationen fasziniert. Er war immer diskussionsbereit, in Konfliktsituationen fair und großzügig, und wurde von Mitarbeitern und Kollegen wie auch von Studenten und Doktoranden als ungemein stimulierend und unterstützend erlebt. Wir selbst haben in den anderthalb Jahrzehnten unserer Bekanntschaft oft darüber gerätselt, woher Franz Weinert die Energie nimmt, die ihn gleichermaßen und gleichzeitig dazu befähigt, in der Lehre zu glänzen, bedeutsame Forschungsarbeiten zu verfassen und wichtige Funktionen im Wissenschaftsmanagement wahrzunehmen, ohne daß die Außenwelt auch nur das Geringste von dem auf ihm lastenden Druck zu spüren bekommt. So paradox es klingen mag, er wirkte vielfach dann besonders fröhlich und ausgeglichen, wenn die Belastungssituation geradezu bedrohliche Ausmaße annahm, was gerade in Zeiten der Zusatzbelastung durch wichtige repräsentative Funktionen - etwa die eines Vizepräsidenten der Deutschen Forschungsgemeinschaft oder des Präsidenten der Deutschen Gesellschaft für Psychologie - öfters der Fall war. Wir müssen eingestehen, daß wir bei der Lösung dieses Rätsels bislang noch keinen Schritt weitergekommen sind.

Kommen wir nun zur wissenschaftlichen Betrachtung und zum Aufbau dieses Buches. Seine Gliederung orientiert sich an den Schwerpunkten der wissenschaftlichen Arbeit Franz Weinerts. Probleme der Entwicklungspsychologie, der Differentiellen und der Pädagogischen Psychologie haben für ihn immer im Vordergrund gestanden. Für Franz Weinert sind (wie schon für seinen Lehrer Hans Thomae) allgemeine Gesetzmäßigkeiten der menschlichen Entwicklung und individuelle Unterschiede im menschlichen Verhalten keineswegs Gegenstände zweier unabhängiger, auch methodisch weitgehend separierter Disziplinen, sondern theoretisch und auch methodisch notwendigerweise aufeinander bezogene Aspekte psychologischen Forschens. Für sein wissenschaftlichen Programm ist es weiterhin charakteristisch, daß immer eine enge Verbindung zwischen den Studien allgemeiner Entwicklungsverläufe und der Analyse schulischer Sozialisationsprozesse angestrebt wurde: der Versuch, entwicklungspsychologische Gesetzmäßigkeiten unter Ausblendung schulischer Lehr-Lern-Prozesse zu formulieren, erscheint danach ebenso verfehlt wie die Bemühung, schulische Instruktions- und Interventionsprogramme ohne tiefere Kenntnis des kognitiven und motivationalen Entwicklungsstands der Adressaten zu realisieren.

Die Themen der wissenschaftlichen Beiträge im ersten Teil dieses Buches beziehen sich folgerichtig auf die drei schon im Buchtitel angesprochenen Forschungsbereiche. Sie sind nicht als eine inhaltliche Auseinandersetzung mit dem Werk Franz Weinerts gedacht. Die Autoren behandeln Themen aus ihren jeweiligen Forschungsgebieten, die in vielen Fällen von ihm angeregt wurden. Obwohl die Themen der Beiträge durchaus vielfältig sind, ist das sie einigende Band in der grundsätzlichen Denk- und Arbeitsweise zu sehen, die Franz Weinert seinen Schülern und Mitarbeitern erfahrbar gemacht hat. In der Vielfalt der Beiträge drückt sich die Toleranz und Liberalität Franz Weinerts aus, eigenständige Ideen und Entwicklungen von Mitarbeitern zu fördern. Wenn sie auch letztendlich dazu geführt hat, daß von einer "Weinert-Schule" im üblichen Wortsinn wohl kaum gesprochen werden kann, hat sie bei den Autoren doch ein übereinstimmendes Psychologieverständnis erzeugt.

Die Beiträge des ersten Themenblocks *Entwicklungspsychologie* behandeln Fragen der allgemeinen Entwicklung verschiedener psychischer Funktionen bei Probanden ganz unterschiedlichen Lebensalter. Das in verschiedenen Ausschnitten betrachtete Altersspektrum erstreckt sich über die gesamte Lebensspanne, von Kleinkindern (Hellgard Rauh), über Vorschulkinder (Wolfgang Schneider & Beate Sodian), Schulkinder und Jugendliche (Monika Keller; Manfred Hofer, Ute Becker, Beate Schmid & Peter Noack) bis zu jüngeren (Gabriele Gloger-Tippelt) und älteren Erwachsenen (Monika Knopf). Dementsprechend wurden sie in diesem Buch auch angeordnet. Die betrachteten Funktionsbereiche lassen eine Schwerpunktsetzung auf den kognitiven Bereich erkennen, wobei die Entwicklung kognitiver Funktionen (Gedächtnis) ebenso wie der Erwerb von Wissen und Überzeugungen (kognitive Schemata von eigenen Kind; Vorstellungen über Freundschaft) und die Entwicklung der Moral Untersuchungsgegenstand sind. Die Beiträge betrachten die Entwicklungen eher analytisch-grundlagenbezogen, jedoch finden sich in einigen auch Verweise auf deren pädagogische Verwertung.

Der zweite Themenblock umfaßt mehrheitlich empirische Arbeiten zur *Differentiellen und Pädagogischen Psychologie*, die sich einheitlich auf Kinder im Schulalter beziehen. Erneut ist eine thematische Schwerpunktsetzung auf die kognitive Leistungsfähigkeit und deren Bedingungen gerichtet. Dabei untersuchen zwei Arbeiten Voraussetzungen guter Gedächtnisleistungen im Kindesalter, wobei zum einen die Verwendung der Gedächtnisstrategie kategoriales Organisieren (Marcus Hasselhorn) und zum anderen bereichsspezifisches Vorwissen (Joachim Körkel) als Determinanten guter Gedächtnisleistungen identifiziert werden. In einem weiteren Beitrag gilt das Interesse der Wortlesefertigkeit, unterschiedlichen Typen von leselernenden Schülern, und verschiedenen Methoden der Lesedidaktik (Werner Zielinski & Christoph Rott). Wie ganz unterschiedliche Zielsetzungen des Schulunterrichts, nämlich kognitive, affektive und motivationale Ziele durch Unterricht simultan erreicht werden können, wird in der folgenden Arbeit (Andreas Helmke & Friedrich-Wilhelm Schrader) behandelt. Dieser Themenblock wird abgeschlossen mit einer Übersichtsarbeit zur differentiellen Verhaltensgenetik (Jens Asendorpf), einer Teildisziplin der Differentiellen Psychologie, die aufgrund einer wenig rühmlichen Vergangenheit einer besonders kritische Betrachtung bedarf, bevor sie als wissenschaftliche Methodologie in Gegenwart und Zukunft wieder Verwendung findet.

Zum Zustandekommen dieses Buches haben viele beigetragen, denen wir zu Dank verpflichtet sind. Unser Dank gilt den Autoren, für die pünktliche Verfertigung der Manuskripte in der standardisierten Form, die uns die technische Realisierung des Buches erleichterte. Dank schulden wir vor allem Heidi Schulze für die Bearbeitung der Manuskripte, der Gestaltung des Layouts des Buchs, der mühsamen Arbeit der Erstellung des Sach- und

Personenregisters, sowie für administrative Arbeiten. Unser Dank gilt ferner Hermann Schneider für Hilfestellungen bei kniffligen Problemen der Textverarbeitung, Max Schreder für die Herstellung von druckreifen Graphiken sowie Simone Stief für Literaturrecherchen. Von seiten des Hogrefe Verlag haben wir durch Herrn Otto und Herrn Dr. Vogtmeier große Unterstützung erfahren, für die wir uns ebenfalls herzlich bedanken möchten.

München, im Juni 1990   Monika Knopf
                                                      Wolfgang Schneider

ENTWICKLUNG VON BEHINDERTEN UND GEFÄHRDETEN KINDERN UND FRÜHFÖRDERUNG

Hellgard Rauh

1. FRÜHFÖRDERUNG ALS ANWENDUNGSFELD VON ENTWICKLUNGSPSYCHOLOGIE

Die verschiedenen internationalen und deutschsprachigen Veröffentlichungen zur Frühförderung behinderter und gefährdeter Kleinkinder lassen dieses Praxisfeld als eine gelungene Anwendung entwicklungspsychologischer Theorien, Modelle und Erkenntnisse erscheinen (Haywood, Meyers & Switzky, 1982). Doch der Schein trügt (Rauh, 1983b).

In intensiven Interviews, die wir bei verschiedenen Therapeutengruppen in Berlin (Krankengymnasten, Beschäftigungstherapeuten, Logopäden, Musiktherapeuten, Psychologen, Pädagogen), die sich in der Frühförderung behinderter Kleinkinder engagieren, durchführten, hatten die Befragten außerordentliche Schwierigkeiten, gerade auf Fragen zu Entwicklungsverläufen, Entwicklungsprognosen, relevanten Entwicklungsanregungen und gezielten Entwicklungsinterventionen Auskunft zu geben (Vogel, Jordan & Rauh, 1986, 1990); eine solche Denkweise entsprach offensichtlich nicht ihrer eigenen Strukturierung ihrer täglichen Arbeit. Insgesamt wurden in der o.g. Untersuchung 23 Therapeuten sehr ausführlich anhand der Videoaufnahme einer eigenen Therapiesitzung mit einem behinderten Kind und zusätzlich anhand beobachteter Therapiesitzungen mit zwei weiteren behinderten Kindern unter acht Jahren befragt. Auf Prognosen angesprochen, machten sie erstaunlicherweise seltener Aussagen über kurzfristige Zeiträume, und wenn, dann nur über die allernächsten Sitzungen, während sie freimütiger über langfristige Entwicklungseinschätzungen Auskunft gaben. Letztere nahmen sie mit größerer Sicherheit vor, wenn die von ihnen betreuten Kinder älter als vier Jahre waren. Aber selbst dann handelte es sich meistens um globale Einschätzungen der Grenzen zukünftiger Entwicklung, festgemacht an Normen für globale Entwicklungsziele (z.B. ob es Lesen lernen wird) oder dem möglichen schulischen Werdegang (ob es eine Integrationsklasse wird besuchen können). Ihre Prognosen leiteten sie überwiegend entweder aus chronischen organischen oder sozialen Beeinträchtigungen des Kindes, meistens also der ärztlichen Diagnose, seltener aus der Beobachtung des Entwicklungstempos des Kindes während der Förderungszeit und schon gar nicht aus konkreten Beobachtungen während der Therapien her. Entsprechend den beruflichen Grundausrichtungen der Therapeuten/Frühförderer erhielt jeweils ein meist global umschriebener Entwicklungsbereich (Motorik, Wahrnehmung, Sprache, emotionale Geborgenheit) einen besonderen Stellenwert für die künftige Entwicklung des Kindes. Während ihre langfristigen Prognosen weitgehend defizitorientiert waren, orientierten sie ihre kurzfristigen Prognosen eher an den beobachteten Fähigkeiten des Kindes. Dabei wurden, über alle Berufsgruppen hinweg, die meisten Aussagen zu einem Verhaltensbereich gemacht, der als "Eigeninitiative,

Ausdauer und Offenheit gegenüber Anregungen" zusammengefaßt werden kann. Seine Wichtigkeit für die weitere Entwicklung der Kinder betonten alle Berufsgruppen gleichermaßen (Vogel, 1990). Interessant war weiterhin, daß Therapeuten bei jüngeren Kindern ein eher "alltgsorientiertes Fördermodell" vertraten, nach dem die Förderung in die normale Umwelt des Kindes eingebettet und an alltäglichen Anforderungen orientiert sein sollte; entsprechend sollten die Eltern in die Therapie des Kindes einbezogen und durch die Therapie angeleitet werden, mit dem Kind in bestimmter Weise umzugehen und zu üben. Demgegenüber vertraten Therapeuten, die mit Kindern jenseits des Säuglingsalters zu tun hatten, eher ein Konzept der Förderung oder Therapie als "Sondererfahrung", als Freiraum, in dem sich das Kind eben anders als in seiner sonstigen Umgebung verhalten und entfalten kann. Entsprechend wurden die Eltern dieser Kinder ebenfalls als Klienten gesehen, auf deren emotionale Belastungen und Probleme der Therapeut gesondert einzugehen habe. Die Vertreter des "Alltagserfahrungsmodells" hatten meist eine medizinisch ausgerichtete Grundausbildung, die des "Sondererfahrungsmodells" eher eine pädagogisch-psychologisch orientierte Grundausrichtung. Offensichtlich haben sich verhaltens- und gesprächs- bzw. spieltherapeutische Ansätze in der pädagogisch-psychologischen Behandlung und Förderung behinderter und gefährdeter Kinder deutlicher durchgesetzt als genuin entwicklungspsychologische Vorstellungen. Slavin (1990) stellt für die pädagogische Implementationsforschung in Schulen fest, daß es nicht ausreiche, (psychologische, institutionelle) Variablen festzumachen und gezielt zu verändern, wenn man erfolgreich pädagogische Veränderungen bewirken will, sondern es sollten komplexe Modelle und Programme, wie etwa das Programm "Man A course of Study" von Bruner (1966) implementiert werden, wenn man weiterreichende Wirkungen erzielen will. Verhaltens- und gesprächstherapeutische Programme und das Frostig-Programm oder neuerdings das Ayers-Programm in der Frühförderung haben anscheinend solche Modellqualitäten, nicht aber auch noch so differenzierte entwicklungspsychologische Beschreibungen und Analysen. Entsprechend sind solche Programme in einschlägigen deutschsprachigen Publikationen (z.B. Speck, Peterander & Innerhofer, 1987) repräsentiert, während sich im angelsächsischen Bereich zumindest auf der Ebene der wissenschaftlichen Diskussion auch eindeutig entwicklungspsychologische Ansätze finden lassen (z.B. Bricker, 1982), deren Umsetzung in konkrete Programme aber offensichtlich auch noch in den Anfängen steckt.

Die Schwierigkeit der Praktiker mit entwicklungspsychologischer Denkweise wurde mir auch an einem kürzlich versuchten, allerdings gescheiterten Experiment deutlich. In einer Fortbildungsveranstaltung für Frühförderer in Niedersachsen bat ich die Teilnehmer, die psychologischen Untersuchungsberichte oder Kurzgutachten (1,5 bis 2 Seiten pro Untersuchung pro Kind) von Kleinkindern mit Down-Syndrom, die wir im Rahmen unserer Längsschnittuntersuchung in Berlin angefertigt und für dieses Experiment anonymisiert hatten, einander zuzuordnen, also zu versuchen, die Kinder in den Gutachten wiederzuerkennen. Die Gutachten beschrieben und interpretierten das Verhalten der Kinder im Neugeborenen-Test (Brazelton Neonatal Assessment Scale) bzw. in einem Entwicklungstest für das Kleinkindalter (Bayley-Scales), enthielten aber außer dem Alter des Kindes weder seine Geschlechtsangabe noch sein quantitatives Testergebnis. Die Zuordnungsalter waren in dem einen Versuch mit fünf Kindern 4 Wochen und 15 Monate, im zweiten Versuch mit sieben bzw. drei Kindern 12, 21 und 36 Monate. Dieses Experiment sollte der Frage nachgehen, ob sich in dieser frühen Entwicklungszeit bereits Stile im Umgang mit Neuem oder mit Schwierigkeiten zeigen, die eine zusätzliche differentielle Prognose der weiteren Entwicklung erlauben. Der Versuch scheiterte, weil bis auf zwei Teilnehmer niemand die Aufgabe erledigte bzw. niemand die Antworten an mich zurückschickte. Einige führten bereits auf der Tagung ethische Bedenken an, ob man solche Zuordnungen überhaupt wagen dürfe; dabei hingen von diesen Zuordnungen keinerlei Entscheidungen für die Kinder ab. Ich vermute vielmehr, daß sich die meisten durch die Art der Verhaltensbeschreibungen der Kinder einfach überfordert fühlten. Sie sollten die Beobachtungen aus einzelnen, wenn auch wiederholten Situationen in eine langfristige Prognose übersetzen, wobei sie allerdings durch Angabe der Sicherheit oder Unsicherheit ihres Urteils auch zum Ausdruck geben konnten, wieweit ihnen dies überhaupt möglich sei. Eine Beziehung zwischen situationsgebundenen Verhaltensweisen und längerfristigen Strukturen herzustellen, bedeutet, sowohl in Stabilitäten wie in Veränderungen, in Prozessen wie in Strukturen und in Elementen wie in Systemen zu denken. Dies verlangt möglicherweise ein längerfristiges Training in Entwicklungspsychologie. Vielleicht sollte ich dieses Experiment erst einmal bei Fachkollegen erproben.

2. MODELLVORSTELLUNGEN DER ENTWICKLUNG BEHINDERTER UND GEFÄHRDETER KINDER

In der Psychologie wurde die geistige Behinderung zum einen im Rahmen der Persönlichkeits- und der differentiellen Psychologie, zum anderen im Zusammenhang mit der Entwicklungspsychologie behandelt. Im ersteren Falle entwickelte man entweder Typologien, die an spezifischen Besonderheiten oder Abweichungen, etwa des Temperamentes oder der Informationsverarbeitung, festgemacht wurden, oder geistig Behinderte wurden als Extremfälle im Rahmen der normalen Intelligenzverteilung betrachtet (vgl. Rauh, 1983b). Die entwicklungspsychologische Betrachtungsweise orientierte sich zunächst an den Theorien und Modellen der "normalen" Entwicklung von Kindern (Thomae, 1979). Ein Ergebnis des gewachsenen Engagements von Entwicklungspsychologen an behinderten Kindern und von zunächst klinisch orientierten Forschern im Bereich von Behinderungen an entwicklungspsychologischen Fragen und Methoden ergab, daß in immer komplexerer Weise entwicklungspsychologische und differentielle Gesichtspunkte gleichzeitig in Betracht gezogen wurden, um das Verhalten und die Entwicklung von behinderten im Vergleich zu nichtbehinderten Kindern zu beschreiben. Meistens geschieht das noch in der Weise, daß die differentiellen Merkmale als einschränkende, aber stabile Rahmenbedingungen für die Entwicklung dieser Kinder konzipiert werden (Keating, 1990); seltener, da auch schwieriger zu erforschen, finden sich Entwicklungsmodelle, in denen spezifische Einschränkungen und

Defizite zu verschiedenen Entwicklungszeiten unterschiedlich den Aufbau von Strukturen und den Verlauf der kognitiven Entwicklung bestimmen oder sich erst im Laufe der Entwicklung herausbilden (Rauh, 1983a, 1989a).

Diese neueren Modellvorstellungen lassen sich an zwei Gruppen von Kindern, die besondere Forschungszuwendung erhielten, verdeutlichen, den frühgeborenen Kindern und den Kindern mit Down-Syndrom.

2.1 Frühgeborene Kinder

Untersuchungen zur Entwicklung von Frühgeborenen (zusammenfassende Darstellungen vgl. Rauh, 1984; Rauh & Malinowski, 1990) befaßten sich zunächst mit den möglichen Langzeitauswirkungen des Ausmaßes der Frühgeburtlichkeit bzw. des Untergewichts bei der Geburt, später, davon getrennt, der zusätzlichen Komplikationen während der Neugeborenenphase und schließlich der zusätzlichen globalen sozialen Belastungen durch das Milieu, in das das Kind geboren wurde. Dabei zeigte sich, daß im Verlaufe der vergangenen dreißig Jahre ein immer größerer Teil frühgeborener Kinder sich ohne erkennbare längerfristige Schäden entwickelt, obgleich das Geburtsalter und das Geburtsgewicht, ab welchem ein Kind noch am Leben gehalten werden kann, erheblich gesunken sind. Frühgeburtlichkeit, Untergewicht und perinatale Komplikationen scheinen, außer bei eindeutigen Hirnschädigungen, nur dann über die ersten Lebensjahre hinaus nachzuwirken, wenn das Kind in ein sozial belastetes Milieu geboren wurde; andererseits wirken sich chronische Milieubelastungen besonders intensiv und nachhaltig bei physisch fragileren Kindern aus. Dieses Ergebnis entspräche einem Interaktionsmodell gleichberechtigter, mehr oder minder konstant wirkender Einschränkungen. Interessant sind neuere Beobachtungen aus länger fortgeführten Längsschnittuntersuchungen, daß bei frühgeborenen Kindern Aufmerksamkeits-, Lern- und Konzentrationsprobleme, die bereits überwunden geglaubt waren, im Schulalter wieder auftauchen konnten. Unter belastenden und einschränkenden Bedingungen, wie sie etwa schulische Prüfungssituationen darstellen, zeigte sich bei einigen dieser Kinder ihre doch erhöhte "Vulnerabilität". Auch dieses läßt sich noch unter einer differentiellen Komponente im Entwicklungsverlauf fassen, wenn auch unter Einbeziehung einer dynamischen Altersdimension.

Untersuchungen auf den Frühgeborenenstationen, die das ökologische Umfeld und die Verhaltensmöglichkeiten der Kinder, aber auch die emotionale Situation der Eltern und des Pflegepersonals, ihre Kompetenz im Umgang mit dem Kind, aber auch das sich in der Pflege ausdrückende Menschenbild vom zu früh geborenen Säugling erfassen, legen ein weit komplexeres, systemisches Entwicklungsmodell nahe (Als, 1986; Rauh, 1984; van Beek & Geerdink, 1989). Zunächst lassen sich die Studien und die Interventionsmodelle danach klassifizieren, ob sie das Frühgeborene als einen zu früh geborenen Säugling oder als einen extrauterinen Foetus ansehen, und ob sie die Lebensumwelt des Frühgeborenen eher als Unterstimulation oder als Überstimulation bewerten. Es lag zunächst nahe, das Hospitalismusparadigma auf die Erklärung von spezifischen Problemen Frühgeborener anzuwenden. Im Modellfalle des zu früh geborenen Säuglings fanden Bilder, Mobiles, Tonbandgeräte mit Musik und freundlicher Sprache und Streichelmaschinen, dann auch die Eltern Einzug auf die Station bis hin zum Rooming-In oder zur Mitpflege einschließlich Streicheln, Wiegen und Herumtragen, um nicht nur die Anregung für das Kind zu erhöhen, sondern auch das Entstehen von Bindung auf beiden Seiten zu erleichtern. Im Modellfalle des "extrauterinen Foetus" versuchte man, das intrauterine Milieu nachzugestalten; das Kind wurde auf ein Wasserbett gelegt; ein Tonband gab den Herzschlag eines Erwachsenen wieder; die Beleuchtung wurde gemindert; das Kind wurde eher beruhigt, und die Eltern konnten in Elterngruppen ihre Ängste und Probleme bearbeiten. Beide Modelle hatten gegenüber der bis dahin sehr technikorientierten Praxis auf den Stationen positive Auswirkungen auf die Kinder, gemessen an ihrer Gewichtszunahme und damit verbunden ihrer verminderten Unruhe und an ihrem Aufmerksamkeitsverhalten zum erwarteten Geburtstermin bzw. an der Sensitivität der Mütter in ihrer Interaktion mit ihrem wenige Monate alten Kind. Den größten Erfolg in diesen Parametern hatten aber solche Programme, die den Frühgeborenen kontingente Stimulationsmuster boten, also Stimulation, über die das Kind selbst Kontrolle gewinnen konnte. Der besondere Erfolg des Wasserbetts, wenn es nicht mechanisch in festen Zeitabständen bewegt wurde, sondern sich den Bewegungen des Kindes anpaßte, wird auf gerade dieses Merkmal der Kontingenz zurückgeführt: es bewegt sich immer dann, wenn sich das Kind bewegt, und bleibt in Ruhe, wenn das Kind ebenfalls ruhig liegt. Seine Bewegung ist zudem eine sanfte und rhythmische, d.h. ein Stimulationsmuster (van Beek & Geerdink, 1989). Kinder unter dieser Bedingung fanden eher in einen ruhigen Schlaf-/Wachrhythmus, waren weniger irritabel und konnten im Wachstadium ruhig schauen und sich weiterer Stimulation öffnen. Noch weiterreichend ist das Modell von Als (1986), nach dem das Frühgeborene unter besonders erschwerten Bedingungen zunächst seine physiologischen Funktionen, wie Atmung, Kreislauf, Herzschlag, Temperatur, Nahrungsaufnahme, -verdauung und -ausscheidung regulieren, organisieren und synchronisieren bzw. stabilisieren muß. Die nächste Systemebene betrifft die Energetisierung und Steuerung der Motorik, die darauf folgende die Organisation der Schlaf-/Wach- und Erregungszustände und schließlich als oberste die Regulation und Organisation der kognitiven, interaktiven und sozialen Prozesse. Diese Systemebenen bauen aufeinander auf, aber beeinflussen sich auch gegenseitig. Die Schwere einer Belastung kann an der Tiefe der durch sie betroffenen Systeme abgelesen werden. Entwicklungsunterstützung und -förderung in diesem komplexen Systemmodell besteht darin, das Kind in seinen aktiven Versuchen zur Selbstregulation zu unterstützen und es vor Destabilisation zu schützen. Praktisch sieht das etwa so aus, daß ein Kind, dessen Glieder ständig zucken oder das sich im Inkubator unruhig bewegt, einen Halt für seine Motorik erhält, etwa durch ein gerolltes Tuch, das es wie ein Nestrand umgibt; oder die Möglichkeit zu nuckeln konzentriert die Aktivität des Kindes auf seine Körpermitte und gibt der gesamten Motorik außerdem ein rhythmisches Muster; hinzu kommt selbstverständlich auch kontingente Stimuluserfahrung, aber in individuell dosierter Form. In beiden letztgenannten Modellen wird allerdings dem Kind unterstellt, daß es ein rudimentäres Selbst hat, denn sonst könnte es nicht zwischen kontingenter und nicht-kontingenter Stimulation unterscheiden. Im Als'schen Modell wird dem Kind in dieser extrem frühen Entwicklungsphase weiterhin unterstellt, daß es aktive Strategien, analog dem Coping, zur Regulation, Organisation und Synchronisation seines Verhaltens einsetzt. Auf einer metakognitiven Ebene sind solche Strategien bei älteren Kindern und Erwachsenen gut beschrieben (Chapman, Skinner & Baltes, 1982); die schwierige empirische und theoretische Aufgabe ist aber noch ungelöst, wie man sich solche Prozesse auf der vorsprachlichen und noch nicht reflexiven Ebene vorstellen soll (Rauh, 1989b).

2.2 Kinder mit Down-Syndrom

In ähnlicher Weise lassen sich die Entwicklungsmodelle in ihrer Anwendung auf die Beschreibung und Erklärung von Entwicklungsverläufen und Verhaltensbesonderheiten bei Kindern mit Down-Syndrom darstellen.

Eine Reihe von Untersuchungen bei Kleinkindern mit Down-Syndrom hat ergeben, daß die Abfolge ihrer Entwicklungsschritte und Entwicklungsmeilensteine weitgehend denen chromosomengesunder Kinder entspricht, allerdings mit einer z.T. erheblichen zeitlichen Verzögerung, einer geringeren Vielfalt und Komplexität der Verhaltensweisen und einer geringeren Intensität der emotionalen Reaktionen, etwa beim Lächeln, Lachen und Weinen, beim Fremdeln und der Trennungsangst (Berry, Gunn & Andrews, 1980; Cicchetti & Sroufe, 1976, 1978; Gunn, 1985; Henderson, 1985; McConkey, 1985; Miranda, 1974; Miranda & Fantz, 1973; Morss, 1985; Rauh, 1983a, 1983b; Serafica & Cicchetti, 1976). Von daher liegt es nahe, bei diesen Kindern zunächst eine schlichte Reifungsverzögerung zu vermuten. Da sie aber selbst bei längerer Entwicklungszeit als Erwachsene kaum das Entwicklungsniveau von vier- bis zehnjährigen gesunden Kindern überschreiten, wird das Reifungsverzögerungsmodell meist durch ein einfaches oder komplexeres Defizit- oder Defektmodell ergänzt. Dieses soll erklären, warum es den Kindern bereits während ihrer anscheinend nur verzögerten Kindheitsentwicklung nicht möglich ist, die entwicklungsnotwendigen Anregungen aus der Umwelt so aufzugreifen, zu strukturieren und zu organisieren, daß die spätere geistige Entwicklung wie bei chromosomengesunden Kindern darauf aufbauen kann. Wie sich allerdings der Chromosomenfehler in biologische Strukturen oder Handicaps und diese wiederum in psychologische Merkmale umsetzt, ist bislang noch sehr wenig erforscht.

Im Sinne eines Sozialisations-Defizitmodells wurden die sich über das Alter kumulierenden Entwicklungsprobleme in Erziehungsmängeln, speziell Mängeln des Milieus und der frühen Mutter-Kinder-Interaktion und -Kommunikation gesucht. Diese ließen sich aber nicht bestätigen (Gunn & Berry, 1989). Die Kinder stammen auch nicht überwiegend aus einer sozial belasteten sozialen Schicht, wie es andererseits für viele andere Gruppen behinderter und gefährdeter Kleinkinder zutrifft. Wie in der Normalpopulation wirken sich bei Kindern mit Down-Syndrom die üblichen Milieuunterschiede des Elternhauses sowie Intelligenzunterschiede der Eltern teilweise aus (Carr, 1985, 1988). Diese Unterschiede, vermittelt über das von den Eltern gestaltete Anregungsmilieu und das Interaktionsverhalten der Mütter, sind aber vermutlich geringer als in der Normalpopulation, da die meisten Eltern von Kindern mit Down-Syndrom sehr engagiert die Entwicklung ihrer Kinder unterstützen und Förderangebote in Anspruch nehmen. Regelmäßigkeit und Kontinuität in der Wahrnehmung dieser Angebote scheinen sich positiv auf die Entwicklung der Kinder auszuwirken (Hanson, 1987; Carr, 1988). Allerdings ist nicht auszuschließen, daß Eltern mit besonders schwachen Kindern, die sehr wenig Fortschritte zeigen, auch eher die Hoffnung verlieren und die Förderung vernachlässigen.

In einem "einfachen" Defektmodell werden die wesentlichen Einschränkungen der Kinder mit Down-Syndrom in Stimulationsdefiziten aufgrund verbreiteter Mängel der Sinnesorgane (Davies, 1985; Millis, 1985), häufig vorkommender Herzfehler (Hallidie-Smith, 1985; Pueschel, 1987; Zaremba, 1985) oder charakteristisch verminderter Aktivität wegen des geringen Muskeltonus und des Serotoninmangels, der für das verminderte Erregungsniveau verantwortlich sein soll, gesehen (Hendersen, 1985). Hinzu kommen häufige gesundheitliche Beeinträchtigungen, vor allem viele Erkältungskrankheiten (Pueschel, 1987). Diese anatomischen, physiologischen und gesundheitlichen Einschränkungen können die Entwicklung von Kindern mit Down-Syndrom durchaus beeinträchtigen; sie sind allerdings nicht so gravierend, daß sich durch sie allein ihre erheblichen Entwicklungsverzögerungen erklären ließen.

Eine Reihe experimenteller Untersuchungen bei Kindern überwiegend im Schulalter lassen vermuten, daß das Gehirn von Personen mit Down-Syndrom, und damit ihre Informationsaufnahme, -verarbeitung und Handlungssteuerung, anders funktioniert als bei chromosomengesunden Personen (Pueschel, 1988). Zum Schauen und Betrachten präferieren bereits kleine DS-Babys eher einfachere Muster und bleiben auch noch im Vorschulalter mit ihrer Aufmerksamkeit an Einzelheiten haften (Stratford, 1985), ohne das Gesamtfeld zu erkunden, wie überhaupt spontanes visuelles Erkunden oder auch Erkundungsspiel (McConkey, 1985; MacTurk, Vietze, McCarthy, McQuiston & Yarrow, 1985) bei ihnen geringer ausgebildet sind als bei nicht-behinderten Kindern auf vergleichbarem Entwicklungsstand. Sie zeigen auch später im Schulalter eine geringere Tendenz, Informationen als Muster oder als Ganzes zu erkennen, eine den Arbeitsspeicher entlastende Strategie, die bei einfacheren Aufgaben von normalen Kindern spontan angewendet wird und bei schwierigeren Aufgaben Experten von Novizen unterscheidet (Stratford, 1985). Kinder mit Trisomie 21 zeigen also wenig Tendenz, ihre Umwelt zu strukturieren, sie sind daher umso unabhängiger von angebotener Struktur; wenn sie jedoch strukturieren, dann häufig nach dem einfachen Prinzip der Symmetrie (Stratford, 1985). Diese Schwierigkeiten im Strukturieren und Organisieren von Information werden auch als Grund dafür angeführt, daß DS-Kinder relativ wenig von inzidentellem Lernen profitieren und seltener das in einer Situation Gelernte spontan auf andere Situationen übertragen. Ihre große Ablenkbarkeit wird u.a. mit einer geringeren Fähigkeit zur Habituation und damit zum Ausschalten unwichtiger Reize erklärt (Rauh, 1979; Morss, 1985). Auch bei der Ausführung von Handlungen, so legt eine Reihe von Befunden nahe, liegen die Schwierigkeiten von Kindern mit Down-Syndrom weniger in ihrer motorischen Ungeschicklichkeit als vielmehr in der Planung von Handlungen sowie in der Präzision ihrer Ausführung, d.h. der Feinanpassung an die Gegebenheiten (Henderson, 1985; Henderson, Morris & Frith, 1981). Die Ergebnisse solcher Untersuchungen werden meist als Hinweise auf stabile Unterschiede in der Art der Informationsverarbeitung dieser Personengruppe dargestellt.

Ein Beispiel für eine zwar nicht dauerhaft gleiche, sondern eher entwicklungsstadiumspezifische Auswirkung von Beeinträchtigungen für die Entwicklung dieser Kinder könnte die Bedeutung des meist geringen Muskeltonus geben. Der Muskeltonus erwies sich bei Kleinkindern mit Down-Syndrom als ein bedeutsamer Prädiktor für ihre weitere Entwicklung (Reed, Pueschel, Schnell & Cronk, 1980; Serafica & Cicchetti, 1976): Kinder mit sehr schwachem Tonus zeigen im allgemeinen eine langsamere motorische und geistige Entwicklung. Allerdings verändert sich der Muskeltonus im Laufe der Entwicklung des Kindes, und es gibt noch wenig Wissen über den Verlauf dieser Muskeltonusveränderungen, unter anderem auch deswegen, weil er sich sehr schwer objektiv messen läßt. Weiterhin ist bislang nicht eindeutig zu erkennen, welche Funktion der Muskeltonus für die geistige oder psychologische Entwicklung spielt. Er könnte zum einen ein Indiz für die allgemeine Entwicklungsenergie des Kindes, sozusagen für sein Entwicklungstemperament sein. Andererseits könnte es sein, daß Kinder mit anfänglich sehr schwachem Tonus zu wenig Widerhall in ihrer Umgebung finden, da sie eher friedlich, fast schläfrig wirken, kaum oder sehr verlangsamt reagieren, oft auch eine wenig differenzierte Mimik haben, erst sehr spät den Kopf aufrecht halten oder sitzen können und aus all diesen Gründen einen frühen Mangel an Anregungen erleben. Wegen ihrer motorischen Mattigkeit ist aber auch die Rückmeldung ihrer eigenen motorischen Aktionen gedämpft, und Freude an der Ausführung der eigenen Handlungen oder, später, die Freude, mit den eigenen Handlungen etwas zu bewirken, also das, was Piaget primäre und sekundäre Kreisreaktionen nannte (Piaget, 1959, 1975), entsteht nur in eingeschränktem Maße. In den letzten beiden Beispielen liefert der Muskeltonus nur einen indirekten Beitrag zur Entwicklungsverzögerung, der durch besondere Förderung durchaus vermindert werden könnte.

In einiger Beziehung zum Muskeltonus, aber auch unabhängig davon einschätzbar, halten amerikanische Forscher (Cicchetti & Sroufe, 1976, 1978) das Erregungsniveau der Kinder für einen guten Indikator für die weiteren Entwicklungschancen: Kinder, die sich bereits als Babys leichter begeistern lassen, die häufiger lächeln oder lachen, aber auch herzhafter ihrem Ärger, ihrer Wut oder ihrem Fremdeln Ausdruck geben, scheinen die Umwelt differenzierter zu erfassen und sich insgesamt geistig besser zu entwickeln. Die Beziehung zum Muskeltonus zeigt, daß das erreichbare Erregungsniveau und die Spannbreite sowie das Tempo des Erregungsaufbaus eine zunächst rein physiologische Grundlage haben könnten. Es könnte aber auch sein, daß es frühzeitig durch die Interaktion mit den betreuenden Personen modifiziert wird.

Einen Ansatz zu einem differentiellen *Entwicklungs*modell (Weinert, 1990) bietet die Verknüpfung des Differenzmodells mit dem Strukturmodell nach Piaget (Rauh, 1983a, 1983b; Morss, 1985). Der Aufbau von kognitiven Strukturen scheint bei diesen Kindern zwar oberflächlich ähnlich wie bei gesunden Kindern zu sein, aber weniger differenziert und weniger stabil zu erfolgen. Bei Problemlöseaufgaben zur sensumotorischen Intelligenz im Sinne von Piaget fielen, wie auch bei anderen Leistungsaufgaben, deutliche Schwankungen im kognitiven Leistungsniveau innerhalb eines Bereiches und über verschiedene Bereiche hinweg auf. Kinder mit Down-Syndrom ließen sich daher nur unter Einschränkungen eindeutig einem bestimmten Entwicklungsniveau zuordnen (Morss, 1985; Rauh, 1983a; Wishart, 1986, 1987). Ähnliches wird von der Sprachentwicklung berichtet (Gunn, 1985). Diese erfolgt, wenn auch wiederum ähnlich wie bei normalen Kindern, so doch viel langsamer und weniger konsistent in den jeweiligen Aufbauphasen, und das stabilisierte Niveau ist weniger komplex. Allerdings wird immer wieder betont, daß die Fehler, die DS-Kinder machen, durchaus regelgeleitete Vereinfachungen darstellen, was für prinzipielle Strukturiertheit und Organisiertheit ihres Denkens und Handelns, wenn auch auf weniger komplexem Niveau und mit größerer Labilität, spricht. Dies ließ sich auch an einer eigenen Untersuchung bei Kindern im Schulalter nachweisen (Rauh & Diesch, 1987). Solche Beobachtungen geben Anhaltspunkte dafür, daß bei Kindern mit Down-Syndrom der Entwicklungsverlauf je nach individuell ausgeprägten Handicaps allmählich und mit dem Lebensalter zunehmend auch strukturell abweicht und an Eigendynamik verliert.

Auf einen weiteren wesentlichen, allerdings motivationalen Aspekt hat Wishart (1987, 1988) hingewiesen. Sie beobachtete, wie auch wir in Berlin (Rauh, Rudinger, Bowman, Berry, Gunn & Hayes, in press) und Gunn & Berry (1989) in Australien, bereits in den beiden ersten Lebensjahren, wir sogar in den ersten Lebenswochen von Kindern mit Down-Syndrom ein Verhalten, das Wishart als "cognitive avoidance", also als Ausweichverhalten vor kognitiven Anstrengungen, bezeichnete. Bereits in den ersten Lebensmonaten dieser Kinder bedarf es eines besonderen Feingefühls, das Interesse für etwas Neues oder eine noch unvertraute Interaktion zu wecken und aufrecht zu erhalten. Sehr häufig und zunächst unerwartet kann es passieren, daß die Kinder plötzlich aufgeben, Körperspannung verlieren oder ausweichen, als "röchen" sie eine Schwierigkeit, noch bevor sie eine Chance hatten, Erfolg oder Mißerfolg mit dieser Situation zu erleben, abgesehen davon, daß solche Erlebnisse, bezogen auf die eigene Fähigkeitseinschätzung, erst wesentlich später zu erwarten sind. Im weiteren Entwicklungsverlauf werden sie in ihren Ausweich- und Vermeidungsstrategien immer geschickter und setzen teilweise auch ihren ganzen Charme ein, um von einer als schwierig oder heikel empfundenen Situation abzulenken. Ich habe dies an anderer Stelle (Rauh, 1989b) als "risikovermeidendes Verhalten" beschrieben. Während bei gesunden Kindern kleine Widerstände und Schwierigkeiten die Aktivität erhöhen bis eventuell hin zu einer herzhaften Wut, so daß alle Handlungsreserven aktiviert werden, geben die kleinen Kinder mit Down-Syndrom nicht nur sehr schnell auf, sie verhalten sich auch meist unterhalb des ihnen möglichen Leistungsniveaus und scheinen wenig Bedürfnis zu zeigen, die Grenzen ihres Könnens zu erproben. Hand (1981) konnte nachweisen, daß nicht-behinderte Kleinkinder anhand ihres Alltagsverhaltens recht gut in ihrem Entwicklungsniveau eingeschätzt werden können, da sie sich meistens an der Obergrenze ihres Niveaus betätigen; ältere Kinder scheinen ihr Verhalten dagegen mehr nach situationsangepaßten Ökonomiekriterien einzusetzen. Lösche (1989) konnte dies indirekt durch ihre Analysen von elterlichen Filmen bestätigen, anhand derer sie die Entwicklung von gesunden und autistischen Kleinkindern (häufig Geschwisterkindern) verglich. Das Verhalten der gesunden Kleinkinder war meist so gut strukturiert, daß es sich ohne Schwierigkeiten nach den Merkmalen und Kriterien von Piaget für die sensomotorische Entwicklung einstufen ließ. Das Verhalten der autistischen Kinder dagegen zeigte bereits gegen Ende des ersten Lebensjahres, und dann zunehmend im 2. und 3. Lebensjahr, in diesem Schema nicht-kodierbares Verhalten und Verhalten auf sehr unterschiedlichen Niveaus. Dies trifft auf die Kinder mit Down-Syndrom nicht in dieser krassen Weise zu; aber der Impetus, selbst aktiv und mit Freude und Kompetenzmotivation immer wieder die eigenen Grenzen zu überschreiten und damit die eigene Entwicklung voranzutreiben, ist bei diesen Kindern, wenn auch individuell unterschiedlich, so doch deutlich vermindert.

Ich halte es im Sinne eines dynamischen differentiellen Entwicklungsmodells für denkbar, daß nicht das Erreichen bestimmter Entwicklungsmeilensteine oder Fertigkeiten in einem bestimmten Zeitraster bzw. von Entwicklungsprodukten (Weinert, 1979) das wesentliche Ziel von Frühförderung bei Kindern mit Down-Syndrom sein sollte, sondern das Erhalten oder Wecken und Fördern einer produktiven Lernmotivation, wie es die Therapeuten und Frühförderer in unserer Berliner Untersuchung (Vogel et al., 1986, im Druck) auch als "wichtig" beschrieben haben, aber es nicht in ein ihre Förderung leitendes Entwicklungsmodell übersetzen konnten. Dies sollte aber nicht, wie Field (1989) mein Argument mißverstand, darin bestehen, diese Kinder noch etwas mehr herauszufordern und zu "stressen", sondern, vielleicht durch besondere Beachtung kontingenter Lernerfahrungen, durch Anpassung an das Verarbeitungs- und Ausführungstempo dieser Kinder, das meist viel langsamer ist, als es unser Temperament aushalten möchte, diesen Kindern Mut zum eigenen Explorieren und Erkunden zu vermitteln. Dies wird den Entwicklungsverlauf behinderter Kinder vermutlich nicht dem Entwicklungsverlauf nicht-behinderter Kinder völlig angleichen können, aber es könnte vermeiden, daß eine propulsive Entwicklungsdynamik allzu früh abebbt. In Weinerts Klassifikation des Verhältnisses von Entwicklung und Erziehung (Weinert, 1979) entspräche diese Denkweise einem Modell, in dem Entwicklung das Ziel von Erziehung ist. Dies sollte allerdings nicht ausschließen, daß im Sinne des Modells von Entwicklung als der Bedingung für Erziehung spezifisches Können und spezifische Bildungsinhalte vermittelt werden. Frühförderung ist aber bislang vielfach an einem Modell orientiert, in dem Entwicklung das Ergebnis von Erziehung und von kumulativen, meist recht spezifischen Lernerfahrungen ist. Es gibt eine Reihe von Hinweisen, daß ein solcher Ansatz als alleiniges Modell zur Orientierung von Frühförderung selbst bei behinderten Kindern, wie den Kindern mit Down-Syndrom, zumindest nicht ausreicht, vielleicht sogar auf die Dauer schadet.

3. DIFFERENTIELLE ENTWICKLUNGSVERLÄUFE INNERHALB DER GRUPPE BEHINDERTER KLEINKINDER

Weinert (1984) hat am Beispiel der Entwicklung im Vorschulalter und der Möglichkeiten und Schwierigkeiten der Umsetzung entwicklungspsychologischer Erkenntnisse in pädagogische Empfehlungen ein Programm für entwicklungspsychologische Forschung für eine kindgemäße Frühpädagogik entworfen, das mit den folgenden fünf Stichworten umrissen werden kann: Deskriptive Forschung, epidemiologische Forschung, Prognoseforschung, Sozialisationsforschung und Interventions- und Evaluationsforschung. Die bisherigen Ausführungen lassen sich überwiegend unter den Begriffen der deskriptiven und epidemiologischen Forschung subsumieren. Dabei war ein differentieller Entwicklungsansatz vor allem in Hinblick auf eine Unterscheidung von nicht-behinderten Kindern und Kindern mit mehr oder minder spezifischen Behinderungen vorgestellt worden. Für eine sinnvolle Prognoseforschung ist es allerdings wichtig, individuelle Entwicklungsverläufe angemessen zu erfassen und Entwicklungsverlaufsvarianten zu beschreiben. Erst dann lassen sich die Wirkungen von Umwelteinflüssen oder gar gezielten Interventionen sinnvoll erfassen. In einem solchen Ansatz wird zusätzlich zu den Gruppenunterschieden vor allem die interindividuelle Varianz innerhalb definierter Gruppen beachtet.

Für die Entwicklung von Kindern mit Down-Syndrom haben Rudinger und ich in internationaler Kooperation mit Bowman in Kanada, Pueschel in den USA, sowie Berry, Gunn und Hayes in Australien einen wesentlichen Versuch in Richtung der Analyse individueller Entwicklungsverlaufsmuster unternommen (Rauh & Berry, im Druck; Rauh et al., in press; Rudinger & Schmitz, im Druck). Dabei interessierte uns vor allem die Variationsbreite innerhalb der Gruppe von Kindern mit Down-Syndrom und die Frage der Stabilität von relativen Entwicklungsniveaus. Grundlage für unsere Analysen sind die Ergebnisse aus Entwicklungstestuntersuchungen (Bayley-Tests) bei über 220 Kindern im Alter von 3 Monaten bis 5 Jahren in über 700 Testuntersuchungen aus den genannten Ländern sowie eine vor wenigen Jahren begonnene Längsschnittstudie mit Kindern in Berlin. Die bisherigen Befunde erweisen sich als bedeutsam nicht nur für die Beratung von Eltern und Fachleuten, sondern auch für Entwicklungsmodelle allgemein.

Es zeigte sich, daß das Down-Syndrom, wenn man es durch Entwicklungsniveaus und Entwicklungsverläufe charakterisieren will, keineswegs ein einheitliches Syndrom darstellt. Kinder mit Down-Syndrom sind, als Gruppe genommen, sogar heterogener als eine unausgelesene Gruppe von Kindern ohne besondere Krankheitszeichen. Die Trisomie 21 determiniert also nicht vollständig das Entwicklungstempo und das Entwicklungsniveau; sie läßt nur den Schluß zu, daß sich diese Kinder langsamer entwickeln, aber nicht, um wieviel langsamer. In die Praxis übersetzt heißt dies, daß wir das Entwicklungsniveau eines gesunden Kindes recht präzise schätzen können, wenn wir ausschließlich sein Alter kennen; das Entwicklungsniveau eines Kindes mit Down-Syndrom können wir dagegen viel weniger präzise schätzen, selbst wenn wir außer seinem Alter auch wissen, daß Trisomie 21 bei ihm diagnostiziert wurde.

Wie wenig das Down-Syndrom ein "einheitliches Syndrom" bildet, zeigen auch Ergebnisse aus anderen Entwicklungsbereichen. In ihren körperlichen Merkmalen und den bei ihnen insgesamt gehäuft auftretenden zusätzlichen Fehlbildungen und Erkrankungen, aber auch in ihrem körperlichen Entwicklungstempo fallen diese Kinder ebenfalls durch eine größere Heterogenität auf, als sie normalerweise zu erwarten wäre (Barden, 1985). Pat Gunn aus Australien konnte feststellen, daß sich Kinder mit Down-Syndrom in der Variationsbreite ihres Temperaments kaum von ihren "normalen" Geschwistern unterscheiden (Gunn & Berry, 1985), wenngleich sie von ihren Müttern als weniger aggressiv, dafür aber sicherer in ihren Tageslaufrhythmen eingeschätzt wurden; auch scheinen sie extreme Emotionen der Freude, der Wut und der Angst etwas seltener zu zeigen. Diese Eingrenzungen reichen aber nicht aus, um von einem syndromspezifischen Temperament sprechen zu können.

Rudinger (Rauh et al., in press) hat die Daten unserer Internationalen Untersuchungsgruppe einem Modelltest mit einem komplexen Analyseverfahren (LISREL) unterworfen, bei dem die Zuverlässigkeit (Reliabilität) der Testergebnisse geschätzt und bei den weiteren Berechnungen der Stabilität des relativen Entwicklungstempos eine Zunahme der Streubreite mit dem Lebensalter berücksichtig wird. Die Analysen beziehen sich auf die Daten ab 6 bis zu 24 Monaten, und zwar in Drei-Monats-Abständen, da in diesem Altersbereich ausreichend Messungen und Meßwiederholungen vorlagen. Die Erstellung der Matrix stand allerdings unter der besonderen Schwierigkeit, daß jedes Kind ein etwas anderes zeitliches Erhebungsmuster hatte. Unter Berücksichtigung all dieser Randbedingungen konnte Rudinger das Entwicklungszuwachsmaß sowohl für die geistige wie die motorische Entwicklung von Kindern mit Down-Syndrom schätzen. Die mittlere Entwicklungszuwachsrate ließ sich durch eine lineare Funktion wiedergeben und betrug 0,42 Entwicklungsmonate pro Lebensmonat für die motorische Entwicklung und 0,54 Entwicklungsmonate pro Lebensmonat für die geistige Entwicklung. Die Streubreite der Niveaus nahm mit dem Lebensalter kontinuierlich zu, und zwar im mentalen Bereich mehr als im motorischen. Ab 12 bis 15 Lebensmonaten stabilisierten sich die Positionen der Kinder innerhalb ihrer Bezugsgruppe; d.h. die individuellen Entwicklungsverläufe nehmen die Form eines sich ausfaltenden Fächers an mit nur seltenen Positionswechseln oder Überschneidungen der Entwicklungslinien. In einer gemeinsamen Analyse mit der mentalen und der motorischen Skala als Indikatoren für eine latente Variable "psychologische Entwicklung" erwies sich im ersten Lebensjahr die mentale Skala als ein besserer Index mit höheren Ladungen, während im zweiten Lebensjahr beide Variablen etwa gleich gut die latente Variable repräsentieren. Bedenkt man, daß gerade im ersten Lebensjahr bei den Vorsorgeuntersuchungen die motorische Entwicklung der Kinder besonders beachtet wird und vielfach die verordnete Frühförderung in Krankengymnastik und motorischem Training besteht, mag man sich fragen, ob dies so sinnvoll ist. Die Wachtheit der Kinder, ihr Interesse und Engagement an den Testaufgaben, ihre soziale und emotionale Ansprechbarkeit scheinen, bei unterschiedlichsten motorischen Einschränkungen, ein wichtigeres Indiz für ihre weitere Entwicklung darzustellen. Dies wurde auch von Zelazo (1982) für zwölfmonatige Kinder mit schwerwiegenden zerebralen Bewegungseinschränkungen und entsprechend schlechten Entwicklungstestergebnissen beschrieben. Ihre emotionalen Reaktionen auf einen neuen Stimulus in einem Wahrnehmungsexperiment erwiesen sich als ein sehr viel zuverlässigeres Maß für ihre neurologisch bedingte geistige Entwicklungsbeeinträchtigung oder -intaktheit als die stark von den motorischen Reaktionsmöglichkeiten der Kinder abhängigen Ergebnisse in einem Entwicklungstest.

Die oben berichteten Befunde zur frühen Stabilisierung von Entwicklungsunterschieden bei Kindern mit Down-Syndrom sind insofern erstaunlich, als Längsschnittstudien bei nicht-behinderten Kindern eine Stabilisierung von Entwicklungsunterschieden erst nach dem zweiten Lebensjahr feststellten (Kopp & McCall, 1982). Würde man das Modell der Normalentwicklung ohne Abstriche auf die Kinder mit Down-Syndrom übertragen, dann wäre, bei Berücksichtigung ihres langsameren Entwicklungstempos, eine Stabilisierung der relativen Entwicklungsniveaus sogar erst nach dem vierten Lebensjahr zu erwarten gewesen. Statt dessen ist sie aber zeitlich früher als bei den unauffälligen Kindern und beginnt auf einem sehr deutlich geringeren Entwicklungsniveau. Dieses Ergebnis bestätigt die Korrelationsbefunde von Kopp und McCall (1982) an Längsschnittstudien mit DS-Kindern und anderen Risikokindern in den USA. In dem von ihnen vorgeschlagenen Entwicklungsmodell sind Kinder mit Schädigungen und Behinderungen, speziell Kinder mit Down-Syndrom, nicht durch spezifische Defizite oder Behinderungen gekennzeichnet, sondern die Selbstkorrekturkräfte, die normale Kinder selbst nach schweren Erkrankungen oder ungünstigen Erfahrungen wieder in eine "normale" Entwicklungsbahn zurückbringen, sind bei behinderten Kindern offenbar weniger stark ausgeprägt. Die positive Wirkung solcher Selbstkorrekturkräfte konnte am Beispiel der frühgeborenen Kinder aufgezeigt werden. Bei Kindern mit Down-Syndrom scheinen sie nicht nur, was die motorischen und geistigen Entwicklungsschritte betrifft, sondern auch, was alle möglichen Erkrankungen und Schwierigkeiten anbelangt, deutlich verringert zu sein. Ihre Behinderung wird also nicht durch zusätzliche Einschränkungen ("constraints"; Keating, 1990) definiert, sondern, gerade umgekehrt, durch mangelnde oder mangelhaft funktionierende Strukturierungs- und Korrekturprinzipien.

Die Befunde zu differentiellen Entwicklungsverläufen sind mit der Konzeption eines dynamischen Entwicklungsmodells, wie es vor beschrieben wurde, durchaus kompatibel; denn ein solches Modell beschreibt die individuellen fördernden und einschränkenden passiven und aktiven Entwicklungsbedingungen und Entwicklungsmechanismen, aus denen sich Typen oder Gruppen von Verlaufsmustern ergeben können.

4. RESÜMEE

Weinert hat mit seinem Aufsatz "Über die mehrfache Bedeutung des Begriffes "entwicklungsangemessen" in der pädagogisch-psychologischen Forschung" (Weinert, 1979) eine m.E. wichtige Diskussion zur Beziehung zwischen Entwicklungspsychologie und Pädagogischer Psychologie angerissen. Seine damaligen Ausführungen beschränkten sich allerdings weitgehend auf Kinder ab dem Kindergartenalter und auf die Förderung und Erziehung in pädagogischen Institutionen, wie dem Kindergarten und der Schule, und somit auf überwiegend kognitive oder Bildungsinhalte. Im vorliegenden Beitrag wurde versucht, diese Diskussion auf die frühen Entwicklungsphasen zu erweitern. Wenngleich in der Praxis der Frühförderung ein Denken und Handeln gemäß dem Sozialisationsmodell (Weinert, 1984) vorzuherrschen scheint - mit einigen vagen Vermutungen über die Bedeutung der eigenen Initiative des Kindes für seine Entwicklung - ist das Plädoyer dieses Beitrages, auch und gerade in der Frühphase Entwicklung oder "Sich-aktiv-Entwickeln" als "Ziel" von Förderung und Therapie anzusehen, relativ unabhängig von spezifischen Inhalten. In dem vorgestellten dynamischen Entwicklungsmodell spielt bereits das sehr kleine Kind und sogar der frühgeborenen Säugling einen aktiven Part in seiner Entwicklung. Eine differenzierte theoretische und empirische Ausformulierung dieser Konzepte ist allerdings noch eine Zukunftsaufgabe. Weinerts ebenfalls für das Vorschul- und Schulalter vorgestellte Konzeption eines differentiellen Entwicklungsmodells (Weinert, 1984, 1990) konvergiert mit den hier vorgestellten Überlegungen für die frühe Entwicklungsphase und ist eine wesentliche Anregung für die weitere Forschung.

LITERATUR

Als, H. (1986). A synactive model of neonatal behavioral organization: Framework for the assessment of neurobehavioral development in the premature infant and for support of infants and parents in the neonatal intensive care environment. *Physical and Occupational Therapy in Pediatrics*, 6, 3-55.

Barden, H.S. (1985). Dentition and other aspects of growth and development. In D. Lane & B. Stratford (Eds.), *Current approaches to Down's Syndrome* (pp. 71-84). London/ Baltimore: Holt, Rinehart and Winston.

Berry, P., Gunn, P.V. & Andrews, R. (1980). Behavior of Down's syndrome infants in the strange situation. *American Journal of Mental Deficiency*, 85, 213-219.

Bricker, D.D. (Ed.) (1982). *Intervention with at-risk and handicapped infants. From Research to application*. Baltimore: University Park Press.

Bruner, J.S. (1966). *Toward a theory of instruction*. Cambridge, MA: Harvard.

Carr, J. (1985). The development of intelligence. In D. Lane & B. Stratford (Eds.), *Current approaches to Down's syndrome* (pp. 167-186). London/New York: Holt, Rinehart & Winston.

Carr, J. (1988). Six weeks to twenty-one years old: A longitudinal study of children with Down's syndrome and their families. *Journal of Child Psychology and Psychiatry, 29*, 407-431.

Chapman, M., Skinner, E.A. & Baltes, P.B. (1982). *Action, intelligence, and personal control in developmental perspective*. Unveröffentlichtes Manuskript. Berlin: Max-Planck-Institut für Bildungsforschung.

Cicchetti, D. & Sroufe, L.A. (1976). The relationship between affective and cognitive development in Down's syndrome infants. *Child Development, 47*, 920-929.

Cicchetti, D. & Sroufe, L.A. (1978). An organizational view of affect: Illustrations from the study of Down's syndrome infants. In M. Lewis & L.A. Rosenblum (Eds.), *The development of affect* (pp. 309-350). New York: Plenum.

Davies, B. (1985). Hearing problems. In D. Lane & B. Stratford (Eds.), *Current approaches to Down's syndrome* (pp. 85-102). London/New York: Holt, Rinehart and Winston.

Field, T. (1989). Infancy risk factors and risk taking. Comments on Rauh's paper. *European Journal of Psychology of Education, 4*, 175-176.

Gunn, P.V. (1985). Speech and language. In D. Lane & B. Stratford (Eds.), *Current approaches to Down's syndrome* (pp. 260-281). London/New York: Holt, Rinehart & Winston.

Gunn, P. & Berry, P. (1985). Down's syndrome temperament and maternal response to descriptions of child behavior. *Developmental Psychology, 21*, 842-847.

Gunn, P. & Berry, P. (1989). Education of infants with Down Syndrome. *European Journal of Psychology of Education, 4*, 235-246.

Hallidie-Smith, K.H. (1985). The heart. In D. Lane & B. Stratford (Eds.), *Current approaches to Down's Syndrome* (pp. 53-70). London/New York: Holt, Rinehart and Winston.

Hand, H.H. (1981). The relation between developmental level and spontaneous behavior. *New Directions of Child Development, 12*, 55-67.

Hanson, M.J. (1987). Early intervention for children with Down Syndrome. In S.M. Pueschel, C. Tingey, J.E. Rynders, A.C. Crocker & D.M. Crutcher (Eds.), *New perspectives on Down Syndrome* (pp. 149-170). Baltimore/London: P.H. Brooks.

Haywood, H.C., Meyers, C.E. & Switzky, H.N. (1982). Mental retardation. *Annual Review of Psychology, 33*, 309-342.

Henderson, S.E. (1985). Motor skill development. In D. Lane & B. Stratford (Eds.), *Current approaches to Down's syndrome* (pp. 187-218). London/New York: Holt, Rinehart & Winston.

Henderson, S.E., Morris, J. & Frith, U. (1981). The motor deficit in Down's Syndrome children: A problem of timing? *Journal of Child Psychology and Psychiatry, 22*, 233-245.

Keating, D. (1990). Developmental processes in the socialization of cognitive structures. In MPI für Bildungsforschung (Hrsg.), *Entwicklung und Lernen. Beiträge zum Symposium anläßlich des 60. Geburtstages von Wolfgang Edelstein* (pp. 37-72). Berlin: Max-Planck-Institut für Bildungsforschung.

Kopp, C.B. & McCall, R.B. (1982). Predicting later mental performance for normal, at-risk and handicapped infants. In P.B. Baltes & O.G. Brim jr. (Eds.), *Life-span development and behavior* (Vol. 4, pp. 33-61). New York/London: Academic Press.

Lösche, G. (1989). *Entwicklung autistischer Kinder in den ersten dreieinhalb Lebensjahren.* Unveröffentlichte Dissertation. Freie Univeristät Berlin: Fachbereich Erziehungs- und Unterrichtswissenschaften.

McConkey, R. (1985). Play. In D. Lane & B. Stratford (Eds.), *Current approaches to Down's Syndrome* (pp. 282-314). London/New York: Holt, Rinehart & Winston.

MacTurk, R.H., Vietze, P.M., McCarthy, M.E., McQuiston, S. & Yarrow, L.J. (1985). The organization of exploratory behavior in Down Syndrome and non-delayed infants. *Child Development, 56*, 573-581.

Millis, E.A. (1985). Ocular findings in children. In D. Lane & B. Stratford (Eds.), *Current approaches to Down's Syndrome* (pp. 103-119). London/New York: Holt, Rinehart and Winston.

Miranda, S.B. (1974). Recognition memory in Down's syndrome and normal infants. *Child Development, 45*, 651-660.

Miranda, S.B. & Fantz, R.L. (1973). Visual preferences in Down's syndrome and normal infants. *Child Development, 44*, 555-561.

Morss, J.R. (1985). Early cognitive development: difference or delay? In D. Lane & B. Stratford (Eds.), *Current approaches to Down's syndrome* (pp. 242-259). London/New York: Holt, Rinehart & Winston.

Piaget, J. (1975 (frz. Orig. 1959)). *Das Erwachen der Intelligenz beim Kinde.* Stuttgart: Klett.

Pueschel, S.M. (1987). Health concerns in persons with Down Syndrome. In S.M. Pueschel, C. Tingey, J.E. Rynders, A.C. Crocker & D.M. Crutcher (Eds.), *New perspectives on Down Syndrome* (pp. 113-133). Baltimore/London: P.H. Brooks.

Pueschel, S.M. (1988). Visual and auditory processing in children with Down Syndrome. In L. Nadel (Ed.), *The psychobiology of Down Syndrome* (pp. 199-216). Cambridge, Mass., London: The MIT Press.

Rauh, H. (1979). Lernpsychologie. In H. Bach (Hrsg.), *Pädagogik der Geistigbehinderten. Handbuch der Sonderpädagogik* (Bd. V, pp. 354-391). Berlin: Marhold.

Rauh, H. (1983a). Analyse der geistigen Behinderung im Rahmen der Piaget'schen Theorie. In L. Montada, K. Reusser & G. Steiner (Hrsg.), *Kognition und Handeln. Festschrift für Hans Aebli* (pp. 114-126). Stuttgart: Klett-Cotta.

Rauh, H. (1983b). Entwicklungspsychologische Analyse geistiger Behinderung. In G. Lüer (Hrsg.), *Bericht über den 33. Kongreß der Deutschen Gesellschaft für Psychologie in Mainz 1982.* (Bd. 1, pp. 508-514). Göttingen: Hogrefe.

Rauh, H. (1984). Frühgeborene Kinder. In H.C. Steinhausen (Hrsg.), *Risikokinder. Ergebnisse der Kinderpsychologie und Kinderpsychiatrie* (pp. 11-35). Stuttgart: Kohlhammer.

Rauh, H. (1989a). Kontinuität und Diskontinuität in der Entwicklung - Ein Kommentar und eine Ergänzung. In H. Keller (Hrsg.), *Handbuch der Kleinkindforschung* (pp. 183-193). Berlin: Springer.

Rauh, H. (1989b). The meaning of risk and protective factors in infancy. *European Journal of Psychology of Education, 4*, 161-173.

Rauh, H. (1990). *Geistige Behinderung bei Kleinkindern mit Down-Syndrom. Beitrag zum Symposium der Bundesvereinigung Lebenshilfe über "Neurophysiologische und neuropsychologische Aspekte bei geistiger Behinderung"*. Unveröffentlichtes Manuskript. Freie Universität Berlin: Institut für Psychologie.

Rauh, H. & Berry, P. (im Druck). Differentielle Entwicklungsverläufe bei Kleinkindern mit Down Syndrom. In H. Teichmann, B. Meyer-Probst & D. Roether (Hrsg.), *Risikobewältigung in der lebenslangen psychischen Entwicklung - Verlaufsstudien im Kindes-, Jugend- und Erwachsenenalter*. Leipzig: G. Thieme.

Rauh, H. & Diesch, E. (1987). Cognitive development in mentally handicapped children. In D. Liepmann, G. Mohr & R. Schwarzer (Eds.), *Arbeitsberichte des Instituts für Psychologie* (Bd. 4). Berlin: Freie Universität Berlin.

Rauh, H. & Malinowski, M. (1990). *Premature infants*. Unveröffentlichtes Manuskript. Freie Universität Berlin: Institut für Psychologie.

Rauh, H., Rudinger, G., Bowman, T., Berry, P., Gunn, P.V. & Hayes, A. (in press). Early development in young children with Down Syndrome. In M. Lamb & H. Keller (Eds.), *Infant development: Perspectives from German speaking countries*. Hillsdale, NJ: Erlbaum.

Reed, R.B., Pueschel, S.M., Schnell, R.R. & Cronk, C.E. (1980). Interrelationships of biological, environmental and competency variables in young children with Down Syndrome. *Applied Research in Mental Retardation, 1*, 161-174.

Rudinger, G. & Schmitz, S.M. (im Druck). Entwicklungsverläufe: Quantitativ und qualitativ betrachtet. In H. Teichmann, B. Meyer-Probst & D. Roether (Hrsg.), *Risikobewältigung in der lebenslangen psychischen Entwicklung - Verlaufsstudien*. Leipzig: G. Thieme.

Serafica, F.C. & Cicchetti, D. (1976). Down's syndrome children in a strange situation: Attachment and exploration behaviors. *Merrill-Palmer Quarterly, 22*, 137-150.

Slavin, R.E. (1990). On making a difference. *Educational Researcher, 19(3)*, 30-34 & 44.

Speck, O., Peterander, F. & Innerhofer, P. (Hrsg.) (1987). *Kindertherapie: Interdisziplinäre Beiträge aus Forschung und Praxis*. München: Reinhardt.

Stratford, B. (1985). Learning and knowing: The education of Down's syndrome children. In D. Lane & B. Stratford (Eds.), *Current approaches to Down's syndrome* (pp. 149-166). London/New York: Holt, Rinehart & Winston.

Thomae, H. (1979). Entwicklungspsychologie. In H. Bach (Hrsg.), *Pädagogik der Geistigbehinderten. Handbuch der Sonderpädagogik* (Bd. 5, pp. 343-353). Berlin: Marhold.

van Beek, Y. & Geerdink, J. (1989). Intervention with preterms: Is it educational enough? *European Journal of Psychology of Education, 4*, 251-265.

Vogel, D. (1990). Berufspraktische Konzepte zur Frühförderung im Vergleich: Ergebnisse einer empirischen Untersuchung an Therapeuten und Pädagogen in Berlin. *Geistige Behinderung, 29*, 110-116.

Vogel, D., Jordan, S. & Rauh, H. (1986). *Abschlußbericht des Projektes "Therapeutische Maßnahmen für behinderte Kinder in Berlin: Eine Problemanalyse zum Therapieangebot im Bereich der Frühförderung in Berlin*. Berlin: Freie Universität Berlin: Institut für Psychologie.

Vogel, D., Jordan, S. & Rauh, H. (im Druck). *Therapieangebote für behinderte Kinder*. Berlin: Spieß-Marhold.

Weinert, F.E. (1979). Über die mehrfache Bedeutung des Begriffes "entwicklungsangemessen" in der pädagogisch-psychologischen Theorienbildung. In J. Brandtstädter, G. Reinert & K.A. Schneewind (Hrsg.), *Pädagogische Psychologie: Probleme und Perspektiven* (pp. 209-236). Stuttgart: Klett-Cotta.

Weinert, F.E. (1984). Psychologische Forschung für eine kindgemäße und entwicklungsgemäße Frühpädagogik. In W.E. Fthenakis (Hrsg.), *Tendenzen der Frühpädagogik* (pp. 29-47). Düsseldorf: Schwann.

Weinert, F.E. (1990). Entwicklungsgenetik und Sozialisationsforschung. Widersprüche, Probleme und Perspektiven. In MPI für Bildungsforschung (Hrsg.), *Entwicklung und Lernen. Beiträge zum Symposium anläßlich des 60. Geburtstages von Wolfgang Edelstein* (pp. 13-36). Berlin: Max-Planck-Institut für Bildungsforschung.

Wishart, J.G. (1986). The effects of step-by-step training on cognitive performance in infants with Down's syndrome. *Journal of Mental Deficiency Research, 30,* 233-250.

Wishart, J.G. (1987). Performance of 3 - 5 year old Down's syndrome and non-handicapped children on Piagetian infant search tasks. *American Journal of Mental Deficiency, 92,* 169-177.

Wishart, J.G. (1988). Early learning in infants and young children with Down Syndrome. In L. Nadel (Ed.), *The psychobiology of Down Syndrome* (pp. 7-50). Cambridge, Mass., London: The MIT Press.

Zaremba, J. (1985). Recent medical research. In D. Lane & B. Stratford (Eds.), *Current approaches to Down Syndrome* (pp. 27-52). London: Holt, Rinehart and Winston.

Zelazo, P.R. (1982). Alternative assessment procedures for handicapped infants and toddlers: Theoretical and practical issues. In D.D. Bricker (Ed.), *Intervention with at-risk and handicapped infants: From research to application* (pp. 107-128). Baltimore: University Park Press.

ZUR ENTWICKLUNG MORALISCHER REFLEXION: EINE KRITIK UND REKONZEPTUALISIERUNG DER STUFEN DES PRÄKONVENTIONELLEN MORALISCHEN URTEILS IN DER THEORIE VON L. KOHLBERG

Monika Keller

EINLEITUNG

In den letzten Jahren ist zunehmendes Interesse an moralischen Denkprozessen in der Kindheit zu beobachten (Damon, 1989; Turiel, 1983b; Rest, 1983). Im Zusammenhang mit den Ergebnissen dieser Forschungen kam es zu Kontroversen über einige grundlegende Annahmen in Kohlbergs Konzeption der Stufen des präkonventionellen moralischen Denkens. In dem hier vorliegenden Beitrag sollen diese Kontroversen diskutiert und anhand eigener Untersuchungen ein Beitrag zur Klärung strittiger Fragen geleistet werden.

Im folgenden werden zunächst Kohlbergs Theorie und seine empirische Operationalisierung der Stufen der präkonventionellen Moral dargestellt. In einem weiteren Schritt werden die Forschungsergebnisse zum moralischen Urteil in der Kindheit und Adoleszenz daraufhin analysiert, inwieweit sie der Theorie Kohlbergs entsprechen. Schließlich werden eigene empirische Arbeiten dargestellt, die als Grundlage einer kritischen Revision des Konzepts der präkonventionellen Moral in der Theorie Kohlbergs dienen.

DEFINITION UND EMPIRISCHE OPERATIONALISIERUNG DER STUFEN DES PRÄKONVENTIONELLEN MORALISCHEN URTEILS

Im folgenden soll das Konzept der präkonventionellen Moral anhand einer Analyse von Beispielen aus dem empirischen Material präkonventioneller moralischer Argumentationen, wie es in den Standardbeispielen des Auswertungsmanuals (Colby, Kohlberg, Speicher, Hewer, Candee, Gibbs & Power, 1987) dokumentiert ist, diskutiert werden. Schwerpunktmäßig werden wir uns dabei auf die Argumente zur kontraktuellen Norm des Versprechens beziehen, welche auch der Gegenstand unserer empirischen Untersuchungen ist. Diese Norm ist zwar nur eine aus dem Katalog von moralischen Normen, welche in den unterschiedlichen Dilemmata zum Gegenstand moralischer Reflexionen werden, doch müssen sich die stufenspezifischen Strukturgesichtspunkte des moralischen Urteils in allen Normen gleichermaßen nachweisen lassen, wenn die von Kohlberg postulierte stufenspezifische Strukturidentiät und Homogenität moralischen Urteilens über verschiedene Inhalte gelten soll.

In Anlehnung an Piaget (1965) wird das moralische Urteil auf der ersten Stufe als "heteronom" und als "naiv-moralischer Realismus" (Kohlberg, 1976, 1984) gekennzeichnet. Die moralische Beurteilung einer Handlung wird auf dieser Entwicklungsstufe als eine der Handlung inhärente und unveränderliche Qualität angesehen. Moralische Urteile gelten daher auf dieser Entwicklungsstufe als selbst-evident, und ihre Rechtfertigung ist durch die Existenz der Regel selbst begründet. Die Setzung von Autoritäten definiert, was moralisch richtig oder falsch ist. Autoriät und moralischer Wert wiederum werden anhand kategorialer und physikalistischer Merkmale bestimmt (z. B. der Vater ist der Boss, der Vater ist stärker). (Physische) Bestrafung wird nicht nur als unvermeidbare Folge der Verletzung von Regeln und Geboten angesehen, sondern die Vermeidung von Sanktionen durch Autoritäten gilt als Grund für die Befolgung von Regeln und Geboten. Die kognitive Struktur, die dieser Stufe zugrunde liegt, ist eine egozentrische Perspektive (Kohlberg, 1976, 1984), in der die Wünsche und Interessen des Selbst dominieren.

Als Beispiel für Stufe 1 sollen die zwei im Manual dokumentierten prototypischen Argumentationen (Criterion Judgments, CJ) für die Geltung der Versprechensnorm angeführt werden (Colby et al., 1987, S. 187), die im Rahmen des Joe- bzw. Judy-Dilemmas (vgl. S. 16) thematisch wird:
(Es ist wichtig, ein Versprechen zu halten)
- weil man sonst lügen würde (CJ 1);
- weil man sonst bestraft wird (CJ 2)

In diesen Beispielen kommen die Regelorientierung in der globalen negativen Bewertung eines Regelverstoßes sowie der Sanktionsaspekt zum Ausdruck.

Die Übergangsstufe 1-2 ist dadurch gekennzeichnet, daß physische Strafe nicht mehr als automatische Folge der Handlung, sondern nur als möglich betrachtet wird:
(Es ist wichtig, ein Versprechen zu halten)
- weil man sonst verhauen, geschlagen, bestraft werden könnte (CJ 3).

Die Stufe 2 des moralischen Urteils wird als individualistisch und instrumentell definiert (Kohlberg, 1976, 1984). Der moralische Realismus der vorangegangenen Stufe wird durch einen moralischen Relativismus abgelöst. Was moralisch richtig ist, definiert sich aus der Situation und der Perspektive des jeweiligen Handelnden. Interessen anderer, die mit den eigenen konfligieren, können zwar wahrgenommen werden, doch haben Handelnde das primär pragmatische Motiv, die Befriedigung der eigenen Interessen zu maximieren und negative Konsequenzen für das Selbst zu vermeiden: "The assumption that the other is also operating from this premise leads to an emphasis on instrumental exchange as a mechanism through which individuals can coordinate their actions for mutual benefit" (Colby et al., 1987, S. 26). Die kognitive Struktur dieser Stufe besteht in der Fähigkeit zur Differenzierung und zur teilweisen Koordination konkreter individualistischer Perspektiven.

Als Beispiel für Argumentationen der Stufe 2 zur Versprechensnorm wird lediglich ein prototypisches Beispiel angegeben (Colby & Kohlberg, 1987, S. 188):
(Ein Versprechen muß gehalten werden)
- damit auch der andere sein Versprechen hält oder dir etwas dafür gibt; ODER weil man später vielleicht einmal etwas von dem anderen haben will; ODER weil andere einen sonst ärgern oder böse auf einen werden (CJ 6).

In diesen Argumenten kommen die Gesichtspunkte des instrumentellen Austauschs sowie der Vermeidung negativer selbstbezogener Konsequenzen zum Ausdruck. Interessant sind in diesem Zusammenhang zwei Formen der Argumentation zur Eigentumsnorm (Joe/Judy-Dilemma) und zur Norm des Lebens (Heinz-Dilemma, in dem es darum geht, ob ein Ehemann ein Medikament stehlen soll, welches seine Frau zum Überleben braucht), die ebenfalls die instrumentalistische Struktur des Urteils verdeutlichen sollen:
(Joe soll dem Vater das Geld nicht geben)
- weil Joe traurig sein wird, wenn er nicht ins Ferienlager gehen kann (CJ 5);
(Heinz soll das Medikament stehlen)
- wenn er seine Frau braucht, sie gern hat oder liebt oder möchte, daß sie am Leben bleibt (CJ 7).

In beiden Fällen werden Gefühle als instrumentell-egoistisch interpretiert und von den auf Stufe 3 geäußerten genuin empathischen Gefühlen abgehoben: "...not to confuse this self-interested conception with the Stage 3 conception of the relationship in terms of unique affectional ties or loving concern" (ebda, S. 17). Ein Beispiel für eine solche genuine Beziehungsorientierung der Stufe 3 ist die Aussage, daß Heinz das Medikament stehlen soll, "weil er sich ihr/ihm (Ehefrau oder nahestehende Person) so nahe fühlt" (S. 23).

Eine nicht-instrumentelle Form der affektiven Beziehung auf der Stufe 2 ist nicht möglich und Aussagen, die positive alter-bezogene Gefühle ausdrücken, werden in einem instrumentellen Sinne (um)interpretiert. Aus dieser Unterscheidung instrumenteller und empathischer Gefühle folgt auch, daß solche Aussagen, die nicht zwingend unterschiedliche kognitive Organisationsformen repräsentieren (beispielsweise "love" vs. "feeling close") aufgrund ihres motivationalen Gehaltes unterschiedlichen Stufen des moralischen Urteils zugewiesen werden müssen.

Weitaus mehr Beispiele von Argumenten zur Versprechensnorm werden der Übergangsstufe 2-3 zugeordnet. Dies ist überraschend, wenn man bedenkt, daß die vollen Stufen nach Kohlberg "strukturierte Ganzheiten" bilden und das Denken sich daher auf vollen Stufen und nicht auf Übergangsstufen stabilisieren sollte. Die Zwischenstufe 2-3 ist einerseits durch die instrumentelle Orientierung der Stufe 2 gekennzeichnet, besitzt andererseits aber bereits Merkmale der höheren Stufe 3, auf der gemeinsame Gefühle und Erwartungen, prosoziale

Motive und eine Werthaltung, die Beziehungen um ihrer selbst willen kultiviert, eine dominante Rolle für die Bewertung der moralischen Richtigkeit von Handlungen spielen:
(Es ist wichtig, ein Versprechen zu halten)
- damit man seine Freunde behält; ODER weil man einem sonst nicht glaubt oder vertraut; ODER weil man nicht als falsch gelten will (CJ 8);
- weil derjenige, dem man etwas versprochen hat, Erwartungen oder Hoffnung hat; ODER weil der andere sich darauf freut, was ihm versprochen wurde oder weil er sich sonst im Stich gelassen fühlen würde (CJ 9);
- weil, wenn man ein Versprechen hält, der andere da sein wird, wenn man ihn braucht (CJ 10);
- weil einen sonst das schlechte Gewissen quält oder plagt (CJ 11).

Während in einigen dieser Beispiele eine pragmatisch-instrumentelle Orientierung zum Ausdruck kommt, lassen sich jedoch nach unserer Ansicht andere Beispiele diesem Konzept nicht zwingend subsumieren. Dies gilt insbesondere für die Argumente, in denen die Glaubwürdigkeit und Zuverlässigkeit der Person angesprochen werden (CJ 8). Dieser Problematik scheinen sich auch Colby et al. (1987, S. 200) bewußt zu sein, denn sie geben im Hinblick auf diese Argumente die Anweisung, sie dann auf Stufe 3 zu kodieren, wenn sie keine instrumentelle Bedeutung haben. Was als instrumentell oder nicht-instrumentell anzusehen ist, wird allerdings nicht weitergehend expliziert. Den Beispielen läßt sich entnehmen, daß die Aussage "niemand wird dir mehr vertrauen" als instrumentelle Variante der Vertrauensnorm gilt, während die Aussage "der Vater bricht das Vertrauen" als nicht-instrumentelle Variante der Stufe 3 zugeordnet wird.

Nach Kohlberg (1976, 1984) versteht sich die Person auf Stufe 3 des konventionellen moralischen Urteils als Teil eines sozialen Systems. Kognitive Grundlage dafür ist die Integration der separaten individuellen Perspektiven in eine "Perspektive der dritten Person" bzw. "eine Perspektive der Beziehung". Der Stufe 3 sind alle Aussagen zugeordnet, die anzeigen, daß die Person sich als Teil von Beziehungen und als Träger sozialer Rollen versteht. Die sozialen Beziehungen beruhen auf der gegenseitigen Anerkennung von positiven Normen, die das Zusammenleben regulieren. Dazu gehören Vertrauen, Respekt, Loyalität und Dankbarkeit. "The primacy of shared norms at stage 3 entails an emphasis on being a good, altruistic, or prosocial role occupant and on good or bad motives as indicative of general personal morality" (Colby & Kohlberg, 1987, S. 27).

Der Stufe 3 werden in bezug auf die Versprechensnorm die folgenden prototypischen Beispiele zugeordnet (S. 188):
(Es ist wichtig, ein Versprechen zu halten)
- um anderen seinen guten Charakter zu zeigen oder um einen guten Eindruck zu hinterlassen; ODER damit andere keinen schlechten Eindruck, Bild oder Meinung von dir gewinnen (CJ 16);

- weil man sonst die Gefühle des anderen verletzt oder zeigt, daß man sich nicht um den anderen kümmert; ODER weil der andere sich sonst unwichtig oder nicht ernst genommen fühlt (CJ 17);
- um eine gute und dauerhafte Beziehung zu haben; ODER weil man das Vertrauen des anderen nicht zerstören sollte (CJ 18);
- weil man sich dann innerlich gut fühlt oder weil man sich sonst innerlich schlecht fühlt (CJ 19).

Diese Beispiele gelten einerseits als Indikatoren einer nicht-instrumentellen Wertschätzung von Personen und Beziehungen und andererseits als Indikatoren einer "Internalisierung" von sozialen Normen, die die Person für verbindlich hält. Ein Vergleich von Argumenten der Stufe 2-3 mit denen der Stufe 3 wirft unserer Ansicht nach ebenfalls gewisse Probleme auf. So lassen sich die Aussagen "niemand wird dir mehr glauben" (Stufe 2-3) oder "damit andere keinen schlechten Eindruck von dir gewinnen" (Stufe 3) zwar im Hinblick auf die kognitiv-strukturelle Qualität der Aussage unterscheiden, doch kommt in beiden Aussagen gleichermaßen ein utilitaristischer Gesichtspunkt der Berücksichtigung möglicher Folgen der Verletzung der moralischen Regel zum Ausdruck, die entweder gleichermaßen als instrumentell oder auch als nicht-instrumentell bewertet werden müssen oder können.

Ein weiteres Problem wirft der Vergleich der Aussagen zum Gewissen auf. Hier wird eine eher externalisierte (dein schlechtes Gewissen würde dich quälen oder plagen) und eine internalisierte Variante (man fühlt sich innerlich gut oder schlecht) unterschieden. Abgesehen von der Problematik dieser Distinktion entsteht wie bei verschiedenen anderen Aussagen auch die Frage, wie eine Aussage kodiert werden müßte, wenn sie kognitiv weniger komplex ausgedrückt wird. So zum Beispiel: "man würde sich schlecht fühlen" anstatt "man würde sich innerlich schlecht fühlen" oder "der andere wäre traurig" anstatt "der andere würde sich dadurch unwichtig oder nicht ernst genommen fühlen". In diesen Beispielen hätte die kognitiv weniger komplexe Form keinen Platz auf der vorangegangenen Stufe, da sie mit der Motivstruktur dieser Stufe nicht übereinstimmt. Das gleiche gilt für alle Aussagen, in denen nicht-instrumentelle, prosoziale oder altruistische Motive oder Gefühle in einer kognitiv weniger komplexen Form zum Ausdruck kommen. Sie müssen - wie bereits oben im Hinblick auf die Stufe 2 angesprochen - auch dann der Stufe 3 zugeordnet werden, wenn sie nicht als generalisierte Normen thematisch werden.

EMPIRISCHE BEFUNDE ZUM PRÄKONVENTIONELLEN MORALISCHEN URTEILEN: BESTÄTIGUNGEN UND KRITIKEN

Im folgenden soll diskutiert werden, inwieweit die theoretischen Annahmen und empirischen Befunde durch Forschungen in und außerhalb der Kohlberg-Tradition gestützt werden. Die Literatur zur Theorie der moralischen Entwicklung nach Kohlberg läßt deutlich werden, daß sich zahlreiche kritische Erörterungen dieser Theorie vorzugsweise auf das postkonventionelle moralische Denken - Stufen 5 und 6 des moralischen Urteils - gerichtetet haben. Die Stufen 1 bis 4 des präkonventionellen und konventionellen Urteils gelten dagegen weitgehend als bestätigt. Dies zeigen beispielsweise die umfassenden Darstellungen der kulturspezifischen wie auch kulturvergleichenden Arbeiten (Eckensberger, 1983; Edwards, 1981; Rest, 1983; Snarey, 1985). Eine Sichtung der Ergebnisse zeigt aber auch, daß Untersuchungen des konventionellen moralischen Denkens überrepräsentiert sind gegenüber solchen, die die Stufen 1 und 2 des präkonventionellen moralischen Urteils belegen. Diesem eher defizitären Bild entspricht auch ein Defizit in Kohlbergs eigenem Material. Eine Sichtung des Auswertungsmanuals zeigt, daß die Stufen der präkonventionellen Moral durch weitaus weniger Standard-Argumente repräsentiert sind als die höheren Entwicklungsstufen.

Die mangelhafte empirische Beweislage resultiert auch aus der eher geringen Anzahl von jüngeren Probanden, die für die Konzeptualisierung der präkonventionellen Stufen zur Verfügung standen. Die empirische Längsschnittuntersuchung des moralischen Urteils (vgl. Colby, Kohlberg, Gibbs & Lieberman, 1983) bezog 21 Probanden im Alter von zehn Jahren ein, die beim nächsten Erhebungszeitpunkt bereits 13 oder 14 Jahre alt waren. Zudem sind - wie eine Sichtung von Kohlbergs Daten zeigt - die frühen Interviews zum moralischen Urteil mit methodischen Problemen behaftet. So wurden beispielsweise die Aussagen zum ersten Untersuchungszeitpunkt nicht im Wortlaut transkribiert, der Fragenkatalog war weniger umfassend, und die Befragung war im Vergleich zu späteren Meßzeitpunkten weniger kompetenztheoretisch orientiert.

Aus dieser Forschungslage läßt sich der Schluß ziehen, daß Kohlberg seine Theorie zwar als lebenslaufumfassende Entwicklungstheorie des moralischen Urteils verstanden hat, daß aber die Theorie eher für Jugendliche und Erwachsene überprüft worden ist als für Kinder. Insofern stellt sich die Frage nach der Gültigkeit der Theorie im Hinblick auf die adäquate Erfassung und Beschreibung der frühen Stufen des moralischen Urteils.

Aus den Arbeiten in der Kohlberg-Tradition hat sich eine Kritik der Konzeption der präkonventionellen Moral nicht ergeben. Vielmehr wurde in diesen Studien die Validität der Stufen des präkonventionellen moralischen Urteils unterstellt. Ergebnisse wurden nicht theoriekritisch interpretiert, sondern eher dem vorgegebenen theoretischen Rahmen untergeordnet. Ein Beispiel für diese Vorgehensweise ist die Studie von Gibbs und Widaman (1982), die im Rahmen der Konstruktion eines moralischen Urteilstests Kinder im Alter von 10 Jahren aufwärts einbezog. Dilemmata des Kohlberg-Typs wie auch prosoziale moralische Dilemmata wurden in dieser Untersuchung allerdings schriftlich erfaßt. Das Auswertungsverfahren definiert die Stufen 1 bis 4, die nach Gibbs die Stufen der natürlichen Moralentwicklung bilden. Die ersten beiden Stufen des moralischen Urteils werden der Theorie Kohlbergs entsprechend folgendermaßen charakterisiert: "They both lack a certain quality of reflective ideality... (which) first emerges at stage 3 as one simultaneously interpenetrates one's own perspective with another's... From the third person (overall and ideal) perspective, one constructs and experiences genuine mutuality, in general a caring for the "we-ness" of a relationship which become in themselves sufficient justifications for one's socio-moral evaluation. Further, this third-person perspective eventuates an understanding of social motivation as not necessarily limited to instrumental pragmatics. It is implicitly understood that persons may act at least in part out of an underlying stable caring for other persons and relationships as valued in their own right" (S. 24f.).

Dieses Zitat soll belegen, daß es auch im Rahmen des Ansatzes von Gibbs und Widaman schwierig ist, genuin normative oder empathische Gefühle und Motive unterhalb der Stufe 3 des moralischen Urteils zu bestimmen. Denn das Auftreten einer genuin sozialen Motivation wird an den sozialkognitiven Gesichtspunkt der Übernahme der Perspektive der dritten Person und damit einer Beziehungsperspektive gebunden.

Die Norm des Versprechens bietet nach Gibbs und Widaman ein hervorragendes Beispiel, um die stukturelle Abfolge der Argumente zu veranschaulichen: "There is a certain elegance, then, to the format for structural presentations on Contract. This elegance enables us to clearly see reflection on promise-keeping progress from absolute justifications (Stage 1), to the instrumental orientation of Stage 2 to mutualistic considerations (Stage 3)" (1982, S. 157).

Gibbs und Widaman übernehmen die Definition der Stufe 1 als einer external sanktions- und autoritätsorientierten Stufe, erweitern aber die Indikatoren für diese Stufe in einem Sinn, der sich unserer Ansicht nach nicht ohne weiteres mit Kohlbergs Definition dieser Stufe vereinbaren läßt. So werden beispielsweise Argumente, die Handlungsfolgen für die Beziehung oder für die Gefühle anderer explizieren (daß man ein Versprechen halten muß, weil die andere Person sonst mit dir nicht mehr befreundet sein möchte, weil sie sonst traurig ist oder sich schlecht fühlt), der Stufe 1 zugeordnet, obwohl hier weder eine rigide Regelorientierung noch eine physische Sanktion thematisiert wird. Vielmehr indizieren diese Beispiele bereits eine Orientierung an der Beziehung und am Wohlergehen anderer, die der Stufe 1 nicht ohne Revision der Definition zugeordnet werden kann.

Diese Argumente lassen sich auch bei Gibbs und Widaman nicht der Stufe 2 zuordnen, weil diese in Übereinstimmung mit Kohlberg als instrumentell und vergeltungsorientiert (retaliatory) bestimmt wird. "This exchanging type of perspective taking is intrinsically associated with an instrumental view of human socio-moral motivation: People should act morally if and when such actions make sense considering their enlightened self-interest, e.g., you should help a friend because otherwise stepping into a friend's shoes for a moment you can anticipate that the friend won't help you the next time you need a favor" (S. 24).

Diese Formulierung entspricht kaum der Aussage eines Kindes, wie es auch nicht eben wahrscheinlich ist, daß ein Individuum auf dieser Entwicklungsstufe im Sinne eines aufgeklärten Eigeninteresses urteilt. Die Stufenzuordnung einer solchen moralischen Urteilsstruktur wäre nach Kohlbergs Theorie ohnehin problematisch. Ein Beispiel dafür, wie Aussagen in fragwürdiger Weise mit der Theorie in Übereinstimmung gebracht werden, ist das der Stufe 2 zugeordnete Argument "you won't like yourself if you break a promise". Es wird nicht als Hinweis auf die Existenz des Gewissens, sondern als kalkulierter Vorteil interpretiert (ebda, S. 28).

Zusammenfassend folgern wir, daß Gibbs und Widaman zwar ein umfassendes und gut organisiertes Manual für die Stufen der präkonventionellen Moral vorgelegt haben, daß sie jedoch andererseits in dem von Kohlberg vorgegeben theoretischen Rahmen bleiben und folglich durch Modifikationen der Stufendefinitionen zusätzlich theoretische Unstimmigkeiten erzeugt haben.

Außerhalb der Kohlberg-Tradition sind in den letzten Jahren eine Anzahl von Untersuchungen entstanden, die Zweifel an der übergreifenden Validität der Stufen des präkonventionellen moralischen Urteils in Kohlbergs Theorie hervorrufen. So wurde bezweifelt, daß Kinder die moralische Richtigkeit einer Handlung bzw. die Geltung einer moralischen Regel ausschließlich im Hinblick auf externale Sanktionen beurteilen. Jensen und Hughston (1972) konnten zeigen, daß Kinder schon im Alter von 5 bis 6 Jahren eine Handlung als moralisch falsch beurteilen, unabhängig davon, ob diese Handlung bestraft oder belohnt wurde. Auch Turiel (1983b; Shweder, Turiel & Much, 1980) bezweifelte Kohlbergs Annahme, daß die moralische Richtigkeit einer Handlung für Kinder im präkonventionellen Stadium ausschließlich auf dem unilateralen Respekt gegenüber autoritätsgestützten Regeln beruht oder daß Kinder moralische Richtigkeit mit externalen Sanktionen gleichsetzen. Demnach beurteilen Kinder eine Handlung nicht deshalb als moralisch falsch, weil sie bestraft wird, sondern sie folgern umgekehrt, daß die Handlung bestraft wird, weil sie moralisch falsch ist. Zudem konnten Kinder bereits im Alter von fünf Jahren die Geltung einer Regel danach beurteilen, welche Folgen ihre Aufrechterhaltung oder Verletzung für das Wohlergehen anderer hat. So beurteilten Kinder solche Handlungen als moralisch unzulässig, die andere Personen verletzen oder ihnen etwas wegnehmen, das ihnen gerechterweise zusteht. Unzulässigkeit körperlicher Verletzung anderer wurde auch unabhängig davon behauptet, ob die Geltung dieser Norm durch Autoritäten gesetzt ist. So sagten bereits Kindergartenkinder, daß man einen anderen auch dann nicht schlagen oder von einer Schaukel stoßen darf, wenn die Schulordnung dies erlauben würden

Auch die Forschungen von Eisenberg (1979, 1982; Eisenberg, Boehnke, Silbereisen & Schuler, 1985) haben Belege dafür erbracht, daß jüngere Kinder in der Beurteilung prosozialer moralischer Konfliktsituationen keinesfalls ausschließlich an einer Befriedigung der eigenen Bedürfnisse orientiert sind, sondern daß sie das Wohlergehen anderer in Rechnung stellen. In den von Eisenberg vorgelegten Konfliktsituationen ging es im Vergleich zu den von Kohlberg bevorzugten Konflikten zwischen moralischen Pflichten um das Abwägen zwischen nicht-moralischen - egoistischen oder hedonistischen - und supererogatorischen-prosozialen oder altruistischen - Motiven (helfen, teilen u.a.). Im Unterschied zu den Ergebnissen Kohlbergs treten autoritäts- und straforientierte moralische Urteile in Eisenbergs Daten praktisch nicht auf. Andererseits gebrauchen bereits Vorschulkinder Argumente, die eine empathische Orientierung an den Bedürfnissen anderer zum Ausdruck bringen. Zudem erscheinen in den moralischen Urteilen bereits relativ frühzeitig stereotype interpersonale Konzepte, beispielsweise "man sollte nett sein", die Eisenberg als Teil des konventionellen Denkens der Stufe 3 in Kohlbergs Theorie interpretiert. Daraus folgert Eisenberg, daß das prosoziale Denken im Vergleich zum Denken über moralische Pflichten weiter fortgeschritten ist. Doch zeigen auch Befunde von Damon (1983), daß jüngere Kinder bei der Beurteilung gerechter Lösungen in einem Verteilungskonflikt empathisch an den Bedürfnissen anderer Personen orientiert waren.

Auf einen anderen Aspekt des moralischen Denkens jüngerer Kinder haben Nunner-Winkler und Sodian (1988) aufmerksam gemacht. In ihren Untersuchungen zeigt sich, daß bereits Vorschulkinder über ein elaboriertes moralisches Wissen verfügen und adäquate, d.h. moralische und nicht instrumentell-pragmatische Begründungen für die Validität moralischer Regeln geben konnten. Dieses Wissen geht jedoch zunächst nicht mit moralisch adäquaten Gefühlsreaktionen im Falle der Verletzung moralischer Regeln einher. So wissen zwar bereits 4jährige Kinder um die Geltung der Regel, daß man nicht stehlen darf, doch schreiben sie einer Person, die diese Regel verletzt, im Falle der Verwirklichung persönlicher Wünsche nicht Schuldgefühle, sondern positive Gefühle zu. Die Gefühlsreaktionen bestimmten sich also nicht in Hinblick auf den moralischen Gehalt der Situation, sondern im Hinblick auf die Verwirklichung persönlicher Ziele.

SCHLUSSFOLGERUNGEN ZUR VALIDITÄT DER STUFEN DES PRÄKONVENTIONELLEN MORALISCHEN URTEILS IN KOHLBERGS THEORIE

Die Analyse der empirischen Befunde zum frühen moralischen Denken diente dem Nachweis problematischer Annahmen in Kohlbergs Konzeption der präkonventionellen Moral. Sie verweisen auf ein grundlegendes Problem der Unterscheidung zwischen präkonventionellen und konventionellen moralischen Urteilen in Kohlbergs Theorie, das nach unserer Ansicht durch eine Vermischung kognitions- und motivtheoretischer Definitionskriterien der Stufen bedingt ist. Einerseits ist Kohlberg der kognitiv-strukturtheoretischen Tradition verpflichtet, in der es primär um die Explikation kognitiver Relationen im Sinne logischer Notwendigkeiten geht. Andererseits bedient er sich eines begrifflichen Repertoires, das teilweise der sozialen Lerntheorie und der Psychoanalyse entlehnt ist. So sieht er die drei Niveaus des moralischen Urteils als drei unterschiedliche Typen der Beziehung zwischen dem Selbst und den gesellschaftlichen Regeln und Erwartungen (1976, S. 33): Auf dem Niveau des präkonventionellen moralischen Urteils werden soziale Regeln und Erwartungen nicht "wirklich" verstanden; sie existieren außerhalb des Selbst. Auf dem konventionellen

Niveau dagegen hat die Person die Regeln und Erwartungen anderer, insbesondere der Autoritäten, verinnerlicht. Auf dem postkonventionellen Niveau kann die Geltung von Normen kritisch und autonom reflektiert werden. Moralische Entwicklung wird also nicht nur im Hinblick auf eine Logik der kognitiven Entwicklung definiert, sondern auch unter dem Gesichtspunkt eines Wandels von externaler zu internaler moralischer Motivation. Als Folge dieser Dichotomie von präkonventionell (external) und konventionell (internal) ist Kohlberg gezwungen, alle Argumente, die als Indikatoren genuin normativer und sozialer Motive und Gefühle gelten können, auch unabhängig vom Grad ihrer kognitiven Differenzierung und Integration der Stufe des konventionellen moralischen Urteils zuzuordnen. Dazu gehören empathische und altruistische Motive ebenso wie Schamgefühle. Diese Konfundierung führt zu Schwierigkeiten bei der Zuordnung von Aussagen zu Stufen, wenn Konzepte zwar nach dem Grad der kognitiven Organisation der Stufe 1 oder 2 zuzuordnen wären, aber in ihrem Motivgehalt diesen Stufe nicht entsprechen. Da nach den empirischen Daten das konventionelle moralische Denken erst mit dem Beginn der Adoleszenz einsetzt (Colby et al., 1983), führt Kohlbergs Theorie zu der Folgerung, daß sich Personen bis ins Jugendalter nicht als Teil sozialer Beziehungen verstehen und die Geltung moralischer Normen ausschließlich unter egoistischen und instrumentellen Kriterien beurteilen - eine Folgerung, die Widerspruch hervorrufen mußte (vgl. Döbert, 1987; Gilligan, 1984; Keller, 1984, 1986; Nunner-Winkler & Sodian, 1988; Youniss, 1982).

Es erstaunt, daß in den zahlreichen Studien in der Kohlberg-Tradition kognitiv undifferenzierte empathisch-altruistische oder normative Aussagen nicht stärker ins Blickfeld traten. Es stellt sich die Frage, ob diese Aussagen, da sie der theoretischen Definition der präkonventionellen Stufen nicht entsprechen, als nicht auswertbares Material außer acht gelassen wurden oder - wie wir aufgezeigt haben - im Sinne der Theorie (um)interpretiert wurden. Eine Reanalyse von Kohlbergs Längsschnittstudie, die zur Zeit von Reuss und Becker (siehe Edelstein & Keller, 1987) vorgenommen wird, geht unter anderem dieser Frage nach.

Eine andere Frage, die sich im Zusammenhang mit einer kritischen Analyse von Kohlbergs Befunden zur präkonventionellen Moral stellt, ist die nach der Kontextabhängigkeit moralischer Argumentationen. Moralische Urteile könnten im Hinblick auf supererogatorische Verpflichtungen im Vergleich zu engeren moralischen Pflichten (vgl. Frankena, 1973) inhaltlich oder strukturell unterschiedliche Begründungen hervorrufen. Gegen diese Annahme spricht allerdings, daß Kohlberg über verschiedene Dilemmata hinweg strukturell konsistente Argumentationen fand (Colby et al., 1983) und daß Damon die von Eisenberg im prosozialen moralischen Denken nachgewiesenen empathischen Argumente auch im Zusammenhang von Gerechtigkeitsargumentationen aufzeigen konnte. Inwieweit moralische Argumentationen kontextspezifische Partialstrukturen und Entwicklungssequenzen bilden, wie dies von Damon (1980, 1983) und Turiel (1983a) vertreten wird, oder ob bereichsübergreifende Denksysteme und Organisationsformen des moralischen Denkens angenommen werden müssen, wie von Kohlberg postuliert (vgl. Keller & Edelstein, in press), ist bisher umstritten. So fordert Damon eine detaillierte entwicklungspsychologische Analyse der von Kohlberg untersuchten moralischen Normen (Versprechen, Leben, Autorität u. a.) und formuliert: "My own view is that all of Kohlberg's moral issues are potentially distinct. I see no reason to assume a priori that these separate concerns are subparts of a coherent unified "moral" system; and Kohlberg has never adequately demonstrated empirical relations between them" (1980, S. 52). Rest argumentiert ebenso pointiert für die Annahme kontextübergreifender Denkformen und folgert aus der Radikalisierung des kontextualistischen Ansatzes: "If Damon's levels indicate nothing more general and fundamental than solutions to the specific problems of positive justice and authority, then we do not have any information about children's moral thinking regarding lying, promise-keeping, fighting and self-defense, punishment, cheating on games or school-tests, being disruptive and unruly, special responsibilities to friends and kin, performing assigned chores and all the other situations in a child's life that involve moral issues" (1983, S. 604).

Döbert (1987) hat im Hinblick auf die unterschiedlichen Befunde von Kohlberg und Turiel für eine stärkere Berücksichtigung der Kontexte des moralischen Urteils argumentiert. Nach seiner Auffassung unterscheiden sich moralische Konfliktsituationen systematisch danach, welche Dimensionen für eine moralisch adäquate Konfliktlösung berücksichtigt werden müssen. So wird beispielsweise in dem Typ von Konflikt, den Turiel Kindern vorlegt (z.B. die moralische Beurteilung der Situation, in der ein Kind von der Schaukel gestoßen wird) lediglich die Gültigkeit und Generalisierung einer Regel thematisch (das Verbot der Verletzung des physischen Wohlergehens einer anderen Person). In Kohlberg-Dilemmata hingegen geht es prinzipiell um die Koordination unterschiedlicher Interessen und konfligierender moralischer Verpflichtungen. In solchen komplexeren moralischen Dilemmata müssen die unterschiedlichen Standpunkte der Betroffenen in einer Situation im Hinblick auf die jeweils relevanten konfligierenden moralischen Regeln rekonstruiert werden. Die Konfliktsituationen unterscheiden sich zudem bezüglich der Komplexität der sozialen Beziehungen, indem beispielsweise eher personale Beziehungen oder transpersonale gesellschaftliche Rollen thematisch werden. Schließlich kann argumentiert werden, daß unterschiedliche moralische Regeln unterschiedlich komplexe soziale Verstehensleistungen erfordern, etwa die Antizipation körperlicher Folgen im Falle der physischen Verletzung einer anderen Person oder psychologischer Folgen im Falle der Nicht-Einhaltung eines Versprechens (Keller, Edelstein, Adalbjarnardóttir, Eckensberger & von Rosen, 1988). Solche Gesichtspunkte sind bisher nicht in systematischer Weise untersucht worden.

Im Rahmen dieses Beitrages wird lediglich der Frage nachgegangen, ob genuin normative und beziehungsorientierte Argumente, die in Kohlbergs Definition des präkonventionellen moralischen Urteils keinen Raum haben, auch über verschiedene situative Kontexte hinweg Bestandteile des frühen moralischen Denkens sind. Die Frage nach der strukturellen

Konsistenz bzw. Variabilität des moralischen Denkens in verschiedenen situativen Kontexten bedarf einer eigenen Klärung (vgl. Keller & Wood, 1989).

EIGENE UNTERSUCHUNGEN ZUR STRUKTUR PRÄKONVENTIONELLEN MORALISCHEN DENKENS

Die hier vorgestellten empirischen Untersuchungen richten sich auf die Frage, inwieweit die frühen Entwicklungsstufen des moralischen Urteils durchgängig als external sanktionsorientiert und pragmatisch-instrumentell gekennzeichnet werden können. Wir gehen von der Annahme aus, daß bereits im frühen moralischen Denken eine genuin moralische und interpersonale Orientierung zum Ausdruck kommt und daß sich bereits junge Kinder als Teil von Beziehungen verstehen und in ihren moralischen Urteilen nicht nur auf das eigene, sondern auch auf das Wohlergehen anderer Personen und auf die Aufrechterhaltung von Beziehungen gerichtet sind. Dieser Annahme wird in den im folgenden dargestellten Untersuchungen in zwei Kontexten nachgegangen, und zwar im Kontext einer Peer-Beziehung und im Kontext einer Autoritätsbeziehung.

Entwicklung des sozio-moralischen Denkens in einem Freundschaftsdilemma: Argumentationen zu Freundschaft und Versprechen

Im Rahmen einer Längsschnittstudie mit zunächst 121 Kindern und Jugendlichen in Island wurde, beginnend im Alter von 7 Jahren und wiederholt im Alter von 9, 12 und 15 Jahren, ein Interview zu einem moralrelevanten Freundschaftskonflikt durchgeführt. In dem Dilemma ging es um eine Kollision von Verpflichtung und Eigeninteressen: der Protagonist hat dem besten Freund ein Versprechen gegeben, ihn zu besuchen und bekommt für die gleiche Zeit eine interessante andere Einladung von einem dritten Kind. Das Dilemma wurde geschlechtsspezifisch vorgegeben.

Gegenstand des Interviews waren Aspekte deskriptiver und präskriptiver sozialer Kognition (Reflexion des Problems, der Handlungsentscheidung und ihrer Motive, der Handlungsfolgen und Strategien der Behebung von Folgen sowie die Reflexion der Entscheidung unter moralischen Gesichtspunkten und allgemeine Reflexionen zur Versprechensnorm (vgl. Keller, 1984, 1986; Keller & Edelstein, 1986; Keller & Reuss, 1984).

Unter dem Gesichtspunkt der Vergleichbarkeit mit Kohlbergs Daten sind die beiden Themenkomplexe der situationsspezifischen Anwendung und der allgemeinen Geltung einer Norm relevant:
a) die Reflexion der Entscheidung unter moralischen Gesichtspunkten (Anwendung), und
b) die Frage danach, warum man ein Versprechen im allgemeinen halten muß (Geltung).

Im Hinblick auf die situationsspezifische Anwendung der Norm ist es darüber hinaus von Interesse, wann die Tatsache, daß ein Versprechen gegeben wurde, in den Argumentationen der Probanden als handlungsrelevanter Gesichtspunkt spontan aufgegriffen und berücksichtigt wird. Die Entwicklungssequenz der Argumente wurde soweit wie möglich in Anlehnung an das Auswertungsmanual von Colby et al. (1987) definiert (vgl. Keller, von Essen, Hoffmann, Krettenauer, Mönnig, Reuss, von Rosen & Schuster, 1990). Die stufenspezifische Auswertungsübereinstimmung für die einzelnen thematischen Komplexe zwischen zwei Beurteilern lag zwischen 80% und 90%.

Tabelle 1 gibt einen Überblick über die prototypischen Argumente, die den Entwicklungsniveaus zugeordnet wurden. Die transitionalen Niveaus wurden ebenfalls bestimmt, doch aus Gründen der Übersichtlichkeit werden hier lediglich Beispiele für die vollen Stufen aufgeführt.

In der Tabelle sind Argumente für den Kontext der Anwendung (Begründung, warum es als richtig beurteilt wird, zum Freund zu gehen) und den Kontext der Geltung (warum es richtig ist, ein Versprechen zu halten) aufgezeigt. Im Unterschied zu Kohlbergs Entwicklungsniveaus haben wir ein Niveau 0 bestimmt, auf dem kein Verständnis für die moralische Qualität einer Handlung besteht. Im Hinblick auf die Kategorien von Argumenten, die Niveau 1 definieren, zeigt sich, daß physische Sanktionen als moralische Urteile nicht genannt werden. Sie spielen in unseren Daten lediglich in anderen, hier nicht analysierten Kontexten eine Rolle, beispielsweise in der Reflexion von Handlungsfolgen (vgl. Keller, 1984).

Im Unterschied zu Kohlbergs Daten spielt der klassische Typ der Argumentation des Austauschs (daß es richtig ist ein Versprechen zu halten, damit der andere es auch hält) auf Entwicklungsniveau 2 keine Rolle. Die moralischen Urteile und Begründungen auf diesem Niveau zeigen vielmehr ein sich ausdifferenzierendes Handlungs-, Person- und Beziehungsverständnis an. Damit einher gehen auch Argumente, die einfachere moralische oder prosoziale und beziehungsorientierte Gefühle beinhalten. Diese Argumente wurden im Unterschied zu Kohlberg unter kognitiv-strukturtheoretischen Gesichtspunkten der Entwicklungsstufe 2 zugeordnet.

Die Argumente des Niveaus 3 sind in der Tabelle nicht dargestellt, denn unsere Befunde bestätigen die Definition der Stufe 3 in Kohlbergs Theorie, insofern sie ein generalisiertes Verständnis von Reziprozitätsnormen wie Vertrauen und Verläßlichkeit anzeigen und die Emergenz eines moralischen Selbst bzw. Vorstellungen darüber, wie man sich als vertrauenswürdige Person und als guter Freund bzw. gute Freundin zu verhalten hat.

Bezüglich der Inhalte von Argumenten innerhalb der Entwicklungsniveaus zeigt sich eine gewisse Kontextspezifität. Der Typ der rigiden Regelorientierung, der die Reflexion der allgemeinen Geltung der Norm des Versprechens auf Stufe 1 charakterisiert, tritt im Kontext der situationsspezifischen Anwendung nicht auf. In diesem Kontext werden für das moralische Urteil in den meisten Fällen die Folgen der Verletzung der Norm berücksichtigt.

Tabelle 1

Niveaus der moralischen Entwicklung im Freundschaftsdilemma

Stufe 0	Stufe 1	Stufe 2
a) Anwendung: (Es ist richtig zum Freund zu gehen) - *Unverständnis* (ich weiß nicht, darum); - *egozentrisch*/Konfundierung moralischer und hedonistischer Gründe (es ist richtig, ins Kino zu gehen, weil es Spaß macht).	a) Anwendung (Es ist richtig zum Freund zu gehen) - *Handlungsbewertung* (es ist nicht richtig/gemein, nicht zur Freundin zu gehen, es ist nett); - *Handlungsfolgen* (die Freundin ist ärgerlich, möchte nicht mehr spielen); - *Beziehung/Aktivität* (weil man gern mit der Freundin spielt).	a) Anwendung (Es ist richtig zum Freund zu gehen) - *Regel* (sie sollte/ möchte das tun was sie versprochen hat; es ist nicht fair/nicht richtig, ein Versprechen zu brechen /die Freundin zu betrügen); - *Handlungs-/Personbewertung* (sonst ist man ein Betrüger); - *Beziehung/Beziehungsfolgen* (weil man sich lange kennt, sich immer an diesem Tage trifft; weil man auch weiterhin befreundet bleiben möchte; sie würde nicht mehr ihre Freundin sein wollen, würde die Beziehung beenden); - *Alter-orientierte Folgen* (die Freundin ist traurig, verletzt, beleidigt, unglücklich); - *Ego-orientierte Folgen* (man fühlt sich schlecht/nicht gut, wenn man das Versprechen nicht hält/die Freundin betrügt).
b) Geltung: (Warum sollte man ein Versprechen halten) - *egozentrisch*/Unverständnis/tautologisch (ich weiß nicht, man muß nicht, wenn man will, darum).	b) Geltung (Warum sollte man ein Versprechen halten) - *Regel/Autorität* (es ist verboten, zu betrügen, man darf nicht betrügen); (man betrügt Gott, Gott verbietet es); - *Handlungsbewertung* (es ist schlecht/gemein ein Versprechen nicht zu halten, es ist nett).	b) Geltung - *Universelle Geltung/ persönliche Verpflichtung* (ein Versprechen ist immer ein Versprechen, wenn man es fest versprochen hat, dann muß man dazu stehen); - *Handlungsfolgen* (ego-, alter-, Beziehungsfolgen allgemeiner Art, s. unter Anwendung).

Die Alterstrends im Gebrauch der verschiedenen Entwicklungsniveaus sind in Abbildungen 1 und 2 abgebildet.

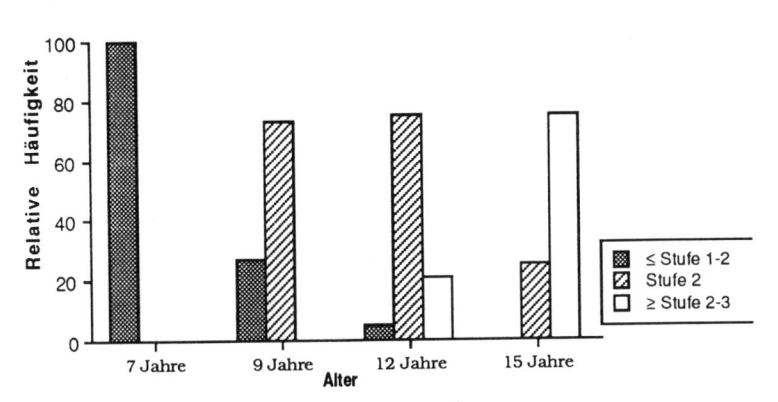

Abbildung 1. Relative Häufigkeit von Entwicklungsstufen der moralischen Bewertung der Entscheidung im Freundschaftsdilemma

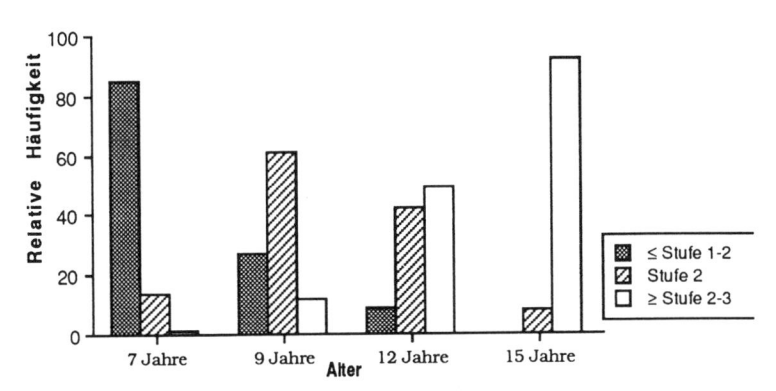

Abbildung 2. Relative Häufigkeit von Entwicklungsstufen der Reflexion der Versprechensnorm

Für den Kontext der Geltung der Norm zeigen die Verteilungen eine relativ kontinuierliche Veränderung im Gebrauch der Entwicklungsniveaus über die Altersgruppen an. Im Kontext der Anwendung der Norm ergibt sich nur ein geringer Entwicklungsunterschied zwischen den 9- und 12jährigen. Zugleich zeigt sich eine Tendenz, daß im Kontext der Reflexion der Norm des Versprechens ein höheres Entwicklungsniveau erzielt wird.

Die Ergebnisse dieser Längsschnittstudie wurden mit einer zeitlichen Verschiebung von mehreren Jahren an einer querschnittlichen Stichprobe validiert (jeweils 20 Kinder im

Alter von 7, 9 und 12 Jahren). Damit sollten die Ergebnisse der jüngeren Kinder, für die eine besonders sorgfältige Exploration notwendig ist, methodisch überprüft und sichergestellt werden, daß Veränderungen der Nachfragestrategien über die Jahre die Ergebnisse nicht beeinflußt haben. Ein Vergleich der beiden Stichproben ergab sowohl im Hinblick auf die inhaltlichen Kategorien, welche die Stufen definieren, als auch im Hinblick auf die altersspezifischen Verteilungen keine Unterschiede in der Verteilung der Argumente. Dieses Ergebnis spricht für die Stabilität der Argumentationen über eine längere Zeitspanne hinweg.

Entwicklung des sozio-moralischen Denkens in einem Eltern-Kind-Konflikt: Argumentationen zu Aufrichtigkeit, Loyalität und Versprechen

Im Rahmen der oben genannten Längsschnittstudie wurde den Probanden im Alter von 12 und 15 Jahren auch ein klassisches Kohlberg-Dilemma vorgelegt, und zwar eine leicht veränderte Form des sog. Judy-Dilemmas. In diesem Konflikt verspricht die Mutter ihrer Tochter, daß diese mit selbstverdientem Geld in ein Rock-Konzert gehen könne. Die Mutter beansprucht dann unvorhergesehen das Geld der Tochter für dringend notwendige Dinge. Die Tochter geht ohne das Wissen der Mutter dennoch in das Konzert. Für die Schwester stellt sich das Dilemma, ob sie die Mutter belügen oder ihr die Wahrheit sagen soll. Für Kohlberg sind in diesem Dilemma die kontraktuelle Norm des Versprechens und die Autoritätsnorm (Elternbeziehung) zentral, während der Aspekt der Loyalität in der Geschwisterbeziehung zwar im Interview thematisch, aber in der Auswertung nicht berücksichtigt wird.

Eine Auswertung der Interviews nach dem "Standard Scoring Manual" (Colby et al., 1987) zeigte, daß sich gewisse prototypische Argumente der Stufe 1 und 2 auch in den Interviews der isländischen Kinder fanden. Zugleich jedoch fanden sich auch interpersonal-beziehungsorientierte und normative Aussagen der Art, wie sie in den Argumentationen zum Freundschaftsdilemma und Versprechenskonzept zum Ausdruck kamen. In Tabelle 2 sind die stufenspezifischen Argumente wiederum für zwei Kontexte dargestellt: situationsspezifische moralische Entscheidung (es ist richtig/nicht richtig, die Mutter zu informieren) und Autoritätsnorm (was ist das Wichtigste in der Eltern-Kind-Beziehung). Es sollte zumindest angemerkt werden, daß der Kontext der Geltung - entgegen Kohlbergs eigenen Intentionen - nicht im strengen Sinne präskriptive Reflexionen erfragt.

Nach den Beispielen des Auswertungsmanuals (Colby et al., 1987) bestimmt sich das Entwicklungsniveau 1 der Autoritätsnorm über physische Merkmale von Autorität (die Mutter ist der Boss, ist stärker), physische Sanktionen und Gehorsam. Im Unterschied dazu haben wir auch solche Argumente der Stufe 1 zugeordnet, die in einer simplen Form eine normative Orientierung (sie darf/soll nicht lügen) oder eine Beziehungsorientierung (weil es ihre Mutter ist) ausdrücken. Im Unterschied zu Kohlbergs Definition der Stufe 2, wo-

Tabelle 2

Entwicklungsstufen des moralischen Urteils im Kohlberg-Dilemma

Stufe 1	**Stufe 2**
1. Anwendung 1.1. (Es ist richtig die Mutter zu informieren) – *normativ/Autorität* (weil die Mutter es ihr nicht erlaubt hatte, weil sie gehorchen sollte); – *Handlungsbewertung* (es ist nicht richtig/nicht nett/gemein die Mutter anzulügen/zu lügen); – *Beziehung* (weil es ihre Mutter ist).	1. Anwendung 1.1. (Es ist richtig die Mutter zu informieren) – *normativ* (sie sollte die Mutter nicht so betrügen; sie würde sich schlecht fühlen, wenn sie ihre Mutter betrügen würde); – *Beziehung* (die Mutter würde sich Sorgen machen; es wäre nicht schön, wenn die Mutter herausfinden würde, daß die Tochter gelogen hat).
1.2. (Es ist nicht richtig, es der Mutter zu sagen) – *normativ* (weil die Mutter es ihr versprochen hatte); – *Beziehung* (weil ihr die Schwester sonst böse ist).	1.2. (Es ist nicht richtig, es der Mutter zu sagen) – *normativ* (es ist unfair, wenn eine Mutter ihr Versprechen so bricht/die Mutter sollte zu ihrem Versprechen stehen, sonst ist es Betrug/die Tochter ist enttäuscht); – *Beziehung* (weil sie Geschwister/Freunde sind /weil sie ihrer Schwester helfen/sie beschützen möchte).
2. Geltung 2.1. (Was ist das Wichtigste in der Eltern-Kind-Beziehung) – *Autorität/Sanktion* (Kinder sollen Eltern gehorchen/Eltern sollen Kinder nicht bestrafen); – *Beziehung/physische Interaktion* (Eltern/Kinder sollen nett sein/sollen miteinander Dinge tun).	2. Geltung 2.1. (Was ist das Wichtigste in der Eltern Kind-Beziehung) – *Beziehung* (daß sie sich gern haben/gut verstehen; daß sie miteinander Zeit verbringen/zusammen sind; daß zwischen ihnen alles gut ist).
2.2. (Was ist das Wichtigste in der Beziehung von Geschwistern) – *Beziehung/physische Interaktion* (daß sie nett zueinander sind/ miteinander spielen; daß sie sich nicht schlagen/streiten).	2.2. (Was ist das Wichtigste in der Beziehung von Geschwistern) – *Beziehung* (daß sie sich helfen/unterstützen/füreinander da sind/ daß sie Freunde sind/bleiben).

nach sich auch die Eltern-Kind-Beziehung ausschließlich über instrumentelle Bedürfnisse und instrumentellen Austausch definiert, haben wir unter kognitiv-strukturtheoretischen Gesichtspunkten wiederum genuin normative und Beziehungsargumente dieser Stufe zugeordnet (beispielsweise: Sie soll es der Mutter sagen, weil sie sonst traurig ist/sich Sorgen macht).

In einem Vergleich dieser von uns aufgefundenen "alternativen Argumente" mit den Standardbeispielen des Kohlberg-Manuals hat von Rosen (1987) nachgewiesen, daß es berechtigt ist, diese alternativen Gründe unter kognitiv-strukturtheoretischen und sequenzlogischen Gesichtspunkten der Stufe 2 zuzuordnen. Damit ergibt sich zugleich eine 'Bereinigung' der Stufe 3, der nur noch die Argumente zugeordnet werden, die eine Beobachterperspektive beinhalten.

Die Alterstrends im Gebrauch der Entwicklungsniveaus sind in den Abbildungen 3 und 4 dargestellt.

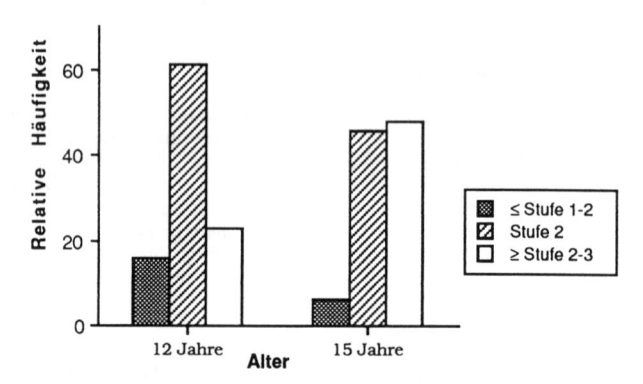

Abbildung 3. Relative Häufigkeit von Entwicklungsstufen der moralischen Begründung der Entscheidung im Autoritätsdilemma

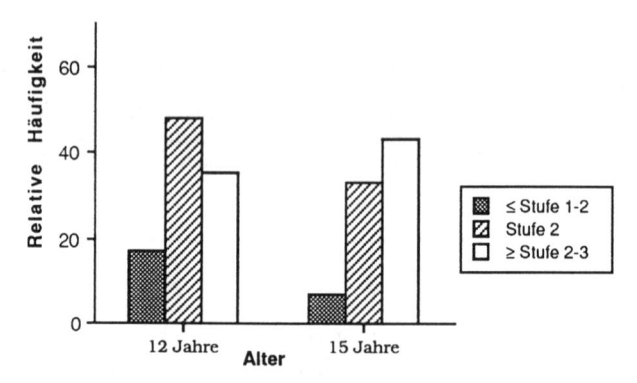

Abbildung 4. Relative Häufigkeit von Entwicklungsstufen in der Reflexion der Autoritätsnorm

In beiden Kontexten wird die Stufe 2 zwar von den 12jährigen am häufigsten gebraucht, doch finden sich auch bei den 15jährigen noch beinahe gleichviele Argumente auf der Stufe 2 wie auf Entwicklungsstufen oberhalb der Stufe 2. Im Hinblick auf einen kontextübergreifenden Vergleich fällt auf, daß die 15jährigen im Freundschaftsdilemma und in der Reflexion der Versprechensnorm höhere Entwicklungsniveaus erlangen als im Autoritätsdilemma und der Reflexion der Autoritätsnorm. Unsere Daten deuten also auch auf kontextspezifische Variabilität der Entwicklungsniveaus hin.

In einem kulturspezifischen Vergleich sind wir der Frage nachgegangen, ob die bei den isländischen Probanden aufgewiesenen alternativen Argumente der Stufe 2 auch bei deutschen Probanden nachgewiesen werden können. Für diese Analyse wurden Daten aus einer Studie von Eckensberger und Burgard (1985) herangezogen. In Interviews zum Joe-Dilemma - einer Parallele zum Judy-Dilemma -, die im Gesamtwert der Stufe 2 zugeordnet worden waren, konnten solche alternativen Argumente ebenfalls nachgewiesen werden (Keller, Eckensberger & von Rosen, 1989).

In einer weiteren Untersuchung sind wir der Frage nachgegangen, ob die klassischen instrumentellen Argumentationen der Stufe 2 möglicherweise bei jüngeren Kindern häufiger auftreten (Keller, Adalbjarnardóttir & von Rosen, 1988). Dafür wurden jeweils 20 Kinder im Alter von 7 und 9 Jahren mit dem Judy-Dilemma untersucht. Diese Interviews wurden gemeinsam mit 25 zufällig ausgewählten Interviews der 12jährigen Probanden im Hinblick auf die inhaltsspezifische Verteilung der Argumente der Stufe 2 nach alternativen bzw. prototypischen Argumenten analysiert. Abbildung 5 zeigt erwartungsgemäß, daß die Antworten auf Stufe 2 über die Altersgruppen ansteigen. Der Anteil der alternativen Argumente am Gesamt der Antworten der Stufe 2 ist jedoch in allen Altersgruppen deutlich höher als der Anteil der prototypischen Kohlberg-Argumente. Von den jüngeren Kindern werden

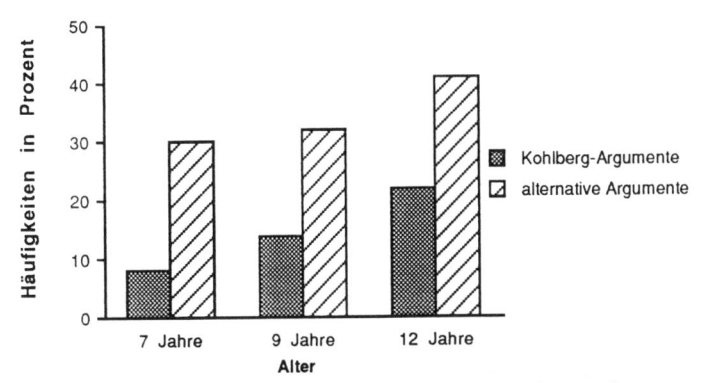

Abbildung 5.   Verteilung der inhaltsspezifischen Argumente der Stufe 2

die alternativen Argumente sogar häufiger gebraucht als die prototypischen Kohlberg-Argumente. Anders formuliert, nimmt der Anteil der Kohlberg-Argumente bis zum Alter von 12 Jahren zu. Vergleicht man die Dilemma-Kontexte, zeigt sich, daß die prototypischen Kohlberg-Argumente der Stufe 2 in der Reflexion des Autoritätsdilemmas und der Autoritätsnorm eine größere Rolle spielen als in der Reflexion des Freundschaftsdilemmas und der Versprechensnorm.

Ein weiterer Aspekt soll hier kurz angedeutet werden. Er hat in bisherigen Untersuchungen keine Aufmerksamkeit gefunden, obwohl anzunehmen ist, daß er insbesondere in der Untersuchung von jüngeren Kindern ein Rolle spielt. In den Argumentationen zeigt sich, daß die 7jährigen, aber auch teilweise die älteren Kinder nicht eindeutig einen moralischen Standpunkt einnehmen. Die präskriptive Frage (was jemand tun soll) wurde häufig deskriptiv beantwortet (was jemand tun wird/würde). Dieses Phänomen ist, wie Kohlbergs eigene Interviews zeigen, auch noch bei Jugendlichen und Erwachsenen zu beobachten. Es scheint, daß die Frage nach dem "sollen" nicht notwendigerweise moralisch, sondern auch pragmatisch verstanden wird. Die Antwort "Judy soll x oder y tun" impliziert daher nicht zwingend einen moralischen Gesichtspunkt. Umgekehrt kann eine deskriptive Aussage "Judy wird x oder y tun" durchaus moralische Gesichtspunkte enthalten. Nach Kohlbergs Kodieranweisungen dürfen solche deskriptiven Aussagen für die Auswertung nicht berücksichtigt werden. Unserer Ansicht nach ist es jedoch unberechtigt, solche Aussagen unter dem Gesichtspunkt moralischer Reflexionen von vornherein aus der Analyse auszuschließen, denn sie geben insbesondere bei jüngeren Probanden wichtige Hinweise auf moralisches Verstehen.

SCHLUSSFOLGERUNGEN

Aufgrund unserer Studien lassen sich folgende Schlußfolgerungen über die frühen Formen moralischen Denkens ziehen:

a) Stufe 0: Es gibt ein prämoralisches Denken, in dem die Geltung der Versprechensnorm zumindest im Hinblick auf die Begründung und situationsspezifische Anwendung noch nicht evident ist. Dieses Denken ist aber der ersten Stufe des moralischen Urteils nach Kohlberg noch vorgeordnet.

b) Stufe 1: Das frühe moralische Denken ist nicht durchweg als präkonventionell bzw. vormoralisch zu verstehen. Im Hinblick auf Stufe 1 bestätigen unsere Daten die Annahme, daß Kinder die moralische Richtigkeit einer Handlung nicht aus der Verhängung von Strafen ableiten. Strafe wird vielmehr als die Folge einer Regelverletzung gesehen. Dies gilt insbesondere für Regelverletzungen in der Eltern-Kind-Beziehung, in der durch die Autoritätsstruktur der Möglichkeit von Sanktionen größeres Gewicht zukommt. In Übereinstimmung mit Piaget und Kohlberg zeichnet sich das frühe moralische Denken dadurch aus, daß die Geltung von Regeln nicht weitergehend - es sei denn durch die Berufung auf höchste Autoritäten (beispielsweise auf Gott oder auch Eltern) - begründet werden können. Diese Ergebnisse widersprechen den Befunden Turiels, nach denen bereits 3- bis 5jährige Kinder ihr moralisches Denken an den Folgen einer Handlung für das Wohlergehen anderer orientieren. Die Widersprüche lassen sich dann erklären, wenn man berücksichtigt, daß Turiel gegenüber Kohlberg einen speziellen Regeltyp, nämlich das Verbot der körperlichen Verletzung, untersucht hat. Moralische Regeln der Art, daß man seine Versprechen halten soll oder nicht lügen soll, die in den von uns ausgewählten Dilemmata thematisch werden, haben hingegen einen "psychologischen" Gehalt. Das Verständnis dieser Regeln und die Antizipation von Folgen ihrer Verletzung (daß jemand traurig, betroffen ist) erfordert voraussetzungsvollere sozial-kognitive Verstehensleistungen als die unmittelbare Vorstellung einer körperlichen Reaktion (daß etwas wehtut).

c) Stufe 2: Gravierender sind die Folgerungen, die sich aus unseren Befunden für die zweite Entwicklungsstufe in Kohlbergs Theorie ergeben. Der klassische Typ der instrumentellen Reziprozität spielt keine Rolle in den Argumentationen zum Freundschaftsdilemma und zur Versprechensnorm. Die instrumentelle Reziprozität kann daher allenfalls als ein Untertypus, aber keinesfalls als der dominante bzw. universelle Typ moralischen Urteilens gelten. Demgegenüber müssen Argumente auf dieser Entwicklungsstufe sowohl als genuin moralisch wie auch als beziehungsorientiert interpretiert werden. Weder die normative Orientierung noch die Orientierung am Wohlergehen anderer und an der Aufrechterhaltung von Beziehungen lassen sich auf ein instrumentelles Eigeninteresse reduzieren. Vielmehr ist anzunehmen, daß Personen immer schon in soziale Beziehungen eingebettet wahrgenommen werden und daß sich die Geltung von Regeln sozialer Interaktion - für die die Versprechensnorm prototypisch steht - an den Folgen von Handlungen für selbst und andere und an den für die Aufrechterhaltung von Beziehungen grundlegenden Standards bemißt. Die Argumente auf dieser Stufe transzendieren folglich die individuelle und isolierte Perspektive, die Kohlberg der Stufe 2 zugrundelegt. Vielmehr werden Personen als in Beziehungen stehend wahrgenommen, wobei die Handlungen einer Person das psychische Wohlbefinden der anderen fördern oder beeinträchtigen können (vgl. Youniss, 1982). Das empathische Bewußtsein von der Betroffenheit des anderen und die Folgen für die Beziehungen im Falle einer Normverletzung sind bedeutsame Gründe für die Aufrechterhaltung von Normen bereits auf diesem Entwicklungsniveau. Unsere Daten weisen hin auf die Notwendigkeit der Berücksichtigung von Kontexten sowohl unter inhaltlichen wie auch unter strukturellen Gesichtspunkten.

Die Daten zeigen, daß instrumentelle Argumente der Stufe 2 im Freundschaftsdilemma und in der Reflexion der Geltung der Versprechensnorm keine Rolle spielen. Im Autoritätsdilemma hingegen werden diese Argumente durchaus gebraucht, wenn auch nicht dominant oder gar ausschließlich, wie Kohlberg postuliert. Auch scheint der Typus der untersuchten Regel und Konfliktsituation für die Art der Argumente von größerer Bedeutung zu sein als Kohlberg dies annimmt. So hängt es offensichtlich auch von der Art der Regel ab, ob in der Begründung der Notwendigkeit ihrer Einhaltung eine rigide Regelorientierung zum Ausdruck kommt oder eine empathische Antizipation von unmittelbaren Handlungsfolgen. So wird rigide Regelorientierung durch die Norm, daß man ein Versprechen halten soll, hervorgerufen, empathische Antizipation der Folgen durch die Regel, daß man eine Person nicht schlagen darf, und Sanktionserwartungen im Hinblick auf die Regel, daß man nicht stehlen darf. Andererseits muß berücksichtigt werden, ob die allgemeine Geltung einer Regel reflektiert wird, oder ob die Regel in einen situativen Kontext eingebettet und in dieser spezifisch situativen Anwendung thematisch wird. So deuten unsere Befunde darauf hin, daß die rigide Regelorientierung als Argument eher dann auftritt, wenn die Reflexion sich auf die allgemeine Gültigkeit der Regel richtet, während die situationsspezifische Anwendung der Regel eher unter Berufung auf die Folgen geschieht. Auch unter strukturellen Gesichtspunkten deuten unsere Ergebnisse auf größere Variabilität der Argumentationen über Kontexte hin als dies Kohlbergs Daten nahelegen. Die Frage nach der Kontextspezifität der Argumente bedarf der Klärung in weiteren Untersuchungen.

Insgesamt lassen diese Ergebnisse auch einen methodologischen Schluß zu. De facto kommt dem Standard-Kodier-Manual eine Immunisierungsfunktion gegen eine kritische Theorierevision zu, denn theoriewidrige Argumente müssen beim Kodieren gemäß den Vorschriften des Manuals unberücksichtigt bleiben oder werden einer höheren Entwicklungsstufe als angemessen zugeordnet. Andererseits stellen unsere Befunde den universellen Gültigkeitsanspruch zentraler Annahmen der Theorie noch nicht in Frage. Wir wissen gegenwärtig nicht, ob es sich bei den von uns aufgefundenen Argumenten um kulturspezifische Variationen moralischer Argumentationen handelt. Aufgrund der mangelhaften Datenlage für die Stufen des präkonventionellen moralischen Urteils läßt es sich nicht aufklären, ob die von uns aufgefundenen Argumente auch von amerikanischen Probanden gebraucht werden. Wie bereits angedeutet, eignet sich Kohlbergs Untersuchung für eine solche Reanalyse nur bedingt, weil die präkonventionellen Stufen unterrepräsentiert sind und wörtliche Transkriptionen fehlen. Deshalb führen wir im Augenblick auch eine Untersuchung in den USA durch, mit dem Ziel universelle und differentielle Aspekte moralischen Urteilens aufzuklären.

Die Berechtigung, inhaltlich heterogene Argumente als unterschiedliche Typen einer Entwicklungsstufe zu bestimmen, muß im Rahmen einer Strukturanalyse der sozio-moralischen Argumente begründet werden. Diese Strukturanalyse nehmen wir - im Unterschied zu Kohlberg - in einem handlungstheoretischen Rahmen vor.

EINE HANDLUNGSTHEORETISCHE REKONZEPTUALISIERUNG DER STUFEN DES PRÄKONVENTIONELLEN MORALISCHEN URTEILS

Für eine angemessene Definition der frühen Entwicklungsstufen des moralischen Urteils ist es unerläßlich, eine genuin normative Dimension und eine Dimension von Empathie und Loyalität in die Konzeption von Stufen der frühen Moralentwicklung aufzunehmen. Eine solche Erweiterung ist im Rahmen von Kohlbergs Definition insbesondere auf der Stufe 2 dieser Entwicklungsstufen nicht möglich. Wir haben eine solche Neubestimmung der ersten beiden Entwicklungsstufen moralischen Denkens im Rahmen der handlungstheoretischen Ansätze von Eckensberger (1983; Eckensberger & Burgard, 1986) und Keller und Reuss (1984; Keller & Edelstein, in press; Reuss & Becker, 1990) vorgenommen (Keller et al., 1989). Danach impliziert sozio-moralische Entwicklung das Verständnis, daß Personen in sozialen Auseinandersetzungen konfligierende Intentionen, Motive, Ziele und Konsequenzen grundsätzlich konsensorientiert verhandeln müssen. Moralische Regeln definieren solche Standards des Handelns und Formen der Konfliktregulation, mittels derer den berechtigten Interessen aller am Konflikt beteiligten Interaktionspartner Rechnung getragen werden soll. Indem die Person beginnt, sich als Teil von sozialen Beziehungen und als intentionales und verantwortliches Selbst zu verstehen, entsteht auch ein zunehmendes Verständnis für den psychologischen Gehalt von Handlungen und Situationen im Hinblick auf Motive, Gefühle, Intentionen, Handlungsziele und kurz- und längerfristigen Handlungsfolgen. Dieses psychologische Verständnis bildet die Grundlage der Beurteilung von Handlungen und Personen unter moralischen Gesichtspunkten, d.h. Handlungen und Handlungsfolgen werden moralisch im Hinblick darauf beurteilt, inwieweit sie den berechtigten Interessen, Erwartungen und Gefühlen anderer Rechnung tragen.

Auf Stufe 1 besteht zwar ein Verständnis für die Geltung moralischer Regeln, doch ist der psychologische Gehalt dieser Regeln im Hinblick darauf, aufgrund welcher sozialer Bedingungen solche Regeln ihre Soll-Geltung erfahren und welche Folgen mit ihrer Verletzung einhergehen, nur begrenzt einsichtig.

Auf Stufe 2 differenziert sich der psychologische Gehalt der Regeln im Sinne eines zunehmenden Handlungs- und Personverständnisses aus. Das Individuum erkennt, daß moralische Verfehlungen anderen einen Schaden zufügen, berechtigte Empörung oder Trauer auslösen und damit die Aufrechterhaltung der Beziehung gefährden. Entsprechend löst die Verletzung moralischer Regeln negative Gefühle im Selbst aus, die die Basis für die Entwicklung des moralischen Selbst bilden, wie es auf Stufe 3 des konventionellen moralischen Urteils zum Ausdruck kommt. Eine Definition der Stufe 2 des moralischen Urteils unter Berufung auf das Konzept des instrumentellen Austauschs ist zu eng, um die moralische Entwicklung, die sich bereits auf dieser Stufe vollzogen hat, angemessen zu beschreiben. Die interpersonale und moralische Orientierung, die Kohlberg als Kennzeichen einer konventionellen Moral beschreibt, entsteht nicht plötzlich und unvorbereitet. Dies bedeutet auch, daß Moral sich nicht aus außermoralischem Denken entwickelt, sondern daß von Beginn der reflexiven Entwicklung an eine genuin moralische Dimension des Normverständnisses, der Empathie und Loyalität besteht (vgl. auch Döbert, 1987), deren stufenspezifische Transformationen jenen Prozeß repräsentiert, den wir als Entwicklung des moralischen Urteilens begreifen.

LITERATUR

Colby, A., Kohlberg, L., Gibbs, J. & Lieberman, M. (1983). A longitudinal study of moral judgment. *Monographs of the Society for Research in Child Development, 48* (1-2, Serial No. 200).

Colby, A. & Kohlberg, L. (1987). *The measurement of moral judgment: Vol. 1. Theoretical foundations and research validation.* New York: Cambridge University Press.

Colby, A., Kohlberg, L., Speicher, B., Hewer, A., Candee, D., Gibbs, J. & Power, C. (1987). *The measurement of moral judgment: Vol. 2. Standard issue scoring manual.* Cambridge, MA.: Cambridge University Press.

Damon, W. (1980). Patterns of change in children's social reasoning: A two-year longitudinal study. *Child Development, 51,* 1010-1017.

Damon, W. (1983). The nature of social-cognitive change in the developing child. In W.F. Overton (Ed.), *The relationship between social and cognitive development* (pp. 103-141). Hillsdale, NJ: Erlbaum.

Damon, W. (Ed.) (1989). *Child Development today and tomorrow.* San Francisco: Jossey-Bass.

Döbert, R. (1987). Horizonte der an Kohlberg orientierten Moralforschung. *Zeitschrift für Pädagogik, 33,* 491-512.

Eckensberger, L. (1983). Research on moral development. *The German Journal of Psychology, 7,* 195-244.

Eckensberger, L. & Burgard, P. (1985). *Abschlußbericht über das Projekt "Entwicklung von Konfliktlösungsvorstellungen" an die Stiftung Volkswagenwerk.* Saarbrücken: Universität des Saarlandes.

Eckensberger, L.H. & Burgard, P. (1986). *Zur Beziehung zwischen Struktur und Inhalt in der Entwicklung des moralischen Urteils aus handlungstheoretischer Sicht.* Arbeiten der Fachrichtung Psychologie, No. 77, Saarbrücken: Universität des Saarlandes.

Edelstein, W. & Keller, M. (1987). *Rationale Rekonstruktion der Entwicklung moralischer Urteilsfähigkeit im Rahmen einer moralbezogenen Handlungstheorie.* Antrag auf Sachmittelhilfe im Rahmen des Schwerpunktprogramms der DFG: Philosophische Ethik - Interdisziplinärer Ethikdiskurs. Berlin: Max-Planck-Institut für Bildungsforschung.

Edwards, C. (1981). The comparative study of the development of moral judgment and reasoning. In R. Munroe & B. Whiting (Eds.), *Handbook of cross-cultural human development* (pp. 140-158). New York: Garland.

Eisenberg, N. (1979). The development of children's prosocial moral judgment. *Developmental Psychology, 15,* 128-137.

Eisenberg, N. (1982). The development of reasoning regarding prosocial behavior. In N. Eisenberg (Ed.), *The development of prosocial behavior* (pp. 219-249). New York: Academic Press.

Eisenberg, N., Boehnke, K., Silbereisen, R.K. & Schuler, P. (1985). The development of prosocial behavior and cognitions. *Journal of Cross-Cultural Psychology, 16*, 69-82.

Frankena, W. (1973). *Ethics*. London: Prentice Hall.

Gibbs, J.C. & Widaman, K.F. (1982). *Social intelligence. Measuring the development of socio-moral reflection*. Englewood Cliffs, NJ: Prentice-Hall.

Gilligan, C. (1984). *Die andere Stimme*. München: Piper.

Jensen, L.C. & Hughston, K. (1972). The effect of training children to make moral judgments which are independent of sanctions. *Journal of Developmental Psychology, 5*, 367-368.

Keller, M. (1984). Resolving conflicts in friendship: The development of moral understanding in everyday life. In W. Kurtines & J. Gewirtz (Eds.), *Morality, moral behavior, and moral development* (pp. 140-158). New York: Wiley.

Keller, M. (1986). Freundschaft und Moral: Zur Entwicklung der moralischen Sensibilität in Beziehungen. In H. Bertram (Hrsg.), *Gesellschaftlicher Zwang und moralische Autonomie* (pp. 195-223). Frankfurt/M.: Suhrkamp.

Keller, M., Adalbjarnardóttir, S. & von Rosen, K. (1988). The conception of preconventional morality: Some further doubts. In Keller, M. in Zusammenarbeit mit W. Edelstein, S. Adalbjarnardóttir, L. Eckensberger & K. von Rosen, *The development of interpersonal moral reasoning: Three studies on the conception of preconventional morality*. Berlin: Max-Planck-Institut für Bildungsforschung, (Beiträge aus dem Forschungsbereich Entwicklung und Sozialisation, Nr. 19/ES).

Keller, M., Eckensberger, L. & von Rosen, K. (1989). A critical note of the conception of preconventional morality: The case of stage 2 in Kohlberg's theory. *International Journal of Behavioral Development, 12*, 57-69.

Keller, M. & Edelstein, W. (1986). Beziehungsverständnis und moralische Reflexion. Eine entwicklungspsychologische Untersuchung. In W. Edelstein & G. Nunner-Winkler (Hrsg.), *Zur Bestimmung der Moral. Philosophische und sozialwissenschaftliche Beiträge zur Moralforschung*. Frankfurt/M.: Suhrkamp.

Keller, M. & Edelstein, W. (in press). The development of socio-moral meaning making: Domains, categories and perspective-taking. In W.M. Kurtines & J. L. Gewirtz (Eds.), *Moral behavior and development: Advances in theory, research and application*, Vol. 3. Hillsdale, NJ: Erlbaum.

Keller, M. & Reuss, S. (1984). An action-theoretical reconstruction of the development of social cognitive competence. *Human Development, 27*, 211-220.

Keller, M. & Wood, Ph. (1989). Development of friendship reasoning: A study of interindividual differences in intraindividual change. *Developmental Psychology, 25*, 820-826.

Keller, M. in Zusammenarbeit mit C. von Essen, D. Hoffmann, T. Krettenauer, M. Mönnig, S. Reuss, K. von Rosen & P. Schuster. (1990). *Manual zur Auswertung sozio-moralischen Denkens*. Berlin: Max-Planck-Institut für Bildungsforschung.

Kohlberg, L. (1976). Moral stages and moralization: The cognitive developmental approach. In T. Lickona (Ed.), *Moral development and behavior* (pp. 31-53). New York: Holt, Rinehart & Winston.

Kohlberg, L. (1984). *Essays on moral development: Vol. 2. The psychology of moral development.* San Francisco: Harper & Row.

Nunner-Winkler, G. & Sodian, B. (1988). Children's understanding of moral emotions. *Child Development, 59,* 1323-1338.

Piaget, J. (1965). *The moral judgment of the child.* New York: Free Press (Originalausgabe 1932).

Rest, J.R. (1983). Morality. In J.H. Flavell & E. Markmann (Eds.), *Handbook of child psychology: Vol. 3. Cognitive development* (pp. 556-629). New York: Wiley.

Reuss, S. & Becker, G. (1990). *Handlungstheoretische Rekonstruktion der Möglichkeitsräume der Argumentation im Rahmen des Reflexionsstufenmodells.* Berlin: Max-Planck-Institut für Bildungsforschung.

Shweder, R.A., Turiel, E. & Much, N.C. (1980). The moral intuitions of the child. In J. H. Flavell & L. Ross (Eds.), *Social cognitive development* (pp. 288-305). Cambridge, MA: Cambridge University Press.

Snarey, J.R. (1985). Cross-cultural universality of social-cognitive development: A critical review of Kohlbergian research. *Psychological Bulletin, 97,* 202-232.

Turiel, E. (1983a). Domains and categories in social cognitive development. In W. Overton (Ed.), *The relationship between social and cognitive development* (pp. 53-90). Hillsdale, NJ: Erlbaum.

Turiel, E. (1983b). *The development of social knowledge. Morality and convention.* Cambridge: Cambridge University Press.

von Rosen, K. (1987). *Structure and content aspects of moral reasoning: A qualitative analysis.* Unveröffentlichte Diplomarbeit, Technische Universität Berlin, Fachbereich 2, Gesellschafts- und Planungswissenschaften, 1987.

Youniss, J. (1982). Die Entwicklung und Funktion von Freundschaftsbeziehungen. In W. Edelstein & M. Keller (Hrsg.), *Perspektivität und Interpretation* (pp. 78-109). Frankfurt/M.: Suhrkamp.

GEDÄCHTNISENTWICKLUNG IM VORSCHULALTER: "THEORIEWANDEL" IM KINDLICHEN VERSTÄNDNIS DES LERNENS UND ERINNERNS?

Wolfgang Schneider und Beate Sodian

EINLEITUNG

Die neuere Forschung zur Gedächtnisentwicklung bemüht sich um Erklärungen für das Phänomen, daß ältere Kinder in der Regel bessere Gedächtnisleistungen erbringen als jüngere und - neuerdings auch - daß Kinder gleichen Alters und vergleichbarer Intelligenz häufig in Gedächtnisaufgaben sehr unterschiedlich abschneiden. Als Hauptursachen für unterschiedliche Gedächtnisleistungen wurden und werden Unterschiede in der Anwendung von Memorierstrategien, im Wissen um den Nutzen solcher Strategien und Unterschiede im Wissen über den Inhaltsbereich, aus dem das Lernmaterial stammt, diskutiert. Zur Erklärung alterskorrelierter und individuell unterschiedlicher Gedächtnisleistungen werden zunehmend komplexere Modelle herangezogen, die die Faktoren Strategienutzung, Metagedächtnis und Wissensbasis kombinieren (vgl. Pressley, Borkowski & Schneider, 1987, 1990).

Diese Modelle leisten einen wesentlichen Beitrag zum besseren Verständnis des Zusammenwirkens unterschiedlicher Wissensbestandteile und strategischer Kompetenzen beim Zustandekommen kognitiver Leistungen. Aus der Sicht kognitiver Entwicklungspsychologen, die sich vorwiegend mit der Veränderung von *Konzepten* im Laufe der Entwicklung befassen, bleiben solche Erklärungsversuche jedoch unbefriedigend, da sie beobachtbare Veränderungen im strategischen Verhalten und in Gedächtnisleistungen nicht oder nur unzureichend auf Veränderungen des kindlichen Verständnisses des Lernens und Erinnerns und des kindlichen Verständnisses der Inhaltsbereiche, über die Kenntnisse erworben werden, beziehen. Gewiß hat Flavell (1970) mit seiner Einführung des Konstrukts "Metagedächtnis" die Zielsetzung verfolgt, beobachtbare Veränderungen im strategischen Verhalten durch konzeptuelle Veränderungen im Verständnis des Memorierens zu erklären. "Metagedächtnis" wurde jedoch meist nicht als konzeptuelle Struktur sondern als Summe isolierter Wissensbestandteile betrachtet und als "Faktor" in Modelle des Zustandekommens von Gedächtnisleistungen eingebracht.

Wir knüpfen in diesem Beitrag an die Forschung zur kindlichen Konzeptualisierung geistiger Vorgänge ("theory of mind") an und fragen, welche Veränderungen im Verständnis des Lernens und Erinnerns die *konzeptuelle* Basis für Veränderungen im strategischen Repertoire im Altersbereich zwischen etwa vier und sieben Jahren bilden. Wir versuchen, unsere Annahmen über die konzeptuellen Grundlagen der Strategieentwicklung anhand von Befunden aus experimentellen Querschnittsuntersuchungen zu belegen. In einem zweiten Schritt leiten wir Folgerungen über die zu erwartende Stabilität bzw. Instabilität individueller Unterschiede in Gedächtnisleistungen in diesem Altersbereich ab und überprüfen diese an ersten Ergebnissen der Münchner Longitudinalstudie zur Genese individueller Kompetenzen (LOGIK) (s. Weinert & Schneider, 1987, 1989).

STRATEGIEENTWICKLUNG IM VORSCHULALTER: KONZEPTUELLE GRUNDLAGEN

Wie in vielen Bereichen der kognitiven Entwicklungspsychologie gehören auch in der Forschung zur Gedächtnisentwicklung die kognitiven Kompetenzen des Vorschulkindes zu den interessantesten Entdeckungen der letzten 10 Jahre. Die traditionelle Ansicht, junge Vorschulkinder verfügten nicht über Memorierstrategien, ja seien auch nach entsprechender Instruktion nicht fähig, solche Strategien einzusetzen ("Mediationsdefizit"), mußte gründlich revidiert werden. Henry Wellman, der als einer der ersten in einer Serie origineller Experimente strategisches Verhalten bei sehr jungen (3- bis 4jährigen) Kindern untersuchte, faßte seine Folgerungen aus einer Vielzahl von Demonstrationen strategischer Kompetenz wie folgt zusammen:

> "Memory activities in young children are strategic and mnemonic, memory strategies are varied and frequently employed, and they exert an important influence on relevant age-related improvements in memory performance" (1988, pp. 23f.).

Wellmans These, daß schon sehr junge Kinder den Charakter von Gedächtnisanforderungen verstehen und absichtliches Memorieren in den verschiedensten Kontexten zeigen, widerspricht der populären Annahme von der Kontextgebundenheit der Gedächtnisleistungen des Vorschulkindes, die sich vor allem auf die vielzitierten Befunde von Istomina (1948/1975) stützt. Erstaunlicherweise wurden bis vor wenigen Jahren keine Versuche unternommen, Istominas Studie zu replizieren. Die jetzt vorliegenden Replikationsstudien (Weissberg & Paris, 1986; Schneider & Brun, 1987; Hasselhorn & Schneider, 1990) zeigen (a) daß Istomina sehr wahrscheinlich deshalb Unterschiede zwischen einer alltagsnahen Einkaufs- und einer schulähnlichen Laborbedingung fand, weil sie den Kindern erlaubte, sich die Itemliste wiederholt vorgeben zu lassen, und die Kinder von dieser Möglichkeit im Einkaufskontext mehr Gebrauch machten als im Schulkontext, (b) daß Vorschulkinder heutzutage in Schulkontexten unter Umständen bessere Gedächtnisleistungen erbringen als in eher spielerischen Alltagskontexten und (c) daß nicht globale Settings wie "Schule" oder "Labor" vs. "Kindergarten" oder "Alltag" sondern subtilere Faktoren wie das motivierende Verhalten des Versuchsleiters oder die Attraktivität des Lernmaterials die Gedächtnisleistung von Vorschulkindern beeinflussen (für einen Überblick siehe Schneider & Hasselhorn, in press).

1. Die strategischen Kompetenzen des Vorschulkindes

Die Strategien, die 3- bis 5jährige Kinder einsetzen, um sich etwas einzuprägen, sind einfach, aber nicht inadäquat. Sie betrachten Objekte, die sie sich einprägen sollen, lange und intensiv, benennen und manipulieren sie (Baker-Ward, Ornstein & Holden, 1984;

Wellman, 1988) und sie verwenden in einfachen Situationen spontan externe Gedächtnishilfen (z.B. eine Markierung im Sandkasten anbringen), um sich ein Versteck zu merken (Wellman, 1988). Im Unterschied zu Grundschulkindern scheinen junge Vorschulkinder jedoch nicht *spontan* die semantische Struktur des Lernmaterials als Gedächtnishilfe zu nutzen. Die klassischen semantischen Organisationsstrategien, die Kinder ab dem Alter von etwa 8 Jahren beim Lernen kategorisierbarer Objektlisten spontan einsetzen, wurden im Vorschulalter nicht beobachtet. Jedoch ist es mit recht einfachen Mitteln möglich, Fünfjährigen eine solche Strategie beizubringen und die Effizienz dieser Strategie bei Kindern dieses Alters auf die Erinnerungsleistung nachzuweisen (Carr & Schneider, 1989; Moely, Olson, Halves & Flavell, 1969; Lange & Griffith, 1977). Auch die bloße Aufforderung, Objekte "so zu gruppieren, wie sie zusammengehören" genügt schon bei vierjährigen Kindern, um wesentlich besseres Organisationsverhalten zu induzieren als eine unspezifische "Spiel"-Instruktion. Vierjährige Kinder wählen bei einer solchen Aufforderung eindeutig die semantische Zusammengehörigkeit der Objekte als Organisationskriterium, auch dann, wenn ein salientes perzeptives Kriterium (Farbe) mit dem semantischen Organisationskriterium konkurriert (Sodian, Schneider & Perlmutter, 1986; Schneider & Sodian, in press). Dies geht aus Tabelle 1 hervor, in der die Sortierleistungen nach Farbe und semantischen Oberbegriffen in Form von Clusterwerten repräsentiert sind. Clusterwerte nahe 1 zeigen dabei perfektes Organisieren (nach Farbe oder semantischen Oberbegriffen), Werte um 0 dagegen Zufallsorganisationen an. Da sich im vorliegenden Fall lediglich Clusterwerte größer als .30 signifikant vom Zufall unterscheiden, fallen nur die Kategorie-Clusterwerte unter Sortierinstruktionen für beide Altersgruppen bedeutsam aus.

Tabelle 1
Durchschnittliche Sortier-Clusterwerte für Organisation nach Farbe und semantischen Kategorien, getrennt nach Instruktionsbedingung und Altersgruppe (Daten von Sodian et al., 1986)

Altersgruppe	Instruktionsbedingung			
	Spielbedingung		Sortierbedingung	
	Farb-Clusterwerte	Kategorie-Clusterwerte	Farb-Clusterwerte	Kategorie-Clusterwerte
Vierjährige	.06 (.09)*	.13 (.17)	.12 (.20)	.46 (.25)
Sechsjährige	.10 (.10)	.27 (.28)	.11 (.16)	.57 (.20)

* Standardabweichungen sind in Klammern angegeben

Junge Vorschulkinder kennen die semantischen Relationen zwischen einfachen Objekten, sie können diese sowohl nach thematischen als auch nach taxonomischen Kriterien klassifizieren (Siaw, 1984) und präferieren semantische über perzeptive Organisationskriterien. Warum aber setzen sie dann spontan keine semantischen Organisationsstrategien in Gedächtnisaufgaben ein, obwohl sie doch durchaus verstehen, daß man die eigene Erinnerungsleistung durch systematische Anstrengungen verbessern kann?

John Flavell (1970) erklärte dieses "Produktionsdefizit" damit, daß Vorschulkinder den Nutzen semantischer Organisationsstrategien noch nicht verstehen; ein metakognitives Verständnis des Nutzens einer Strategie ist aber Voraussetzung für deren spontane Anwendung. Flavells These löste eine Welle von empirischen Studien zum korrelativen Zusammenhang zwischen dem Wissen über den Nutzen einer Strategie und deren Anwendung aus, deren Ergebnisse insgesamt die "Metagedächtnis-Hypothese" stützen (vgl. Schneider, 1985, für eine Metaanalyse der Befunde). Diese Studien wurden fast ausschließlich mit Kindern im Schulalter durchgeführt, also in einem Altersbereich, für den vergleichsweise reliable und valide Instrumente zur Erfassung des Metagedächtnisses vorlagen (Kurtz, Reid, Borkowski & Cavanaugh, 1982). Die Untersuchung des Metagedächtnisses bei Vorschulkindern stößt auf ungleich größere methodische Schwierigkeiten: Setzt man Interviewtechniken ein (Kreutzer, Leonard & Flavell, 1975), so läuft man Gefahr, das metamemoriale Wissen junger Kinder zu unterschätzen. Benutzt man dagegen einfache forced-choice-Techniken (Wellman, 1977), so besteht das Risiko darin, daß richtige Antworten überinterpretiert werden.

2. Metagedächtnis im Vorschulalter

Die Schwierigkeiten und Fehlerquellen bei der Erforschung des Metagedächtnisses junger Kinder lassen sich an unseren eigenen Studien illustrieren: In einer ersten Untersuchung zum Zusammenhang zwischen dem Wissen über den Nutzen semantischer Organisationsstrategien und ihrer Anwendung bei Vorschulkindern (Sodian, Schneider & Perlmutter, 1986) ließen wir 4- und 6jährige Kinder den Nutzen verschiedener Verhaltensweisen (Organisieren nach Kategoriezugehörigkeit, Organisieren nach Farbe, Bildung beliebiger Gruppen und bloßes Anschauen) beurteilen. Wir fanden, daß diese Urteile selbst über einen kurzen Zeitraum wenig konsistent und instabil waren (Schneider & Sodian, in press). Der einzige interpretierbare Befund schien eine Tendenz der Kinder beider Altersgruppen zu sein, Organisation nach Farbe als nützlicher zu bewerten, obwohl sie selbst dieses Organisationskriterium nicht benutzten. Aus diesen Befunden könnte man schließen, daß jüngere Kinder eben, wie zu erwarten, den Nutzen von semantischen Organisationsstrategien nicht verstehen. Andererseits läßt es sich jedoch nicht ausschließen, daß sie nicht oder nur unzureichend verstanden, was sie eigentlich beurteilen sollten. Unsere Beobachtungen lassen uns vermuten, daß sie häufig eher die ästhetische Qualität der Anordnung der Objekte als deren Funktion für das Einprägen dieser Objekte beurteilten. Auch bei einer teilweisen Replikation des Interviews von Kreutzer et al. (1975; Schneider & Sodian, 1989) stießen wir bei jungen Vorschulkindern auf die Schwierigkeit, den Sinn der Frage verständlich zu machen ("Was kann man tun, um den Anorak wiederzufinden?" - "Einen Neuen kaufen"; "Was kann man tun, damit man nicht vergißt, die Brotzeit am nächsten Tag mit in den Kindergarten zu nehmen?" - "Sie gleich aufessen.").

Viele Beispiele aus der neueren kognitiven Entwicklungspsychologie lehren, daß es gefährlich ist, aus der Tatsache, daß Kinder eine Frage systematisch fehlinterpretieren, zu schließen, sie verfügten nicht über das fragliche Konzept. Außerdem wäre es für die Beschreibung der Entwicklung des Metagedächtnisses höchst unbefriedigend, die Konzepte, die dem relativ reichen Wissen und Verstehen des Schulkindes in diesem Bereich vorausgehen, nur negativ charakterisieren zu können. Wellman (1977) hat mit einfacheren Techniken frühe Kompetenzen demonstriert: Schon Dreijährige verstehen beispielsweise, daß es leichter ist, sich einige wenige als viele Objekte einzuprägen, daß es besser ist, mehr Lernzeit zu haben und daß Erwachsene sich meist mehr merken können als Kinder. Dies bedeutet jedoch nur, daß sehr junge Kinder einige gute Faustregeln zur Einschätzung der Schwierigkeit kognitiver Aufgaben kennen und impliziert nicht unbedingt, daß sie den Nutzen bestimmter Memorierstrategien verstehen. Wenn Vorschulkinder ein solches Verständnis besitzen, dann sollte es sich am ehesten in Aufgaben zeigen lassen, in denen sie spontan und relativ systematisch "strategisches" Verhalten zeigen.

Wir wählten deshalb für eine zweite Studie zum Zusammenhang zwischen Metagedächtnis und strategischem Verhalten im Vorschulalter eine Suchaufgabe aus, in der externale Gedächtnishilfen ("retrieval cues") eingesetzt werden konnten (Schneider & Sodian, 1988). Schon Vierjährige setzen solche Gedächtnishilfen interessanterweise spontan ein, wenn eine *semantische* Beziehung zwischen einem zu erinnernden Objekt und einem Hinweisreiz hergestellt werden muß (Geis & Lange, 1976). Jedoch scheint der Einsatz dieser Strategie bei jungen Vorschulkindern von der Stärke der semantischen Assoziation zwischen Hinweis und Zielobjekt abhängig zu sein (Gordon & Flavell, 1977); schon subtile Veränderungen der Situation (die Hinweis-Bilder stehen auf dem Kopf) führen dazu, daß das "strategische" Verhalten nicht mehr gezeigt wird (Ritter, Kaprove, Fitch & Flavell, 1973). Diese Befunde legen die Vermutung nahe, daß jüngere Kinder nur auf die semantische Assoziativität zwischen Zielobjekten und Hinweisen reagieren, ohne den Sinn einer solchen Zuordnung für das Einprägen der Zielobjekte zu verstehen. Beal (1985) fand jedoch, daß schon Vier- bis Fünfjährige nachvollziehen können, daß ein Hinweis mit dem Zielobjekt semantisch assoziiert sein sollte, um effektiv zu sein, und daß der Hinweis deutlich sichtbar sein muß, damit er sich positiv auf das Erinnern auswirkt. Auch in unserer Studie zeigte sich, daß schon Vierjährige auf Fragen des Typs, ob es besser sei, den Polizisten in dem Haus mit dem Polizeiauto zu verstecken, um ihn später leicht wiederzufinden, oder ihn in dem Haus mit dem Blumentopf zu verstecken, in der Mehrheit die korrekte Alternative wählen und diese Wahl mit dem plausiblen Argument, es sei besser, das Zielobjekt dort zu verstecken "wo es hingehört" begründen. Vierjährige scheinen also über ein gewisses Verständnis des

Nutzens einer "cueing"-Strategie zu verfügen. Mehr noch: Schon bei Vierjährigen fanden wir eine substantielle Korrelation zwischen dem Wissen über den Nutzen der Strategie, ihrem Einsatz und der Gedächtnisleistung.

Tabelle 2

Punkt-biseriale Korrelationen zwischen dem verbalisierbaren Wissen um die Nützlichkeit von Gedächtnishilfen (Metagedächtnis) und verschiedenen Gedächtnismaßen nach Altersgruppen getrennt (Daten aus Schneider und Sodian, 1988)

Metagedächtnis-Fragen	Benutzen von Gedächtnishilfen beim Verstecken	Korrekt erinnerte Versteck-Positionen	Plausible Begründungen für Verstecken
Wichtigkeit von Gedächtnishilfen	.69 (.49)*	.84 (.66)	.59 (.59)
Relevanz der Sichtbarkeit von Gedächtnishilfen	.58 (.60)	.59 (.76)	.44 (.60)
Relevanz der semantischen Assoziation zwischen Hinweis und Versteckobjekt	.52 (.38)	.70 (.56)	.36 (.40)
Relevanz der Eindeutigkeit einer Gedächtnishilfe	.43 (.53)	.59 (.60)	.41 (.44)

* Korrelationen für Sechsjährige in Klammern

Aus Tabelle 2 geht hervor, daß diejenigen Kinder, die Metagedächtnisfragen nach der Relevanz von Gedächtnishilfen, deren Sichtbarkeit, Unverwechselbarkeit und semantischer Nähe zum Versteckobjekt korrekt beantworteten, die Gedächtnishilfen beim Verstecken der Objekte in der Regel auch selber benutzten und dies auch plausibel begründen konnten. Es überrascht dann wenig, daß sich insgesamt hohe Zusammenhänge mit der Menge der korrekt wiedergefundenen Versteckobjekte ergaben.

Eine Prädiktionsanalyse stützte die Hypothese, daß das Wissen um den Nutzen einer Gedächtnisstrategie eine *notwendige Bedingung* für deren Einsatz ist. Diese Befunde bestätigen Flavells Metagedächtnis-Hypothese: Bei Einsatz geeigneter Untersuchungsmethoden scheinen also sowohl strategisches Verhalten als auch Wissen um den Nutzen von Strategien schon bei jungen Vorschulkindern nachweisbar zu sein, und metamemoriales Wissen scheint von Anfang an eine Voraussetzung für die Nutzung einer Strategie zu sein.

3. Was entwickelt sich?

Wenn Gedächtnisstrategien und Wissen um ihren Nutzen schon früh vorhanden sind, was entwickelt sich dann zwischen dem Vorschul- und dem Grundschulalter? Entwickelt sich überhaupt etwas, in dem Sinne, daß *konzeptuelle* Veränderungen stattfinden oder sind Schulkinder in der Anwendung von Gedächtnisstrategien nur effizienter, schneller und konsistenter und in ihrem verbalisierbaren Gedächtniswissen artikulierter als Vorschulkinder? Wir versuchen im folgenden die These zu belegen, daß sich in der Tat "etwas entwickelt", d.h., daß zwischen dem Alter von etwa 4 und 7 Jahren eine tiefgreifende Reorganisation des kindlichen Verständnisses des Memorierens als eines Teilbereichs seiner naiven Epistemologie stattfindet (siehe Sodian, 1990).

Metamemoriales Wissen über den Nutzen von Gedächtnisstrategien ist Wissen über das Zustandekommen von Wissen. Um z.B. den Nutzen einer semantischen Organisationsstrategie beim Lernen von Objekten einzusehen, muß man verstehen, daß wichtige und für das Erinnern nützliche Information in den semantischen *Beziehungen* zwischen den Objekten steckt, d.h., man muß verstehen, daß es nützlich ist, semantische Relationen zwischen den Items zu speichern, um von einem Item (oder einem Oberbegriff) ausgehend andere *erschließen* zu können. Dies setzt ein konstruktives Verständnis menschlicher Erkenntnis voraus. Befunde zur naiven Epistemologie des Kindes deuten darauf hin, daß ein solcher "Konstruktivismus" etwa im Alter von sechs bis sieben Jahren erworben wird. Vierjährige Kinder scheinen demgegenüber naive Empiristen zu sein: Sie halten sich bei der Beurteilung des Wissens anderer Personen strikt an die Regel "nur Sehen führt zu Wissen" und bestreiten, daß jemand durch eine einfache Schlußfolgerung zu Wissen kommen kann (Sodian & Wimmer, 1987). Wenn 3- und 4jährige Kinder nach den Quellen ihres eigenen Wissens befragt werden, haben sie wesentlich größere Schwierigkeiten, zu rekonstruieren, daß sie etwas erschlossen haben (z.B., daß sie aus der Information, daß der versteckte Gegenstand aus einer Smarties-Schachtel genommen wurde, erschlossen haben, um welche Süßigkeit es sich handelt), als daß sie etwas gesehen oder gefühlt haben (O'Neill & Gopnik, in press). Während Grundschulkinder gut zwischen Informationen, die in einer Geschichte vorgegeben wurden, und solchen, die sie selbst erschlossen haben, unterscheiden können, tendieren Kindergartenkinder dazu, erschlossene Informationen dem Text zuzuschreiben (Beal, in press). Während junge Vorschulkinder also selbst konstruktive Operationen *benutzen*, um Informationen zu erschließen, scheinen erst Sechs- bis Siebenjährige zu *verstehen*, daß Wissen durch konstruktive Operationen erworben werden kann.

Aus diesen Befunden kann man ableiten, daß junge Vorschulkinder den Nutzen *perzeptiver* Gedächtnisstrategien verstehen ("Anschauen führt zu Wissen und Erinnern"), jedoch nicht den *semantischer* Organisationsstrategien. Dies paßt gut zu den Befunden über das Vorherrschen perzeptiver Strategien bei jungen Kindern (Baker-Ward, Ornstein & Holden, 1984) und die mangelnde Bereitschaft dieser Kinder, semantische Organisationsstrategien spontan einzusetzen. Wie läßt sich dies mit den oben diskutierten Ergebnissen zu unserer "retrieval-cue"-Aufgabe vereinbaren? Wir haben daraus eben gefolgert, daß schon vierjährige Kinder in einfachen und vertrauten Ortsgedächtnisaufgaben die semantische Beziehung zwischen einem versteckten Objekt und einem entsprechenden Hinweis "strategisch" nutzen, und daß sie auch verstehen, daß eine solche Strategie einer beliebigen Zuordnung von Zielobjekten zu Hinweisreizen überlegen ist. Bedeutet dies nicht, daß schon sehr junge Kinder verstehen, daß man durch indirekte Hinweise zu Wissen (z.B. über das Versteck eines Objekts) kommen kann, und daß sie aufgrund dieses epistemologischen Verständnisses strategisch handeln?

Die Beantwortung dieser Frage hängt entscheidend davon ab, wie wir das Verständnis des Nutzens einer "cueing"-Strategie bewerten, das durch die Frage geprüft wird, ob es besser ist, ein Zielobjekt mit einem semantisch hoch assoziierten oder einem niedrig assoziierten Hinweis zu koppeln. Eine pessimistische Interpretation richtiger Antworten auf derlei Fragen besagt, daß jüngere Kinder lediglich verstehen, daß hoch assoziierte Objekte "zusammengehören" und daß es grundsätzlich ratsam ist, Sachen dorthin zu tun, wo sie hingehören. Daraus kann man jedoch noch nicht schließen, daß Kinder auch verstehen, *warum* eine solche Zuordnung von Zielobjekten zu Hinweisen für das Erinnern sinnvoll ist. Genau dieser Nachweis wäre aber notwendig, um von "metamemorialem Verständnis" in dem von Flavell ursprünglich intendierten Sinn sprechen zu können.

Da explizite Erklärungen jüngerer Kinder in diesem Fall nicht weiterhelfen ("man soll es dort verstecken, weil es da hingehört"), untersuchten wir, ob Vierjährige verstehen, daß man einen kompetitiven Partner durch die gezielte *Vermeidung* hoch assoziierter Hinweise *irreführen* kann (Sodian & Schneider, in press). Wir instruierten die Kinder also, es dem bösen Räuber möglichst schwer zu machen, die Zielobjekte zu finden (und in einer Kontrollbedingung, es dem guten König möglichst leicht zu machen). Wir fanden, daß nur 3 von 16 Vierjährigen, aber 15 von 16 Sechsjährigen korrekt zwischen diesen beiden Instruktionsbedingungen differenzierten. Vierjährige manipulierten die semantische Relation zwischen Zielobjekt und Hinweis auch dann nicht, wenn sie unmittelbar vor der Versteckaufgabe eine Suchaufgabe erhielten, in der sie selbst die Hinweise auf die Verstecke der Zielobjekte mit größter Selbstverständlichkeit *benutzten*. Dies deutet darauf hin, daß junge Vorschulkinder tatsächlich kein metakognitives Verständnis der Funktion indirekter Hinweise für das Memorieren besitzen. Sie scheinen zwar eine einfache Faustregel zu kennen, die besagt, daß es grundsätzlich gut ist, Zusammengehöriges am gleichen Ort zu plazieren, aber sie verstehen den kausalen Zusammenhang zwischen der Plazierung der Objekte und dem Erfolg beim Suchen bzw. Wiederfinden nicht. Sechsjährige hingegen verstehen diesen Zusammenhang perfekt: Sie sind nicht nur imstande, einen kompetitiven Partner durch die Manipulation indirekter Hinweise gezielt irrezuführen, sondern sie sagen auch richtig voraus, daß dieser die Objekte in den hoch assoziierten Verstecken suchen wird.

Wenn Vierjährige einfache "cueing"-Strategien aufgrund einer simplen Faustregel benützen, ohne ihre Funktion zu verstehen, so sollte ihr "Strategiegebrauch" labiler und kontextabhängiger sein als der 6jähriger Kinder. Dies entspricht genau den Befunden zum Gebrauch semantisch assoziierter Hinweise wie auch den Befunden zum Gebrauch komplexerer semantischer Organisationsstrategien (siehe oben): Junge Vorschulkinder können die semantischen Relationen zwischen Objekten, die sie sich einprägen sollen, im Prinzip nutzen, sie tun dies meist jedoch nicht spontan. Wenn sich spontaner "Strategiegebrauch" zeigt, so ist dieser häufig abhängig von subtilen Variationen der Instruktion und der Itempräsentation. Ältere Kinder machen hingegen konsistent von den semantischen Beziehungen im Lernmaterial Gebrauch; mehr noch: sie kreieren bedeutungshafte Beziehungen, wenn solche nicht unmittelbar gegeben sind (wenn kein hoch assoziierter Hinweis für ein Zielobjekt vorhanden war, konstruierten Sechsjährige in unserer Studie (Schneider & Sodian, 1988) im Gegensatz zu Vierjährigen semantische Relationen zwischen Zielobjekten und niedrig assoziierten Hinweisen).

Wenn wir metamemoriales Wissen über den Nutzen von Gedächtnisstrategien als Teil einer naiven "Theorie" über geistige Vorgänge verstehen, so ist eine der Hauptaufgaben bei der Erforschung des Metagedächtnisses die Charakterisierung der kindlichen Vorstellungen darüber *wie und warum* Strategien wirken. Erstaunlicherweise ist nach über einem Jahrzehnt intensiver Bemühungen um die Erforschung des Metagedächtnisses über die kindlichen Kausalannahmen nahezu nichts bekannt. In einer bemerkenswerten Studie haben Fabricius und Cavalier (1989) die Kausalerklärungen 4- bis 6jähriger Kinder für die Nützlichkeit einer einfachen Benennungsstrategie untersucht. Sie fanden zwei klar unterscheidbare Typen von Erklärungen: Jüngere Kinder präferierten perzeptiv-behaviorale Erklärungen (z.B., daß das Benennen gut ist, weil es ihnen mehr Zeit gibt, die Bilder zu betrachten), während ältere Kinder mentalistische Erklärungen anboten (z.B., daß das Benennen ihnen hilft, über die Bilder "nachzudenken"). Interessanterweise paßten nur die Kinder, die mentale Erklärungen anboten, den Gebrauch der Benennungsstrategie den Anforderungen einer zweiten, schwierigeren Aufgabe an.

Fabricius und Cavalier (1989) ziehen aus ihren Befunden ähnliche Rückschlüsse über einen "Theoriewandel" im metamemorialen Verständnis des Vorschulkindes wie wir: Die erste einfache Theorie des Vorschulkindes über das Lernen und Erinnern basiert auf der Einsicht, daß direkte Wahrnehmung und verbale Kommunikation zu Wissen führen. Um das Behalten von Informationen zu verbessern, werden folgerichtig perzeptive Strategien eingesetzt. Als wichtige Einflußfaktoren auf die Behaltensleistung werden die Menge des zu lernenden Materials, die zur Verfügung stehende Zeit und die eigene Anstrengung angesehen. Diese Theorie wird kurz nach Beginn der Schulzeit von einer differenzierteren Konzeption abgelöst, die auf einem Verständnis konstruktiver informationsverarbeitender Prozesse basiert; als wesentlich für die Behaltensleistung wird jetzt die Rekonstruktion oder Elaboration bedeutungshaltiger Strukturen im Lernmaterial angesehen; folgerichtig beginnen

Kinder im Grundschulalter, systematisch diejenigen Gedächtnisstrategien einzusetzen (Clustering, Elaboration), die in der Literatur zur Gedächtnisentwicklung häufig erst als Strategien im engeren Sinne betrachtet werden.

Unsere Annahmen über den "Theoriewandel" im kindlichen Verständnis des Memorierens und seine Auswirkungen auf den Strategiegebrauch sind sicherlich noch sehr thesenhaft und spekulativ. Wir glauben jedoch, daß diese Spekulationen auf dem Weg zu einer besseren konzeptuellen Charakterisierung der Gedächtnisentwicklung hilfreich sein können. Wir wollen deshalb im zweiten Teil dieses Beitrags unsere Spekulationen auf noch unsichereren Grund ausdehnen: Welche Vorhersagen können wir aufgrund unserer Annahmen über universelle Veränderungen im Strategieerwerb des Vorschulkindes über die Genese individueller Unterschiede machen?

STRATEGIEGEBRAUCH UND GEDÄCHTNISLEISTUNG IM VORSCHULALTER: ZUR STABILITÄT INDIVIDUELLER UNTERSCHIEDE

Das Problem individueller Unterschiede in der Entwicklung von Gedächtnisleistungen wurde in der Literatur in vergleichsweise wenigen Studien untersucht, in denen mehrheitlich der Frage nachgegangen wurde, ob sich intraindividuelle Konsistenzen über mehrere Gedächtnisaufgaben hinweg nachweisen lassen, ob also individuelle Unterschiede in Gedächtnisaufgaben so etwas wie einen allgemeinen Strategiefaktor indizieren (vgl. Kail, 1979; Knopf, Körkel, Schneider & Weinert, 1988; Schneider & Weinert, 1989; Weinert, Schneider & Knopf, 1988). Die Ergebnisse dieser Untersuchungen belegten recht übereinstimmend, daß sich hohe intraindividuellen Konsistenzen in der Gedächtnisleistung über unterschiedliche Gedächtnisbereiche hinweg kaum finden lassen, unabhängig davon, ob die Befunde an Vorschulkindern, Grundschulkindern oder Schülern der Sekundarstufe gewonnen wurden.

Uns interessiert hier nun aber weniger das Problem intraindividueller Konsistenzen über unterschiedliche Gedächtnisbereiche hinweg als vielmehr die Frage, welche intraindividuellen Konsistenzen sich über die Zeit hinweg bei *identischen* Gedächtnisaufgaben beobachten lassen. Längsschnittliche Befunde zu diesem Problem wurden unseres Wissens bislang lediglich von Kunzinger (1985) publiziert, der Wiederholungsstrategien bei Siebenjährigen und dann zwei Jahre später erfaßte, als die Kinder 9 Jahre alt waren. Für die Schulkinder dieser Stichprobe ließen sich bemerkenswert hohe intraindividuelle Stabilitäten über die Zeit hinweg feststellen: diejenigen Kinder, die passive Wiederholungsstrategien im Alter von 7 Jahren am häufigsten einsetzten, waren auch gleichzeitig diejenigen, die später zuerst die komplexeren aktiven Wiederholungsstrategien erwarben.

Finden sich solche stabilen Rangordnungen schon im Vorschulalter? Sind diejenigen Kinder, die mit vier Jahren unter der Instruktion, "Objekte" so zu gruppieren, wie sie zusammengehören", auch diejenigen, die die vollständigsten semantischen Kategorien bilden? Und sind diejenigen Kinder, die schon im Vorschulalter in ihren Gedächtnisleistungen in ihren Gedächtnisleistungen an der Spitze ihrer Altersgruppe liegen, auch diejenigen, die im Grundschulalter herausragend sind?

Wenn auch keine vergleichbaren Informationen zu Gedächtnisaufgaben im Vorschulalter vorliegen, so geben längsschnittliche Befunde zu anderen kognitiven und nichtkognitiven Bereichen Anlaß zur Vermutung, daß individuelle Unterschiede in diesen Bereichen im Vorschulalter instabiler sind als während der Schulzeit. Asendorpf (1988, S. 91ff.) diskutiert das Problem altersabhängiger Stabilitäten u.a. an den Beispielen des Größenwachstums, der Intelligenz und der sozio-emotionalen Entwicklung (Schüchternheit). Für die Bereiche Intelligenz und Schüchternheit läßt sich dabei zeigen, daß hohe Instabilitäten während der frühen Kindheit zu beobachten sind, und daß stabile individuelle Unterschiede in den Entwicklungsveränderungen erst in der Schulzeit zu registrieren sind. Gut belegt ist außerdem für so unterschiedliche Bereiche wie Schüchternheit und Körpergröße, daß es in Zeiten massiver *universeller* Veränderungen zu einer vorübergehenden Destabilisierung individueller Unterschiede kommt. So findet man während der Pubertät einen deutlichen Abfall der Stabilität (eine Destabilisierung), die allerdings nur vorübergehenden Charakter hat: Studien, die die Pubertät "überspringen", finden meist hohe Stabilitäten in den Schüchternheitsunterschieden bzw. in Unterschieden des Körperwachstums.

Wenn unsere Vermutung zutrifft, daß sich zwischen dem Vor- und dem Grundschulalter eine tiefgreifende Reorganisation im kindlichen Verständnis des Lernens und Erinnerns vollzieht, dann sollten in der Tat im Vorschul- und im beginnenden Grundschulalter niedrigere Stabilitätswerte für strategisches Verhalten und Gedächtnisleistungen zu erwarten sein als später. Geht man davon aus, daß es kaum Belege für einen generellen "Strategiefaktor" gibt, so gibt es keinen Grund, anzunehmen, daß die Kinder, die sich im Alter von vier Jahren am besten bemühen, sich Objekte durch genaues Anschauen, Benennen und Manipulieren, einzuprägen, auch die sein werden, die im Alter von acht Jahren konzeptuelle Organisationsstrategien am effizientesten einsetzen. Auch wenn die gleichen Gedächtnisstrategien (z.B. semantisches Organisieren unter der Instruktion, Objekte so zu gruppieren, wie sie zusammengehören) im Altersbereich zwischen vier und acht Jahren mehrmals untersucht werden, ist nicht zu vermuten, daß die Kinder, die im Alter von vier Jahren dieser Instruktion am besten nachkommen, auch diejenigen sein werden, die dies im Alter von acht Jahren am effizientesten tun. Unsere Überlegungen legen vielmehr die Vermutung nahe, daß im Alter von vier Jahren die meisten Kinder semantische Organisations"strategien" auf Aufforderung hin anwenden, ohne ihren Nutzen für das Einprägen von Lernmaterial zu verstehen, während im Alter von etwa sieben Jahren die meisten Kinder diesen Nutzen verstehen sollten. Der Grad semantischen Organisierens von Lernmaterial bzw. des Benutzens semantisch hoch assoziierter Hinweise beim Verstecken von Objekten dürfte daher bei jungen Vorschulkindern eher von Faktoren wie Motivation, Aufmerksamkeit, Interaktion mit dem Versuchsleiter abhängen, während bei Grundschulkindern der

Einsatz dieser Techniken vom Verständnis ihres Nutzens geleitet sein dürfte. Wenn ein solches Verständnis einmal erreicht ist, sollte sich eine hohe intraindividuelle Konsistenz in der Anwendung solcher Strategien über verschiedene Aufgaben hinweg zeigen. Interindividuelle Unterschiede sind zu erwarten in der Effizienz, mit der Strategien eingesetzt werden und sich auf die Lernleistung auswirken. Solche Unterschiede sollten ab dem mittleren Grundschulalter relativ stabil bleiben. Im Vorschul- und frühen Grundschulalter jedoch, in dem nach dieser Annahme eine grundsätzliche Reorganisation des Verständnisses des Lernens und Erinnerns stattfindet, sind niedrige Stabilitätswerte für individuelle Unterschiede über die Zeit zu erwarten.

Unsere bisherigen Ergebnisse erlauben nur eine begrenzte Prüfung dieser Annahmen. Um die Langzeitstabilität von Gedächtnisleistungen im Vorschulalter prüfen zu können, wurden die beiden oben beschriebenen Gedächtnisaufgaben (Such- und semantische Organisations-Aufgabe) in der Münchner Längsschnittstudie (LOGIK) wiederholt eingesetzt. Die Suchaufgabe, bei der externale Gedächtnishilfen benutzt werden konnten, um versteckte Gegenstände wiederzufinden, wurde im zweiten und vierten Jahr der Studie durchgeführt, als die Kinder durchschnittlich fünf und sieben Jahre alt waren. Die semantische Organisationsaufgabe wurde den Kindern im ersten und dritten Jahr der Studie vorgegeben, als sie also im Mittel vier und sechs Jahre alt waren. Zusätzlich kam eine parallele Version der semantischen Organisationsaufgabe, bei der Bildkärtchen statt Spielzeugen präsentiert wurden, im fünften Jahr der Studie zur Anwendung, als die Kinder durchschnittlich acht Jahre alt waren.

Da wir einen markanten Anstieg der Stabilitätswerte erst ab dem Alter von etwa 7 Jahren erwarten, lassen unsere bisherigen Ergebnisse noch keine Prüfung der Annahme von Stabilitätsunterschieden zwischen Vor- und Grundschulalter zu. Da Hasselhorn (in diesem Band) jedoch Langzeitstabilitäten im Laufe des Grundschulalters mit Aufgaben untersucht hat, die unseren ähnlich sind, können wir erste tentative Vergleiche zwischen Stabilitäten individueller Unterschiede bei jüngeren und älteren Kindern vornehmen.

1. Ergebnisse der Stabilitätsanalysen für die Suchaufgabe

Die im folgenden dargestellten Ergebnisse basieren auf auf einer Stichprobe von annähernd 200 Kindern, die an der LOGIK-Studie teilnahmen. Bevor wir auf auf die Stabilitätsanalysen eingehen, soll kurz erwähnt werden, daß die Befunde der Längsschnittstudie die der Querschnittuntersuchung von Schneider und Sodian (1988) größtenteils replizieren konnten, wie sich aus Tabelle 3 ersehen läßt. Für die Kinder unserer Stichprobe ließen sich sowohl im Alter von fünf Jahren wie auch zwei Jahre später substantielle Interkorrelationen zwischen den strategischen Verhaltens- und Gedächtnismaßen sichern, wobei allerdings kein systematischer Alterstrend sichtbar wurde. Demgegenüber fielen die Korrelationen des Metagedächtnis-Summenmaßes mit den verschiedenen Gedächtnisvariablen durchweg niedriger aus als in der Querschnittstudie, wenn sie auch in den meisten Fällen statistisch signifikant blieben.

Tabelle 3
Korrelationen zwischen Gedächtnis- und Metagedächtnismaßen in der Suchaufgabe für die LOGIK-Stichprobe (Werte für die Siebenjährigen in Klammern)

Merkmal	(2)	(3)	(4)	(5)
(1) Metagedächtnis	.28	.34	.24	.27
Summenwert	(.26)	(.14)	(.12)	(.30)
(2) Benutzen von Gedächtnis-		.67	.57	.74
hilfen beim Verstecken		(.56)	(.63)	(.80)
(3) Benutzen von Gedächtnis-			.52	.65
hilfen beim Suchen			(.54)	(.52)
(4) Plausible Begründungen				.60
für Verstecken				(.66)
(5) Korrekt erinnerte				---
Versteckpositionen				

Zur Ermittlung der Zweijahres-Gruppenstabilitäten wurden Retestkorrelationen für die verschiedenen Maße dieser Aufgabe berechnet. Wie die in Tabelle 4 wiedergegebenen Befunde zeigen, fand sich für keines der herangezogenen Merkmale eine hohe oder auch nur mittlere Langzeit-Stabilität: die zwischen 0 und .25 variierenden Werte deuten an, daß die meisten Probanden ihre relative Position in der Stichprobe über die Zweijahres-Periode beträchtlich verändert haben. Da das große Ausmaß an Instabilität in den Gedächtnismerkmalen theoretisch nicht nur mit der Fluktuation in den "wahren Werten" sondern auch mit der Unreliabilität der Variablen begründet werden kann, wurde an einer unabhängigen Stichprobe von 20 Fünfjährigen zusätzlich die Kurzzeit-Stabilität der Gedächtnismerkmale erfaßt. Diesen Probanden wurde die Suchaufgabe innerhalb von etwa zwei Wochen zweimal vorgegeben. Die Ergebnisse der Kurzzeit-Stabilitätsanalysen sind ebenfalls in Tabelle 4 wiedergegeben. Wie sich daraus unschwer erkennen läßt, fallen die Kurzzeit-Stabilitäten ausreichend hoch. Es folgt daraus, daß die beobachteten Langzeit-Instabilitäten in der Tat auf differentielle Veränderungsraten zwischen dem fünften und siebten Lebensjahr und nicht auf Unreliabilitäten in den Maßen selbst zurückzuführen sind.

Tabelle 4

Lang- und Kurzzeitstabilitäten für die bei der Suchaufgabe verwendeten Merkmale

	Zweijahres-Stabilität (N = 192)	Kurzzeit-Stabilität (N = 20)
Metagedächtnis Summenwert	.01	.60
Benutzen von Gedächtnishilfen beim Verstecken	.21	.64
Benutzen von Gedächtnishilfen beim Suchen	.16	.80
Plausible Begründungen für Verstecken	.25	.77
Korrekt erinnerte Versteckpositionen	.24	.63

Die Annahme unterschiedlicher Veränderungsraten in dieser Zeitperiode läßt sich auch an den *individuellen* Stabilitäten prüfen, die für jeden Probanden ermittelt werden können und das Ausmaß beschreiben, in dem sich die Position einer bestimmten Person in einer Rangreihe über zwei Meßzeitpunkte hinweg verändert. Als traditionelles Maß fungiert der "lability score" (Bayley, 1949), der die Standardabweichung der z-Werte eines Individuums zu zwei Zeitpunkten bezeichnet. Je kleiner dieser Labilitäts-Wert ausfällt, desto konstanter bleibt die relative Position eines Probanden in der Referenzgruppe zu zwei unterschiedlichen Meßzeitpunkten erhalten.

Aus Platzgründen beschränken wir uns im folgenden auf die individuellen Stabilitäten in der Gedächtnisvariablen, d.h. der Anzahl korrekt erinnerter Versteckpositionen zu beiden Zeitpunkten. Der errechnete Labilitäts-Wert von 0.67 deutet darauf hin, daß die absoluten mittleren z-Wert-Differenzen in der Stichprobe etwa Zweidrittel einer Standardabweichung ausmachen, also beträchtliche Instabilität über die Zeit hinweg indizieren. Die differentielle Stabilität, definiert über die Standardabweichung der mittleren individuellen Stabilität, betrug 0.55, was auf eine beträchtliche Variabilität der individuellen Stabilitäten innerhalb der Stichprobe schließen läßt.

In einem zweiten Analyseschritt sollte herausgefunden werden, ob die vorgefundenen Instabilitäten mit der Höhe der Vor- und Nachtestwerte kovariieren. Theoretisch ist es beispielsweise denkbar, daß besonders hohe Instabilitäten über die Zeit für Probanden festzustellen sind, die anfangs besonders gute oder schlechte Reproduktionsleistungen erzielten (statistische Regression zur Mitte). Zu diesem Zweck wurden die individuellen

Stabilitäten über ein bei Asendorpf (1989) näher beschriebenes Transformations-Verfahren verteilungs-normalisiert und mit den Gedächtnisleistungen zu beiden Zeitpunkten interkorreliert. Da alle Korrelationskoeffizienten insignifikant blieben, ist aus den Ergebnissen der Schluß zu ziehen, daß die vorgefundenen Instabilitäten über die Zeit nicht in Abhängigkeit von den Leistungsniveaus variieren, sondern gleichermaßen für Kinder mit guten und schwachen Gedächtnisleistungen gelten.

2. Ergebnisse der Stabilitätsanalysen für die semantische Organisationsaufgabe

Wie schon oben erwähnt, wurde die semantische Organisationsaufgabe gleich zu Beginn der LOGIK-Studie erstmals vorgegeben, als die Kinder durchschnittlich gerade vier Jahre alt waren, und in der Folge in Zweijahres-Abständen wiederholt. Wie schon bei der Suchaufgabe konnten auch bei der semantischen Organisationsaufgabe die querschnittlichen Befunde von Sodian et al. (1986) längsschnittlich für die Vier- und Sechsjährigen validiert werden (vgl. Schneider & Sodian, in press). Für die Stabilitätsanalysen wurden lediglich die Werte der Kinder in der "Sortierbedingung" berücksichtigt, die von Anfang an dazu aufgefordert worden waren, das Lernmaterial nach seiner Ähnlichkeit zu ordnen. Die Analysen bleiben demnach auf diejenigen 77 Kinder dieser Instruktionsbedingung beschränkt, für die komplette Datensätze für alle drei Meßzeitpunkte vorlagen.

Die Ergebnisse zur Gruppen-Stabilität sind denen für die Suchaufgabe direkt vergleichbar. Dies läßt sich aus Tabelle 5 ablesen, in der die Zwei- und Vierjahres-Stabilitäten wiedergegeben sind. Die generell niedrigen und (mit Ausnahme der Reproduktionswerte) insignifikanten Stabilitätskoeffizienten weisen darauf hin, daß die meisten Probanden ihre relative Position in der Stichprobe vom ersten zum zweiten Meßzeitpunkt erheblich verändern, und daß sich das Bild zwei Jahre später wieder beträchtlich verschoben hat. Aus den niedrigen

Tabelle 5
Lang- und Kurzzeitstabilität für relevante Merkmale der semantischen Organisationsaufgabe

Variable	Zweijahres-Stabilität (4 vs. 6 J.)	Zweijahres-Stabilität (6 vs. 8 J.)	Vierjahres-Stabilität (4 vs. 8 J.)	Kurzzeit-Stabilität
Freie Reproduktion	.36	.24	.24	.68
Sortieren nach Oberbegriffen (Enkodierphase)	.07	.12	.05	.85
Ordnen nach Oberbegriffen (Reproduktionsphase)	.12	.15	.15	.64

Vierjahres-Stabilitäten läßt sich ableiten, daß damit keineswegs die Ausgangszustände wieder hergestellt werden, sondern sich völlig neue Konstellationen ergeben. Wie schon bei der Suchaufgabe kann das Argument der Unreliabilität der Variablen dadurch leicht entkräftet werden, daß für eine unabhängige Stichprobe von vierjährigen Kindern durchaus befriedigende Kurzzeitstabilitäten für ein Zeitintervall von ca. zwei bis drei Wochen ermittelt werden konnten (vgl. Tabelle 5, letzte Spalte).

Angesichts der insgesamt niedrigen Langzeit-Stabilitäten verwundert es wenig, daß auch die individuellen Stabilitäten insgesamt niedrig ausfielen. Dies läßt sich am besten für das Beispiel der Reproduktionsleistungen illustrieren, für die durchschnittlich die höchsten Gruppen-Stabilitäten erzielt wurden. Beim Vergleich der ersten und dritten Welle (4- vs. 6Jährige) indizierte der mittlere Labilitäts-Wert (0.89), daß die absolute z-Wert-Differenz fast eine ganze Standardabweichung betrug. Dieser Wert liegt fast dreimal so hoch wie der von Kunzinger (1985) für seine Rehearsal-Daten berichtete Labilitäts-Koeffizient, deutet also auf eine beträchtliche Instabilität der relativen Positionen eines Kindes zu den zwei Zeitpunkten hin. Der korrespondierende Labilitäts-Koeffizient für den Vergleich der dritten und der fünften Welle fällt niedriger aus (0.69) und entspricht in etwa dem für die Suchaufgabe beobachteten Wert.

Unabhängig vom Meßzeitpunkt fanden sich auch erhebliche Variationen in den individuellen Stabilitäten. Um diese differentiellen Stabilitäten erklären zu können, wurde wie auch schon vorher bei der Suchaufgabe deren Abhängigkeit von den absoluten Eingangs- und Nachtestwerten geprüft. Es ergab sich lediglich eine signifikante Korrelation zwischen den transformierten individuellen Stabilitäten und der Reproduktionsleistung zum ersten Meßzeitpunkt. Dieser Befund ist so zu interpretieren, daß Kinder mit anfänglich besseren Reproduktionsleistungen auch später hohe Leistungsniveaus beibehielten. Die gerade für die beiden ersten Meßzeitpunkte vorgefundene hohe Instabilität in den Reproduktionsleistungen ist dabei insbesonders auf eine kleine Gruppe mit extrem niedrigen Behaltensleistungen im Eingangstest zurückzuführen, die sich dann in der Folge auf ein mittleres Leistungsniveau einpendelte. Wie weitere Detailanalysen ergaben, bestand diese Teilstichprobe aus besonders schüchternen Kindern, die bei der ersten Testung im Alter von vier Jahren offensichtlich zu gehemmt waren, um ihre wahren Kompetenzen zu demonstrieren (vgl. Schneider & Sodian, in press).

Unsere Annahmen über die Reorganisation im kindlichen Verständnis des Memorierens und seine Effekte auf strategisches Verhalten in Gedächtnisaufgaben hatten uns dazu geführt, für das Altersintervall zwischen 4 und 7 Jahren eine Periode der Instabilität individueller Unterschiede anzunehmen. Diese Periode der Instabilität sollte mit qualitativen Veränderungen in den "Theorien" junger Kinder über das Lernen und Erinnern einhergehen: eher perzeptive Strategien werden von einer Konzeption abgelöst, die die Relevanz der Elaboration semantischer Relationen im Lernmaterial für die Behaltensleistung erfaßt.

Die Befunde zur Gruppenstabilität wie auch zur individuellen Stabilität strategischen Verhaltens und der Leistung in beiden längsschnittlich analysierten Gedächtnisaufgaben bestätigen die Annahme, daß im Vorschul- und frühen Grundschulalter eine hohe Labilität in den individuellen (Gedächtnis-) Unterschieden zu beobachten ist. Vergleicht man die Ergebnisse von Hasselhorn (in diesem Band; Tabelle 5) für seine kombinierte Querschnitts-Längsschnittuntersuchung, so finden sich Anhaltspunkte für die Annahme, daß die Stabilitäten im mittleren Grundschulalter ansteigen. Diese Ergebnisse stützen demnach unsere Erwartung, daß wir bei der nächsten Wiederholung der semantischen Organisationsaufgabe im kommenden Jahr, bei der die Kinder sich in der vierten Klasse befinden und im Durchschnitt ca. zehn Jahre alt sein werden, höhere Stabilitäten für die Schulphase finden werden.

Sicherlich wird unsere Spekulation zum Prozeß der Reorganisation nicht allein durch parallel zu beobachtende Perioden der Instabilität bzw. Stabilisierung gestützt. Unsere Argumentation impliziert, daß strategisches Verhalten bei semantischen Organisationsaufgaben mit vier Jahren etwas anderes ist als etwa mit sechs oder acht Jahren. Wenn Vierjährige nicht die konzeptuelle Grundlage für semantische Organisationsstrategien aufweisen, dann sollte man erwarten, daß Sortierverhalten bei ihnen relativ wenig mit der Gedächtnisleistung zu tun hat. Andererseits sollten sich mit zunehmendem Alter der Kinder immer ausgeprägtere Beziehungen zwischen Strategie- und Leistungsdaten finden lassen. Unsere Ergebnisse für die Vierjährigen zeigen in der Tat nur niedrige Zusammenhänge zwischen Sortierverhalten und resultierender Gedächtnisleistung. Sie passen gut zu den kürzlich von Lange, MacKinnon und Nida (1989) für drei- bis vierjährige Kinder berichteten Befunden, wonach individuelle Unterschiede in motivationalen Merkmalen die Gedächtnisleistung am besten prädizieren; da die Vorschulkinder die Möglichkeiten intelligenter Manipulationen des Lernmaterials noch nicht kennen, schlagen hier Unterschiede im motivationalen Bereich voll auf die Leistungsergebnisse durch. Bei den sechs- und später noch viel eindrucksvoller bei den achtjährigen Kindern finden wir jedoch nicht nur signifikante, sondern auch praktisch bedeutsame Beziehungen zwischen strategischem Verhalten und Gedächtnisleistung: der bei den Achtjährigen ermittelte Korrelationskoeffizient von .70 läßt in der Tat darauf schließen, daß das Ordnen nach Oberbegriffen schon bei Zweitkläßern direkte Konsequenzen für die Erinnerungsleistung haben kann.

SCHLUSSBEMERKUNGEN

Wir haben in diesem Beitrag versucht, für einen begrenzten Altersbereich einige wesentliche Veränderungen im Verständnis des Lernens und Erinnerns zu charakterisieren. Wir haben skizziert, inwiefern dieser konzeptuelle Wandel die Grundlage für markante Veränderungen im strategischen Verhalten in Lernaufgaben bildet und so sowohl Lernverhalten als auch Lernleistung beeinflußt. Veränderungen im Verständnis des Lernens und Erinnerns sind ein wichtiger Teilbereich *metakonzeptueller Entwicklung*. Trotz des zunehmenden Interesses für *bereichsspezifische* Entwicklungsveränderungen ist unbestritten, daß sich das Denken von Kindern nicht *nur* im Hinblick auf bereichsspezifisches Wissen von dem Erwachsener unterscheidet, sondern daß im Laufe der Entwicklung auch wichtige metakonzeptuelle Veränderungen stattfinden. Der Zusammenhang zwischen metakonzeptuellen und bereichsspezifischen Veränderungen ist jedoch weitgehend ungeklärt. Carey (1984) analysierte kürzlich verschiedene Interpretationen der Behauptung, das Denken von Kindern unterscheide sich fundamental von dem der Erwachsenen. Sie warf dabei die Frage auf, welche Auswirkungen metakonzeptuelle Veränderungen im Gedächtnisbereich auf die Veränderung der kindlichen Konzepte über die Inhaltsbereiche haben, aus denen das Lernmaterial stammt. Diese Frage wurde unseres Wissens in der Forschung zur Gedächtnisentwicklung bisher nicht aufgegriffen. Ihre Behandlung würde wegführen von der fruchtlosen Debatte über den relativen Anteil einzelner "Faktoren" wie Metagedächtnis und inhaltlichem Vorwissen an der Gedächtnisleistung. Statt dessen scheint es sinnvoller zu fragen, wie Veränderungen im inhaltlichen Wissen (also im Gedächtnisbesitz im weiteren Sinne) zustandekommen und welche Bedeutung metakonzeptuelles Verständnis für die Reorganisation dieses Wissens hat.

LITERATUR

Asendorpf, J. (1988). *Keiner wie der Andere*. München: Piper.

Asendorpf, J. (1989). Individual, differential, and aggregate stability of social competence. In B.H. Schneider, G. Attili, J. Nadel & R.P. Weissberg (Eds.), *Social competence in developmental perspective* (pp. 71-86). Dordrecht/NL: Kluwer.

Baker-Ward, L., Ornstein, P.A. & Holden, D.J. (1984). The expression of memorization in early childhood. *Journal of Experimental Child Psychology, 37*, 555-575.

Bayley, N. (1949). Consistency and variability in the growth of intelligence from birth to eighteen years. *Journal of Genetic Psychology, 75*, 165-196.

Beal, C.R. (1985). Development of knowledge about the use of cues to aid prospective retrieval. *Child Development, 56*, 631-642.

Beal, C.R. (in press). The development of knowledge about the role of inference in text comprehension. *Child Development*.

Carey, S. (1984). Cognitive development - The descriptive problem. In M.S. Gazzaniga (Ed.), *Handbook of cognitive neuroscience* (pp. 37-66). New York: Plenum Press.

Carr, M. & Schneider, W. (1989). *Long-term maintenance of organizational strategies in kindergarten children*. Unveröffentlichtes Manuskript. Max-Planck-Institut für psychologische Forschung, München.

Fabricius, W.V. & Cavalier, L. (1989). The role of causal theories about memory in young children's memory strategy choice. *Child Development, 60*, 298-308.

Flavell, J.H. (1970). Developmental studies of mediated memory. In H.W. Reese & L.P. Lipsitt (Eds.), *Advances in child development and behavior* (Vol. 5, pp. 181-211). New York: Academic Press.

Geis, M.F. & Lange, G. (1976). Children's cue utilization in a memory-for-location task. *Child Development, 47,* 759-766.

Gordon, F.R. & Flavell, J.H. (1977). The development of intuitions about cognitive cueing. *Child Development, 48,* 1027-1033.

Hasselhorn, M. & Schneider, W. (1990). *External and internal mediators of young children's memory performance.* Unveröffentlichtes Manuskript. Max-Planck-Institut für psychologische Forschung, München.

Istomina, Z.M. (1975). The development of voluntary memory in preschool-age children. *Soviet Psychology, 13,* 5-64.

Kail, R.V. (1979). Use of strategies and individual differences in children's memory. *Developmental Psychology, 15,* 251-255.

Knopf, M., Körkel, J., Schneider, W. & Weinert, F.E. (1988). Human memory as a faculty versus human memory as a set of specific abilities: Evidence from a life-span approach. In F.E. Weinert & M. Perlmutter (Eds.), *Memory development: Universal changes and individual differences* (pp. 331-352). Hillsdale, NJ: Erlbaum.

Kreutzer, M.A., Leonard, C. & Flavell, J.H. (1975). An interview study of children's knowledge about memory. *Monographs of the Society for Research in Child Development, 40,* Serial No. 159.

Kunzinger, E.L. (1985). A short-term longitudinal study of memorial development during early grade school. *Developmental Psychology, 21,* 642-646.

Kurtz, B.E., Reid, M.K., Borkowski, J.G. & Cavanaugh, J.C. (1982). On the reliability and validity of children's metamemory. *Bulletin of the Psychonomic Society, 19,* 137-140.

Lange, G. & Griffith, S.B. (1977). The locus of organization failures in children's recall. *Child Development, 48,* 1498-1502.

Lange, G., MacKinnon, C.E. & Nida, R.E. (1989). Knowledge, strategy, and motivational contributions to preschool children's object recall. *Developmental Psychology, 25,* 772-779.

Moely, B.E., Olson, F.A., Halves, T.G. & Flavell, J.H. (1969). Production deficiency in young children's clustered recall. *Developmental Psychology, 1,* 26-34.

O'Neill, D. & Gopnik, A. (in press). Young children's ability to identify the sources of their beliefs. *Developmental Psychology.*

Pressley, M., Borkowski, J.G. & Schneider, W. (1987). Cognitive strategies: Good strategy users coordinate metacognition and knowledge. In R. Vasta & G. Whitehurst (Eds.), *Annals of Child Development* (Vol. 5, pp. 89-129). New York, NY: JAI Press.

Pressley, M., Borkowski, J.G. & Schneider, W. (1990). Good information processing: What it is and how education can promote it. *International Journal of Educational Research, 13,* 857-867.

Ritter, K., Kaprove, B.H., Fitch, J.P. & Flavell, J.H. (1973). The development of retrieval strategies in young children. *Cognitive Psychology, 5,* 310-321.

Schneider, W. (1985). Developmental trends in the metamemory-memory behavior relationship: An integrative review. In D.L. Forrest-Pressley, G.E. MacKinnon & T.G. Waller (Eds.), *Metacognition, cognition, and human performance* (Vol. 1, pp. 57-109). Orlando, FL: Academic Press.

Schneider, W. & Brun, H. (1987). The role of context in young children's memory performance: Istomina revisited. *British Journal of Developmental Psychology, 5,* 333-341.

Schneider, W. & Hasselhorn, M. (in press). Situational context features and early memory development: Insights from replications of Istomina's experiment. In R. van der Veer, M. v. IJzendoorn & J. Valsiner (Eds.), *Reconstructing the mind: Replicability in research on human development*. New Jersey: Ablex Publishing Corporation.

Schneider, W. & Sodian, B. (1988). Metamemory-memory behavior relationships in young children: Evidence from a memory-for-location task. *Journal of Experimental Child Psychology, 45*, 209-233.

Schneider, W. & Sodian, B. (in press). A longitudinal study of young children's memory behavior and performance in a sort-recall task. *Journal of Experimental Child Psychology*.

Schneider W. & Sodian, B. (1989). Metamemory. In F.E. Weinert & W. Schneider (Eds.), *The Munich Longitudinal Study of the Genesis of Individual Competencies (LOGIC), Report No. 6. Psychological development in the preschool years: Longitudinal results of wave one to three* (pp. 90-97). Max-Planck-Institut für psychologische Forschung, München.

Schneider, W. & Weinert, F.E. (1989). Universal trends and individual differences in memory development. In A. de Ribaupierre (Ed.), *Transition mechanisms in child development: The longitudinal perspective* (pp. 68-106). Cambridge: Cambridge University Press.

Siaw, S.N. (1984). Developmental and population comparisons of taxonomic and thematic organization in free recall. *Journal of Educational Psychology, 76*, 755-765.

Sodian, B. (1990). Understanding sources of information: Inplications for early strategy use. In W. Schneider & F.E. Weinert (Eds.), *Interactions among aptitudes, strategies, and knowledge in cognitive performance* (pp. 12-21). New York: Springer-Verlag.

Sodian, B. & Schneider, W. (in press). Children's understanding of cognitive cueing: How to manipulate cues to fool a competitor. *Child Development*.

Sodian, B., Schneider, W. & Perlmutter, M. (1986). Recall, clustering, and metamemory in young children. *Journal of Experimental Child Psychology, 41*, 395-410.

Sodian, B. & Wimmer, H. (1987). Children's understanding of inference as a source of knowledge. *Child Development, 58*, 424-433.

Weinert, F.E. & Schneider, W. (Eds.) (1987). *The Munich Longitudinal Study on the Genesis of Individual Competencies (LOGIC), Report No 2: Documentation of assessment procedures used in waves one to three* (Technical Report). Max-Planck-Institut für psychologische Forschung, München.

Weinert, F.E. & Schneider, W. (Eds.) (1989). *The Munich Longitudinal Study on the Genesis of Individual Competencies (LOGIC), Report No. 6. Psychological development in the preschool years: Longitudinal results of wave one to three*. Max-Planck-Institut für psychologische Forschung, München.

Weinert, F.E., Schneider, W. & Knopf, M. (1988). Individual differences in memory development across the life-span. In P.B. Baltes, D.L. Featherman & R.M. Lerner (Eds.), *Life-span development and behavior* (Vol. 9, pp. 39-85). Hillsdale, NJ: Erlbaum.

Weissberg, J.A. & Paris, S.G. (1986). Young children's remembering in different contexts: A reinterpretation of Istomina's study. *Child Development, 57*, 1123-1129.

Wellman, H.M. (1977). Preschooler's understanding of memory-relevant variables. *Child Development, 48*, 1720-1723.

Wellman, H.M. (1988). The early development of memory strategies. In F.E. Weinert & M. Perlmutter (Eds.), *Memory development: Universal changes and individual differences* (pp. 3-29). Hillsdale, NJ: Erlbaum.

DIE ALTERSABHÄNGIGKEIT VON VORSTELLUNGEN ÜBER FREUNDSCHAFT BEI 6- BIS 14JÄHRIGEN

Manfred Hofer, Ute Becker, Beate Schmid und Peter Noack

Drei Gruppen von Kindern im Alter zwischen sechs und vierzehn Jahren wurden nach ihren Vorstellungen zum Thema Freundschaft befragt. Die Untersuchung hatte vor allem das Ziel, die Ergebnisse diverser Studien des Amerikaners Youniss (1980) an deutschen Kindern zu überprüfen. Angesichts teilweiser Unterschiede zwischen den beiden Ländern in den Sozialisationsbedingungen waren Unterschiede zu erwarten. Die Befragung der insgesamt 90 Kinder beiderlei Geschlechts zu den Themen Definition von Freundschaft, Entstehung von Freundschaften, Konfliktentstehung und -bewältigung sowie Ende der Freundschaft lehnte sich weitestmöglich an die Referenzstudien an. Die Ergebnisse wurden vor allem im Hinblick auf die Vorstellungsinhalte zu den einzelnen Themen, ihren Altersverlauf sowie geschlechtsspezifische Unterschiede ausgewertet. Die Ähnlichkeiten der Ergebnisse zu jenen von Youniss überwogen. Die Unterschiede werden diskutiert.

1. PROBLEMSTELLUNG

Diese Arbeit gilt der Frage, welche Vorstellungen Kinder unterschiedlichen Alters mit dem Begriff Freundschaft verbinden. Dazu gibt es unseres Wissens im deutschsprachigen Raum, im Gegensatz zum anglo-amerikanischen Bereich, keine einzige publizierte Untersuchung. Kinder und Jugendliche wachsen in der Bundesrepublik unter Rahmenbedingungen auf, die eine Übertragung von Ergebnissen aus anderen Ländern nicht ohne weiteres zulassen. Es ist anzunehmen, daß in einem Halbtagsschulsystem wie dem unsrigen die Kinder mehr Zeit in der Familie und weniger mit Gleichaltrigen verbringen als in den englischsprachigen Ländern, in denen vorwiegend Ganztagsschulen vorherrschen. In unserem Land wird außerdem der Familie (schon im Grundgesetz) insgesamt ein hoher Stellenwert zugeschrieben. Der Sozialisation durch Gleichaltrige kommt möglicherweise insgesamt eine nicht so große Bedeutung zu. Von daher wäre eine im Vergleich etwa zu den Vereinigten Staaten verzögerte Entwicklung von Freundschaftsvorstellungen denkbar. Dort mag Freundschaft weniger den Charakter des dyadischen, dafür mehr jenen des gruppenartigen und kameradschaftlichen haben. Von daher wäre eine andere Qualität von Freundschaftsvorstellungen erwartbar als sie in den vorliegenden Studien zum Ausdruck kommen. Für unsere Annahme spricht der semantische Unterschied zwischen den Begriffen "Freund" in der deutschen und "friend" in der englischen Sprache: Die englische Bezeichnung "friend" wird, stärker als im Deutschen der Begriff "Freund", häufig als Synonym für Kamerad, gar Bekannter, verwendet. Der unterschiedliche Begriffsgebrauch in den beiden Sprachen mag die Vorstellungen darüber beeinflussen oder zumindest widerspiegeln. Andererseits ist mit der Möglichkeit zu rechnen, daß die Entwicklung von Vorstellungen über Freundschaft weitgehend universell und kulturunspezifisch verläuft.

Als Freundschaft bezeichnen wir die freiwillige Beziehung zwischen zwei relativ gleichaltrigen Personen, die durch Zuneigung gekennzeichnet (Damon, 1984; Furman, 1982; Rubin, 1981) und die für die Person eine Quelle der Freude ist. Wir befassen uns hier nur mit gleichgeschlechtlichen Beziehungen. Die Entwicklungspsychologie schreibt dem Phänomen der Freundschaft zwischen Kindern eine wichtige Funktion für deren Entwicklung zu. Für eine Reihe von Autoren (z.B. Buhrmester & Furman, 1986) sind es die Freiwilligkeit und die Gleichheit in der Beziehung, die die Erfüllung interpersonaler Bedürfnisse und die Sozialisation interpersonaler Fähigkeiten fördern sowie natürliche Therapieerfahrungen bereitstellen. Freundschaftsbeziehungen seien durch grundsätzlich andere Eigenschaften gekennzeichnet als die Beziehungen zwischen Kindern und Eltern. Tatsächlich schätzten Kinder z.B. in einer Befragung von Furman und Robbins (1985) ihre Beziehung zu Freunden in einer Reihe von Bereichen erheblich anders ein als ihre Beziehungen zu anderen Personen (Eltern, Geschwister, Lehrer). Auch nach Youniss (1980) leisten Freundschaftsbeziehungen wichtige Beiträge für die soziale Entwicklung des Kindes. Sie erweitern das Verständnis des Kindes für die soziale Realität und fördern Vorstellungen von Mutualität, Respekt für andere und zwischenmenschliche Sensitivität. In der Freundschaftsbeziehung werde die in der Eltern-Kind-Beziehung aufgebaute Sicht der Realität erweitert, indem der Wert der Zusammenarbeit erkannt werde. Voraussetzung ist auch für Youniss, daß Freundschaftsbeziehungen dem Prinzip der Gleichheit unterliegen. Kinder lernen, daß Regeln nicht von vorneherein festgelegt werden. Für Youniss ermöglichen reziproke Beziehungen den Jugendlichen später auch, die durch Komplementarität geprägte Form der Beziehung zu ihren Eltern in eine mehr partnerschaftliche Form zu transformieren.

Zur Untersuchung der Entstehung von Freundschaften bei Kindern wurden vor allem Methoden der Befragung über hypothetische Situationen eingesetzt. Beobachtungen, wie bei Gottmann (1983), ebenso wie längsschnittliche Untersuchungen (Hoppe-Graff & Keller, 1988) sind eher die Ausnahme.

Da es sich bei der vorliegenden Arbeit um eine Replikation von sechs Studien von Youniss (1980) handelt, sollen diese etwas ausführlicher dargestellt werden. Hinsichtlich der Definition von Freundschaft (S. 174-187) wurden die Kinder aufgefordert, Fragen der Art "Was ist ein Freund?", "Was ist der Unterschied zwischen einem Freund und keinem Freund?" und "Kannst du mehr darüber erzählen?" zu beantworten. Nachfragen wurden minimal gehandhabt. Anhand der qualitativ ausgewerteten Ergebnisse kommt Youniss zu dem Schluß, daß sich Freundschaftsprinzipien in folgenden Stationen etablieren: 1. Mit sechs Jahren wird Freundschaft durch unmodifizierte Handlungsweisen wie Spielen und Teilen beschrieben. Es herrscht direkte Gegenseitigkeit vor. Man gibt und nimmt, Zug um Zug, gleiche Handlungen oder Objekte. 2. Elfjährige erkennen den Freund als Persönlichkeit mit eigenen Bedürfnissen. Leistungen werden nicht unmittelbar und in gleicher Weise vergolten. Gegenseitigkeit kann indirekter Art sein. 3. Bei Vierzehnjährigen kommen als weitere Merkmale indirekter Reziprozität gegenseitiges Vertrauen hinzu, eine Öffnung des Ichs und ein Verstehen von Gefühlen und Gedanken des anderen. Die Entwicklung geht insgesamt von direkter Wechselseitigkeit hin zu kooperativem Handeln.

Weitere Studien (Youniss, 1980) beziehen sich auf Konflikte in Freundschaften. In den Ergebnissen finden sich zwei Reaktionsmuster. Das Muster der Reziprozität basiert auf dem Gleichheitsprinzip. Setzt ein Freund einen unfreundlichen Akt in die Welt, so hat der andere das Recht, ebenso unfreundlich zurückzugeben. Reagiert der andere dagegen nicht mit einer Retourkutsche, so hat der Initiator die Pflicht, diese Geste anzunehmen und sein Verhalten zu normalisieren. Dies bei älteren Kindern häufiger vor (S. 211). In weiteren Fällen, in denen ein Konflikt aus einer ungleichen Situation entstand, wurde stets der Unterlegene als jener gesehen, der die Kosten der Bewältigung zu tragen hatte. Unsere Untersuchung lehnt sich eng an das Vorgehen von Youniss (1980) an. Wir benutzten analoge Instrumente an vergleichbaren Stichproben. So bestand die Möglichkeit eines direkten Vergleichs.

Wir vermuten, daß sich mit dem Alter nicht nur die Qualität der Vorstellungen über Freundschaft ändert, sondern daß die Zahl der Aspekte wächst, die Freundschaft ausmachen. Das Vorgehen von Youniss ließ ein Entdecken dieser Möglichkeit, die durch Ergebnisse von Bigelow (1977) nahegelegt wird, nicht zu.

Das Interesse unserer Untersuchung ist auch auf das Aufdecken von Unterschieden zwischen Jungen und Mädchen gerichtet. In der Untersuchung von Bigelow und La Gaipa (1975) hat sich herausgestellt, daß Jungen Freundschaft stärker als Mädchen in Zusammenhang mit gemeinsam organisiertem Spiel bringen. Mädchen verbinden mit Freundschaft dagegen stärker als Jungen die Vorstellung, daß der andere Empfänger von Hilfeleistungen ist. Bei Luck (1987) zeigten sich deutliche geschlechtsspezifische Differenzen derart, daß Mädchen "fortgeschrittenere" Vorstellungen zeigten als Jungen. Youniss (1980) wertete seine Ergebnisse z.T. für Jungen und Mädchen getrennt aus, konnte aber, z.T. auch wegen der geringen Zahl von Versuchspersonen, keine systematischen Unterschiede entdecken. Befunde aus dem Bereich der Jugendforschung (Douvan & Adelson, 1966) lassen vermuten, daß Jungen Freundschaftsbeziehungen stärker über die Ausübung gemeinsamer Aktivitäten und Mädchen mehr über die Betonung von Loyalität und Vertrauen definieren.

2. FRAGESTELLUNGEN

Die Fragestellungen dieser Arbeit sind die folgenden: 1. Stimmen die Vorstellungen bundesdeutscher Kinder über Freundschaft, über Entstehung, Beendigung und Konfliktbehandlung in Freundschaften mit Ergebnissen der Untersuchung, die Youniss (1980) bei amerikanischen Kindern durchgeführt hat, überein? 2. Entspricht der Altersverlauf jenem aus der Untersuchung von Youniss? 3. Sprechen ältere Kinder mehr und unterschiedlichere Aspekte an als jüngere? 4. Lassen sich geschlechtsspezifische Unterschiede feststellen?

3. STICHPROBE UND DURCHFÜHRUNG

Die Untersuchung wurde an 90 deutschen Kindern aus der Mittelschicht in Mannheim durchgeführt. Die Stichprobe bestand aus je fünf Jungen und Mädchen aus jeder Altersstufe von 6 bis 14 Jahren. Die Altersstufen wurden in die drei Gruppen zusammengefaßt: 6-8 Jahre (mittleres Alter: 7;6), 9-11 Jahre (10;5) und 12-14 Jahre (13;5). In jeder Altersstufe wurden 30 Kinder befragt. Da Youniss in den verschiedenen Studien Kinder aus unterschiedlichen Altersgruppen befragte, ergeben sich zum Teil altersmäßige Abweichungen. Unsere Kinder sind bei den Themen "Entstehung von Freundschaft", "Streitanlaß" und "Ende der Freundschaft" im Durchschnitt etwa um ein halbes Jahr älter als jene von Youniss. Die 6jährigen Kinder wurden im Kindergarten befragt. Die 7- bis 10jährigen Kinder kamen aus der Grundschule, die älteren aus dem Gymnasium. Die Schulen wurden danach ausgesucht, ob - entsprechend der Stichprobe von Youniss - eine angemessene Vertretung von Kindern aus der Mittelschicht erwartbar war.

Die Interviews wurden von zwei Studentinnen durchgeführt. Sie erhielten in der jeweiligen Schule zwei Räume zur Verfügung gestellt. Die Kinder kamen einzeln aus dem Unterricht zum Interview. Die Auswahl der Kinder wurde von den Lehrern getroffen. Sie waren gebeten worden, das jeweils nächste Kind nach dem Zufallsprinzip (jeder zweite im Alphabet) auszuwählen und herauszuschicken, sobald ein Schüler nach Abschluß des Interviews wieder in die Klasse gekommen war. Jedes Interview nahm zwischen zehn und fünfzehn Minuten in Anspruch. Die Interviews wurden auf Band aufgenommen. Allen Befragten wurden die gleichen Fragen in der gleichen Reihenfolge gestellt. Die Atmosphäre während des Interviews war meist gut. Die anfängliche Befangenheit hauptsächlich der jüngeren Kinder konnte im Verlauf des Interviews meist abgebaut werden. Die Mehrzahl war gesprächsbereit und gab bereitwillig Antwort auf die gestellten Fragen. Anschliessend wurde den Kindern eine Süßigkeit angeboten.

Zur Datenerhebung wurde das offene Interview verwendet. Es wurden kurze Fragen gestellt. Die Kinder hatten einen Freiraum zur Darstellung ihrer Vorstellungen. Die Möglichkeit des Nachhakens wurde nur sparsam verwendet. Da die Untersuchung als Replikation der Studien von Youniss (1980) geplant war, übernahmen wir dessen Material weitgehend, modifizierten aber nach einigen Probebefragungen verschiedene Punkte. Der Interviewleitfaden war der folgende:

Zum Thema *Freundschaft*:
Was ist ein Freund/in? (entspricht Youniss, Studie 8).
Falls dazu keine ausreichende Antwort kam, standen folgende Vertiefungsfragen zur Verfügung:
- Was ist der Unterschied zwischen einem Freund und keinem Freund?
- Was ist ein bester Freund?
- Mehr! Was meinst du damit? Etwas konkreter!

Zum Thema *Entstehung von Freundschaften*. Folgende Geschichte wurde vorgelesen (entspricht teilweise Youniss, Studie 9):
Tina (Klaus) und Sarah (Timo) kommen beide neu in eine Klasse und werden nebeneinander gesetzt.
a) Einschätzung: Was meinst Du, können die beiden Freunde werden?
b) Wie könnte die Freundschaft zwischen Tina (Klaus) und Sarah (Timo) entstehen? Was müßten Tina (Klaus) und Sarah (Timo) dazu tun?
c) Wie könnte aus dieser Freundschaft zwischen Tina (Klaus) und Sarah (Timo) eine besonders enge und feste Freundschaft werden? Was müssen beide dazu tun?

Zum Thema *Konfliktbearbeitung*:
a) Erzähle uns jetzt eine Geschichte, bei der ein Kind einem Freund etwas Böses antut, etwas, was diesen kränkt (entspricht Youniss, Studie 4).
b) Wie würde der gekränkte Freund reagieren? (entspricht Studie 7, erster Teil, bzw. 10).
c) Was passiert, wenn sich die beiden das nächste Mal treffen? Wie könnten sie sich wieder versöhnen, was muß jeder einzelne dazu tun? (entspricht Studie 11).

Zum Thema *Ende der Freundschaft*:
Wie kann eine Freundschaft zu Ende gehen? Was muß passieren, damit zwei Kinder keine Freunde mehr sind? (entspricht Youniss, Studie 9, letzte Frage)

4. AUSWERTUNG DER DATEN

Die Tonbandaufzeichnungen der Interviews wurden transkribiert. Für jedes Kind wurde ein Interviewprotokoll angelegt. Die transkribierten Antworten der Kinder auf die Fragenkomplexe wurden in die jeweiligen Kategoriensysteme (siehe unter Ergebnisse) eingeordnet. Im Unterschied zu Youniss werteten wir nicht die Gesamtaussage eines Kindes zu einem Thema aus, sondern ordneten jeden einzelnen Aspekt einer Antwort (nur) einer Kategorie zu. Jedes Kategoriensystem wurde, ausgehend von den Youniss'schen Kategorien in einem iterativen Prozeß unseren Daten angepaßt. Eventuell fehlende Kategorien wurden neu konzipiert, überflüssige gestrichen, bis ein eindeutiges und erschöpfendes System zur Verfügung stand. Jedes System enthielt außer den spezifizierten Antwortkategorien je eine Kategorie "Rest". Diese Kategorie wurde insgesamt sehr selten benutzt. Sie wird im folgenden nicht geführt. Die Auswertung aller Protokolle, die Zuordnung der Aussagen zu den jeweiligen Kategorien wurde für alle Vpn und alle Bereiche von zwei Auswertern vorgenommen. Die Übereinstimmung der Zuordnungen betrug 97%. Nichtübereinstimmungen wurden durch Diskussion geklärt.

Die Daten wurden mit Hilfe von *Chi²*-Verfahren analysiert. Speziell um unsere Hypothesen zum Zusammenhang von Freundschaftsvorstellungen und Alter sowie Geschlecht zu überprüfen, wurden für die dreidimensionalen Häufigkeitsverteilungen (Kategorie, Alter, Geschlecht) Tests hierarchisch angeordneter log-linearer Modelle (Fienberg, 1987; Green, 1988; Programmpaket SPSSPC+) durchgeführt. Ausgehend vom saturierten Modell, das die Dreifach-Interaktion der Variablen, alle Zweifach-Interaktionen sowie Haupteffekte umfaßt, wurden sukzessiv sparsamere Modelle getestet mit dem Ziel, ein möglichst sparsames Modell zu identifizieren, das die empirischen Daten angemessen repräsentiert. Entsprechend unserer Hypothesen sollte jeweils das Modell, das nur die Zweifach-Interaktionen von Kategorie und Alter, sowie Kategorie und Geschlecht neben den Haupteffekten zuläßt, eine akzeptable Übereinstimmung mit den Daten aufweisen, während eine weitere Reduktion zu signifikanten Abweichungen führen sollte. Die Inspektion der z-standardisierten lambda-Parameter des angenommenen Modells verschafft dabei Aufschluß über den Ursprung der Variablenzusammenhänge. Außerdem wurden *Chi²*-Tests für die beiden Altersübergänge sowie für jede Kategorie getrennt berechnet, um genauere Einblicke in Altersabhängigkeiten zu erhalten. Bei dieser Auswertung haben wir zugunsten des Informationsgewinns jene Abhängigkeiten in Kauf genommen, die daraus resultieren, daß von jeder Vp mehrere Antworten stammen.

5. ERGEBNISSE

5.1 Ergebnisse zu Geschlechtsunterschieden

In keiner der durchgeführten Analysen ließ sich der erwartete Zusammenhang von Geschlecht und Freundschaftsvorstellungen bestätigen. In jedem Fall konnte für die Repräsentation der Daten auf die Dreifach-Interaktion von Kategorie, Alter und Geschlecht wie auch auf die Interaktion von Kategorie und Geschlecht verzichtet werden, ohne daß sich die Modellanpassung signifikant verschlechterte (Delta LR *Chi²* im konditionalen Test: *n.s.*)

5.2 Ergebnisse zum Thema "Begriff von Freundschaft"

Die Antworten der Kinder auf die Frage "Was ist ein Freund?" wurden in ein System eingeordnet, das aus den folgenden elf Kategorien bestand: 1. Spielen (in Klammern jeweils ein Beispiel aus der Untersuchung: "Wenn man mit ihm spielt, wenn man auf den Spielplatz geht"); 2. Teilen ("Etwas abgeben, etwas ausleihen"); 3. Helfen ("Der mir hilft, z.B. in der Schule vorsagen"); 4. Gefühlsmäßige Bindung (z.B. "Muß ihn auch mögen"); 5. Negative Abgrenzung ("Nicht oft streiten"); 6. Verläßlichkeit ("Die ist immer für mich da"); 7. Merkmalsbeschreibung ("Er soll sportlich sein"); 8. Kooperative Wechselseitigkeit ("Daß er Versprechen hält und ich halte auch oft meine Versprechen"); 9. Vertrauen ("Wenn man ein Geheimnis hat, daß sie das dann behält"); 10. Gleichheit ("Daß wir ungefähr gleich denken und gleiche Interessen haben in vielen Bereichen"); 11. Gegenseitiges Verstehen ("Ein Vertrauter, mit dem man über Probleme reden kann"). Tabelle 1 zeigt die Häufigkeiten, mit denen die Antworten diesen Kategorien in den drei Altersgruppen zugeordnet wurden.

Tabelle 1
Häufigkeiten zu "Begriff von Freundschaft"

Kategorie	Altersgruppen			Summe
	I 6 - 8	II 9 - 11	III 12 - 14	
1. Spielen	29	24	20	73
2. Teilen	3	5	1	9
3. Helfen	7	19	19	45
4. Gefühlsmäßige Bindung	11	15	9	35
5. Negative Abgrenzung	6	11	11	28
6. Verläßlichkeit	4	16	14	34
7. Merkmalsbeschreibung	4	5	6	15
8. Kooperative Wechselseitigkeit	2	5	8	15
9. Vertrauen	1	3	20	24
10. Gleichheit	-	1	11	12
11. Gegenseitiges Verstehen	-	5	17	22
Summe	67	109	136	312

Für die statistische Auswertung wurden die Kategorien in drei Gruppen zusammengefaßt. Entsprechend der Theorie von Youniss wurden die Kategorien 1 bis 3 zu Gruppe I (direkte Reziprozität), die Kategorien 4 bis 7 zu Gruppe II (interpersonale Sensitivität) und 8 bis 11 zu Gruppe III (Gleichheit) komprimiert. Zu erwarten war, daß Gruppe I bei den jüngsten, Gruppe II bei den mittleren, und Gruppe III bei den ältesten überwiegt (Tabelle 2). Die hierarchischen log-linearen Modell-Tests führten zur Annahme des Modells, das außer den Haupteffekten nur die Zweifach-Interaktion von Freundschaftskategorie und Alter einschließt (LR $Chi^2 = 2.31$, $df = 8$, $p = .97$). Eine weitere Reduktion auf das reine Haupteffekt-Modell hätte zu einer signifikanten Verschlechterung des "fit" geführt (Delta LR $Chi^2 = 49.27$, $df = 4$, $p < .001$).

Tabelle 2

Häufigkeiten zu "Begriff von Freundschaft" für komprimierte Kategorien

Kategorie	Altersgruppen			Summe
	I 6 - 8	II 9 - 11	III 12 - 14	
I	39^a	48	40^b	127
II	25	47	40^b	112
III	3^b	14	56^a	73
Summe	67	109	136	312

(a = signifikanter positiver lambda-Wert, b = signifikanter negativer lambda-Wert)

Ein Blick auf die z-standardisierten lambda-Parameter der Zweifach-Interaktion von Kategorie und Alter im angenommenen Modell weist darauf hin, daß der Variablenzusammenhang darauf zurückgeht, daß die Mitglieder der jüngsten Altersgruppe in Kategorie I überrepräsentiert und seltener als per Zufall erwartbar in Kategorie III vertreten sind. Praktisch spiegelbildlich sind die ältesten Vpn in den niedrigeren Ausprägungen der Freundschaftsvorstellungen unterrepräsentiert, während sie überzufällig häufig in Kategorie III anzutreffen sind.

Zwei weitere Chi^2-Tests wurden berechnet, um den Übergang von einer Altersgruppe zur jeweils höheren abzusichern. Dabei erwies sich lediglich der Übergang von der zweiten zur dritten Altersgruppe als signifikant ($Chi^2 = 23.4$, $df = 2$, $p < .01$). Auch wurde für jede Kategorie getrennt die altersmäßige Verteilung geprüft. Kategorie II ($Chi^2 = 6.8$, $df = 2$, $p < .05$) und Kategorie III ($Chi^2 = 64.3$, $df = 2$, $p < .01$) zeigten deutlich signifikante Altersabhängigkeiten.

Wir hatten vermutet, daß die Angaben von älteren Kindern Informationen aus einer größeren Zahl von Kategorien enthalten. Um diese Vermutung zu prüfen, zählten wir für jedes Kind aus, in wie viel verschiedene Kategorien von Tabelle 1 ihre Äußerungen eingeordnet wurden. Die Antworten der 6- bis 8jährigen verteilten sich im Durchschnitt auf 2.3 Kategorien, jene der 9- bis 11jährigen auf 3.7 und jene der 12- bis 14jährigen auf 4.5. Der Unterschied zwischen den Altersgruppen in der Verteilung der Antworten auf die Zahl der Kategorien ist signifikant ($Chi^2 = 49.37$, $df = 8$, $p < .05$).

5.3 Ergebnisse zum Thema "Entstehung von Freundschaften"

Auf die Frage "Was meinst Du, können die beiden Freunde werden?" antworteten die 6- bis 11jährigen Kinder am häufigsten einfach mit "ja". Dagegen knüpften die 12- bis 14jährigen daran meist eine Bedingung ("Ja, wenn sie dieselben Eigenschaften haben"). Die Verteilung der drei Antworttypen "Ja", "Ja mit Bedingungen" und "Vielleicht" auf die drei Altersgruppen ist überzufällig verschieden ($Chi^2 = 19.72$, $df = 4$, $p < .05$). Die Antworten auf die Frage, wodurch eine Freundschaft entsteht, wurden in die folgenden acht Kategorien eingeordnet: 1. Spielen ("Wir könnten mal zusammen ins Kino gehen oder etwas zusammen unternehmen"); 2. Miteinander reden ("Reden miteinander, wie alt sie sind und was für Interessen sie haben"); 3. Helfen ("Helfen wir uns mal, und dann sind wir Freunde"); 4. Negative Abgrenzung ("Sich nicht blöd ansprechen"); 5. Gefühlsmäßige Bindung ("Sie müßten sich liebhaben"); 6. Gemeinsame Situation ("Sie kommen sich näher, weil sie beide fremd sind"); 7. Ohne Zutun ("Das kommt einfach so, das ergibt sich"); 8. Kennen ("Man merkt, daß der andere gleiche Interessen hat, daß man sich sonst auch gut versteht"). Die Zusammenfassung der Kategorien zu Gruppen erfolgte hier vor allem unter Berücksichtigung der Auftretenshäufigkeiten der Einzelkategorien. Jene die häufig genug auftraten (1 bis 3) wurden belassen. Die Kategorien 4 und 5 wurden zu einer Gruppe "Gefühl" zusammengefaßt. Es verblieben die Kategorien 6 bis 8, die zu einer Gruppe "Ähnlichkeit" vereinigt wurden. Die Häufigkeiten sind in Tabelle 3 zusammengefaßt. Auch hier ist jenes log-lineare Modell das sparsamste, das die Interaktion zwischen Kategorien und Alter einschließt (LR $Chi^2 = 4.25$, $df = 12$, $p = .98$; Vergleich mit reinem Haupteffekt-Modell: Delta LR $Chi^2 = 70.03$, $df = 10$, $p < .001$).

Tabelle 3

Häufigkeiten zu "Entstehung von Freundschaften"

Kategorie	Altersgruppen			Summe
	I 6 - 8	II 9 - 11	III 12 - 14	
1. Spielen	23	21	13	57
2. Reden	12	14	19	45
3. Helfen	7	20	11	38
4. Gefühl	15	17	3	25
5. Ähnlichkeit	0	5	31	36
Summe	57	77	77	211

Bei einzelnen Chi^2-Tests erweisen sich "Spielen, gemeinsame Unternehmungen" sowie "Miteinander reden" nicht als altersabhängig. "Helfen" und "Gefühl" sind am häufigsten bei den 9- bis 11jährigen vertreten und verlieren in Altersgruppe III an Bedeutung. Die zu einer Gruppe "Ähnlichkeit" zusammengefaßten Kategorien "Gemeinsame Situation", "Ohne Zutun" und "Kennen" weisen mit zunehmendem Alter steigende Häufigkeiten auf ($Chi^2 = 46.17$, $df = 2$, $p < .05$).

Die Antworten auf die Frage danach, wie es zu einer "engen" Freundschaft kommen könne, wurden nach drei Kategorien ausgewertet: 1. Wiederholung (das sind Aussagen, die sich nicht von denen zur vorherigen Frage gemachten unterschieden); 2. Tätigkeitsintensivierung ("Öfters miteinander spielen"); 3. Vertiefung des Kennenlernens ("Wenn sie sich länger und besser kennen"). Die Identifikation des log-linearen Modells mit einer Interaktion (Kategorie x Alter) neben den Haupteffekten als sparsamstes Modell mit akzeptablem "fit" (LR $Chi^2 = 11.32$, $df = 6$, $p = .79$) belegt, daß die Verteilung der Häufigkeiten der Kategorien vom Alter abhängt, vor allem durch einen signifikanten Anstieg der Kategorie 3 mit dem Alter ($Chi^2 = 35.57$, $df = 2$, $p < .05$).

5.4 Ergebnisse zum Thema "Konfliktbearbeitung"

Die Antworten auf die Frage nach einer bösen oder kränkenden Handlung (Streitanlaß) ordneten wir in drei Kategorien ein. 1. Physischer Anlaß ("wenn ein Kind diesen haut oder so", "wenn einer dem anderen etwas wegnimmt"); 2. Verbaler Anlaß ("der Patrick hat mal behauptet, er könne besser Fußball spielen und dann haben wir uns halt'n bißchen ... haben wir getobt und gekämpft", "wenn der sich was holt, was seine Mutter nicht wollte, und der andere ihn dann verpetzt"); 3. Streit durch dritte Person, oder Freund erfüllt Erwartungen nicht ("wenn sie sich zu oft sehen, und dann halt einen anderen besser finden, dann werfen sie sich halt die ganzen Sachen vor, was sie an Negativem erlebt haben", "wenn eine von ihrer Freundin die Schere möchte und sie gibt sie ihr nicht und sagt, sie braucht sie selbst, obwohl sie sie gar nicht braucht und dann fangen sie an zu streiten").

Tabelle 4
Häufigkeiten zu "Streitanlaß"

Kategorie	Altersgruppen			Summe
	I 6 - 8	II 9 - 11	III 12 - 14	
1. Physischer Anlaß oder wegen Gegenstand	18[a]	9	4[b]	31
2. Verbaler Anlaß	8	14	14	36
3. Freund erfüllt Erwartung nicht	4	8	10	22
Summe	30	31	28	89

(a = signifikanter positiver lambda-Wert, b = signifikanter negativer lambda-Wert)

Abermals bestätigten die Analysen die Altersabhängigkeit der Freundschaftsvorstellungen: Das log-lineare Modell, daß die Kategorie x Alter-Interaktion als einzige einschließt, gibt die Daten angemessen wieder (LR $Chi^2 = 3.71$, $df = 8$, $p = .88$); eine weitere Reduktion auf das reine Haupteffekt-Modell führt zu einer bedeutsamen Verschlechterung des "fit" (Delta LR $Chi^2 = 14.46$, $df = 4$, $p < .01$). Die z-standardisierten lambda-Parameter deuten in der ersten Kategorie (physischer Anlaß) überzufällige Abweichungen der Häufigkeiten nach Altersgruppen an: Jüngere "hauen" sich oder streiten um Spielzeug, während dies für die älteren Kinder seltene Streitanlässe sind.

Die Antworten der Kinder auf die Frage nach der *Reaktion des Freundes* auf eine böse Handlung wurden in drei Kategorien eingeordnet: 1. Physische Vergeltung ("würde ihn schlagen, kratzen, beißen, vielleicht"); 2. Verbale Vergeltung ("vielleicht zurücklästern"); 3. Nicht-Konfrontation. Der Empfänger zieht sich zurück, seine Gefühle sind verletzt. Er fordert vom Freund eine Erklärung, widerlegt die Behauptung des Freundes durch eine konkrete Handlung oder erzählt die Situation einer dritten Person.

Auch hier variieren die Häufigkeiten der Kategorien (Tabelle 5) als Funktion des Alters (log-lineares Modell mit Kategorie x Alter-Interaktion und Haupteffekten: LR $Chi^2 = 4.46$, $df = 8$, $p = .81$; Vergleich mit reinem Haupteffekt-Modell: Delta LR $Chi^2 = 13.85$, $df = 4$, $p < .01$). Während es im Vergleich der Altersgruppen vor allem die jüngeren Kinder sind, bei denen die Reaktion durch "physische Vergeltung" erfolgt, sind die ältesten am häufigsten unter jenen vertreten, die "verbale Vergeltung" als Reaktion nennen. Youniss (S. 139) konnte im Gegensatz dazu eine Altersabhängigkeit der Reaktionen auf eine kränkende Handlung nicht finden.

Tabelle 5
Häufigkeiten zu "Reaktion auf böse Handlung"

Kategorie	Altersgruppen			Summe
	I 6 - 8	II 9 - 11	III 12 - 14	
1. physische Vergeltung	16[a]	6	7	29
2. verbale Vergeltung	6	11	16[a]	33
3. Nicht-Konfrontation	10	20	13	43
Summe	32	37	36	105

(a = signifikanter positiver lambda-Wert)

Die Antworten auf die Frage nach der *Versöhnung* in einem Konfliktfall wurden in drei Kategorien eingeordnet. 1. Beidseitige Wiederaufnahme positiver Handlungen ("wenn man wieder spielt, dann können sie wieder Freunde werden"); 2. Einseitige Entschuldigung ("vielleicht könnten sie sich wieder versöhnen, miteinander reden, der Schuldige muß halt anfangen"); 3. Aussprache zur Versöhnung. Der gekränkte Freund übernimmt die Initiative zur Versöhnung, beide Freunde bemühen sich ausdrücklich wieder um die Freundschaft (z.B. durch Handschlag), oder sie besprechen gemeinsam den Konflikt ("dann sagt vielleicht die eine: 'Es tut mir leid wegen gestern'. Und die andere sagt: 'Es war auch nicht so gut, was ich gemacht habe.'"). Tabelle 6 zeigt die Verteilung der Häufigkeiten auf die genannten Kategorien.

Tabelle 6
Häufigkeiten zu "Versöhnung"

Kategorie	Altersgruppen			Summe
	I 6 - 8	II 9 - 11	III 12 - 14	
1. beidseitige Wiederaufnahme positiver Handlungen	19a	6	5b	30
2. einseitige Aufnahme, Entschuldigung	3^b	17^a	8	28
3. Aussprache zur Versöhnung	8	8	17^a	33
Summe	30	31	30	91

(a = signifikanter positiver lambda-Wert, b = signifikanter negativer lambda-Wert)

In den log-linearen Modell-Tests konnte wiederum die Altersabhängigkeit der Freundschaftsvorstellungen bestätigt werden: Das Modell, das nur die Interaktion von Kategorie und Alter neben den Haupteffekten zuläßt, ist das sparsamste, das die empirischen Daten angemessen repräsentiert (LR *Chi²* = 9.88, *df* = 8, *p* = .27; Vergleich mit reinem Haupteffekt-Modell: Delta LR *Chi²* = 27.02, *df* = 4, *p* < .001). Auch lassen sich beide Altersübergänge statistisch absichern sowie die Verteilung der Häufigkeiten der ersten beiden Kategorien. Die z-standardisierten lambda-Parameter zeigen an, daß die Interaktion vor allem darauf zurückgeht, daß sich die jüngsten Kinder unter Versöhnung mehrheitlich vorstellen, die gemeinsamen Spielhandlungen einfach wieder aufzunehmen, ohne den Konflikt überhaupt zu thematisieren. Die Kinder der mittleren Gruppe gaben vorwiegend an, daß sich die Situation nicht von selbst klärt. Sie erwarteten mehrheitlich, daß sich der Aggressor entschuldigt. Im Anschluß an diese Handlung kann die Beziehung wieder fortgeführt werden. Und bei den ältesten Kindern spielte nunmehr das gemeinsame Besprechen des

Konflikts die überragende Rolle. Man sah beide in der Pflicht, das Problem zu lösen, und zwar durch kooperative Auseinandersetzung.

5.5 Ergebnisse zum Thema "Ende einer Freundschaft"

Für die Antworten auf die Frage nach dem Ende einer Freundschaft arbeiteten wir mit einem System von drei Kategorien. 1. Streit ("wenn sie sich oft streiten", "auf seiner Meinung verharrt und Dinge tut, die der andere nicht mag"); 2. Räumliche Trennung ("Wenn man wegzieht, z.B. wenn ich nach Amerika ziehen würde"); 3. Psychische Trennung ("daß sie sich einfach nicht mehr mögen und daß die dann auseinandergehen und nicht mehr miteinander spielen", "daß man eine andere Freundin hat und mit der besser spielt", "daß man sich praktisch auseinanderlebt, weil man andere Interessen hat"). Wie aus Tabelle 7 ersichtlich ist, spielt in allen Altersgruppen die Kategorie "Streit" die wichtigste Rolle. Die statistische Analyse zeigt, daß die perzipierten Ursachen für das Ende einer Freundschaft altersunabhängig sind: Bei der Modellanpassung kann neben den anderen Interaktionen auch jene zwischen Kategorie und Alter ausgeschlossen werden, ohne daß der "fit" substantiell leidet (Delta LR $Chi^2 = 1.87$, $df = 4$, $p < .05$). Diese Ergebnisse entsprechen jenen von Youniss (S. 201ff) mit der Ausnahme, daß einer dritten Person als Anlaß der Trennung eine geringere Bedeutung zukommt.

Tabelle 7
Häufigkeiten zu "Ende einer Freundschaft"

Kategorie	Altersgruppen			Summe
	I 6 - 8	II 9 - 11	III 12 - 14	
1. Streit	22	35	26	83
2. Räumliche Trennung	11	16	19	46
3. Psychische Trennung	14	18	21	53
Summe	47	69	66	182

6. DISKUSSION

Zum Thema "*Begriff von Freundschaft*" kann man davon ausgehen, daß sich der Entwicklungsprozeß über drei Stufen bewegt, die grob den Altersgruppen zuzuordnen sind. In der ersten Stufe wird unter Freundschaft in erster Linie die gemeinsame momentane Aktivität verstanden, gepaart mit einem unbestimmten positiven Gefühl. Lediglich der bei Youniss (S. 175) dominierende Aspekt des "Teilens" wurde von unseren Kindern generell kaum angesprochen. Ab der zweiten Stufe wird die Konstanz der Beziehung und die daraus resultierende Verläßlichkeit bzw. stete Hilfsbereitschaft betont. Der Freund wird häufig durch negative Aspekte, die er zu unterlassen hat, beschrieben. Die Wichtigkeit der gemeinsamen Aktivität und die Betonung einer gefühlsmäßigen Bindung bleiben bestehen. Auf der dritten Stufe wird weiterhin der gemeinsamen Unternehmung mit dem Freund und seiner Verläßlichkeit eine hohe Bedeutung zugemessen. Neu hinzu kommen die Komponenten des Vertrauens, des gegenseitigen Verständnisses und der Ähnlichkeit des Charakters. Auch Youniss (1980) hat die Entwicklung des Freundschaftsbegriffs an drei Altersstufen festgemacht. Die Kinder in seinen Studien charakterisierten die erste Station mit unmodifizierten Aussagen, die sich auf Spielen und Teilen bezogen. Das entspricht weitgehend den Aussagen unserer Kinder, welche die gemeinsamen Unternehmungen im Spiel herausstellten, allerdings seltener auf das Teilen abhoben. Die zweite Station wird von Youniss beschrieben als die Vorstellung, ein Freund erkenne die Bedürfnisse des anderen und helfe ihm bei deren Erfüllung. Dies konnten auch wir klar feststellen. Wie bei Youniss trat auch bei uns das Prinzip der kooperativen Wechselseitigkeit im Sinne der Gleichheit, des Vertrauens und des gegenseitigen Verstehens in der dritten Altersgruppe deutlich zum Vorschein. Insgesamt ist eine große Übereinstimmung in den Ergebnissen zwischen den beiden Untersuchungen erkennbar. Darüberhinaus nannten unsere Kinder jene Komponenten des Freundschaftsbegriffs, welche in der jeweils davorliegenden Altersgruppe genannt worden waren, meist weiter. Sie unterschieden sich von der vorherigen Altersgruppe darin, daß sie ähnlich wie bei Bigelow (1977) Komponenten zusätzlich anführten. Die Änderung der Freundschaftsvorstellungen liegt also wesentlich in dem Aspekt der Erweiterung und weniger in jenem des Ersetzens. Diese Erkenntnis wurde durch unsere Form der Auswertung möglich. Bei Luck (1987) ergab sich dies nicht so deutlich: die Zunahme von generalisierten Freundschaftsvorstellungen ging mit einer deutlichen Abnahme von anlaßbezogenen einher.

Auch zum Thema "*Entstehung von Freundschaften*" sind alterstypische Vorstellungen identifizierbar. Auf Stufe eins wird daran gedacht, daß eine Freundschaft durch gemeinsames Tun entsteht sowie durch miteinander Reden. Auch ein Sympathiegefühl muß vorhanden sein. Im Vergleich zu Youniss (S. 192) fehlt wiederum der Aspekt des "Teilens". Auf Stufe zwei kommt deutlich hinzu der Aspekt des gegenseitigen Helfens. Auf Stufe drei werden vor allem Gemeinsamkeiten in Bezug auf Situation und Interessen als Auslöser für eine Freundschaft gesehen. Youniss (1980) kam bei diesem Thema trotz insgesamt etwas jüngerer Kinder zu ähnlichen Ergebnissen. Auch bei ihm beginnt eine Freundschaft in der jüngsten Altersgruppe durch die Aufnahme gemeinsamer Aktivitäten. Auch bei ihm wird von der mittleren Altersgruppe die gegenseitige Hilfe als für den Beginn einer Freundschaft charakteristisch gesehen. Für die ältesten Kinder ist Voraussetzung vor allem, daß man sich besser kennenlernt.

Betrachten wir die Ergebnisse zum Thema "*Bearbeitung von Konflikten*" und nehmen die Antworten auf die Fragen nach der bösen Handlung, der Reaktion des gekränkten Freundes, der Versöhnung und der Beendigung einer Freundschaft zusammen, so können wir klare altersabhängige Muster identifizieren. Die jüngsten Kinder beschreiben als Streitursachen wie bei Youniss (S. 105) meist eine konkrete physische Aggression gegen den Freund oder dessen Objekte. Damit vereinbar ist die Antwort auf die Frage nach der Reaktion des Empfängers: etwa in der Hälfte der Fälle erwidert er die böse Handlung mit der gleichen Reaktion, Zug um Zug. Fast gleich häufig reagiert er mit Rückzug. Dies hängt vermutlich mit den unterschiedlichen dispositionellen Haltungen der Vpn zusammen (vgl. Selman & Demorest, 1985). Entsprechend der Zug-um-Zug-Reaktion überwiegen bei der Versöhnung schnelle Lösungen. Ohne Reflexion und Diskussion werden die positiven Handlungen wieder aufgenommen, die Freundschaftsbeziehung nimmt ihren gewohnten Verlauf. Dies ist plausibel, da bei Streithandlungen das Verhalten im Mittelpunkt steht und nicht die Konfliktursache, ist auch die Frage nach Schuld und Verantwortung nebensächlich. Die Versöhnung erfordert keine psychische Heilung. Von daher ist schließlich auch verständlich, daß das Ende einer Freundschaft dann gesehen wird, wenn der Streit mit dem Freund überwiegt, wenn man sich nicht mehr leiden kann, und weniger wie bei Youniss, aus Gründen des "Nicht-Helfens" und "Nicht-Teilens".

Neun- bis Elfjährige sehen ebenfalls in einer negativen Handlung des Freundes ein böses Verhalten. Dies sind seltener Akte psychischer Aggressionen, vorwiegend nunmehr im Gegensatz zu Youniss (S. 105) verbale Handlungen, die seelische Schädigungen bewirken: Intrigen, Petzen, Necken, Vertrauensmißbrauch, Eifersucht. Dies steht in Übereinstimmung damit, daß diese Kinder Freundschaft mehr über psychische Aspekte definieren als über die sichtbaren Gemeinsamkeiten des Tuns. Dem entspricht das Überwiegen zurückhaltender, nach innen gerichteter Reaktionen auf die verletzende Handlung über den direkten Gegenschlag. Das Opfer reagiert mit Trauer oder Ärger, zieht ggf. Konsequenzen und sucht sich einen anderen Freund. Daß Kinder dieses Alters für die Versöhnung vorwiegend eine entschuldigende Geste des Aggressors erwarten und verlangen, kann so gedeutet werden, daß das Anrichten eines seelischen Schadens eine seelische Form der Wiedergutmachung verlangt. Im Gegensatz zu den Jüngeren führt bei den Kindern dieser Altersstufe auch das Eindringen eines Dritten zur Beendigung einer Freundschaft. Dem kann die Vorstellung zugrundeliegen, daß Freundschaft exklusiven Charakter hat, daß es sich um eine überdauernde, über die Zeit des gemeinsamen Tuns hinausgehende emotionale Beziehung handelt. Sie kann nicht ohne weiteres mit mehr als einer Person eingegangen werden.

Bei den älteren Kindern ergeben sich kleinere Unterschiede zu Youniss. Zwar gehen physische Anlässe für Konflikte ebenfalls zurück. Doch finden wir keine Zunahme in den Kategorien "Sozialer Ausschluß" und "Demonstrative Ablehnung" (S. 106). Dafür fanden wir eine neue Kategorie, in der eine seelische Kränkung stärker durch verbale als durch soziale Schädigung erfolgt. In dieser Gruppe reagiert der Empfänger, indem er dem Aggressor, ähnlich wie in der jüngsten Gruppe, die Kränkung zurückgibt. Das kann sich in Kampf oder offenem Meinungsstreit manifestieren. Die Gegenseitigkeit vollzieht sich aber nicht nur auf der physischen Ebene, in der die Kräfte gemessen werden. Sie verlagert sich entsprechend der Ausgangshandlung auf die Ebene der verbalen Auseinandersetzung. Die Versöhnung erfolgt bei Kindern dieser Altersgruppe z. T. durch Entschuldigung des Aggressors. Die sprunghafte Erhöhung der Häufigkeiten in der Kategorie "Aussprache zur Versöhnung" zeigt einen Wandel an: der Konflikt wird nicht mehr als einseitig angesehen, sondern als eine gemeinsame Angelegenheit. Die Vorstellung überwiegt, daß der Konflikt gemeinsam besprochen und in einer Diskussion nach einer Lösung gesucht wird. Dieses Muster ist bei Youniss (S. 217) nicht zu finden. Das Gespräch ist nicht nur eine Methode der Versöhnung. Die Kinder können darin auch lernen, dem anderen zuzuhören, den anderen zu verstehen, die eigene gegen die andere Meinung abzuwägen, Kompromisse zu finden.

Im Zusammenhang mit der Altersabhängigkeit der Ergebnisse ist die Möglichkeit der Konfundierung von Antwortmenge und Antwortqualität zu problematisieren. Da mit dem Alter die Zahl der Antworten pro Kind durchweg stieg, könnte die Altersabhängigkeit der Inhalte als Funktion der Verbalisierungsmenge gedeutet werden. Angesichts der großen Übereinstimmung mit Ergebnissen von Youniss halten wir das jedoch nicht für sehr wahrscheinlich. Auch die Tatsache, daß unsere Kinder bei bestimmten Fragen etwas älter waren als jene von Youniss scheint keinen wesentlichen Eifluß auf die Ergebnisse gehabt zu haben.

Es könnte sich ein Vergleich der Ergebnisse mit jenen anderer Forscher (z.B. Bigelow, 1977; Damon, 1984; Hoppe-Graff & Keller, 1988; Selman, 1984) anschließen. Diese Diskussion müßte ausführlich und spekulativ geführt werden, dabei den unterschiedlichen Erhebungsmethoden Rechnung tragen. Deshalb soll sie unterbleiben. Es genügt, darauf zu verweisen, daß zu den Vorstellungen über das Wesen von Freundschaft weitgehende Übereinstimmungen bestehen, insbesondere was jüngere (Freundschaft als momentane gemeinsame Aktivität) und ältere Kinder betrifft (Freundschaft als Beziehung, die von gegenseitigem Verstehen geprägt ist).

Das völlige Ausbleiben von signifikanten Geschlechtsunterschieden bedarf der Erwähnung. Sowohl die Alltagsbeobachtung als auch einige Ergebnisse aus der Literatur machen die Annahme naheliegend, daß Jungen und Mädchen teilweise unterschiedliche Vorstellungen mit dem Freundschaftsthema verbinden. Bei der Durchsicht der Antworten insbesondere zu den konfliktbezogenen Fragen drängten sich Eindrücke von Unterschieden auf. Insbesondere schienen Mädchen mit ihren Freundinnen verstärkt auf der Ebene des Gesprächs miteinander positiv und negativ umzugehen. Bei Jungen schienen die Freundschaftsvorstellungen stärker mit aktivem Tun und gemeinsamen Unternehmungen verknüpft zu sein. Doch sind unsere Kategoriensysteme offensichtlich nicht so scharf, daß die Unterschiede statistisch auffällig werden konnten. So muß es mit der Mitteilung über diese informellen Beobachtungen sein Bewenden haben.

Betrachtet man *zusammenfassend* die Ergebnisse beider Untersuchungen, so stechen die großen Gemeinsamkeiten in den Vorstellungen über Freundschaft sowie die Übereinstimmungen in der altersmäßigen Ausprägung der Vorstellungen hervor. Trotz Unterschieden in der "sozialen Kultur" der beiden Länder sind die Vorstellungen der Kinder einander in erstaunlicher Weise ähnlich. Möglicherweise entstehen bei allen Menschen, die in soziale Erfahrungen eingebettet, in vielfältige soziale Interaktionen involviert sind, Kognitionen über Freundschaft in ähnlicher Weise. Dies steht auch im Einklang mit der Annahme, daß die Ausbildung kognitiver Universalien als Voraussetzung für die Entwicklung des Freundschaftskonzepts anzusehen ist. Vielleicht bieten auch die sozialen Umwelten in den beiden Ländern nicht grundsätzlich unterschiedliche soziale Erfahrungsmöglichkeiten. Oder das längere Zusammensein mit Kameraden von Kindern in Ganztagsschulen wird damit ausgeglichen, daß die Kinder in der Bundesrepublik nachmittags in ihrer Freizeit etwas mit Freunden unternehmen. Unser Befund, daß die Vorstellungen mit zunehmendem Alter nicht grundsätzlich anders werden, sondern differenzierter, daß sich die Vorstellungen erweitern, kann als Gewinn unserer genaueren Auswertung bezeichnet werden.

Will man auf Unterschiede in den Ergebnissen zwischen den beiden Untersuchungen abheben, so muß man zunächst darauf verweisen, daß - bei unseren jüngeren Kindern - kaum Hinweise darauf zu finden sind, daß zur Freundschaft das "Teilen" gehört. Dies könnte damit zusammenhängen, daß amerikanische Kinder früheren und intensiveren Kontakt mit Altersgleichen aufnehmen. Ganztagsschulen bringen mehr Situationen mit sich, in denen Teilen erfahren, erlebt und gefordert werden kann. Auffallender sind Unterschiede im Bereich der Veranlassung von Konflikten, der Reaktionen darauf sowie deren Beendigung. Amerikanische Kinder in der Pubertät scheinen vor allem den sozialen Ausschluß und das demonstrative Zeigen von Ablehnung durch Freunde zu fürchten. Diese Akzentuierung verweist möglicherweise darauf, daß unsere Kinder der Zugehörigkeit zu einer Gemeinschaft etwas weniger starke Bedeutung beimessen. Dafür scheinen sie früher auf das Zufügen seelischer Schmerzen zu reagieren, wie Angeben, Petzen, Lästern, Belügen. Hinsichtlich der Konfliktlösung spielt es bei deutschen Kindern kaum eine Rolle, welchen Rang der Streitverursacher in der Gruppe einnimmt, wie das bei amerikanischen Kindern in allen Altersstufen der Fall zu sein scheint. Dagegen spielt bei Kindern der mittleren Altersgruppe eine Rolle, wer den Streit veranlaßt hat. Ältere vor allem suchen das Gespräch in dem Versuch einer gemeinsamen Konfliktlösung. Es zeigt sich eine stärkere Verlagerung auf die verbale Ebene, während amerikanische Kinder eher durch Gesten und symbolische Akte eine Versöhnung anzustreben scheinen. In beiden Fällen manifestiert sich die Erfahrung von Gleichheit. Sie enthält die Vorstellung von Kooperation zwischen Menschen, die sich beide in unterschiedlichen psychischen Zuständen befinden. Gemeinsame Problembearbeitung wird als Basis für eine Beziehung als überdauernde Einheit gesehen.

LITERATUR

Bigelow, B.J. (1977). Children's friendship expectations: A cognitive-developmental study. *Child Development, 48*, 246-253.

Bigelow, B.J. & La Gaipa, J.J. (1975). Children's written descriptions of friendship: A multidimensional analysis. *Developmental Psychology, 11*, 857-858.

Buhrmester, D. & Furman, W. (1986). The changing functions of friends in childhood: A neo-Sullivanian Perspective. In H.V. Derlega & B.A. Winstead (Eds.), *Friendship and social interaction* (pp. 41-62). New York: Springer Verlag.

Damon, W. (1984). *Die soziale Welt des Kindes*. Frankfurt/Main: Suhrkamp.

Douvan, E. & Adelson, J. (1966). *The adolescent experience*. New York: Wiley.

Fienberg, S.E. (1987). *The analysis of cross-classified categorical data*. Cambridge: MIT Press.

Furman, W. (1982). Children's friendships. T. Field u.a. (Eds.), *Review of human development* (pp. 327-342). New York: Wiley.

Furman, W. & Robbins, P. (1985). What's the point? Issues in the selection of treatment objectives. In B.H. Schneider, K. Rubin & J. Ledingham (Eds.), Children's peer relations (pp. 42-54). New York: Springer Verlag.

Gottmann, J.M. (1983). How children become friends. *Monographs of the Society for Research in Child Development*, Vol. 48, No. 3.

Green, J.A. (1988). Log-linear analysis of cross-classified ordinal data: Applications in developmental research. *Child Development, 59*, 1-25.

Hoppe-Graff, S. & Keller, M. (1988). Einheitlichkeit und Vielfalt in der Entwicklung des Freundschaftskonzeptes. *Zeitschrift für Entwicklungspsychologie und Pädagogische Psychology, 20*, 195-213.

Luck, H. (1987). *Freundschaftskonzepte und Freundschaften im Jugendalter*. Berlin: Technische Universität Berlin. Diplomarbeit.

Rubin, Z. (1981). *Kinderfreundschaften*. Stuttgart: Klett.

Selman, R. (1984). *Die Entwicklung des sozialen Verstehens*. Frankfurt/Main: Suhrkamp.

Selman, R. & Demorest, A.P. (1984). Observing troubled children's interpersonal negotiation strategies: Implications of and for a developmental model. *Child Development, 55*, 288-304.

Youniss, J. (1980). *Parents and peers in social development*. Chicago: University Press.

ENTWICKLUNG EINES KOGNITIVEN SCHEMAS VOM EIGENEN KIND BEI FRAUEN VOR IHRER ERSTEN GEBURT

Gabriele Gloger-Tippelt

1. DAS KOGNITIVE SCHEMA VOM KIND IM RAHMEN DER FAMILIENENTWICKLUNG

Die Familie wird heute häufig in ihrer Bedeutung für die emotionalen Beziehungen ihrer Mitglieder hervorgehoben. Der Übergang von der kinderlosen Partnerschaft zur Elternschaft und zur Familie stellt das Paar vor die Entwicklungsaufgabe, mehrere neue Beziehungen mit veränderten Rollenerwartungen aufzubauen, insbesondere eine Mutter-Kind-, Vater-Kind- und eine Partnerbeziehung der Eltern. Dieser Lebensübergang im Erwachsenenalter kann wiederum in eine Anzahl von aufeinanderfolgenden Phasen mit typischen Anforderungen und Verarbeitungen gegliedert werden (Gloger-Tippelt, 1983, 1988a). Mein Beitrag beschäftigt sich mit der ganz frühen Zeit der Entstehung der Mutter-Kind-Beziehung vor der Geburt. Dabei werde ich die entwicklungspsychologischen Forschungsschwerpunkte, die bisher eher auf der kindlichen Bindung zur Mutter und auf den emotionalen Aspekten der Eltern-Kind-Beziehung liegen, ergänzen. Von einem kognitiven Standpunkt ausgehend soll der Aufbau der mütterlichen Vorstellungen über ihr erstes Kind während der Schwangerschaft und nach der Geburt rekonstruiert werden. Wie Alltagserfahrungen, entwicklungspsychologische Forschungsbefunde und klinische Studien zeigen, beginnt die Beziehung zwischen Mutter und Kind nicht erst bei der Geburt, sondern weist kognitive und emotionale Vorläufer in der Schwangerschaft auf. Vom Zeitpunkt der Feststellung der Schwangerschaft wissen zukünftige Eltern, wann das erste Kind in ihr Leben treten wird. Sie haben eine überschaubare Zeitperiode vor sich, um sich auf dieses neuartige Zusammenleben vorzubereiten.

1.1 Das Wissen vom Kind im Rahmen pränataler Diagnostik und entwicklungspsychologischer Forschung

Es soll kurz aufgezählt werden, welche neuen Entwicklungen in Forschung und Technologie eine solche Betrachtungsweise nahelegen:

Zunächst sind die *neuen Technologien der pränatalen Diagnostik* zu nennen, die die frühen Stadien des Übergangs zur Elternschaft sehr verändert haben. Traditionell anerkannte körperliche und psycho-soziale Markierungspunkte einer Schwangerschaft wie ein verändertes Körperbild, "Umstandskleidung", oder Kindesbewegungen sind ersetzt worden durch technisch vermittelte Informationen über die Schwangerschaft. Das sind heute Ultraschalluntersuchungen, Amniozentese, und Chorionzottenbiopsie, die Bestimmung des kindlichen Alpha-Fetoprotein-Wertes (Endres, 1987; Gloger-Tippelt, 1988a; Hershey, Crandall & Perdue, 1986; Holt, 1989). Während Ultraschalluntersuchungen mehrfach bei allen schwangeren Frauen durchgeführt werden, sind die anderen Diagnosemethoden bisher nur bei bestimmten Alters- oder Risikogruppen vorgesehen. Diese neuen medizinischen Techniken stellen insofern einen Kohorteneffekt im elterlichen Wissen über das Kind dar, als sie die Eltern anregen, bereits ab der 10.-14. Schwangerschaftswoche (im folgenden SSW) post menstruationem eine detaillierte kognitive Repräsentation von ihrem Kind zu entwickeln, nachdem ihnen vom Arzt Ultraschallabbildungen des kindlichen Körpers auf dem Monitor gezeigt wurden. Pränatale Diagnosemethoden können weitere Informationen über die Gesundheit, mögliche genetische Erkrankungen des Kindes und über sein Geschlecht liefern, lange bevor die Frau selbst ca. in der 20. SSW Kindesbewegungen spürt. Eine weitere historische Veränderung besteht darin, daß diese Informationen Männern und Frauen in der gleichen Weise zur Verfügung stehen, beide Partner also ein Schema vom Kind entwickeln können. Da Männer jedoch in anderer Form, eher indirekt am Schwangerschaftsverlauf beteiligt sind, beschränke ich mich hier auf die Frauen. Die neuen Informationen regen die Frauen zu Phantasien über das Kind an, sie können jedoch auch Gefühle der Fremdheit, Trennung und Distanzierung vom Kind hervorrufen (Campbell, Reading, Cox, Sledmere, Mooney, Chudleich, Beedle & Ruddick, 1982; Fresco & Silvestre, 1982; Rothman, 1986).

Antizipationen über das erwartete Kind wirken sich auch auf die Eltern-Kind-Beziehung nach der Geburt aus. So konnten klinisch orientierte Studien nachweisen, daß eine vorgeburtliche emotionale Auseinandersetzung mit dem Kind einen Prädiktor für günstige Mutter-Kind-Beziehungen nach der Geburt darstellt (Bibring, Dwyer, Huntington & Valenstein, 1961; Breen, 1975; Carter-Jessop & Keller, 1987; Leifer, 1980; Gloger-Tippelt, 1983, 1988; Grossman, Eichler & Winickoff, 1980; Shereshefsky-Yarrow, 1973; Valentine, 1982).

Schließlich hat die *Bindungsforschung* viel zum Wissen über die frühe Eltern-Kind-Beziehung beigetragen (Carter-Jessop & Keller, 1987; Klaus & Kennell, 1976). In diesem Zusammenhang ist eine neuere Erweiterung der Attachment-Forschung relevant, die sich mit den Repräsentationen der erwachsenen Bindungspartner befaßt. Im theoretischen Rahmen der Bindungsforschung stellen die elterlichen "internal working models" über das eigene Selbst als Bezugsperson und über das Kind kognitive Repräsentationen von Beziehungen dar, die systematisch mit dem Bindungsverhalten des Kindes zusammenhängen (Ainsworth, 1989; Main, Kaplan & Cassidy, 1985; Bretherton, 1987; Bretherton, Biringen, Ridgeway, Maslin & Sherman, 1986).

Als letztes möchte ich die *Temperamentsforschung* erwähnen, die sich mit der elterlichen Wahrnehmung der individuellen Merkmale des Kindes und deren Stabilität von Zeitpunkten vor der Geburt bis danach beschäftigt (Bates, 1987; Zeanah & Anders, 1987).

1.2 Die Rekonstruktion des mütterlichen Wissens vom Kind als kognitives Schema

Eine wichtige Implikation dieser Ansätze besteht darin, daß ein elterliches Wissen über das Kind zum jeweiligen Stand seiner Entwicklung vorausgesetzt wird. Dieses wurde in den bisherigen Studien vernachlässigt (Goodnow, 1988). Durch neue Konzeptualisierungen und empirische Ergebnisse könnte ein Brückenschlag zwischen der vorwiegend behavioral orientierten ethologischen Attachment-Forschung und neueren Ansätzen der kognitiven Wissenspsychologie erreicht werden. Tatsächlich erhalten Frauen sukzessiv Informationen über ihr Kind während der Stadien der Familienplanung, Schwangerschaft, Geburt und der nachgeburtlichen Zeit. In meiner Arbeit vertrete ich den Standpunkt, daß Frauen entsprechend den jeweiligen Informationen eine schematische kognitive Repräsentation des erwarteten Kindes aufbauen. Die folgende Studie zielt darauf ab, das kognitive Schema des eigenen Kindes während der aufeinanderfolgenden Informationsstadien modellhaft zu rekonstruieren und seine Komponenten zu beschreiben.

Dazu ist es erforderlich, die mütterlichen Vorstellungen im Sinne eines Schema-Ansatzes zu reformulieren. Die Gesamtheit des Wissens einschließlich seiner emotionalen Komponenten, das insbesondere die Mutter von ihrem Kind aufbaut, fasse ich hier unter dem Begriff des *kognitiven Schemas vom eigenen Kind*. Dieses kann als eine spezifische Form von Personenschemata verstanden werden, als Schema einer emotional bedeutsamen individuellen Person. Das Schema hat die Funktion, die Aufmerksamkeit auf schemakonsistente Informationen zu lenken, solche Informationen zu enkodieren und zu strukturieren, indem Einheiten gebildet werden, die als Variablen oder Merkmale des Schemas identifiziert werden können, und unvollständige Informationen durch Schlußfolgerungen über schema-adäquate Merkmale zu ergänzen. (Crocker, Fiske & Taylor, 1984; Schwarz, 1985; Weinert & Waldmann, 1988). Die hypothetischen Merkmale des mütterlichen kognitiven Schemas vom eigenen Kind in verschiedenen Phasen der Informationsaufnahme sind auf Abbildung 1 zu sehen.

Vermutlich ist das mütterliche Schema vom Kind zu Beginn der Schwangerschaft undifferenziert, "Schwangerschaft" und "Kind" bilden noch eine Einheit. Zu diesem Zeitpunkt werden nur wenige spezifische Merkmale des Kindes differenziert, hauptsächlich die *Erwünschtheit* und die *Gesundheit/Krankheit* des Kindes. Das Merkmal *Gesundheit/Krankheit des Kindes* ist mit *Ängsten über seine gesunde Entwicklung* verknüpft. Nachdem ca. bis zur 14. oder 16. Schwangerschaftswoche ein detailliertes Bild des Kindes im Ultraschall gesehen wurde, wird das undifferenzierte Schema vom Kind durch das Schema einer menschlichen Person ersetzt. Dieses enthält zwei neue Merkmalsbereiche: einerseits löst das Bild der menschlichen Gestalt ein *Körperschema des Kindes* (Brenot & Brenot, 1984; Müller-Schäfer, 1989) aus, andererseits wird aufgrund der Kindesbewegungen, entweder im Ultraschallbild oder durch spürbare Bewegungen ein weiterer Merkmalsbereich angeregt, die *psychischen Merkmale des Kindes*. Das Kind wird als getrenntes Wesen gesehen und erhält nun eine rudimentäre Persönlichkeit. In einem nächsten Schritt wird das Merkmal

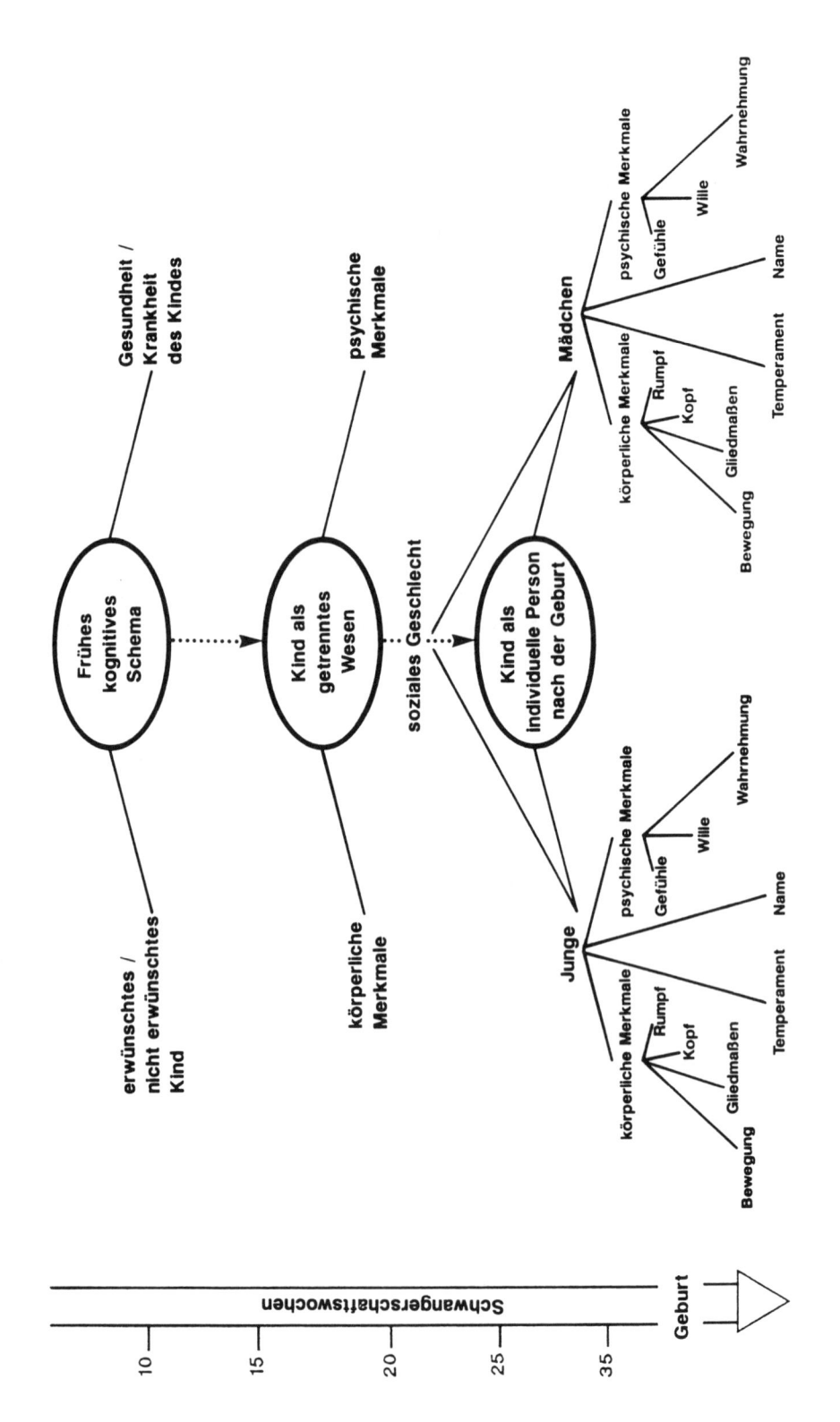

Abbildung 1. Die Entwicklung eines kognitiven Schemas vom Kind

"*soziales Geschlecht*" (gender) ergänzt. Entsprechend einem *bevorzugten* oder *bereits bekannten Geschlecht* werden die körperlichen und psychischen Merkmale des Kindes entweder in Richtung auf männliche oder weibliche geschlechtstypische Eigenschaften kon-kreter ausgefüllt. Die Subschemata über Körper und Psyche des Kindes werden schnell elaboriert in ihre Komponenten, d.h. in *Kopf, Rumpf, Gliedmaßen und Bewegungen* auf der körperlichen und in *Willen, Gefühle, Wahrnehmungen* auf der psychischen Seite. Zusätzliche Merkmale werden ergänzt wie *Temperament, Name* und *erwartete Ähnlichkeit* zu Familienangehörigen. Kurz vor der Geburt antizipiert die Mutter ihr Kind als individuelle Person, die Vorstellungen von ihrem ersten Kind haben eine schematische Struktur mit zahlreichen systematisch zusammenhängenden Merkmalen.

Nach der Geburt wird das Schema des "erwarteten Kindes" durch das vom "tatsächlichen Kind" ersetzt, worauf ich an dieser Stelle nicht eingehen kann.

In den empirischen Untersuchungen wollte ich prüfen, ob Frauen zu verschiedenen Zeitpunkten oder Phasen ihrer ersten Schwangerschaft unterschiedliche Merkmale ihres kognitiven Schemas vom eigenen Kind entwickelt haben. Gibt es eine Ausdifferenzierung und eine zunehmend stärkere Ausprägung von Merkmalen des Kindschemas über die Phasen der Schwangerschaft, die der gerade entwickelten hypothetischen Abfolge entsprechen?

2. EMPIRISCHE UNTERSUCHUNGEN

Um die Veränderungen des mütterlichen Schemas vom Kind zu untersuchen, wurden zwei empirische Studien durchgeführt, eine Querschnitt- und eine Längsschnitterhebung.

2.1 Stichproben

Die Querschnittstudie umfaßte 103 erstmalig schwangere Frauen mit einem durchschnittlichen Alter von 27 Jahren und einem Streubereich von 15 bis 37 Jahren. Diese Stichprobe umfaßte vier Teilstichproben von Frauen, die sich in verschiedenen Abschnitten ihrer ersten Schwangerschaft befanden: Gruppe 1 bestand aus 19 Frauen durchschnittlich in der 10. SSW p.m., Gruppe 2 aus 22 Frauen durchschnittlich in der 15. SSW, Gruppe 3 aus 33 Frauen mit durchschnittlich 25 SSW, diese Zeit begann mit dem Spüren der Kindesbewegungen und dauerte bis zur 32. SSW, und einer Gruppe 4 mit 29 Frauen vor der Geburt, die sich durchschnittlich in der 36. SSW befanden. Die Frauen wurden in Praxen von Frauenärzten aus Heidelberg und Umgebung für die Befragung gewonnen. Die Daten wurden im Rahmen der noch nicht abgeschlossenen Diplomarbeit von I. Jeuther und M. Maukisch am Psychologischen Institut der Universität Heidelberg gesammelt.

Die Stichprobe der Längsschnitterhebung stammt aus einer laufenden Studie mit umfangreicheren Fragestellungen und weiteren Erhebungsinstrumenten, u.a. ausführlichen Interviews, zum Übergang zur Elternschaft, die ich gerade selbst durchführe. Es handelt sich hier um eine vorläufige Auswertung der Daten. Bis zum Berechnungszeitraum wurden 22 Frauen zur Teilnahme gewonnen, davon fanden bisher 15 Geburten statt. Die durchschnittlichen Meßzeitpunkte entsprachen denjenigen der Querschnittstudie, die Frauen wurden in der 16., 27. und 37. SSW befragt. Diese Frauen hatten ein Durchschnittsalter von 28 Jahren, das von 22 bis 38 Jahren reichte. Die Erhebungszeitpunkte der Quer- und Längsschnittstudie waren so verteilt, daß sie die postulierten Phasen der Verarbeitung des Übergangs zur Elternschaft abbilden (Gloger-Tippelt, 1988a).

2.2 Erhebungsinstrument

Die Teilnehmerinnen beider Studien beantworteten einen **FRAGEBOGEN** zum **KINDSCHEMA**. Die 33 Items des Fragebogens sind aus Forschungsbefunden und eigenen Vorstudien (Gloger-Tippelt, 1988a; 1988b) abgeleitet und derart konstruiert, daß sie die oben erwähnten Merkmalsbereiche des mütterlichen kognitiven Schemas vom Kind inhaltlich thematisieren, d.h. jeweils mehrere Items decken die Erwünschtheit des Kindes, Ängste um seine Gesundheit, das Körperschema, psychische Kompetenzen des Kindes, die Wahrnehmung des Kindes als eigenständiges Wesen, sein Geschlecht, erwartete Ähnlichkeiten und Vorstellungen von Interaktionen mit dem Kind nach der Geburt ab. Die Auswahl und Formulierung der Items erfolgte nach dem Prinzip, möglichst gut zwischen schwangeren Frauen zu trennen, die über mehr oder weniger konkrete Informationen und Schwangerschaftserfahrungen verfügten. Der unterschiedliche Informationsstand der Frauen läßt sich durch die Schwangerschaftswoche, in der sie sich befinden, gut operationalisieren. In der Tabelle 1 im Anhang sind die Items angeführt. Die Teilnehmerinnen mußten ihre Zustimmung zu Aussagen auf einer 6-Punkte-Skala ankreuzen, die von (1) "trifft überhaupt nicht zu" bis (6) "trifft vollkommen zu" variierte. Dieser Grad der Zustimmung wird als Ausprägung der Merkmale des Kindschemas interpretiert. Eine Vorform des Fragebogens war in einer vergleichbaren Querschnittstudie an 108 Erstschwangeren bereits eingesetzt worden (Gloger-Tippelt, Hanselmann-Groß, Marker & Manke, 1988). Dabei zeigte sich, daß die Einzelitems empirisch auf eine begrenzte Zahl von typischen Subschemata reduzierbar sind.

2.3 Datenanalyse

In einem ersten Schritt wurde mit den Daten der Querschnittstudie eine Faktorenanalyse nach der Hauptachsenmethode durchgeführt, Grundlage bildete die Interkorrelation aller Items über die Frauen aller Schwangerschaftsphasen. Die extrahierten Faktoren dienten als empirische Basis zur Itemreduktion. Dasselbe Verfahren hatte sich in der vorangehenden Studie (Gloger-Tippelt et al., 1988) bewährt. Danach wurden für jede Person Summenwerte über diejenigen Items gebildet, die auf einem Faktor hoch luden. Diese Werte dienten als Indikatoren für die zusammengefaßten Merkmale des Kindschemas. Für jede Skala wurde die interne Konsistenz berechnet. Um Unterschiede in der Ausprägung der Merkmale des kognitiven Schemas vom Kind zwischen den vier Gruppen von Frauen in verschiedenen Schwangerschaftsphasen zu prüfen, wurden die Querschnittdaten zunächst einer MANOVA und dann separaten univariaten Varianzanalysen mit den Schwangerschaftsphasen als unabhängiger und den Summenwerten über Merkmalsbereiche des Kindschemas als abhängigen Variablen unterzogen.

Für die Längsschnittdaten wurden dieselben Indikatoren zur empirischen Gruppierung der Merkmale des Kindschemas benutzt. Die statistische Analyse erfolgte ähnlich, zunächst wurde eine multivariate Varianzanalyse und danach univariate Varianzanalysen mit den Meßzeitpunkten als Meßwiederholungsfaktor und den zusammengefaßten Merkmalen des Kindschemas als abhängigen Variablen berechnet.

2.4 Ergebnisse

Die Befunde aus der Querschnittstudie erbrachten ein erstes deskriptives Ergebnis darüber, welche Gruppen von Items des Fragebogens sich empirisch zu Merkmalen des Kindschemas gruppieren. Die Ergebnisse der Faktorenanalyse aus der Querschnittstichprobe lieferten eine empirische Grundlage dafür, die Items entsprechend den fünf klar interpretierbaren Faktoren zusammenzufassen und Summenwerte für jedes Individuum zu bilden. Als Kriterium der Extraktion von Faktoren diente der Scree-Test, ebenso wurde ein Eigenwert ≥ 1 festgesetzt. Jedes Item konnte nur einem Faktor zugeordnet werden, wobei nur Ladungszahlen $\geq .45$ berücksichtigt wurden. Neben fünf klar interpretierbaren Faktoren fand sich ein sechster Faktor, auf dem nur 3 Items luden. Aufgrund der fehlenden inhaltlichen Gemeinsamkeit dieser drei Items wurden sie in der folgenden Auswertung vernachlässigt. Alle Items sind nach ihrer Zugehörigkeit zu Faktoren in der Tabelle 1 im Anhang aufgeführt.

Bezogen auf die hypothetische Sequenz in der Entwicklung des Kindschemas fanden sich folgende Merkmale:
- Der *Kinderwunsch* beinhaltete Items wie "Ich denke im Moment noch oft darüber nach, ob ich zur Zeit wirklich ein Kind haben möchte" (Faktor V, 6,5% der Varianz, 4 Items).
- *Ängste über die Gesundheit bzw. Krankheit des Kindes*. Ein Beispiel ist "Ich habe Angst vor der Feststellung einer Erkrankung oder Fehlbildung des Kindes vor der Geburt" (Faktor II, 11% der Varianz, 6 Items).
- Ein drittes Merkmal bildet das *Körperschema des Kindes*, ein Beispiel ist : "Ich kann mir schon die Gestalt meines Kindes gut vorstellen" (Faktor IV, 7,2% der erklärten Varianz, 4 Items).
- Ein vierter Merkmalsbereich deckt das *Kind als getrenntes Wesen, zu dem eine Beziehung besteht* ab. Ein Beispiel ist das Item: "Die Bewegungen meines Kindes zeigen mir, daß es schon einen eigenen Willen hat" (Faktor I, 9 Items, deckt 17% der aufgeklärten Varianz ab).
- Ein letzter fünfter Merkmalsbereich umfaßt das *Schema vom Kind als individuelle Person nach der Geburt*. Ein Beispiel hierfür ist: "Ich überlege mir zur Zeit, ob das

Kind eher mir oder meinem Partner ähnlich sein wird" (Faktor III, 8,3% der Varianz, 7 Items).

Auf der Basis dieser Summenwerte wurde nun geprüft, ob die Merkmale des kognitiven Schemas vom Kind bei Frauen in verschiedenen Phasen der Schwangerschaft variieren, und zwar sowohl im Quer- als auch im Längsschnitt. Die Abbildungen 2 - 6 zeigen die durchschnittlichen Ausprägungen der Merkmale des Kindschemas für beide Stichproben:

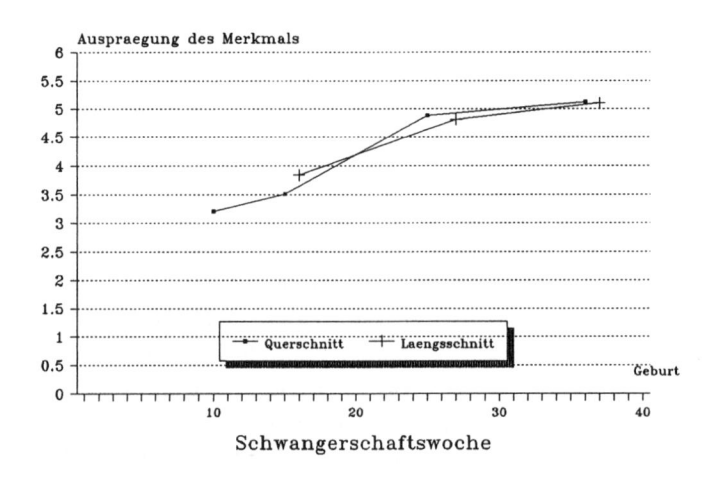

Abbildung 2. Veränderungen des Schemas "Kind als getrenntes Wesen" im Quer- und Längsschnitt

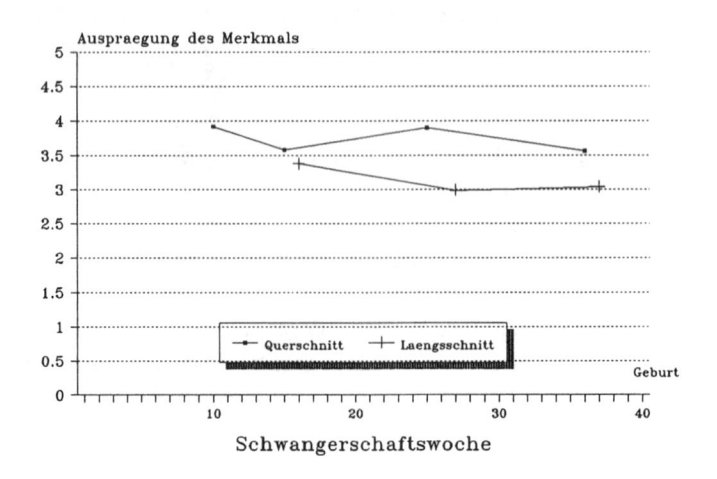

Abbildung 3. Veränderungen der Ängste über die Gesundheit des Kindes im Quer- und Längsschnitt

Abbildung 2 zeigt den deutlichen, hochsignifikanten Anstieg in der Ausprägung des Merkmals "Kind als getrenntes Wesen, zu dem eine Beziehung besteht", vor allem zwischen der 15. und 25. SSW. Abbildung 3 macht im Gegensatz dazu deutlich, daß die erwartete Abnahme der "Ängste über eine gesunde Entwicklung des Kindes" nicht festzustellen ist, obwohl die Ängste zu den Erhebungszeitpunkten in der späteren Schwangerschaft geringfügig abgenommen hatten. Die Ausprägung eines "Körperschemas" vom eigenen Kind (Abbildung 4) steigt im Querschnitt schwach, aber nicht signifikant über die ersten drei Meßzeitpunkte, im Längsschnitt noch geringfügig weiter an. Das Merkmal "Kinderwunsch" (Abbildung 5) nimmt in beiden Untersuchungen kontinuierlich und signifikant zu. Ebenso deutlich steigt die Ausprägung des Merkmals "Kind als individuelle Person nach der Geburt" an (Abbildung 6).

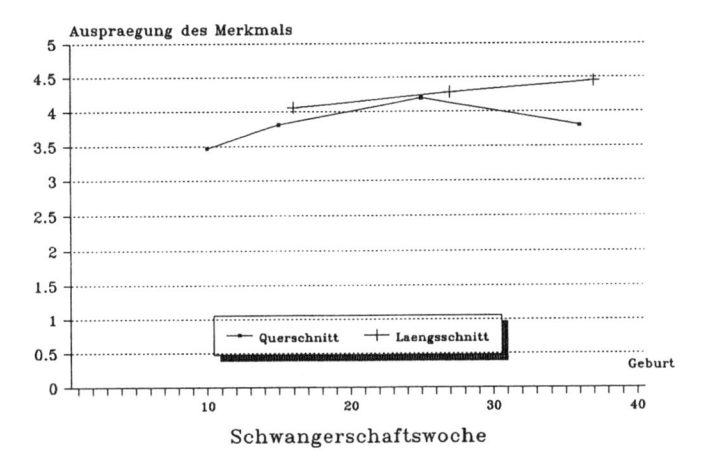

Abbildung 4. Veränderung des Körperschemas vom Kind im Quer- und Längsschnitt

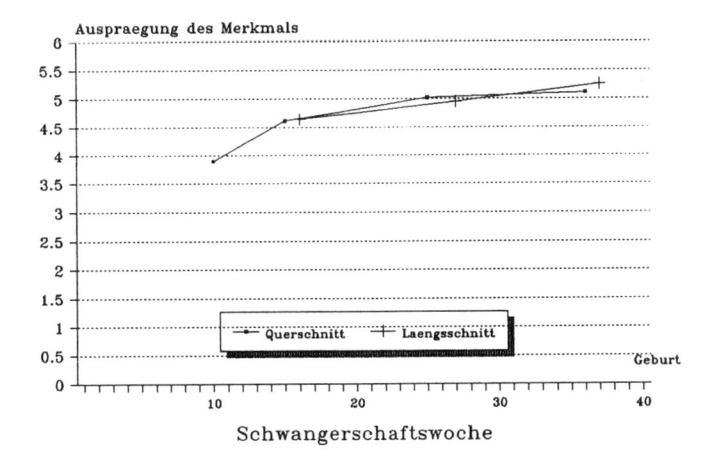

Abbildung 5. Veränderungen des Kinderwunsches im Quer- und Längsschnitt

```
                    Auspraegung des Merkmals
              5
            4.5
              4
            3.5
              3
            2.5
              2
            1.5
              1
                              ┌─ Querschnitt  ─┼─ Laengsschnitt ─┐
            0.5                                                              Geburt
              0
                       10           20           30           40
                              Schwangerschaftswoche
```

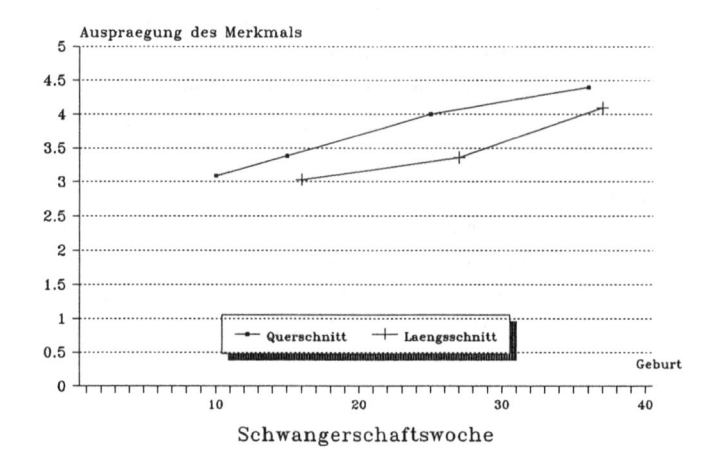

Abbildung 6.   Veränderungen des Schemas "Kind als individuelle Person nach der
               Geburt" im Quer- und Längsschnitt

Zusammengefaßt zeigt sich in der Fragebogenuntersuchung sowohl, daß Veränderungen von Merkmalen des Kindschemas in einer Querschnitt- und in einer Längsschnitterhebung auftreten, als auch, daß es genau die gleichen Merkmale des kognitiven Schemas vom Kind sind, in denen sich signifikante Veränderungen nachweisen lassen. Die Ausprägung der Merkmalsbereiche "Kinderwunsch", "Kind als getrenntes, aber in Beziehung stehendes Wesen" und "Kind als individuelle Person nach der Geburt" nehmen über die Erhebungszeitpunkte im Verlauf der Schwangerschaft systematisch zu. Dagegen bleiben die Ängste über die Gesundheit des Kindes annähernd gleichstark ausgeprägt. Die Ausprägung des Körperschemas vom Kind nimmt bis zur 25./26. SSW in der Mitte der Schwangerschaft zu, dieser Anstieg erweist sich jedoch nicht als signifikant.

Die statistische Analyse der Querschnittsdaten ergab folgende Indikatoren:

Frauen in den vier beschriebenen Phasen der Schwangerschaft unterscheiden sich signifikant in dem Schema "Kind als getrenntes Wesen" $F(3,99) = 29.4$, $p \leq .001$, in dem Schema vom Kind als individuelle Person $F(3,99) = 9.85$, $p \leq .001$ und in dem Merkmal Kinderwunsch $F(3,99) = 6.64$, $p \leq .001$). Ängste bezüglich der Gesundheit des Kindes und ein Körperschema des Kindes veränderten sich nicht signifikant über die Meßzeitpunkte. Nachfolgende Scheffe-Tests ergaben, daß die Ausprägung des Subschemas "Kind als getrenntes Wesen" am stärksten anstieg, und zwar von der zweiten zur dritten Phase der Schwangerschaft, für das Subschema "Kind als individuelle Person" und für den "Kinderwunsch" ergaben sich ebenfalls die größten Veränderungen zwischen der ersten und der 3. und 4. Phase.

Die varianzanalytische Auswertung der Längsschnittdaten entsprach den Ergebnissen der Querschnittstudie: Das Subschema "Kind als getrenntes Wesen" ist im Verlauf der Schwangerschaft zunehmend stärker ausgeprägt, $F(2,18) = 30.12$, $p \leq .001$, ebenso ist das Schema "Kind als individuelle Person nach der Geburt" zunehmend stärker ausgeprägt $F(2,18) = 21.53$, $p \leq .001$ und der "Kinderwunsch" steigt in der Zeit von der 16. bis zur 37. SSW signifikant an $F(2,18) = 6.07$, $p \leq .01$). Auch im Längsschnitt zeigte sich keinerlei Veränderung bei den Ängsten um das Kind, das Körperschema stieg geringfügig an, erreichte jedoch bei dieser Versuchpersonenzahl keinen signifikanten Zuwachs (p ≤ .12).

3. DISKUSSION

Der skizzierte theoretische Ansatz über ein kognitives Schema vom ersten Kind bei schwangeren Frauen und die zwei darauf aufbauenden empirischen Studien erwiesen sich in mehrfacher Hinsicht als fruchtbar:

1. Unterschiedliche Merkmale des kognitiven Schemas vom Kind konnten spezifiziert werden. Mit Hilfe des entwickelten **FRAGEBOGENS zum KINDSCHEMA** lassen sich die Mehrzahl der Merkmale mittels Faktoranalyse als empirisch kovariierende Gruppen von Items identifizieren. Eine Ausnahme bildet das Merkmal "soziales Geschlecht des Kindes", das nicht als einheitlicher Faktor auftritt. Die verschiedenen Kombinationen von "erwartetem", "bevorzugtem" oder "bekanntem" Geschlecht des zukünftigen Kindes erfordern eine detailliertere Analyse, die mit den ausführlichen Interviews aus dem Längsschnitt möglich sein wird. Die Fragebogenitems über das Geschlecht kovariieren teilweise mit dem "Körperschema vom Kind", zum Teil mit dem Subschema "Kind als individuelle Person nach der Geburt".

2. Aus den Ergebnissen sowohl der Querschnitt- als auch der Längsschnitterhebung ergeben sich identische Veränderungen in den Merkmalen des kognitiven Schemas vom Kind während der Schwangerschaftsphasen: Das Kind wird von den Müttern kontinuierlich und signifikant stärker erwünscht, kurz vor der Geburt ist der Kinderwunsch am stärksten ausgeprägt. Zum frühesten Meßzeitpunkt, in der 10. SSW fallen die Ängste über die Gesundheit/bzw. Krankheit des Kindes am höchsten aus. Die Sorgen um eine gesunde Entwicklung lassen nicht nach, wie erwartet, sondern bleiben auf etwas niedrigerem Niveau auch während der mittleren und späten Schwangerschaftsphasen bestehen. Nachdem das Bild vom Kind im Ultraschall bis zur 15. Woche klar erkennbar ist, wird das Körperschema vom Kind deutlicher. Interessanterweise steigt die Ausprägung dieses Merkmals jedoch nach der 26. SSW kaum weiter an. Sobald die Frau die Bewegungen des Kindes spürt, was durchschnittlich in der 20. SSW der Fall ist, werden die Vorstellungen vom Körper des Kindes von dem stärker ausgeprägten Merkmal "Kind als getrenntes Wesen" übertroffen. Für diesen Wechsel bietet sich folgende Interpretation an: Informationen über das technische Medium Ultraschall fördern einen anderen, und zwar eher visuellen, engeren Merkmalsbereich des kognitiven Schemas, nämlich das Körperschema (Brenot & Brenot, 1984; Müller-Schäfer, 1989). Dagegen bieten die direkt von der Frau wahrgenommenen Kindesbewegungen mehr Anregungen, das Kind als getrenntes Wesen zu sehen und eine Beziehung zu ihm aufzubauen. Die Interviews zeigen, daß Ultraschalldarstellungen sehr hilfreich sind, um Ängste und Sorgen über eine gesunde Entwicklung zu reduzieren, wenn grobe Defekte des Kindes in der frühen Schwangerschaft ausgeschlossen werden können. Weiter spielen Ultraschalldarstellungen eine wichtige Rolle, damit die Väter ein Bild vom Kind

entwickeln können. Auf der anderen Seite äußern Frauen jedoch Bedenken darüber, daß mittels technischer Apparaturen "verborgenes, inneres Leben äußerlich sichtbar gemacht wird", daß ihr "Körper durchsichtig wird" und das ungeborene, noch nicht vertraute Baby "wie im Fernsehen" zu sehen ist. Demgegenüber werden Kindesbewegungen eindeutig positiv erlebt und als sehr persönlicher, kontinuierlicher Lebensbeweis des Kindes gesehen, sie fördern eine Beziehung zum Kind. Die Phantasie von einem Baby nach der Geburt, mit dem die Mutter beim Pflegen und Spielen beschäftigt ist, stellt eine späte Komponente des kognitiven Schemas vom Kind dar. Während der letzten Wochen umfaßt das mütterliche Schema vom Kind schon individuelle Züge wie Temperament, Ähnlichkeit mit Familienmitgliedern, soziales Geschlecht, und Vorstellungen über den Umgang mit dem Kind. Die Ausprägung dieser Merkmale nimmt besonders nach den Kindeswahrnehmungen zu und steigt bis zur Geburt an.

Die beschriebenen Veränderungen im mütterlichen Schema von ihrem ersten Kind können als kognitive Elemente beim Aufbau der frühen elterlichen Bindung zum Kind gesehen werden. In diesem Prozeß lassen sich drei Schritte unterscheiden, in denen Frauen die Vorstellung von ihrem ersten Kind strukturieren: Zuerst ist es *"das Kind im Kopf"*, dies umfaßt ein mehr oder weniger erwünschtes Kind, Hoffnung auf seine Gesundheit und einige technisch vermittelte Visualisierungen von der Gestalt des Kindes. Zweitens wird *"das Kind im Bauch"* erfahren. Seine Bewegungen helfen der Mutter, es als getrennt von sich selbst zu sehen, Teile des kindlichen Körpers zu unterscheiden und ihm Absichten zuzuschreiben.

Vor der Geburt schließlich antizipieren die Frauen *"das Kind auf dem Arm"*. Das Kind wird in konkreten Pflegesituationen vorgestellt, das beschützt und angeregt werden will, sein Aussehen und sein Blick werden phantasiert. Dieser Wechsel impliziert eine wichtige kognitive Leistung im Prozeß des Elternwerdens.

Weitere Auswertungen der Längsschnittstudie werden sowohl detailliertere quantitative Informationen (auf der Ebene von einzelnen Items) als auch mehr qualitative Aufschlüsse über die Merkmale des kognitiven Schemas vom Kind aus den Interviews erbringen. Weiterhin wird sich zeigen, wie dieses Schema vor der Geburt mit der Beschreibung des tatsächlichen Kindes nach der Geburt zusammenhängt, und wie das kognitive Schema in ein Netz von anderen Merkmalen der Mutter, des Kindes oder der Partnerschaft eingeordnet werden kann.

Abschließend möchte ich auf mögliche Implikationen dieser Forschung aufmerksam machen, die über die subjektive Wissensstruktur der Mutter hinausweisen und von allgemeinem Interesse sind. Wenn zunehmend mehr Defekte des Fötus nachweisbar werden, steigen vermutlich die elterlichen Standards über ein "garantiert perfektes Kind". Neue Methoden der Pränataldiagnostik in Kombination mit der Möglichkeit zum Schwangerschaftsabbruch haben ein neues Stadium für elterliche Konflikte und Entscheidungen in den Prozeß des Elternwerden eingeführt (Holt, 1988; Scholz, Endres, Zach & Murken, 1989; Schroeder-Kurth, 1985). Bei Eltern mit bestimmten Risiken und entsprechenden Entscheidungsproblemen kann sich eine Phase der Verunsicherung zu Beginn der Schwangerschaft verlängern und die Anpassung erschweren (Endres, 1987; Gloger-Tippelt, Fischer-Winkler, Lichter-Roth & Lukas, 1989). Wenn das entstehende Schema die Vorstellung von einem kranken Kind enthält, dann überlegen die Eltern vielleicht, ob sie die Schwangerschaft abbrechen. Andererseits fördern die Informationen über die Pränataldiagnostik den Aufbau des elterlichen Schemas vom Kind, so daß sie zögern, diese Möglichkeit ernsthaft in Erwägung zu ziehen, weil sie schon eine emotionale Bindung zum Kind empfinden.

Durch die erwähnten pränatalen Screeningmethoden und medizinische Interventionen erhält das Kind gleichzeitig den *Status einer Person*. In rechtlicher Hinsicht taucht dann die Frage auf, ob das Kind bereits über Rechte verfügt. In der Literatur sind Situationen beschrieben worden, in denen die Rechte des ungeborenen Kindes, die von einigen Anwälten der kindlichen Interessen in der Öffentlichkeit vorgetragen werden, im Konflikt mit dem Recht der Mutter auf Selbstbestimmung standen (van den Daele, 1988). Derartige Fragen werden sich in Zukunft vermehrt stellen; Untersuchungen über umschriebene psychische Repräsentationen wie diese über das mütterliche kognitive Schema vom ersten Kind können zumindest dazu beitragen, die Belastungen und Konflikte zukünftiger Eltern, die durch die neue Technologie entstehen, deutlicher zu artikulieren.

LITERATUR

Ainsworth, M.D.S. (1989). Attachments beyond infancy. *American Psychologist, 44*, 709-716.

Bibring, G.L., Dwyer, T.F., Huntington, D.S. & Valenstein, A.F. (1961). A study of the psychological process in pregnancy and of the earliest mother-child relationship. *The Psychoanalytic Study of the Child, 16*, 9-72.

Bates, J.E. (1987). Temperament in Infancy. In J.D. Osofsky (Ed.), *Handbook of Infant Development*, (2nd ed., pp. 1101-1149). New York: Wiley.

Breen, D. (1975). *The birth of a first child*. London: Tavistock Publ.

Brenot, M. & Brenot, J.L. (1984). Ultrasound scanning in obstetrics: A necessary view of the child to be born. In J.D. Call, E. Galenson & R.L. Tyson (Eds.), *Frontiers of infant psychiatry* (Vol. 2, pp. 176-180). New York: Basic Books.

Bretherton, I., Biringen, Z., Ridgeway, D., Maslin, C. & Sherman, M. (1986). *Attachment: The parental perspective*. Paper presented at the International Society on Infant Studies, Los Angeles.

Bretherton, I. (1987). New Perspectives on attachment relations: Security, communication, and internal working models. In J.D. Osofsky (Ed.), *Handbook of Infant Development* (2nd ed., pp. 1056-1100). New York: Wiley.

Campbell, S., Reading, A.E., Cox, D.N., Sledmere, C.M., Mooney, R., Chudleich, J., Beedle, J. & Ruddick, H. (1982). Ultrasound scanning in pregnancy: the short-term psychological effects of early real-time scans. *Journal of Psychosomatic Obstetrics and Gynaecology, 1,* 57-61.

Carter-Jessop, L. & Keller, B. (1987). Early maternal bonding. In T.R. Verny (Ed.), *Pre- and perinatal psychology* (pp. 107-127). New York: Human Science Press.

Crocker, J., Fiske, S.T. & Taylor, S.E. (1984). Schematic bases of belief change. In J.R. Eiser (Ed.), *Attitudinale judgement* (pp. 197-226). New York: Springer.

Endres, M. (1987). Psychologische Auswirkungen von pränataler Diagnostik auf den Schwangerschaftsverlauf. In P.G. Fedor-Freybergh (Hrsg.), *Pränatale und Perinatale Psychologie und Medizin* (S. 583-596). München: Saphir, Alvsjö.

Fresco, N. & Silvestre, D. (1982). The medical child - Comments on prenatal diagnosis. *Journal of Psychosomatic Obstetrics and Gynaecology, 1,* 3-8.

Gloger-Tippelt, G. (1983). A process model of the pregnancy course. *Human Development, 26,* 134-148.

Gloger-Tippelt, G. (1988 a). *Schwangerschaft und erste Geburt. Psychologische Veränderungen der Eltern.* Stuttgart: Kohlhammer.

Gloger-Tippelt, G. (1988 b). Die Entwicklung eines Konzeptes "Eigenes Kind" im Verlaufe des Übergangs zur Elternschaft. In E. Brähler & A. Meyer (Hrsg.), *Sexualität, Partnerschaft und Reproduktion* (S. 57-69). Heidelberg: Springer.

Gloger-Tippelt, G., Hanselmann-Groß, H., Marker, R. & Manke, A. (1988). Der Aufbau eines Konzeptes vom eigenen Kind bei Müttern vor ihrer ersten Geburt. In W. Schönpflug (Hrsg.), *Bericht über den 36. Kongreß der Deutschen Gesellschaft für Psychologie in Berlin,* Bd. 1. Göttingen: Hogrefe.

Gloger-Tippelt, G., Fischer-Winkler, G., Lichter-Roth, K. & Lukas, H.G. (1989). Psychologische Verarbeitung später Elternschaft. *Psychologie in Erziehung und Unterricht, 36,* 8-18.

Goodnow, J.J. (1988). Parent's ideas, actions, and feelings: Models and methods from developmental and social psychology. *Child Development, 59,* 286-320.

Grossman, F.K., Eichler, L.S. & Winickoff, S.A. (1980). *Pregnancy, birth and parenthood.* San Franzisco: Jossey-Bass Publ.

Hershey, D.W., Crandall, B.F. & Perdue, S. (1986). Combining maternal age and serum Alpha-Fetoprotein to predict the risk of down syndrome. *Obstetrics & Gynecology, 68,* 177-180.

Holt, L. (1988). Medical perspectives on pregnancy and birth: Biological risks and technological advances. In M.Y. Michaels & W. Goldberg (Eds.), *Transition to parenthood* (pp. 157-175). Cambridge: Cambridge University Press.

Klaus, M.H. & Kennell, J.H. (1976). *Maternal-infant bonding.* Saint Louis: Mosley.

Leifer, M. (1980). *Psychological effects of motherhood. A study of first pregnancy.* New York: Praeger.

Main, M., Kaplan, N. & Cassidy, J. (1985). Security in infancy, childhood, and adulthood: A move to the level of representation. *Monographs of the Society for Research in Child Development, 50,* 60-106.

Müller-Schäfer, O. (1989). *Auswirkungen einer ersten Ultraschalluntersuchung auf die kognitiven Schemata vom eigenen Kind und von sich selbst als zukünftige Mutter bei erstmalig schwangeren Frauen*. Unveröffentlichte Diplomarbeit am Psychologischen Institut der Universität Heidelberg.

Rothman, B.R. (1986). *The tentative pregnancy: Prenatal diagnosis and the future of motherhood*. Hardmondsworth: Penguin.

Scholz, C., Endres, K., Zach, J. & Murken, J. (1989). Psychosoziale Aspekte der Entscheidung zur Inanspruchnahme pränataler Diagnostik - Ergebnisse einer empirischen Untersuchung. *Öffentliches Gesundheitswesen, 51*, 278-284.

Schroeder-Kurth, T. (1985). Indikation zur pränatalen Diagnostik - Grundsätze und Konflikte. *Zeitschrift für Evangelische Ethik, 29*, 30-49.

Schwarz, N. (1985). Theorien konzeptgesteuerter Informationsverarbeitung in der Sozialpsychologie. In D. Frey & M. Irle (Hrsg.), *Theorien der Sozialpsychologie* (S. 269-291). Bern: Huber.

Shereshefsky, P.M. & Yarrow, L.J. (Eds.) (1973). *Psychological aspects of a first pregnancy and early postnatal adaptation*. New York: Raven.

Weinert, F.E. & Waldmann, M.R. (1988). Wissensentwicklung und Wissenserwerb. In H. Mandl & H. Spada (Hrsg.), *Wissenspsychologie* (S. 161-203). München: Psychologie Verlagsunion.

Valentine, D.P. (1982). The experience of pregnancy: A developmental process. *Family Relations, 31*, 243-248.

Van den Daele, W. (1988). Der Fötus als Subjekt und die Autonomie der Frau. Wissenschaftlich-technische Optionen und soziale Kontrollen in der Schwangerschaft. In U. Gerhard & Y. Schütze (Hrsg.), *Frauensituationen* (S. 189-215). Frankfurt: Suhrkamp.

Zeanah, Ch.H. & Anders, T.F. (1987). Subjectivity in parent-infant-relationship: A discussion of internal working models. *Infant Mental Health Journal, 8*, 237-250.

Tabelle 1

Faktorenladungen der Items des FRAGEBOGENS zum KINDSCHEMA und interne Konsistenz der faktoriell begründeten Summenwerte aus der Querschnittuntersuchung

Faktor I: Kind als getrenntes Wesen, zu dem schon eine Beziehung besteht
(17% der erklärten Varianz)

Item 29:	Ich habe inzwischen eine Beziehung zu meinem Kind	.78
Item 18:	Die Bewegungen meines Kindes im Bauch zeigen mir, daß es schon einen eigenen Willen hat	.76
Item 15:	Ich empfinde mein Kind schon als eigenständiges Wesen	.72
Item 23:	Manchmal führe ich in Gedanken Zwiegespräche mit dem Kind in meinem Bauch	.63
Item 8:	Ich glaube, daß mir mein Kind durch die Erfahrung der Schwangerschaft schon vertraut ist	.64
Item 10:	Ich überlege öfter, mit welchem Körperteil das Kind an meine Bauchdecke stößt	.67
Item 5:	Ich glaube, mein Kind besitzt schon so etwas wie eine eigene Persönlichkeit	.66
Item 28:	Ich glaube, daß mein Kind bereits eigene Gefühle und Wahrnehmungen hat	.63
Item 17:	Zur Zeit stelle ich mir das Kind eher als biologischen Organismus vor	-.46

Cronbach ALPHA (9 Items): .87

Faktor II: Ängste über die Gesundheit bzw. Krankheit des Kindes
(11% der erklärten Varianz)

Item 27:	Mir kommt immer wieder die Frage, ob mein Kind nach der Geburt eine körperliche oder geistige Behinderung haben wird	.87
Item 11:	Ich habe Angst vor der Feststellung einer Erkrankung oder Fehlbildung des Kindes vor der Geburt	.87
Item 33:	Ich habe Angst, daß mein Kind durch die Geburt eine Behinderung bekommen könnte	.78
Item 3:	Ich frage mich im Moment öfter, ob sich das Kind in meinem Bauch gesund und normal entwickelt	.66
Item 9:	Bei dem Gedanken an das Kind habe ich manchmal ein Gefühl von Angst und Unsicherheit	.56
Item 30:	Ich habe manchmal Angst, das Kind noch zu verlieren	.46

Cronbach ALPHA (6 Items): .83

Faktor III: Kind als individuelle Person nach der Geburt
(8,3% der erklärten Varianz)

Item 7:	Ich überlege mir zur Zeit, ob das Kind eher mir oder eher meinem Partner ähnlich sein wird	.63
Item 26:	In Gedanken spiele ich schon die Geburt durch	.57
Item 19:	Ich denke oft darüber nach, ob mein Kind eher ein lebhaftes, temperamentvolles, oder eher ein ruhiges Kind sein wird	.56
Item 4:	Wenn ich an mein Kind denke, stelle ich es mir heute schon als kleines Mädchen/kleinen Jungen vor	.51
Item 13:	Ich stelle mir in letzter Zeit oft vor, wie ich das Kind füttere und wickle	.50
Item 25:	Ich stelle mir vor, wie das Kind mich ansieht	.48
Item 21:	Ich stelle mir in letzter Zeit öfter das Gesicht des Kindes vor	.47

Faktor IV: **Fehlendes Körperschema vom Kind**[1]
(7,2% der erklärten Varianz)

Item 14: Ich kann mir das Kind in meinem Bauch noch nicht so
recht vorstellen .73
Item 31: Ich denke häufig darüber nach, ob mein Kind wohl
ein Mädchen oder ein Junge wird (bzw. daß es ein
Mädchen oder Junge wird) -.59
Item 2: Ich kann mir die Gestalt meines Kindes gut vorstellen -.59
Item 20: Mein zukünftiges Kind ist für mich noch ein fremdes Wesen .56

Cronbach ALPHA (4 Items): .67

Faktor V: **Geringer Kinderwunsch**[1]
(6,5% der erklärten Varianz)

Item 12: Ich denke im Moment noch oft darüber nach, ob ich zur
Zeit wirklich ein Kind haben möchte .67
Item 1: Ich habe mich noch nicht an den Gedanken gewöhnt,
tatsächlich ein eigenes Kind zu bekommen .59
Item 24: Ich freue mich darüber, daß mein Wunsch nach einem
Kind nun erfüllt wird -.51
Item 6: Mich beschäftigt der Gedanke, daß das Kind mein
körperliches Wohlbefinden beeinträchtigt .45

Cronbach ALPHA (4 Items): .60

Faktor VI:
(6,2% der aufgeklärten Varianz)

Item 22: Ich empfinde das Kind noch überwiegend als Teil von mir .68
Item 32: Ich bin mir schon ziemlich sicher, welchen Namen
(Mädchennamen/Jungennamen) ich meinem Kind geben werde .49
Item 16: Ich denke öfter daran, daß das Kind nach der Geburt
noch sehr zart und empfindlich sein wird .44

---

[1] die Items dieses Faktors wurden für den Summenwert umgepolt

VERTRAUT, UNVERTRAUT, NEUARTIG, KURZ, LANG? DETERMINANTEN DES GEDÄCHTNISSES FÜR HANDLUNGEN BEI JÜNGEREN UND ÄLTEREN MENSCHEN

Monika Knopf[1]

EINFÜHRUNG

Fraglos gehört die Fähigkeit, sich einzuprägen und zu behalten, was man sich vorgenommen oder bereits erledigt hat, zu den zentralen alltäglichen Anforderungen an das Gedächtnis. Daß man unbedingt Brot kaufen, die Balkontür vor dem Verlassen der Wohnung schließen, die Telefonrechnung vom Vormonat noch bezahlen muß oder daß der Kühlschrank nach dem Abtauen wieder eingestellt, die Katze gefüttert wurde, sind alltägliche Beispiele für solches Gedächtnismaterial. Trotz der offensichtlichen Alltagsrelevanz des Gedächtnisses für Handlungsvorsätze und erledigte Handlungen ist diesem Gedächtnisbereich in der nunmehr über hundert Jahre währenden Tradition der Gedächtnisforschung nur sehr begrenzte Aufmerksamkeit geschenkt worden (Zeigarnik, 1927). In den siebziger Jahren tauchen dann vor allem im amerikanischen Raum gehäuft Studien zum Gedächtnis für Vornahmen, geplante einfache Handlungen und komplexere Pläne auf, die zwischenzeitlich unter dem Stichwort "Prospective Memory" diskutiert werden (Cohen, 1989). Den Beginn der systematischen Untersuchung des Gedächtnisses für ausgeführte Handlungen, um die es auch in dieser Arbeit gehen soll, datieren Engelkamp und Zimmer (1989) in die frühen achtziger Jahre.

Zentrales Ergebnis der frühen Studien zum Gedächtnis für Handlungen war der Nachweis der leistungssteigernden Funktion des motorischen Enkodierens für die freie Erinnerungsleistung. Wurden zu erlernende Handlungen während des Enkodierens ausgeführt ("self-performed tasks"; SPTs), dann wurden sie besser erinnert, als wenn die Handlungsausführung nur beobachtet ("experimenter-performed tasks"; EPTs), visuell vorgestellt oder ausschließlich verbal enkodiert wurden (Cohen, 1981, 1983; Engelkamp & Krumnacker, 1980; Engelkamp & Zimmer, 1983; Zimmer & Engelkamp, 1984; Helstrup, 1986). Das Auftreten dieses Effekts ("SPT-superiority effect") ist unabhängig davon, ob bei der Ausführung der Handlung (z.B. "ein Buch öffnen") tatsächlich Objekte ("Buch") verwendet werden oder ob die Handlung lediglich symbolisch ausgeführt wird. Diese Befunde werden allgemein als Beleg dafür gewertet, daß ein motorisches Informationsverarbeitungssystem separat neben einem verbalen und visuellen besteht, das einen eigenständigen und bedeutenden Beitrag für das Gedächtnis für Handlungen leistet (Engelkamp & Zimmer, 1984, 1989).

---

[1] Ich danke H. Gruber, J. Hoffmann und M.R. Waldmann für zahlreiche Anregungen und kritische Diskussionen

Ein zweiter Untersuchungsschwerpunkt der Studien zum Gedächtnis für Handlungen befaßt sich mit der allgemeinpsychologischen Erforschung der spezifischen Merkmale des Handlungsgedächtnisses sowie der Beschreibung der Merkmale, die es mit dem verbalen und visuellen Gedächtnis teilt. Eine spezifische Eigenschaft des Gedächtnisses für Handlungen, die dieses etwa vom verbalen Gedächtnis unterscheidet, ist sein nicht-strategischer Charakter: Dieser zeigt sich beispielsweise daran, daß in aller Regel nach Enkodieren durch Handeln kein Primacy-Effekt auftritt, während dieser nach verbalem Enkodieren meist nachweisbar ist. Der Primacy-Effekt wird aber als Resultat von strategischen Rehearsalprozessen während des Enkodierens angesehen. Ferner scheinen sich Variationen der Verarbeitungstiefe während des Enkodierens bei Handlungsausführung nicht auf die Gedächtnisleistung niederzuschlagen.

Eine wichtige Eigenschaft, die das Gedächtnis für Handlungen etwa mit dem verbalen Gedächtnissystem teilt, ist die gedächtniswirksame Funktion von Wissen, auf die wir gleich noch genauer eingehen werden.

Neben der Allgemeinen Psychologie beschäftigt sich die Entwicklungspsychologie mit dem Gedächtnis für Handlungen und ist dabei in einer Reihe von Studien vor allem der Frage nachgegangen, wie gut ältere Menschen Handlungen lernen und erinnern. Vor Beginn dieser Untersuchungsserie herrschte großer Optimismus, daß sich für diesen Gedächtnisbereich ein anderes Befundmuster zur Funktionstüchtigkeit des Gedächtnisses älterer Menschen zeigen lassen würde als das in der Literatur dominierende. Traditionell werden verbale Lern- und Gedächtnisaufgaben verwendet und dabei in aller Regel gravierende alterskorrelierte Leistungseinbußen festgestellt. Zumindest aus drei Gründen erwartete man für den Bereich des Gedächtnisses für Handlungen ein günstigeres Ergebnis: (a) da angenommen wird, daß bei alltagsnahem Material Altersunterschiede klein sind, und Handlungen sehr viel stärker als verbale Aufgaben alltagstypisches Material darstellen; (b) da bekannt ist, daß alterskorrelierte Leistungsunterschiede bei automatischen Gedächtnisprozessen sehr viel geringer sind als bei strategischen und zusätzlich postuliert wird, daß beim Enkodieren durch Handeln strategische Prozesse weit weniger bedeutsam sind als beim verbalen Enkodieren; und schließlich (c) da (bereits seit Ribot, 1882; siehe auch Bäckman, 1987) angenommen wird, daß das motorische Enkodier- und Repräsentationssystem, verglichen mit anderen Verarbeitungsmodalitäten ausgesprochen altersstabil ist und bis ins hohe Alter funktionstüchtig bleibt.

Das aufgrund der beschriebenen Überlegungen erwartete, jedoch verglichen mit dem Haupttrend der Ergebnisse entwicklungspsychologischer Forschung vollkommen überraschende Resultat konnte Bäckman (1984) finden: Ältere Menschen erreichten vergleichbare freie Erinnerungsleistungen wie jüngere, wenn sie die zu lernenden Handlungen während des Enkodierens ausgeführt hatten. Bedeutsame Leistungsdifferenzen zuungunsten der Älteren fanden sich hingegen in der Kontrollbedingung, wenn Handlungen nur verbal enkodiert worden waren. Bäckman (1985) erklärt dieses Ergebnis mithilfe einer multimodalen Wissensbasis, die durch das Handeln aufgebaut wurde, und durch die damit einhergehenden günstigen Abrufbedingungen. Da ältere Menschen Lernmaterial spontan eher weniger stark als jüngere rekodieren und dadurch eine weniger effektive Gedächtnisspur aufbauen, kompensiert die durch den spezifischen Enkodiertyp bewirkte Rekodiervielfalt ein allgemeines Defizit älterer Menschen.

Dieses aus der Sicht der Alternsforschung überaus interessante Resultat hat eine Vielzahl von Nachfolgearbeiten stimuliert. In unserer Arbeitsgruppe fokussierten wir einen Aspekt des von Bäckman verwendeten Lernmaterials und fragten, welche Rolle die Vertrautheit der Handlungen für sein Ergebnis hatte. Wenn Bäckman recht hatte, und die durch die Handlungsausführung hervorgerufene Rekodiervielfalt die entscheidende Determinante einer günstigen Gedächtnisleistung älterer Menschen ist, dann sollte sich ein analoges Ergebnis nicht nur bei vertrauten Handlungen zeigen, wie sie Bäckman verwendet hatte, sondern auch bei Handlungen geringen Vertrautheitsgrades. Wenn andererseits die Vertrautheit der Handlungen und damit das entsprechende Wissen zusätzlich entscheidend war, was aufgrund einer Vielzahl von Evidenzen in der Gedächtnisforschung hoch wahrscheinlich scheint, dann sollte die Gedächtnisleistung zusätzlich mit der Vertrautheit der Handlungen variieren.

STUDIE 1

Dies prüften wir (Knopf & Neidhardt, 1989a) in einer ersten Studie, an der dreißig jüngere ($M = 26.4$ Jahre; $SD = 3.9$) und dreißig ältere ($M = 67.2$ Jahre; $SD = 6.9$) Probanden im Einzelversuch teilnahmen, die hinsichtlich ihrer beruflichen Tätigkeit sowie ihrer Ausbildung parallelisiert waren und sich auch in ihrer verbalen Intelligenz nicht voneinander unterschieden. Jede dieser Personen hatte vier Serien von jeweils 22 Handlungen zu lernen, wobei zwei Serien (S1 und S2) hochvertraute alltägliche Handlungen (z.B. "Milch in den Kaffee gießen") umfaßten, eine Serie 22 Handlungen (S4) geringer Vertrautheit (z.B. "mit drei Bällen jonglieren"), und eine weitere (S3) 22 Handlungen geringer Vertrautheit umfaßte, die jedoch hinsichtlich der motorischen Komponente jeweils paarweise mit den Handlungen aus Serie 2 parallelisiert waren (z.B. zu "Milch in den Kaffee gießen", "Öl in die Lampe gießen"). Die Vertrautheit der Handlungen war in einer Normierungsstudie überprüft worden, in der eine unabhängige Stichprobe jüngerer und älterer Menschen die Handlungen hinsichtlich deren Auftretenshäufigkeit im Alltag und bezüglich deren letztmaligem Auftreten einschätzen sollten.

Zur Erfassung einer Baseline verbalen Lernens wurde eine der beiden hochvertrauten Serien (S1) als verbale Lern- und Gedächtnisaufgabe vorgegeben, die drei anderen Serien wurden unter der Handlungsbedingung präsentiert, wobei der Lernende jeweils während der Enkodierphase nach dem Hören jeder Handlung vom Tonband diese symbolisch ausführen sollte, um sie sich besser einzuprägen. Die Enkodierzeit für jedes Item war in den beiden Enkodierbedingungen identisch und so bemessen, daß auch für die Handlungsausführung genügend Zeit zur Verfügung stand (13 Sekunden incl. der verbalen Präsentation des Items). Die Gedächtnisleistung wurde zu unterschiedlichen Zeitpunkten und in zweierlei Weise gemessen. Unmittelbar nach dem Einprägen jeder der Serien wurde ein erster, verbaler freier Erinnerungstest durchgeführt, bei dem ohne Zeitbegrenzung die Handlungen jeder Serie in beliebiger Reihenfolge aufgeschrieben werden sollten. Nach dem Lernen und dem Erinnern aller vier Serien und nach der Bearbeitung eines kurzen Fragebogens wurde ein zweiter, verzögerter freier Erinnerungstest durchgeführt, der die Handlungen aller vier Serien umfaßte und der ebenfalls keine Zeitbegrenzung hatte. Den Abschluß der Untersuchung bildete ein Wiedererkennenstest, der die Hälfte der Handlungen aller vier Serien enthielt sowie eine gleiche Anzahl neuer Items, die hinsichtlich der Vertrautheit analog variierten.

Die Analyse der unmittelbaren freien Erinnerungsleistungen[2] zeigte, daß die Gedächtnisaufgabe auch für die älteren Menschen nicht überfordernd war. So variierte die Gedächtnisleistung in beiden Altersgruppen nicht mit der Präsentationsposition der Handlungsserien, wohl aber mit Material- und Enkodierbedingungen. Beim Vergleich der unmittelbaren freien Erinnerungsleistungen für hochvertraute Handlungen, die unter verbalem Enkodieren erreicht wurden (Jüngere Vpn: 46.25%; Ältere Vpn: 35%), mit den in der Handlungsenkodierbedingung erreichten Gedächtnisleistungen (Jüngere Vpn: 67.5%; Ältere Vpn: 47.5%) zeigte sich ein bedeutsamer Modalitätseffekt, der darauf hinweist, daß Handeln im Vergleich zu verbalem Lernen eine weitaus effektivere Enkodierweise ist. Noch drastischer dokumentierte sich der Modalitätseffekt im verzögerten freien Erinnerungstest, wobei auffällt, daß durch Handeln enkodiertes Material vergleichbar gut wie im direkten freien Erinnerungstest erinnert wird (Jüngere Vpn: 70%; Ältere Vpn: 47.5%), während das durch verbales Lernen Erworbene bereits stark vergessen wurde (Jüngere Vpn: 28.13%; Ältere Vpn: 15%). Der im verzögerten Gedächtnistest gefundene, noch ausgeprägtere Modalitätseffekt ist also das Resultat eines modalitätsabhängig unterschiedlichen Vergessensprozesses. Die stabile Gedächtnisleistung nach Handlungsenkodieren tritt interessanterweise altersunabhängig auf.

Ein Vergleich der unmittelbaren freien Erinnerungsleistung für die Handlungen der drei Serien unterschiedlicher Vertrautheit, die durch Ausführung enkodiert wurden, demonstriert einen deutlichen Wissenseffekt. Je vertrauter die Handlungen sind, desto besser

---

[2] Die Analysen der unmittelbaren und verzögerten freien Gedächtnisleistungen in dieser Studie basieren auf den mittleren 16 Items jeder Serie. Die ersten und letzten 3 Items wurden nicht berücksichtigt, um den Einfluß von Primacy- und Recency-Effekten zu minimieren. Die berichteten Ergebnisse drücken demnach Leistungen des Langzeitgedächtnisses aus. Eine analoge Vorgehensweise finden sich in einer Reihe von Studien zum Handlungsgedächtnis.

werden sie erinnert (Jüngere Vpn: S2: 67.5%; S3: 60.62%; S4: 53.12%; Ältere Vpn: S2: 47.5%; S3: 43.75%; S4: 33.75%). Handlungen mit identischer motorischer Komponente und unterschiedlicher Vertrautheit werden umso besser erinnert, je vertrauter sie sind. Ein bedeutsamer Zusammenhang zwischen der Vertrautheit einer Handlung und der Güte der episodischen Gedächtnisleistung findet sich auch im verzögerten freien Erinnerungstest, wobei dieser Wissenseffekt wieder in beiden Altersgruppen in vergleichbarem Umfang auftritt (Jüngere Vpn: S2: 70%; S3: 66.8%; S4: 52.5%; Ältere Vpn: S2: 47.5%; S3: 47.5%; S4: 31.88%). Dabei ist im verzögerten Gedächtnistest die Güte der Erinnerungsleistung für Serie 3 etwas erhöht, da Handlungen mit identischer motorischer Komponente aus Serie 2 und 3 im verzögerten freien Erinnerungstest, der die Handlungen aller Serien umfaßte, häufig gemeinsam erinnert wurden. Dieses Resultat deutet an, daß die motorische Komponente als Retrievalcue gedient hat.

Diese Befunde belegen, daß neben dem Enkodiertyp (Modalitätseffekt) die Güte der Gedächtnisleistung für Handlungen auch durch das zu diesen Handlungen existierende Wissen (Vertrautheitseffekt) determiniert wird. Die theoretische Bedeutung dieses Ergebnisses ist deswegen erheblich, weil postuliert worden war, daß beim Enkodiertyp Handeln durch die Aktivierung der verschiedenen Verarbeitungsmodalitäten eine optimale Gedächtnisrepräsentation erreicht wird. Wie die Befunde zeigen, kann Handlungsenkodieren jedoch die Effekte der Vertrautheit auf die Gedächtnisleistung nicht kompensieren. Der Nachweis eines Vertrautheitseffekts nach handelndem Enkodieren deutet darauf hin, daß das multimodale Modell des Handlungsgedächtnisses um eine eigenständige Wissenskomponente erweitert werden muß, die offenbar amodal unterschiedliche Repräsentationsmodalitäten beeinflußt.

Wie die berichteten Daten aus Studie 1 erkennen lassen, variieren die freien Erinnerungsleistungen auch in Abhängigkeit vom Lebensalter. Altersunterschiede finden sich zum einen erwartungsgemäß nach verbalem Enkodieren nicht nur im unmittelbaren freien, sondern noch deutlicher nach dem längeren Behaltensintervall im verzögerten freien Erinnerungstest. Sie treten aber überraschend auch nach Handlungsenkodieren und unabhängig von der Vertrautheit der Handlungen sowohl im unmittelbaren freien Erinnerungstest wie auch nach längerem Behaltenszeitraum auf. Diese Befunde belegen, daß ältere Menschen auch dann schlechtere Gedächtnisleistungen als jüngere erzielen, wenn sie das Material durch Ausführung enkodiert und damit eine günstige mentale Verankerung des Erlernten erreicht haben.

Eine Analyse der Erinnerungswahrscheinlichkeit der Handlungen in Abhängigkeit von deren Präsentationsposition bringt die erwarteten Resultate bezüglich der Abhängigkeit des Primacy-Effekts von der Enkodiermodalität: Während nach verbalem Enkodieren ein deutlicher Primacy-Effekt auftrat, konnte dieser nach Handlungsenkodieren nicht beobachtet werden. Dies belegt, daß Handlungsenkodieren ein geringeres Ausmaß an strategischen Enkodierprozessen evoziert als verbales Enkodieren.

In unseren bisherigen Überlegungen sind wir davon ausgegangen, daß Handlungsenkodieren deswegen die Gedächtnisleistungen älterer Menschen besonders befördern sollte, weil diese Enkodierweise einem im Alter aufkommenden Enkodierdefizit entgegenwirkt. Die entwicklungspsychologische Gedächtnisforschung nimmt aber an, daß nicht nur Enkodier-, sondern auch Abrufprozesse altersbedingte Veränderungen erfahren. Die altersbezogenen Gedächtnisunterschiede der ersten Studie könnten demnach das Resultat eines im Alter aufkommenden Abrufdefizits sein. Aufschluß darüber kann der Wiedererkennenstest geben, weil durch diesen Gedächtnistest Wissenszugriffsprozesse erleichtert werden. Die Wiedererkennensleistungen ("Hitraten") für die verbal enkodierten Handlungen liegen erwartungsgemäß nicht nur höher als die freien Erinnerungsleistungen (Jüngere Vpn: 76.87%; Ältere Vpn: 72.5%), sondern variieren auch weniger stark mit dem Lebensalter. Die Daten für das durch Ausführung enkodierte Material deuten in die gleiche Richtung, sind jedoch mit aller Vorsicht zu betrachten, da sie durch Deckeneffekte verzerrt sein dürften (Jüngere Vpn: S2: 97.5%; S3: 98.75%; S4: 98.75%; Ältere Vpn: S2: 94.37%; S3: 97.5%; S4: 96.88%). Immerhin deuten die Resultate des Wiedererkennenstests darauf hin, daß das Abrufdefizit eine wichtige Rolle für die altersabhängige unterschiedliche Leistungsfähigkeit des Gedächtnisses für Handlungen spielen dürfte.

Die wichtigsten Befunde der ersten Studie lassen sich wie folgt zusammenfassen: Handeln stellt einen effektiven Enkodiertyp dar, denn er führt zu Gedächtnisleistungen, die bedeutsam über denen liegen, die durch verbales Lernen erreicht werden. Dieser Modalitätseffekt findet sich altersunabhängig in vergleichbarer Weise. Allerdings kann auch durch den Enkodiertyp Handeln der Einfluß von Vertrautheit auf die Gedächtnisleistung nicht eliminiert werden. Vertrautheit stellt auch nach handelndem Enkodieren eine wirksame Determinante der Gedächtnisleistung dar. Vertrautheit spielt für unterschiedliche Enkodiermodalitäten eine analoge Rolle. Und schließlich finden sich Altersunterschiede zuungunsten älterer Menschen auch nach Enkodieren durch Tun, zumindest dann, wenn die Gedächtnisleistung mittels freier Erinnerung geprüft wird. Ein Ausgleich des Alterseffekts ist allenfalls dann zu finden, wenn der Zugriff auf das Erlernte im Wiedererkennenstest erleichtert wird. Dieses deutet darauf hin, daß Abrufdefizite für die Gedächtnisdefizite älterer Menschen nach Handlungsenkodieren mitverantwortlich sind.

STUDIE 2

Es ist eine offene Frage, wie die Diskrepanz dieser Befunde zu Bäckman (1984) erklärt werden kann, der nach Handlungsenkodieren zumindest bei hochvertrauten, alltäglichen Handlungen keine Altersunterschiede in den freien Erinnerungsleistungen gefunden hat. Um dieser Frage nachzugehen und die Ergebnisse der ersten Studie zu bestätigen, wurde eine Replikationsstudie (Knopf & Neidhardt, 1989b) durchgeführt, in der einige Modifikationen vorgenommen wurden. Erstens wurde das Retrievalintervall zeitlich begrenzt, um eine Annäherung an die von Bäckman (1984) verwendete Vorgehensweise zu erreichen. Bei Bäckman war das Retrievalintervall für den unmittelbaren Gedächtnistest auf zwei, das für den verzögerten Gedächtnistest auf zehn Minuten begrenzt gewesen. Möglicherweise kommen Unterschiede in der Gedächtnisleistung jüngerer und älterer Menschen erst nach einem längeren Retrievalintervall zustande, wenn eher das sicher gewußte Material bereits erinnert wurde und nach weiterer Information im Gedächtnis gesucht wird. Zweitens wollten wir das langzeitige Behalten ausgeführter Handlungen genauer analysieren und führten deswegen zwei zusätzliche freie Erinnerungstests ein, wovon der eine drei Tage nach dem Lernexperiment, der andere sieben Tage später stattfand. Jeweils die Hälfte der Personen jeder Altersgruppe nahm an einem dieser späteren Behaltenstests teil. Den Untersuchungsteilnehmern wurde dabei am Abschluß der ersten Sitzung nicht angekündigt, daß ein weiterer Gedächtnistest vorgenommen werden sollte.

An der Replikationsstudie nahm eine neu gewonnene Stichprobe von 30 jüngeren ($M = 25.7$ Jahre; $SD = 2.8$) und 36 älteren ($M = 63.4$ Jahre; $SD = 3.1$) Personen teil. Auch in dieser Studie waren die jüngeren und älteren Menschen hinsichtlich beruflicher Tätigkeit und Ausbildung parallelisiert. Die Älteren übertrafen die Jüngeren sogar hinsichtlich ihrer verbalen Intelligenz.

Die Ergebnisse der zweiten Studie bestätigen die der ersten. Erneut führte Handlungsenkodieren zu bedeutsam besseren Gedächtnisleistungen als verbales Enkodieren (Modalitätseffekt); wiederum wurden Handlungen hoher Vertrautheit nach Handlungsenkodieren besser erinnert als Handlungen geringer Vertrautheit (Vertrautheitseffekt), und wiederum erreichten jüngere Probanden signifikant bessere Gedächtnisleistungen als ältere (Alterseffekt). Die Variation der Abrufprozedur glich die alterskorrelierten Gedächtnisunterschiede keineswegs aus: Die jüngeren Untersuchungsteilnehmer erreichten bereits nach der sehr begrenzten Abrufzeit von zwei Minuten im unmittelbaren freien und nach zehn Minuten im verzögerten freien Gedächtnistest bedeutsam bessere Leistungen als die älteren. Die Vermutung, wonach die Divergenz zwischen Bäckmans und unseren Befunden durch die Begrenzung des Retrievalintervalls bedingt sein könnte, ließ sich demnach nicht bestätigen. Ältere Menschen scheinen bereits nach kurzem Retrievalvorgang Defizite gegenüber jüngeren aufzuweisen.

Sehr interessant sind die Resultate zum langfristigen Behalten von Handlungen, weil sie zeigen, daß Vergessensprozesse nach Handlungsenkodieren sehr viel später einsetzen, als bei gleichen Materialien nach verbalem Enkodieren. Die Ergebnisse der Analyse des längerfristigen Behaltens sind in Abbildung 1 festgehalten. Sie machen zum einen deutlich, daß bei jüngeren wie älteren Menschen ein hoher Prozentsatz des verbal Enkodierten bereits im Zeitraum zwischen dem ersten und zweiten Gedächtnistest vergessen wird.

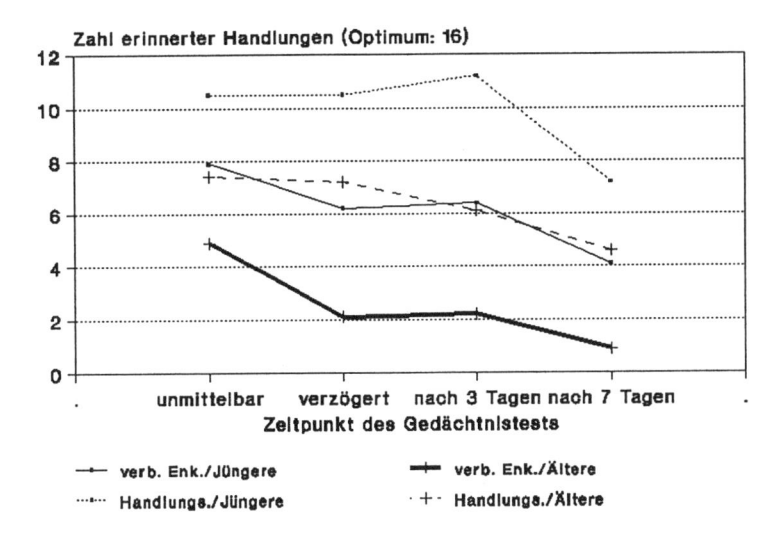

Abbildung 1. Längerfristiges Behalten von verbal versus durch Ausführung enkodierten hochvertrauten Handlungen

Demgegenüber werden durch Ausführung enkodierte Handlungen von jüngeren Menschen drei Tage lang unverändert gut im Gedächtnis behalten, von älteren Menschen zumindest bis zum verzögerten Gedächtnistest.

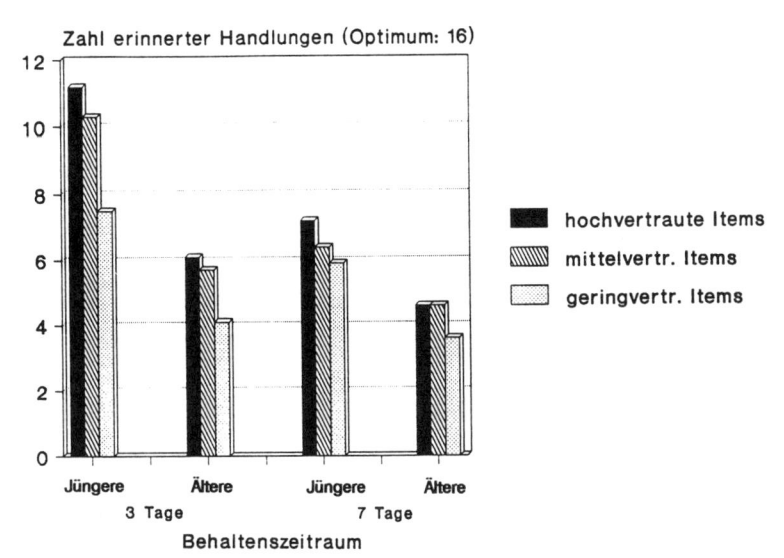

Abbildung 2. Mittlere Behaltensleistung von ausgeführten Handlungen unterschiedlicher Vertrautheit

Theoretisch bedeutsam ist das Resultat, daß sich Vertrautheitseffekte auch in den nach drei und sieben Tagen vorgenommenen Gedächtnistests zeigen. Dies ist in Abbildung 2 festgehalten, die deutlich macht, daß auch nach längeren Behaltensintervallen hochvertraute Handlungen besser als gering vertraute erinnert werden. Der Wissenseffekt beim Gedächtnis für ausgeführte Handlungen ist also kein kurzzeitiges Phänomen, das etwa mit Erleichterung unmittelbarer Zugriffsprozesse auf das Erlernte zu tun hat, sondern scheint auf tatsächlichen Unterschieden im Gedächtniseintrag zu basieren, die über längere Behaltenszeiträume erhalten bleiben.

STUDIE 3

Die Bedeutung des Enkodierens durch Handlungsausführung für die Gedächtnisleistung ist bislang ausschließlich für Handlungen untersucht worden, von denen anzunehmen ist, daß sie im Wissen verankert sind (hochvertraute und geringvertraute Handlungen). Es ist eine offene Frage, ob die Wissensverankerung der zu erinnernden Handlungen für das Auftreten des Modalitätseffekts konstitutiv ist, oder ob er sich auch bei der Erinnerung an neuartige Handlungen nachweisen läßt. Dieser Frage gingen wir in Studie 3 nach.

Als Lernmaterial konstruierten wir neuartige Handlungen aus vertrauten alltäglichen Tätigkeiten und vertrauten Alltagsobjekten, die niemals zuvor ausgeführt worden oder in irgendeinem Zusammenhang aufgetreten waren, die jedoch so eindeutig waren, daß sie nach dem ersten Hören ausgeführt werden konnten. Neuartig an diesen Handlungen ist demnach die Objekt-Tätigkeitsverbindung. Beispiele solcher Handlungen sind: "eine Glühbirne pudern", "Konfetti quadratisch schneiden", "Kartoffelchips auffädeln". Wenn die Wissensverankerung einer zu erlernenden Handlung für das Auftreten des Modalitätseffekts konstitutiv ist, dann sollte sich dieser bei neu erfundenen Handlungen nicht zeigen; wenn jedoch die Repräsentation einer Handlung im Wissen für den Modalitätseffekt nicht von Bedeutung ist, sollte er auch bei diesem Materialtyp auftreten. Durch eine Normierungsstudie wurde sichergestellt, daß die im Gedächtnisexperiment verwendeten Handlungen jüngeren und älteren Menschen aus ihrer Erfahrung nicht vertraut waren, daß alle Handlungen jedoch spontan ausgeführt werden konnten.

Neuartige Handlungen werden unter anderer theoretischer Perspektive vor allem in der Imageryforschung verwendet, um die Rolle spezifischer Information für eine Optimierung der Gedächtnisleistung zu testen (Hunt & Mitchell, 1978; Jacoby & Craik, 1979; Einstein & Hunt, 1980). Der in dieser Forschungstradition identifizierte Neuigkeits- oder Bizarrheitseffekt, eine besonders gute Gedächtnisleistung für die neuartigen Items, ist an experimentelle Voraussetzungen gebunden, die in unserer Studie nicht hergestellt wurden (z.B. gemischte Serien aus neuartigen und vertrauten Items; vgl. zf. Einstein & McDaniel, 1987). Deswegen wurde erwartet, daß die direkten freien Erinnerungsleistungen für neuartige

Handlungen nach verbalem Enkodieren niedriger ausfallen würden als diejenigen für hochvertrautes Material.

Die Studie wurde im Rahmen der Diplomarbeit von Schumacher (1989) realisiert. Untersuchungsmaterial waren sechs Serien von jeweils 22 Handlungen: Je zwei Serien mit hochvertrauten, geringvertrauten und neuartigen Handlungen. Jeweils eine der Serien unterschiedlichen Materialtyps wurde verbal, die andere durch Ausführung enkodiert. Die Vorgabe- und Testprozedur war identisch mit der in Studie 1. Direkt im Anschluß an das Enkodieren jeder Serie wurde eine unmittelbare freie Erinnerungsprüfung ohne Zeitbegrenzung vorgenommen. Nach dem Lernen und dem unmittelbaren freien Erinnern der sechs Serien wurde ein Personenfragebogen bearbeitet und anschließend ein erneuter freier Erinnerungstest ohne Zeitbegrenzung durchgeführt, der sich nun auf sämtliche 132 Handlungen aller sechs Serien bezog.

Untersuchungsteilnehmer an der Gedächtnisstudie war eine neu gewonnene Stichprobe von 36 jüngeren ($M = 24.3$ Jahre; $SD = 3.6$) und 36 älteren ($M = 64.9$ Jahre, $SD = 6.1$) Personen, wobei Ausbildungsniveau und verbale Intelligenz der Älteren etwas höher war als bei den Jüngeren.

Die Ergebnisse der freien Erinnerungstests für das verbale Enkodieren sind in Abbildung 3 getrennt für die beiden Altersgruppen dargestellt, die der freien Erinnerungsleistungen

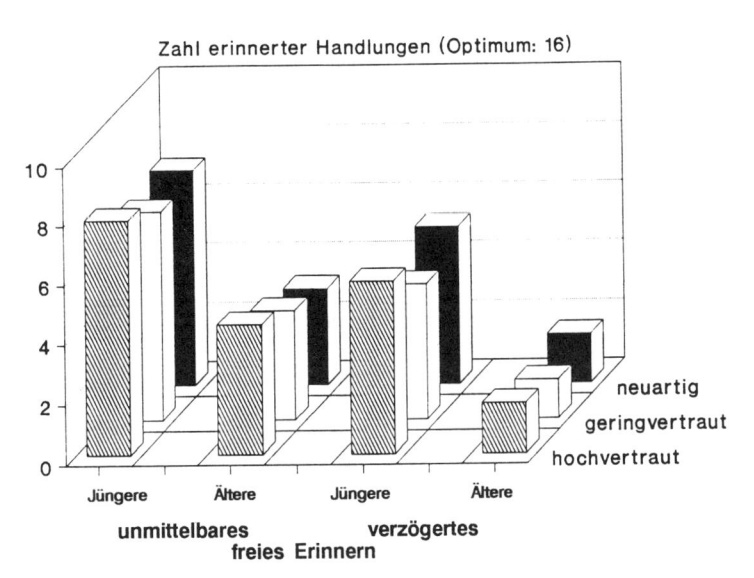

Abbildung 3. Mittlere Gedächtnisleistung für verbal erlernte vertraute, unvertraute und neuartige Handlungen

für das Enkodieren durch Handeln finden sich in Abbildung 4. Obwohl die Rolle unterschiedlicher Material- und Enkodierbedingungen für die Gedächtnisleistung in einer simultanen Analyse überprüft wurde, sollen die Resultate für das hochvertraute und geringvertraute Material vorab dargestellt werden.

Die Befunde für hochvertrautes und geringvertrautes Material bestätigen die Ergebnisse der beiden ersten Studien und ergänzen sie, da in dieser Arbeit ein ausbalanciertes Design realisiert wurde, und damit die drei Materialtypen auch unter der verbalen Enkodierbedingung verwendet wurden. Die Resultate zeigen einen Vertrautheitseffekt unter der verbalen wie auch unter der Handlungsbedingung: Hochvertrautes Material wird altersunabhängig besser erlernt und erinnert als geringvertrautes. Vertrautheit verbessert nicht nur die unmittelbare freie Erinnerungsleistung, sondern auch die Güte der freien Erinnerungsleistung im verzögerten freien Erinnerungstest.

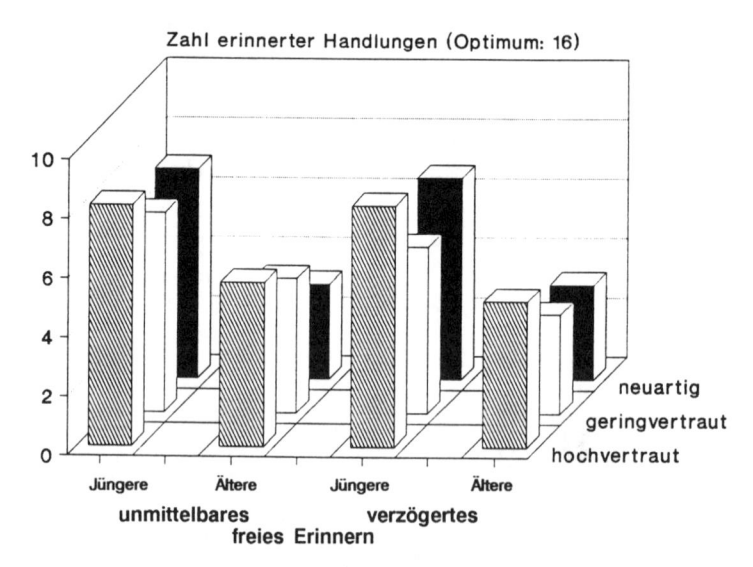

Abbildung 4. Mittlere Gedächtnisleistung für ausgeführte hochvertraute, geringvertraute und neuartige Handlungen

Auch der Modalitätseffekt kann repliziert werden: Nach handelndem Enkodieren liegen die Gedächtnisleistungen für hochvertraute und geringvertraute Handlungen höher als nach verbalem. Dieser Modalitätseffekt ist wie in den Studien 1 und 2 sowohl im unmittelbaren wie auch im verzögerten freien Erinnerungstest nachweisbar. Hiervon gibt es eine Ausnahme: Die freie Erinnerungsleistung jüngerer Menschen bei geringvertrautem Lernmaterial im unmittelbaren Gedächtnistest variiert modalitätsunabhängig, wobei sie unter der verbalen Enkodierbedingung vergleichsweise hoch liegt.

Ferner läßt sich der Alterseffekt der beiden Studien 1 und 2 replizieren, der dokumentiert, daß ältere Menschen sowohl nach verbalem Enkodieren wie auch nach Enkodieren durch Handeln schlechtere Gedächtnisleistungen als jüngere in freien Erinnerungstests erreichen. Und schließlich belegt der Vergleich der freien Erinnerungsleistungen zu den beiden Erhebungszeitpunkten erneut, daß die Handlungsausführung während des Lernens günstige Effekte auf das Behalten des Erlernten hat. Wiederum lassen sich bedeutsame Vergessenseffekte beim verbalen Material nachweisen, während Vergessen für das durch Handeln enkodierte Material minimal ist.

Ein Vergleich der verbalen freien Erinnerungsleistungen für neuartige mit denen für hochvertraute Handlungen im unmittelbaren freien Erinnerungstest zeigt, daß ein Neuigkeitseffekt beim verbalen Lernen erwartungsgemäß nicht auftritt: Hochvertraute Handlungen werden altersunabhängig besser erlernt und erinnert als neuartige.

Eine Analyse der Rolle der Enkodierbedingung für das Gedächtnis für neuartige Handlungen verweist darauf, daß die Handlungsausführung bei diesem Materialtyp nicht den gleichen Effekt hat wie für die beiden anderen Materialien. Die Gedächtnisleistungen für neuartige Handlungen im unmittelbaren freien Erinnerungstest sind unter beiden Enkodierbedingungen miteinander vergleichbar[3]. Dieses Ergebnis findet sich in beiden Altersgruppen in gleicher Weise. Es verweist darauf, daß die unmittelbare freie Erinnerungsleistung von neuartigen Handlungen durch die motorische Information nicht profitiert, die durch die Handlungsausführung aufgebaut wird.

Für die fehlende Gedächtniswirksamkeit der motorischen Information bei neuartigen Handlungen sind mindestens zwei Gründe denkbar: Zum einen könnten die übrigen, nicht an die motorische Enkodierweise gekoppelten Gedächtnismerkmale neuartiger Handlungen (Einfluß der Konstruktionsarbeit beim Generieren der Gedächtnisrepräsentation; Neuigkeitseffekt) vergleichsweise stark gedächtniswirksam sein, so daß die motorischen Informationen keinen zusätzlichen Vorteil bringen. Dies sollte sich vor allem daran zeigen, daß neuartige Handlungen auch nach verbalem Enkodieren gut erinnert werden. Ein solcher Effekt ist jedoch in den vorliegenden Daten nicht allzu ausgeprägt, da vertrautes Material unter verbaler Enkodierbedingung besser als neuartiges erinnert wird. Zum anderen sind die Ergebnisse mit der Vorstellung vereinbar, daß die Gedächtniswirksamkeit der motorischen Komponente eine Verankerung der ausgeführten Handlung im gespeicherten Wissen zur Voraussetzung haben muß. Durch eine einmalige Handlungsausführung kann demnach kein Gedächtniseintrag vorgenommen werden, der eine unmittelbare Verbesserung der Gedächtnisleistung gegenüber dem verbalen Enkodieren herbeiführen könnte. Dies würde bedeuten,

---

[3] Ein vergleichbares Resultat erhielten Mohr, Engelkamp & Zimmer (1989) für eine Gruppe jüngerer Probanden (Studenten) in einer gerade publizierten Studie.

daß das Auftreten des Modalitätseffekts an eine a priori-Verankerung der zu lernenden Handlung im Wissen gebunden ist.

Im verzögerten freien Erinnerungstest hingegen tritt der Modalitätseffekt auch für neuartiges Material auf. Dies weist darauf hin, daß die in unserer früheren Studien beobachtete Vergessensresistenz von Lernmaterial, das durch Handeln enkodiert wurde und offenbar eine Funktion der motorischen Information ist, auch für das neuartige Material gilt: Während verbal enkodiertes neuartiges Material stark vergessen wird, sind Vergessensprozesse bei ausgeführten neuartigen Handlungen nicht nachzuweisen. Diese Vergessensresistenz von ausgeführten neuartigen Handlungen kann wiederum in beiden Altersgruppen beobachtet werden. Die Enkodiermodalität Handeln scheint demnach auch bei einmaliger Ausführung neuartiger Handlungen eine Gedächtnisspur aufzubauen, die wesentlich stärker gegen Vergessen geschützt ist als die durch verbales Lernen aufgebaute. Damit scheint Handlungsenkodieren zwar die gleiche günstige Wirkung auf das längerfristige Behalten neuartiger Handlungen zu haben als sie für andere Materialien bereits nachgewiesen wurde, jedoch scheint die durch Ausführung generierte motorische Information nicht vergleichbar bedeutend zu sein für den unmittelbaren Zugriff auf die neuartigen Handlungen, wie dies für aktivierte motorische Information bei im Wissen verankerten Handlungen gilt.

Die altersbezogene Analyse der freien Gedächtnisleistung für neuartige Handlungen erbringt ein ähnliches Ergebnis wie diejenigen, die bei anderen Materialtypen beobachtet wurden: Ältere Menschen erinnern neuartige Handlungen bedeutsam schlechter als jüngere, unabhängig davon, ob sie diese verbal oder durch Ausführung enkodierten. Dieser Alterseffekt, der auch für andere Materialien beschrieben wurde, ist sowohl im unmittelbaren wie auch verzögerten freien Erinnerungstest nachweisbar. Die Handlungsausführung während des Enkodierens hat damit auch bei neuartigen Handlungen nicht den Effekt, Altersunterschiede in den Gedächtnisleistungen auszugleichen.

Interessant ist ein Vergleich der freien Erinnerungsleistung für das neuartige Material mit der für die beiden anderen Materialtypen in beiden Altersgruppen, da er auf eine altersbezogen unterschiedliche Verarbeitung von vertrauter und distinkter Information hinweist. Jüngere Menschen erinnern neuartige Handlungen nach verbalem wie nach handelndem Enkodieren zwar schlechter als hochvertraute, aber besser als geringvertraute. Dieser Effekt läßt sich im unmittelbaren wie auch im verzögerten Gedächtnistest nachweisen. Ältere Menschen hingegen erinnern neuartige Handlungen unter verbaler wie unter Handlungsenkodierbedingung allenfalls so gut wie gering vertraute. Dies findet sich ebenfalls im direkten wie im verzögerten Gedächtnistest. Hiervon gibt es eine Ausnahme: Verbal enkodierte neuartige Information scheint langsamer vergessen zu werden als verbal enkodierte geringvertraute Information, so daß sie im verzögerten Gedächtnistest ähnlich gut wie hochvertraute Information erinnert wird. Zusammenfassend läßt sich festhalten, daß die

Bedeutung distinkter Information für das Lernen und Erinnern von Handlungen altersabhängig variiert, jedoch modalitätsunabhängig ähnlich zu sein scheint.

Die wichtigste Implikation dieser Studie aus entwicklungspsychologischer Perspektive ist, daß es durch Handlungsausführung während des Enkodierens auch bei wissensfernem, spezifischem Material nicht gelingt, Altersunterschiede in den Gedächtnisleistungen auszugleichen. Darüberhinaus zeichnen sich Schwierigkeiten älterer Menschen ab, die den neuartigen Handlungen zugrunde liegende spezifische Information gedächtniswirksam zu nutzen. Die wichtigste Implikation dieser Studie aus gedächtnispsychologischer Perspektive ist, daß der Modalitätseffekt beim unmittelbaren freien Erinnern von neuartigen Handlungen nicht auftritt, wobei aufgrund dieser Studie nicht zu entscheiden ist, ob dies mit der besonders deutlichen Gedächtniswirksamkeit der nicht-motorischen Information bei neuartigen Handlungen zu tun hat, oder der besonders geringen Wirksamkeit der motorischen Information bei neuartigen Handlungen, die erstmalig ausgeführt wurden. Bestätigt wurde allerdings die Bedeutung der Handlungsausführung für ein effektives langfristiges Behalten des episodischen Lernmaterials.

STUDIE 4

In keiner der drei bisher dargestellten Studien war es gelungen, Altersunterschiede beim Gedächtnis für ausgeführte Handlungen zu eliminieren. Die vierte Studie verfolgte speziell das Ziel, Bedingungen für einen Ausgleich der Altersunterschiede nach Enkodieren durch Handeln zu identifizieren. Dabei prüften wir die Hypothese, daß Altersunterschiede beim Gedächtnis für Handlungen eine Funktion der Aufgabenschwierigkeit ist und variierten die Menge der Handlungen, die in jeder der Serien zu erlernen war. In der entwicklungspsychologischen Forschung zum verbalen Gedächtnis gibt es eine Reihe von Evidenzen dafür, daß Gedächtnisunterschiede zwischen jüngeren und älteren Menschen bei umfänglicherem Material vergleichsweise größer sind (Craik, 1968). In dieser vierten Studie, die in der Diplomarbeit von Schwahn (1989) durchgeführt wurde, arbeiteten wir mit Serien unterschiedlicher Länge. Die kurzen Serien umfaßten 12, die langen 36 Handlungen. Wir verwendeten hochvertraute und geringvertraute kurze und lange Handlungsserien als Lernmaterial. Die altersbezogenen Gedächtnisunterschiede sollten bei kurzen vertrauten Serien am geringsten sein, wenn nicht sogar verschwinden.

An der Untersuchung nahm eine neu rekrutierte Stichprobe von 40 jüngeren ($M = 24.95$ Jahre; $SD = 2.79$) und 40 älteren Personen ($M = 61.2$ Jahre; $SD = 6.35$) teil. Die Teilnehmer waren bezüglich ihrer beruflichen Tätigkeit parallelisiert. Es gab keinen bedeutsamen Unterschied in Ausbildung und verbaler Intelligenz zwischen den jüngeren und älteren Untersuchungsteilnehmern.

Jeder Proband hatte vier Serien zu lernen, jeweils zwei unter verbalen und zwei unter Handlungsenkodierbedingungen. Unter jeder der Enkodierbedingungen war eine der Serien kurz, die andere lang, und eine der beiden vertraut, die andere unvertraut. Wie bereits in den Studien 1 bis 3 wurde jeweils unmittelbar an das Lernen jeder Serie ein direkter freier Erinnerungstest verlangt, im Anschluß an das Lernen der vier Serien und nach der Bearbeitung eines kurzen Fragebogens wurde ein verzögerter freier Erinnerungstest durchgeführt, der nun die Items aller vier Serien umfaßte.

Die freien Erinnerungsleistungen dieser vierten Studie bestätigten die zentralen Ergebnisse der drei früheren Studien. Wiederum erreichten jüngere Untersuchungsteilnehmer sowohl nach verbalem Enkodieren wie auch nach Handlungsenkodieren bedeutsam bessere Lern- und Gedächtnisleistungen und zwar sowohl im direkten wie auch im verzögerten freien Erinnerungstest (Alterseffekt). Ferner ergibt sich auch in dieser Studie ein Modalitätseffekt, der darauf verweist, daß durch Ausführung enkodierte Handlungen bedeutsam besser erlernt und erinnert werden als verbal enkodierte. Dieser manifestiert sich sowohl im unmittelbaren wie im verzögerten Gedächtnistest, er findet sich bei jüngeren wie älteren Menschen, er ist bei beiden Materialtypen und bei beiden Schwierigkeitsstufen nachweisbar. Und wiederum verweist der Vertrautheitseffekt darauf, daß Wissen eine entscheidende Bedingung für Gedächtnis ist und zwar sowohl nach verbalem wie auch nach Handlungsenkodieren.

Und schließlich findet sich ein Effekt der Aufgabenschwierigkeit auf das Gedächtnis für Handlungen, wobei bei geringer Aufgabenschwierigkeit altersunabhängig relativ höhere Gedächtnisleistungen als bei hoher erreicht werden. Dieser Effekt gilt für beide Enkodiermodalitäten, für beide Materialtypen und zeigt sich sowohl im direkten wie verzögerten freien Erinnerungstest. Zwar deuten die Ergebnisse tendenziell in die erwartete Richtung, wonach Alterseffekte bei leichten Aufgaben eliminiert werden, insofern diese durch Handeln enkodiert wurden, jedoch ist der moderierende Einfluß der Aufgabenschwierigkeit nicht stark genug, um die alterskorrelierten Unterschiede beim freien Erinnern von ausgeführten Handlungen tatsächlich auszugleichen.

AUSBLICK

Betrachtet man die Resultate der vier Studien aus entwicklungspsychologischer Sicht, so tritt als zentrale Schlußfolgerung zutage, daß sich das Gedächtnis älterer und jüngerer Menschen qualitativ kaum zu unterscheiden scheint: In beiden Altersgruppen schlagen sich Variationen des Lernmaterials, der Gedächtnisaufgabe oder der Enkodierprozedur in ähnlicher Weise steigernd oder mindernd auf die Leistung bei verschiedenen Arten der Gedächtnisprüfung nieder. Ferner ist beobachtbar, daß keine der hier untersuchten Aufgaben-, Lern-, oder Abrufbedingungen geeignet ist, die häufig beobachteten Altersunterschiede in den Gedächtnisleistungen auszugleichen. Eine solche Eliminierung von Altersunterschieden gelang vor allem nicht durch die motorische Ausführung der Handlung während des Enkodierens, einer Enkodierbedingung also, bei der aufgrund unterschiedlicher theoretischer Überlegungen ein solcher Effekt wahrscheinlich war. Es gelang keiner der anderen Nachfolgeuntersuchungen, die an verschiedenen Instituten durchgeführt wurden, Bäckmans ursprüngliches Resultat zu replizieren, so daß mit großer Wahrscheinlichkeit davon ausgegangen werden muß, daß es wenig Unterstützung erhalten wird.

Betrachtet man die Resultate aus gedächtnispsychologischer Sicht, wird zum einen die Rolle der Handlungsausführung für das effektive Behalten von Handlungen erkennbar, die bei ganz unterschiedlichen Lernmaterialien einheitlich nachgewiesen werden konnte. Zum anderen machen die Resultate die wichtige Rolle des Wissens für das Gedächtnis für Handlungen deutlich. Handelndes Enkodieren steigert zwar die Gedächtnisleistung gegenüber verbalem Enkodieren, doch können Wissenseffekte in der Gedächtnisleistung durch Handeln nicht eliminiert werden: Je vertrauter die Handlungen sind, desto besser werden sie auch nach Handlungsausführung während des Enkodierens erlernt und erinnert. Wissenseffekt und Handlungseffekt scheinen sich additiv auf die Gedächtnisleistungen niederzuschlagen. Die Daten deuten ferner darauf hin, daß die Verankerung einer Handlung im Wissen eine entscheidende Voraussetzung für das Auftreten des Modalitätseffekts sein könnte. Dieses Resultat bedarf allerdings der Replikation in Nachfolgeuntersuchungen, in denen das Zusammenspiel von Wissen und Handeln als Bedingung guter und dauerhafter Gedächtnisleistungen darüber hinausgehend genauer analysiert werden muß.

LITERATUR

Bäckman, L. (1984). *Age differences in memory performane: Rules and exceptions*. University of Umea, Schweden.

Bäckman, L. (1985). Compensation and recoding: A framework for aging and memory research. *Scandinavian Journal of Psychology, 26*, 193-207.

Bäckman, L. (1987). Application of Ribot's law to life-span cognitive development. In G.L. Maddox & E.W. Busse (Eds.), *Aging: The universal human experience* (pp. 403-410). New York: Springer.

Cohen, G. (1989). *Memory in the real world*. Hillsdale: Erlbaum.

Cohen, R.L. (1981). On the generality of some memory laws. *Scandinavian Journal of Psychology, 22*, 267-281.

Cohen, R.L. (1983). The effect of encoding variables on the free recall of words and action events. *Memory & Cognition, 11*, 575-582.

Craik, F.I.M. (1968). Short-term memory and the aging process. In G.A. Talland (Ed.), *Human aging and behavior* (pp. 131-168). New York: Academic Press.

Einstein, G.O. & Hunt, R.R. (1980). Levels of processing and organization: Additive effects of individual and relational processing. *Journal of Experimental Psychology: Human Learning and Memory, 6*, 588-598.

Einstein, G.O. & McDaniel, M.A. (1987). Distinctiveness and the mnemonic benefits of bizarre imagery. In M.A. McDaniel & M. Pressley (Eds.), *Imagery and related mnemonic processes* (pp. 78-102). New York: Springer.

Engelkamp, J. & Krumnacker, H. (1980). Imaginale und motorische Prozesse beim Behalten verbalen Materials. *Zeitschrift für experimentelle und angewandte Psychologie, 27*, 511-533.

Engelkamp, J. & Zimmer, H.D. (1983). Zum Einfluß von Wahrnehmen und Tun auf das Behalten von Verb-Objekt-Phrasen. *Sprache & Kognition, 2*, 117-127.

Engelkamp, J. & Zimmer, H.D. (1984). Motor programme information as a separable memory unit. *Psychological Research, 46*, 283-299.

Engelkamp, J. & Zimmer, H.D. (1989). Memory for action events: A new field of research. *Psychological Research, 51*, 153-157.

Helstrup, T. (1986). Separate memory laws for recall of performed acts? *Scandinavian Journal of Psychology, 27*, 1-29.

Hunt, R.R. & Mitchell, D.B. (1978). Specifity in nonsemantic orienting tasks and distinctive memory traces. *Journal of Experimental Psychology: Human Learning and Memory, 4*, 472-481.

Jacoby, L.L. & Craik, F.I.M. (1979). Effects of elaboration of processing at encoding and retrieval: Trace distinctiveness and recovery of intitial context. In L.S. Cermak & F.I.M. Craik (Eds.), *Levels of processing in human memory* (pp. 1-22). Hillsdale, Erlbaum.

Knopf, M. & Neidhardt, E. (1989a). Aging and memory for action events: The role of familiarity. *Developmental Psychology, 25*, 780-786.

Knopf, M. & Neidhardt, E. (1989b). Gedächtnis für Handlungen unterschiedlicher Vertrautheit - Hinweise aus entwicklungspsychologischen Studien. *Sprache & Kognition, 8*, 203-215.

Mohr, G., Engelkamp, J. & Zimmer, D.H. (1989). Recall and recognition of self-performed acts. *Psychological Research, 51*, 181-187.

Ribot, T. (1882). *Diseases of memory*. New York: Appleton.

Schumacher, M. (1989). *Gedächtnis für Handlungen: Der Effekt von Bizarrheit*. Diplomarbeit am Psychologischen Institut der Universität Heidelberg.

Schwahn, A.E. (1989). *Gedächtnis für Handlungen: Die Bedeutung der Aufgabenschwierigkeit*. Diplomarbeit am Psychologischen Institut der Universität Heidelberg.

Zeigarnik, B. (1927). Das Behalten erledigter und unerledigter Handlungen. *Psychologische Forschung, 9*, 1-85.

Zimmer, H.D. & Engelkamp, J. (1984). Planungs- und Ausführungsanteile motorischer Gedächtniskomponenten und ihre Wirkung auf das Behalten ihrer verbalen Entsprechungen. *Zeitschrift für Psychologie, 192*, 379-402.

KATEGORIALES ORGANISIEREN ALS GEDÄCHTNISSTRATEGIE: ALLGEMEINE UND DIFFERENTIELLE ENTWICKLUNGSPERSPEKTIVEN IM GRUNDSCHULALTER[1]

Marcus Hasselhorn

Zu den Hauptthemen der entwicklungspsychologischen Gedächtnisforschung gehört seit etwa zwei Jahrzehnten die Analyse strategischer Aktivitäten. Zunächst war man eher an der Beschreibung und Quantifizierung des strategischen Gedächtnisverhaltens interessiert. Erst ab Ende der 70er Jahre kümmerte man sich zunehmend auch um theoretische Fragen, wie etwa um die den Gedächtnisstrategien zugrundeliegenden Mechanismen sowie deren Entwicklungssequenzen und -determinanten (vgl. Naus & Ornstein, 1983). In der Folge kam es zu Kontroversen über den Strategiebegriff. Als relativ konsensfähig hat sich jedoch inzwischen die Auffassung erwiesen, daß Strategien zielgerichtete, potentiell bewußte und kontrollierbare Prozesse sind, die zwar kognitve Kapazität benötigen, die aber auch zu besseren Behaltensleistungen führen (vgl. Schneider & Pressley, 1989).

Als Prototyp einer Gedächtnisstrategie galt lange Zeit das kategoriale Organisieren. Darunter versteht man die im Gedächtnisexperiment aufweisbare Tendenz, eine in Zufallsreihenfolge zum Lernen dargebotene Liste von Items (z.B. Wörter oder Objektabbildungen), die sich nach Oberbegriffen klassifizieren lassen, kategorial gruppiert zu reproduzieren. Bei Kindern nimmt die Ausprägung des kategorialen Organisierens ebenso wie die Reproduktionsleistung mit dem Alter zu. Bei Erwachsenen fand man darüber hinaus deutliche positive Zusammenhänge zwischen dem Ausmaß kategorialen Organisierens und der Reproduktionsleistung (z.B. Wippich, 1976). Es lag daher nahe, das kategoriale Organisieren als Produkt des individuell verfügbaren (oder zumindest während der Aufgabenbearbeitung aktualisierten) kategorialen Wissens bzw. als Resultat einer entsprechenden intentionalen Gedächtnisstrategie aufzufassen. Diese Interpretation herrschte auch in der entwicklungspsychologischen Gedächtnisforschung vor. So wurden Ende der 70er Jahre in Übersichtsreferaten zum Organisationsverhalten bei Kindern zwei Entwicklungsdeterminanten diskutiert (vgl. Lange, 1978; Moely, 1977; Ornstein & Corsale, 1979): (a) das Wissen über Objektmengen und deren kategoriale Zugehörigkeit (Vorwissenshypothese) und (b) die Ver-

---

[1] Die dieser Arbeit zugrundeliegende Untersuchung wurde durch eine Sachbeihilfe der Deutschen Forschungsgemeinschaft (Ha 1452/2-1) finanziell unterstützt. Prof. Dr. Suitbert Ertel hat hilfreiche Kommentare zu einer früheren Fassung dieser Arbeit gegeben. Arnika Jaspers und Claudia Mähler haben als Projekt-Mitarbeiterinnen an der Organisation, Durchführung und Auswertung mitgewirkt. An einem oder mehreren der vier Meßzeitpunkte, auf denen der hier berichtete Längsschnittausschnitt basiert, waren Ulrike Andrecht, Dorothee Büttner, Margret Kamm, Uta Müller, Doris Müthing und Harald Uhlendorff als Versuchsleiter beteiligt. Ihnen allen sei an dieser Stelle herzlich Dank gesagt.

fügbarkeit von Wissen über die lernerleichternde Funktion von Organisationsstrategien (Metagedächtnis- bzw. Strategiehypothese).

1. KATEGORIALES ORGANISIEREN: EIN PRODUKT AUTOMATISCHER ODER STRATEGISCHER PROZESSE DER WISSENSAKTIVIERUNG?

Die Metagedächtnis- bzw. Strategiehypothese ist zur Erklärung der Entwicklung kategorialen Organisationsverhaltens bislang eher seltener herangezogen worden. Das mag etwa mit der Unschärfe des Konzeptes Metagedächtnis zusammenhängen (vgl. Cavanaugh & Perlmutter, 1982). Auch hat dazu sicher die vielzitierte Arbeit von Salatas & Flavell (1976) beigetragen, in der sich keinerlei Zusammenhang zwischen dem Wissen über die Nützlichkeit von Organisationsstrategien (aufgabenspezifisches Metagedächtnis) und dem tatsächlichen Organisationsverhalten bei Erstkläßlern gezeigt hatte.

Die Vorwissenshypothese ist demgegenüber verbreiteter. Einer ihrer Hauptvertreter ist David Bjorklund, der sich auf eine von Lange (1978) aufgestellte These stützt, nach der das bisweilen zu beobachtende überzufällige Organisationsverhalten jüngerer Kinder ein *automatisches Nebenprodukt* der im semantischen Gedächtnis verfügbaren Inter-Item-Assoziationen ist. Bjorklund (1985) hat diese Position um ein dreistufiges Entwicklungsmodell kategorialen Organisierens erweitert: Auf der ersten Stufe bis zum Ende der Grundschuljahre beschränkt sich das Organisieren auf assoziative Verknüpfungen, die automatisch und unbewußt erfolgen. Danach folgt ein "Übergangsstadium", in dem das Kind neben der assoziativen Gruppierung aufgrund erwachender reflexiver Fähigkeiten bisweilen die kategoriale Ordnung der unwillkürlichen Produktionen erkennt und diese Erkenntnis für kategoriales Suchen im eigenen Gedächtnis bewußt nutzt. Erst etwa ab dem 13. Lebensjahr soll sich dieses Verhalten zu einer planvollen Strategie ausweiten.

Bei der Frage, wie die mit dem Alter sich verändernde Wissensbasis auf das Reproduktionsverhalten der Kinder einwirke, unterscheidet Bjorklund (1987) drei sich ergänzende Faktoren: (a) Informationen werden im Netzwerk des semantischen Gedächtnisses zunehmend leichter aktiviert, (b) die Anzahl der verfügbaren Objekte und Begriffe steigt mit dem Alter (itemspezifische Effekte) und (c) die Aktivierung von Relationen zwischen Items benötigt immer weniger kognitive Kapazität (nicht-strategisches Organisieren). Seine These, daß das kategoriale Organisieren bis zum 13. Lebensjahr auf automatische Wissensaktivierung zurückzuführen sei, begründet Bjorklund (1985, 1987) im wesentlichen mit drei Argumenten, die er für empirisch belegt hält:

1. Die kategoriale Organisationstendenz tritt bei Kindern spontan nur dann auf, wenn das Lernmaterial aus hoch-assoziierten Items und/oder aus sehr typischen Exemplaren vertrauter Kategorien besteht (z.B. Bjorklund & Jacobs, 1985) bzw. wenn es um das Reproduzieren von Items aus einem Inhaltsbereich geht, über den die Kinder ein sehr

detailliertes Vorwissen haben (z.B. Bjorklund & Bjorklund, 1985). Zwar kann man schon bei Grundschulkindern prinzipiell ein Wissen um die Zugehörigkeit auch weniger typischer Exemplare zu einer Kategorie feststellen (vgl. Bjorklund, Thompson & Ornstein, 1983), doch werden diese Gruppierungen nach Bjorklund (1985, S. 127) bei Grundschulkindern nicht mit der für automatische Prozesse charakteristischen Leichtigkeit aktiviert.

2. Ein mehr oder weniger umfassendes Vorwissen erklärt nach Bjorklund und Bernholtz (1986) auch die Unterschiede in der Nutzung des kategorialen Organisierens als Gedächtnisstrategie, die man zwischen 13jährigen guten und schlechten Lesern feststellen kann.

3. Vor dem 13. Lebensjahr fanden Bjorklund und Jacobs (1985) keine nennenswerten positiven Korrelationen zwischen Maßen des kategorialen Organisierens und der Reproduktionsleistung. Nach Frankel und Rollins (1985) müßte man jedoch einen solchen funktionalen Zusammenhang beobachten, wenn das kategoriale Organisieren als eine bewußte Strategie verwendet wird.

Bjorklund hat seine Vorwissensposition mit zahlreichen Argumenten begründet. Sie entspricht im übrigen dem gegenwärtigen Trend, die zentrale Bedeutung der Wissensbasis für die Gedächtnisentwicklung zu betonen. Daß Vertrautheit mit dem Lernmaterial auf das kategoriale Organisieren und die Reproduktionsleistung einen Einfluß hat, kann aufgrund der vorliegenden Befundlage auch kaum bestritten werden. Dennoch ist Bjorklunds Auffassung in jüngster Zeit von mehreren Autoren als zu radikal beurteilt worden (vgl. Hasselhorn, 1986, Kap. 8; Ornstein, Baker-Ward & Naus, 1988; Schneider & Pressley, 1989, S. 51ff). Zwei Ansatzpunkte der Kritik sind für die vorliegende Arbeit von zentraler Bedeutung:

(1) Der erste Kritikpunkt ist methodischer Art. Vor allem Schneider (1986; Schneider & Pressley, 1989) hat darauf hingewiesen, daß die von Bjorklund fast ausschließlich betrachtete kategoriale Organisation des Reproduzierens (Output-Organisation) keine zuverlässige Aussage darüber zuläßt, ob die kategoriale Ordnung während des *Lernens* der in Zufallsreihenfolge dargebotenen Items genutzt wurde. Für eine Entwicklungsanalyse des kategorialen Organisierens ist seiner Ansicht nach der Einsatz sogenannter "Sort-Recall"-Aufgaben geeigneter. Diese unterscheiden sich von den klassischen Aufgaben zum freien Reproduzieren darin, daß die Versuchspersonen aufgefordert werden, die dargebotenen Items so anzuordnen, daß ihnen das anschließende Auswendiglernen besonders leicht fällt. Dadurch wird ein Sortierverhalten evoziert, das man zur Grundlage für die Messung des kategorialen Organisierens während der Lernphase (Input-Organisation) machen kann. Wenn sich intentionale (und damit strategische) Gedächtnisprozesse eher im Input- als im Output-Verhalten niederschlagen (diese Auffassung

wird von vielen Forschern vertreten), so kann man Bjorklund vorhalten, durch die Methode der freien Reproduktionsaufgabe Bedingungen realisiert zu haben, die eine Bewährung der Strategiehypothese (als theoretischer Alternative zu seiner Vorwissensposition) von vorneherein erschweren.

(2) Gegen die radikale Vorwissensposition Bjorklunds läßt sich theoretisch einwenden, daß ein Einfluß der Wissensbasis auf das kategoriale Organisieren nicht notwendigerweise automatisch erfolgt. Da in den Grundschuljahren das Metagedächtnis, d.h. das Wissen über Gedächtnisstrategien deutlich zunimmt (vgl. Justice, 1985, 1986; Schneider, 1986, 1989), ist es naheliegend anzunehmen, daß schon ältere Grundschulkinder (und nicht erst Jugendliche, wie Bjorklund behauptet) ihr kategoriales Wissen intentional nutzen. Diese Annahme läßt sich nach Hasselhorn (1986) durch direkte Erfassung des metamemorialen Wissens über Organisationsstrategien überprüfen. Wenn zwischen der Ausprägung des Metagedächtnisses und dem Ausmaß des kategorialen Organisierens ein positiver Zusammenhang besteht, wäre die Auffassung, daß die untersuchten Prozesse der Wissensaktivierung strategischen Charakter haben, hinreichend gestützt.

Mittlerweile liegen einige Studien vor, in denen neben dem kategorialen Organisieren im Rahmen einer Reproduktionsaufgabe auch direkt das aufgabenspezifische Metagedächtnis erhoben wurde. Tatsächlich zeigten sich systematische Zusammenhänge zwischen Metagedächtnis und Organisationsverhalten immerhin schon bei Drittkläßlern (Schneider, 1985; Schneider, Körkel & Weinert, 1987) und bei Viertkläßlern (Andreassen & Waters, 1989; Hasselhorn, 1986; Schneider, 1986). Nur bei Erst- und Zweitkläßlern konnte der Zusammenhang nicht nachgewiesen werden (Andreassen & Waters, 1989; Schneider, 1986; Schneider, Körkel & Vogel, 1987).

Die Hypothese einer sich in der zweiten Hälfte der Grundschuljahre herausbildenden *strategischen Wissensaktivierung* wurde vom Verfasser (Hasselhorn, 1990) eingehender untersucht. Nach dieser Hypothese hat der Einfluß der Wissensbasis auf das kategoriale Organisieren und die Reproduktionsleistung engere Grenzen. Nur zu Beginn der Grundschulzeit ist sie notwendig und hinreichend zur Erklärung des kategorialen Organisierens. In der Mitte der Grundschulzeit (2./3. Klasse) ist die Wissensbasis nur noch eine notwendige und am Ende der Grundschuljahre nur noch eine unterstützende Bedingung des kategorialen Organisierens. Das im Verlauf der Grundschuljahre zunehmende Organisationsverhalten beim freien Reproduzieren wird also nach dieser Hypothese als ein zunächst automatischer und im Verlauf der Grundschuljahre in zunehmendem Maße auch von strategischen Elementen determinierter Prozeß der Wissensaktivierung aufgefaßt.

Für das kategoriale Organisieren während des Abrufens intentional gelernter Informationen aus dem Gedächtnis hat Hasselhorn (1990) diese Hypothese in einer Experimentalserie geprüft. Um eine Konfundierung von Altersdifferenzen in den Aneignungsprozessen mit denen beim Abruf zu vermeiden, wurde folgende experimentelle Prozedur entwickelt: In der *Lernphase* bekamen die Kinder Items einer kategorisierbaren Lernliste in serieller Anordnung (bei der nie zwei Items der gleichen Kategorie aufeinander folgten) so oft vorgelegt, bis sie sie zweimal hintereinander perfekt seriell reproduzieren konnten. Es folgte ein *Behaltensintervall* von ca. 15 Minuten. In dieser Zeit wurden die Kinder mit Distraktoraufgaben beschäftigt. Die Reproduktion wurde schließlich unter serieller oder freier *Abruf*bedingung erfaßt. Die Hälfte der Kinder wurde aufgefordert, die Items der Lernphase in der gelernten Reihenfolge wiederzugeben (serielles Reproduzieren). Die übrigen Kinder wurden darauf hingewiesen, daß sie die Items in jeder beliebigen Reihenfolge wiedergeben könnten (freies Reproduzieren). Drei Experimente mit Zweit- und Viertkläßlern ergaben folgende Ergebnisse: (1) Die Viertkläßler waren nur unter der Bedingung "freies Reproduzieren" den Zweitkläßlern in der Reproduktionsleistung überlegen. Beim seriellen Reproduzieren waren sie gelegentlich sogar weniger gut als die Zweitkläßler. (2) Die Viertkläßler machten beim freien Reproduzieren vom kategorialen Organisieren mehr Gebrauch als die Zweitkläßler. (3) Das ebenfalls erhobene aufgabenspezifische Metagedächtnis erwies sich gemeinsam mit dem Ausmaß des kategorialen Organisierens in zwei der drei Experimente als Ursache des gefundenen Altersunterschiedes in der freien Reproduktionsleistung.

Diese Ergebnisse waren unabhängig davon, wann der Test zur Erfassung des aufgabenspezifischen Metagedächtnisses durchgeführt wurde, vor oder nach der Reproduktion (Exp. 2). Auch blieben die Effekte bestehen, wenn durch die Verwendung von sehr untypischen Kategorie-Exemplaren als Items die Altersdifferenzen hinsichtlich des kategorialen Wissens minimiert wurden (Exp. 3). Eine Klassifikation der Kinder aufgrund ihres Reproduktionsverhaltens als serielle und kategoriale Organisierer ergab für die freie Reproduktionsleistung (über alle drei Experimente gemittelt), daß bereits 60% der Viertkläßler eindeutig eine kategoriale und nur noch 8% eine serielle Organisation bevorzugten. Bei den Zweitkläßlern hielten sich dagegen eher kategoriale und eher serielle Organisierer die Waage (40% versus 36%).

Dieses Befundmuster widerspricht der extremen Vorwissensposition Bjorklunds und stützt die Auffassung, nach der schon Grundschulkinder, etwa ab der dritten Klasse, in ein *Übergangsstadium* zum intentionalen Gebrauch des kategorialen Organisierens als eine Gedächtnisstrategie eintreten (vgl. auch Frankel & Rollins, 1985; Schneider, 1986).

2. EIGENE FRAGESTELLUNG

Nach Schneider (1986) gibt es ein Übergangsstadium zum strategischen Gebrauch kategorialen Organisierens, in dem etwa die Hälfte der Kinder einer Altersgruppe systematisches strategisches Verhalten mit entsprechenden besseren Reproduktionsleistungen zeigt. Hier werden also gewichtige interindividuelle Differenzen im Gedächtnisverhalten auf einer Altersstufe mit der Entwicklungsveränderung vom unstrategischen zum strategischen Organisieren in Zusammenhang gebracht. Wie Weinert, Schneider und Knopf (1988, S. 40) betonen, wurden individuelle Differenzen bisher in der Literatur zur Gedächtnisentwicklung weitgehend vernachlässigt, obwohl sie einerseits ein Charakteristikum altersbezogener Veränderungen darstellen und andererseits das Ergebnis von Entwicklungsveränderungen sind. Die Berücksichtigung individueller Differenzen führt zwangsläufig zu einer Reihe fundamentaler Fragen, von deren Bearbeitung sich Weinert (1988) ein vertieftes Verständnis der Gedächtnisentwicklung erhofft. Dazu gehören ebenso die Frage nach den Bedingungen bzw. Faktoren, die für die Entwicklungsveränderungen im Gedächtnis verantwortlich sind, wie die nach möglicherweise systematischen interindividuellen Differenzen in den intraindividuellen Veränderungen (vgl. Weinert & Hasselhorn, 1986; Weinert & Perlmutter, 1988; Weinert et al., 1988). Diese Fragen lassen sich systematisch nur mit Hilfe von Längsschnittstudien analysieren (vgl. Schneider & Weinert, 1989). Die im folgenden darzustellende Untersuchung will dieser methodischen Forderung gerecht werden. Vorrangiges Ziel war eine Prüfung der Hypothese, daß eine *strategische Aktivierung kategorialen Wissens* sich schon in der zweiten Hälfte der Grundschuljahre herausbildet. Im Rahmen des Sort-Recall-Paradigmas sollte dabei insbesondere die vernachlässigte Rolle des aufgabenspezifischen Metagedächtnisses als Entwicklungsfaktor strategischen Organisierens untersucht werden. Die Analysen wurden sowohl unter allgemeiner Entwicklungsperspektive (d.h. auf der Ebene von Altersunterschieden im Leistungsverhalten) als auch unter den von Weinert (1988) geforderten differentiellen Perspektiven vorgenommen.

3. METHODE

3.1 Versuchspersonen und Versuchsplan

Im Rahmen eines umfangreicheren Längsschnittprojektes zur differentiellen Analyse der Entwicklung des kategorialen Organisierens im Verlauf der Grundschuljahre wurde u.a. auch eine sogenannte "Sort-Recall"-Aufgabe eingesetzt. An der Untersuchung nahmen 267 Kindern von der Vorschulklasse bis zur vierten Grundschulklasse teil. Tabelle 1 enthält die Altersangaben und Stichprobengrößen der beteiligten Kinder pro Klassenstufe.

Tabelle 1

Angaben zum Alter und zur Anzahl (n) der Kinder, die an beiden Meßzeitpunkten (t_1, t_2) der Sort-Recall-Aufgabe teilgenommen haben, getrennt nach Klassenstufen

Klassenstufe t_1 / t_2	Frühjahr 1988 (t_1)	Herbst 1988 (t_2)	n
V. / 1.	6;2 (4,8 M.)	6;1 (4,5 M.)	24
1. / 2.	7;5 (4,1 M.)	8;0 (3,8 M.)	60
2. / 3.	8;2 (3,1 M.)	8;1 (3,1 M.)	62
3. / 4.	9;6 (5,4 M.)	10;1 (5,4 M.)	69
4. / -	10;5 (5,4 M.)	------	52

Die Kinder der vier niedrigeren Klassenstufen bekamen ca. 8 Monate nach dem ersten Meßzeitpunkt erneut die Sort-Recall-Aufgabe vorgelegt. Jeweils etwa drei Monate vor den Sort-Recall-Meßzeitpunkten bearbeiteten die meisten dieser Kinder einen Metagedächtnisfragebogen (vgl. Hasselhorn, Mähler & Jaspers, 1989), bei dem auch das Wissen über die lernerleichternde Funktion kategorialer Ordnungsstrukturen im Lernmaterial (distales aufgabenspezifisches Metagedächtnis) erfaßt wurde.

3.2 Sort-Recall-Aufgabe

Als Lernmaterial dienten 16 Wort-Bildkärtchen, auf denen Objekte aus vier semantischen Kategorien abgebildet waren. Pro Kategorie waren jeweils zwei hochtypische und zwei weniger typische Exemplare ausgewählt worden, d.h. FRÜCHTE: Apfel, Birne, Melone, Nüsse; FAHRZEUGE: Autobus, Lastwagen, Zug, Flugzeug; WERKZEUGE: Hammer, Säge, Schere, Schaufel; KLEIDUNG: Jacke, Pulli, Schal, Strümpfe.

Die Kärtchen wurden im Einzelversuch jedem Kind in zufälliger Reihenfolge mit der Aufforderung vorgelegt, sie so der Reihe nach hinzulegen, daß ihm ein Auswendiglernen der Wörter besonders günstig erschien. Nach dieser maximal zwei Minuten dauernden Sortierphase hatten die Kinder eine Minute Zeit, sich die auf den Kärtchen abgebildeten Objekte einzuprägen. Der Lernphase folgte eine kurze Distraktortätigkeit (Unterhaltung von ca. 30 Sekunden), bevor die Kinder zur freien mündlichen Reproduktion der behaltenen Objekte aufgefordert wurden. Der Versuch endete mit einer Nachbefragung: Die Kinder sollten sich an die Sortierphase erinnern und ihr Verhalten beim Hinlegen der Kärtchen beschreiben. Damit sollte der Grad der Bewußtheit einer möglicherweise angewandten Ordnungsstrategie ("proximales aufgabenspezifisches Metagedächtnis") ermittelt werden.

Aus der Art der Bearbeitung der Sort-Recall-Aufgabe wurden für jedes Kind vier Maßzahlen ermittelt. Die *Reproduktionsleistung*, d.h. die Anzahl richtig reproduzierter Objekte, die *Input-Organisation*, d.h. das Ausmaß des kategorialen Sortierens und die *Output-Organisation*, d.h. das Ausmaß der kategorialen Ordnungstendenz beim Reproduzieren. Beide Organisationsmaße wurden über den von Bousfield (1953) entwickelten "Ratio of Repetition" (RR) definiert: Der Indikator RR = $R/(N-1)$, wobei R für die Anzahl der intrakategorialen Repetitionen und N für die Anzahl der richtig reproduzierten Items (bzw. bei der Input-Organisation eine Konstante mit dem Wert 16) stehen, hat sich in Simulationsstudien als mathematisch unabhängig von der Reproduktionsleistung erwiesen (vgl. Murphy, 1979).

Das vierte Maß wurde aus der Nachbefragung gewonnen und dichotom kodiert: Kindern, die die kategoriale Struktur der Lernliste erkannt hatten und angaben, diese beim Sortieren genutzt zu haben, wurde ein *proximales aufgabenspezifisches Metagedächtnis* zuerkannt, allen anderen Kindern nicht.

3.3 Distales aufgabenspezifisches Metagedächtnis

Drei Monate vor den beiden Sort-Recall-Meßzeitpunkten hatten die Kinder jeweils eine deutsche Version des von Belmont und Borkowski (1988) vorgelegten Metagedächtnis-Tests (vgl. Hasselhorn, Mähler & Jaspers, 1989) zu bearbeiten. Der erste Subtest dieses Verfahrens erfaßt das Wissen über die lernerleichternde Funktion kategorialer Ordnungsstrukturen im Lernmaterial. Hierbei waren zwei Items zu bearbeiten, bei denen ihnen jeweils eine nicht kategorisierbare Objektliste (sie war kürzer) und eine kategorisierte Liste (sie war länger) zum Vergleich vorgegeben wurden. Die Kinder sollten entscheiden, welche dieser Listen für sie leichter zu lernen sei und ihre Entscheidung begründen. Für eine Entscheidung zugunsten der kategorisierten Liste wurde je ein Punkt vergeben. Für eine Begründung, aus der ersichtlich wurde, daß die kategoriale Struktur der Liste erkannt und als lernerleichternd eingestuft worden war, gab es je zwei Punkte. Die maximal erreichbare Punktzahl für das distale aufgabenspezifische Metagedächtnis betrug also sechs Punkte. Bei Wahl der "falschen", d.h. die nicht-kategorisierbaren Liste, wurde, falls das Kind die Kürze der Liste als Begründung anführte, nur ein Punkt vergeben.

4. ERGEBNISSE UND DISKUSSION

4.1 Allgemeine Entwicklungsperspektive: Altersunterschiede und Altersveränderungen im Leistungsverhalten

Unter der allgemeinen Entwicklungsperspektive geht es um mittlere Altersunterschiede in den Ausprägungen der erfaßten Merkmale. Realisiert wurde hier ein Sequenzplan mit einer längsschnittlichen Verknüpfung zweier Querschnitte. Für fünf abhängige Variablen waren Mittelwertsvergleiche durchzuführen: distales Metagedächtnis, Input- und Output-Organisation, Reproduktionsleistung und proximales Metagedächtnis. Zur Auswertung wurde eine traditionelle varianzanalytische Globalanalyse mit nachgeschalteten Mittelwertsvergleichen (Tukey-Technik) herangezogen. Für alle hier zu berichtenden Ergebnisse wurde der Fehler erster Art mit 5% festgelegt.

<u>a. Distales Metagedächtnis.</u> Die Mittelwerte und Standardabweichungen der Variablen zum distalen Metagedächtnis sind in Abbildung 1 (d), getrennt nach Klassenstufen und Meßzeitpunkten dargestellt. Eine einfaktorielle Varianzanalyse über das zum ersten Meßzeitpunkt erhobene distale aufgabenspezifische Metagedächtnis ergab einen Klassenstufeneffekt (F (4/259) = 15.44). Die anschließenden Mittelwertsvergleiche zeigten, daß die Vorschüler (V.) und Erstkläßler (1.) bedeutsam niedrigere Werte als die Zweit- (2.) und Drittkläßler (3.) aufwiesen und diese wiederum geringere als die Viertkläßler (4.). Ähnlich fiel der Befund der Varianzanalyse über den Faktor Klassenstufe für die zum zweiten Meßzeitpunkt erhobenen Werte aus (F (3/206) = 8.50; (1.) = (2.) < (3.) < (4.)). Die hinsichtlich der ungleichen Zellenbesetzungen korrigierte Meßwiederholungs-Varianzanalyse für die vier jüngeren Kohorten ergab zusätzlich auch einen bedeutsamen Meßwiederholungseffekt (F (1/204) = 5.18).

Eine qualitative Zusatzauswertung der Begründungen der Kinder beim Bearbeiten der Metagedächtnis-Items ergab einen parallel zu den Mittelwertsergebnissen mit dem Alter ansteigenden Prozentsatz von Kindern, die die lernerleichternde Funktion der kategorialen Struktur der Lernlisten nannten (0% - 8.3% - 18.3% - 17.7% - 50% von der Vorschule bis zur vierten Klassenstufe zum ersten Meßzeitpunkt und 4.4% - 12.3% - 21.3% - 37.7% von der ersten zur vierten Klassenstufe zum zweiten Meßzeitpunkt). Zusammenfassend läßt sich festhalten, daß das distale aufgabenspezifische Metagedächtnis, d.h. das Wissen über die lernerleichternden Funktion des kategorialen Organisierens, ab der zweiten Klassenstufe kontinuierlich zunimmt.

b. Input-Organisation. Die Mittelwerte und Standardabweichungen der Input-Organisation sind Abbildung 1(a) zu entnehmen. Auf allen Klassenstufen liegt zu beiden Meßzeitpunkten die mittlere Input-Organisation bedeutsam über dem Zufallswert (hier $RR = .20$). Auch zeigen die einfaktoriellen Varianzanalysen zum ersten (F (4/262) = 9.38) und zweiten Meßzeitpunkt (F (2/211) = 7.19) bedeutsame Haupteffekte für den Faktor Klassenstufe. Die nachgeschalteten Mittelwertsvergleiche erbrachten zum ersten Meßzeitpunkt lediglich bedeutsame Unterschiede zwischen den Viertkläßlern und den vier übrigen Klassenstufen. Zum zweiten Meßzeitpunkt waren die Viertkläßler den Erst- und Zweitkläßlern und die Drittkläßler den Erstkläßlern überlegen.

Die Meßwiederholungs-Varianzanalyse für die vier jüngeren Kohorten erbrachte neben den bedeutsamen Haupteffekten für die Klassenstufe (F (3/211) = 5.11) und den Meßzeitpunkt (F (1/211) = 44.0) auch eine signifikante Interaktion zwischen Klassenstufe und Meßzeitpunkt (F (3/211) = 3.09). Sie läßt sich darauf zurückführen, daß die Zugewinne der Input-Organisation beim Bearbeiten der Sort-Recall-Aufgabe im Abstand von jeweils 8 Monaten von der ersten zur zweiten und von der dritten zur vierten Klassenstufe deutlicher ausfielen als die von der Vorschule zur ersten sowie von der zweiten zur dritten Klassenstufe.

Zusammenfassend läßt sich festhalten, daß sich bedeutsame "Entwicklungssprünge" im Ausmaß der Input-Organisation vor allem zur zweiten Klassenstufe und dann zur vierten Klassenstufe hin vollziehen.

c. Output-Organisation. Ein Vergleich der Abbildung 1(b) mit 1(a) zeigt, daß sich für das kategoriale Organisieren während des Reproduzierens (Output) insgesamt weniger starke Altersveränderungen während der Grundschuljahre ergeben als für das kategoriale Sortieren (Input). Dennoch resultiert bei der inferenzstatistischen Auswertung auch für die Output-Organisation ein signifikanter Anstieg. Wieder ergaben die einfaktoriellen Varianzanalysen zu beiden Meßzeitpunkten bedeutsame Klassenstufeneffekte (t_1: F (4/262) = 4.30; t_2: F (3/211) = 7.44). Diesem Effekt liegt zu beiden Meßzeitpunkten eine Überlegenheit der Viertkläßler gegenüber den Erst-, Zweit- und Drittkläßlern und zum zweiten Meßzeitpunkt zusätzlich eine Überlegenheit der Drittkläßler gegenüber den Zweitkläßlern zugrunde. Wie bei der Input-Organisation resultierten bei der Meßwiederholungs-Varianzanalyse neben bedeutsamen Haupteffekten für die Klassenstufe (F (3/211) = 3.64) und den Meßzeitpunkt

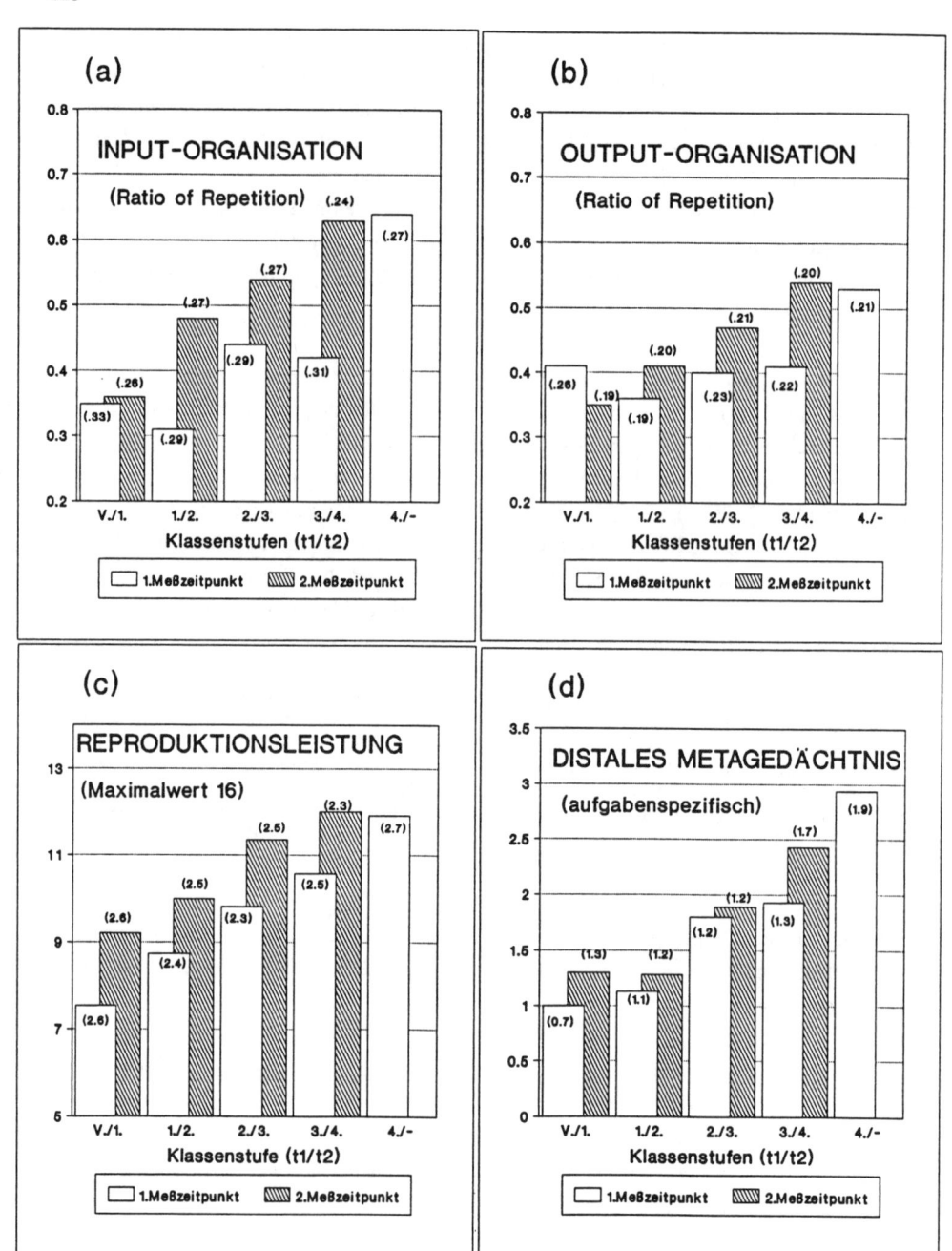

Abbildung 1. Mittelwerte (in Klammern: Standardabweichungen) der Input-Organisation, Output-Organisation, Reproduktionsleistung und dem distalen aufgabenspezifischen Metagedächtnis, getrennt nach Klassenstufen und Meßzeitpunkten

(F (1/211) = 17.16) auch eine signifikante Interaktion zwischen beiden Faktoren (F (3/211) = 3.81). Dieser Interaktionseffekt ist darauf zurückzuführen, daß der Zugewinn vom ersten zum zweiten Meßzeitpunkt für den Übergang von der dritten zur vierten Klassenstufe größer als für die drei jüngeren Altersstufen ausfiel. Zusammenfassend läßt sich festhalten, daß das Ausmaß der Output-Organisation vor allem gegen Ende der Grundschuljahre einen deutlichen Entwicklungsschub erfährt.

d. Reproduktionsleistung. Etwas gleichmäßiger verändern sich in Abhängigkeit von der Klassenstufe die mittleren Reproduktionsleistungen (vgl. Abbildung 1(c)). Hier zeigten sich sowohl zum ersten (F (4/262) = 18.15) als auch zum zweiten Meßzeitpunkt (F (3/211) = 12.16) die erwarteten Klassenstufeneffekte. Die Meßwiederholungs-Varianzanalyse führte lediglich zu signifikanten Haupteffekten für die Faktoren Klassenstufe (F (3/211) = 18.14) und Meßzeitpunkt (F (3/211) = 54.79). Zusammenfassend läßt sich festhalten, daß im Gegensatz zum distalen Metagedächtnis und dem kategorialen Organisieren beim Input wie beim Output die Reproduktionsleistung sich relativ gleichmäßig im Verlauf der Grundschuljahre von Klassenstufe zu Klassenstufe verbessert.

e. Proximales Metagedächtnis. Das proximale Metagedächtnis war, wie oben beschrieben, durch eine Nachbefragung erfaßt worden. Der Prozentsatz der Kinder, die auf die Frage, wie sie die Kärtchen während der Lernphase angeordnet hätten, auf die kategoriale Struktur als Orientierungshilfe verwiesen, stieg erwartungsgemäß mit dem Alter an (t_1: 29.2% - 25% - 38.7% - 40.6% - 71.2% von der Vorschul- zur vierten Klasse; t_2: 20.8% - 38.3% - 43.5% - 66.7% von der ersten zur vierten Klasse). Die multiplen Mittelwertsvergleiche der zu beiden Meßzeitpunkten statistisch bedeutsamen Klassenstufeneffekte (F(4/262) = 8.85 und F (3/211) = 7.39) ergaben jeweils lediglich eine Überlegenheit der Viertkläßler gegenüber den früheren Klassenstufen. In der Meßwiederholungs-Varianzanalyse kam es neben den beiden Haupteffekten für die Klassenstufe (F (3/211) = 5.71) und den Meßzeitpunkt (F (1/211) = 8.91) auch wieder zu einer signifikanten Interaktion zwischen Klassenstufe und Meßzeitpunkt (F (3/211) = 2.69). Sie ist darauf zurückzuführen, daß für die älteren Grundschulkinder die Veränderung vom ersten zum zweiten Meßzeitpunkt am deutlichsten ausfällt.

f. Zusammenfassung. Die unter der allgemeinen Entwicklungsperspektive durchgeführten Vergleichsanalysen der Mittelwerte für das distale und proximale aufgabenspezifische Metagedächtnis und für die Input- und Output-Organisation ergeben neben den generellen positiven Entwicklungsveränderungen im Verlauf der Grundschuljahre einen für alle vier Verhaltensmaße bemerkenswert parallelen Befund: Es zeigt sich vor allem im Querschnitt des ersten Meßzeitpunktes und im Längsschnitt zwischen den beiden Meßzeitpunkten jeweils ein überproportional starker Entwicklungszuwachs zwischen der dritten und vierten Klassenstufe. Dieser Entwicklungsschub im kategorialen Organisationsverhalten und dem darauf bezogenen aufgabenspezifischen Metagedächtnis stützt die Hypothese, nach der sich schon im Verlauf der Grundschuljahre allmählich eine strategische Form der Wissensaktivierung herausbildet. Eine strikte Überprüfung dieser Hypothese macht jedoch weitere funktionale Zusammenhangsanalysen erforderlich, wie sie im folgenden Abschnitt berichtet werden.

4.2 Differentielle Perspektive I: Altersunterschiede und -veränderungen in den Determinanten und funktionalen Zusammenhängen interindividueller Verhaltensdifferenzen

Da das aufgabenspezifische Metagedächtnis und das kategoriale Organisieren gleichermaßen mit dem Alter zunehmen, liegt die Vermutung nahe, daß zwischen diesen beiden Variablengruppen funktionale Zusammenhänge bestehen.

a. Zusammenhänge zwischen Metagedächtnis und kategorialem Organisieren. Aus der hier zugrundegelegten Hypothese läßt sich die empirische Vorhersage ableiten, daß die beobachteten Altersdifferenzen im kategorialen Organisieren weitgehend durch entsprechende Altersdifferenzen im aufgabenspezifischen Metagedächtnis determiniert werden. Um dies zu prüfen, wurden zweifaktorielle Kovarianzanalysen über die Input- und die Output-Organisation durchgeführt (4 Klassenstufen x 2 Meßzeitpunkte), wobei das distale aufgabenspezifische Metagedächtnis als Kovariate diente. In beiden Analysen ließ sich erwartungsgemäß der Effekt der Klassenstufe auf das kategoriale Organisieren (Input: $F(3/203) = 1.48$, $p > .20$; Output: $F(3/203) = .87, p > .45$) durch Auspartialisierung des Metagedächtnis-Einflusses eliminieren. Nicht eliminieren ließen sich nur die Haupteffekte für den Meßzeitpunkt und die signifikante Interaktion zwischen Meßzeitpunkt und Klassenstufe. Demnach lassen sich die Zugewinne im kategorialen Organisieren vom ersten zum zweiten Meßzeitpunkt nicht auch durch entsprechende Verbesserungen des distalen Metagedächtnisses erklären.

Die weiterführende Hypothese eines Intra-Alters-Zusammenhanges von Metagedächtnis und kategorialem Organisieren läßt sich durch Berechnungen von Produkt-Moment-Korrelationen zwischen distalem Metagedächtnis und der Input- und Output-Organisation überprüfen. Tabelle 2 zeigt signifikante Korrelationen zwischen Metagedächtnis und kategorialem Organisieren beim Sortieren und Reproduzieren des Lernmaterials erstmals bei den Drittkläßlern. Die Korrelationen erhöhen sich auf der vierten Klassenstufe. Dieser Befund gestattet es, den raschen Anstieg des kategorialen Organisierens beim Input und Output gegen Ende der Grundschuljahre (s.o. 4.1) mit einem zunehmenden funktionalen Einfluß des aufgabenspezifischen Metagedächtnisses in Zusammenhang zu bringen.

Zusammenfassend läßt sich festhalten, daß der Alterszuwachs in der Input- und Output-Organisation im Verlauf der Grundschuljahre wesentlich durch eine zunehmende Ausbildung des aufgabenspezifischen Metagedächtnisses bedingt zu sein scheint, und daß sich zwischen dem Metagedächtnis und kategorialem Organisationsverhalten in der zweiten Hälfte der Grundschuljahre ein systematischer funktionaler Zusammenhang etabliert.

Tabelle 2
Produkt-Moment-Korrelationen zwischen distalem aufgabenspezifischen Metagedächtnis und der Input- und Output-Organisation, getrennt nach Klassenstufen und Meßzeitpunkten

Klassenstufe (t_1 / t_2)		1. Meßzeitpunkt	2. Meßzeitpunkt
V. / 1.	Input-Organisation	-.09	.13
($n = 23$)	Output-Organisation	-.24	.34
1. / 2.	Input-Organisation	.13	.02
($n = 57$)	Output-Organisation	-.02	.17
2. / 3.	Input-Organisation	.09	.30*
($n = 60$)	Output-Organisation	.28*	.27*
3. / 4.	Input-Organisation	.22	.42*
($n = 68$)	Output-Organisation	.25*	.40*
4. / -	Input-Organisation	.31*	-
($n = 52$)	Output-Organisation	.46*	-

Anmerkung: *: $p < .05$

b. Zusammenhänge zwischen Input-Organisation, Output-Organisation und der Reproduktionsleistung. Die Frage, ob das kategoriale Organisieren bei Sort-Recall-Aufgaben als ein *strategisches* Verhalten interpretiert werden darf, läßt sich nach Frankel und Rollins (1985) bei Vorliegen signifikant positiver Interkorrelationen zwischen Input-Organisation, Output-Organisation und Reproduktionsleistung positiv entscheiden. Die Produkt-Moment-Korrelationen zwischen den hier erhobenen beiden Maßen des kategorialen Organisierens und der Reproduktionsleistung zeigt Tabelle 3, getrennt für jede Klassenstufe und beide Meßzeitpunkte. Mit Ausnahme der zum ersten Meßzeitpunkt untersuchten Vorschulkinder sind für alle späteren Altersstufen und zu beiden Meßzeitpunkten die von Frankel und Rollins vorgeschlagenen Kriterien für ein strategisches kategoriales Organisieren erfüllt.

Man könnte aus diesem Befund die Schlußfolgerung ziehen, daß bereits zu Beginn der Grundschuljahre bei der Sort-Recall-Aufgabe strategisches kategoriales Organisieren vorliegt. Doch sind die von Frankel und Rollins (1985) verwendeten Kriterien für strategisches Verhalten wahrscheinlich nur notwendige, nicht jedoch hinreichende Bedingungen. Hohe Interkorrelationen zwischen den drei Maßen sind nämlich auch dann zu erwarten, wenn bei hinreichend großen Intra-Alters-Differenzen im kategorialen Wissen das beobachtete kategoriale Organisieren ein automatisches Produkt der Wissensbasis darstellt. Die Beurteilung des strategischen Charakters kategorialen Organisationsverhaltens sollte daher zusätzlich vom Nachweis externer Determinanten (wie etwa dem Metagedächtnis) und vom relativen Prädiktionswert für interindividuelle Differenzen in der Reproduktionsleistung abhängig gemacht werden.

Tabelle 3

Produkt-Moment-Korrelationen zwischen Input-Organisation (IO), Output-Organisation (OO) und der Reproduktionsleistung (RL), getrennt nach Klassenstufen und Meßzeitpunkten

Klassenstufe		1. Meßzeitpunkt (t_1)			2. Meßzeitpunkt (t_2)		
		IO-OO	IO-RL	OO-RL	IO-OO	IO-RL	OO-RL
V./1.	(n = 24)	.55	.34#	.07#	.59	.57	.54
1./2.	(n = 60)	.51	.46	.54	.53	.66	.75
2./3.	(n = 62)	.63	.37	.26	.65	.58	.62
3./4.	(n = 69)	.81	.70	.69	.72	.47	.63
4./-	(n = 52)	.81	.63	.71	-	-	-

Anmerkung: #: $p > .05$ (zweiseitige t-Tests)

c. Der Einfluß von Metagedächtnis und kategorialem Organisieren auf die Reproduktionsleistung. Um die relative Bedeutung des distalen Metagedächtnisses, der Input-Organisation und der Output-Organisation für die interindividuellen Leistungsdifferenzen abschätzen zu können, wurden in einem weiteren Auswertungsschritt multiple Regressionsanalysen für alle Klassenstufen und beide Meßzeitpunkte durchgeführt. Tabelle 4 enthält die Ergebnisse dieser Analysen.

Sie fallen zum ersten Meßzeitpunkt einigermaßen konsistent aus. Es zeigt sich, daß das distale Metagedächtnis und die Maße des kategorialen Organisierens im Vorschulalter und in der ersten Hälfte der Grundschuljahre nur vergleichsweise niedrige Prozentsätze der Leistungsvarianz aufklären (durchschnittlich 20%), während in der zweiten Hälfte der Grundschuljahre (3. und 4. Klassenstufe) durch die drei gewählten Prädiktoren zwischen 55% und 60% der Leistungsvarianz aufgeklärt werden. Überdies bringt ebenfalls erst in der dritten und vierten Klassenstufe das distale Metagedächtnis ein bedeutsames Prädiktionsgewicht in die Regression ein. Nicht so gut in das skizzierte Bild passen allerdings die Befunde zum zweiten Meßzeitpunkt. Hier zeigt sich weder die alterskorrelierte Zunahme der aufgeklärten Leistungsvarianz, noch die prädiktive Bedeutung des Metagedächtnisses gegen Ende der Grundschuljahre.

Zumindest die für den ersten Meßzeitpunkt beigebrachten Befunde unterstützen die Annahme, daß die strategische Wissensaktivierung zumindest am Ende der Grundschuljahre erwacht, da zum kategorialen Organisieren das aufgabenspezifische Metagedächtnis als bedeutsame Determinante der Reproduktionsleistung hinzukommt.

Tabelle 4
Ergebnisse der multiplen Regressionsanalysen des distalen Metagedächtnisses (MG), der Input-Organisation (IO) und der Output-Organisation (OO) auf die Reproduktionsleistung, getrennt nach Klassenstufen und Meßzeitpunkten

Klassen-stufe	1. Meßzeitpunkt			2. Meßzeitpunkt		
	Beta	*t*-Wert	R^2	Beta	*t*-Wert	R^2
V./1.: MG	.03	.14		-.07	-.39	
IO	.43	1.42		.48	2.27*	
OO	-.15	-.60	.14	.28	1.24	.46
1./2.: MG	.09	.78		.01	.16	
IO	.23	1.79		.38	4.17*	
OO	.42	3.31*	.34	.57	6.20*	.69
2./3.: MG	-.04	-.30		.04	.40	
IO	.32	1.98		.31	2.32*	
OO	.07	.43	.13	.40	3.04*	.43
3./4.: MG	.22	2.67*		.08	.74	
IO	.41	3.01*		.03	.19	
OO	.32	2.34*	.60	.58	4.17*	.40
4./- : MG	.22	2.04*				
IO	.20	1.19				
OO	.45	2.55*	.55			

Anmerkung: *: $p < .05$

d. Altersabhängigkeit der allgemeinen Entwicklungsstabilitäten. Zum Thema der Altersabhängigkeit interindividueller Verhaltensdifferenzen gehört auch die Frage, ob die interindividuellen Unterschiede bezüglich des Metagedächtnisses, der Input- und Output-Organisation und der Reproduktionsleistung zwischen den Klassenstufen stabil bleiben. Insbesondere das kategoriale Organisieren und das aufgabenspezifische Metagedächtnis sollten nach der Hypothese der am Ende der Grundschuljahre sich herausbildenden strategischen Wissensaktivierung in der hier untersuchten Altersspanne zunehmend konsistent bzw. zeitlich stabil ausfallen. Die zur Schätzung der entsprechenden Entwicklungsstabilitäten ermittelten

Korrelationskoeffizienten der erfaßten Verhaltensmaße zwischen beiden Meßzeitpunkten sind in Tabelle 5 zusammengefaßt.

Tabelle 5

Allgemeine Entwicklungsstabilitäten (Produkt-Moment-Korrelationen) zwischen beiden Meßzeitpunkten für die Input-Organisation, die Output-Organisation, die Reproduktionsleistung, das distale und das proximale Metagedächtnis, getrennt nach Klassenstufen

	\multicolumn{4}{c}{Klassenstufen (t_1 / t_2)}			
	V. / 1. ($n=24$)	1. / 2. ($n=60$)	2. / 3. ($n=62$)	3. / 4. ($n=69$)
Input-Organisation	.23	.34*	.43*	.40*
Output-Organisation	.21	.20	.35*	.51*
Reproduktionsleistung	.31	.38*	.29*	.28*
Distales Metagedächtnis	.21	.10	.23	.28*
Prox. Metagedächtnis	.31	.30*	.29*	.43*

Anmerkung: *: $p < .05$ (einseitige *t*-Tests)

Wie aus Tabelle 5 hervorgeht, nimmt die zeitliche Stabilität der fünf untersuchten Verhaltensvariablen im Verlauf der Grundschuljahre kontinuierlich zu: Während beim Übergang von der Vorschulklasse zur ersten Klasse bei keiner Variablen eine statistisch bedeutsame Stabilität der interindividuellen Unterschiede feststellbar ist, ist dies beim Übergang von der dritten zur vierten Klassenstufe bei allen fünf Variablen der Fall.

e. Zusammenfassung. Die Analyse von altersabhängigen funktionalen Zusammenhängen bei den hier untersuchten Verhaltens- und Leistungsvariablen lieferte Befunde, die die Hypothese einer gegen Ende der Grundschuljahre sich herausbildenden strategischen Wissensaktivierung stützen: (1) Die zwischen der zweiten und vierten Klassenstufe durchwegs statistisch bedeutsamen Zunahmen im Ausmaß der Input- und der Output-Organisation lassen sich durch Auspartialisierung des distalen aufgabenspezifischen Metagedächtnisses eliminieren. (2) Bedeutsame funktionale Einflüsse des distalen Metagedächtnisses auf das kategoriale Organisieren beim Input und Output sind erst ab der dritten Klassenstufe zu beobachten. (3) Hohe korrelative Zusammenhänge zwischen Input-Organisation, Output-Organisation und Reproduktionsleistung (ein von Frankel und Rollins aufgestelltes, allerdings nicht hinreichendes Kriterium für strategisches Verhalten) sind bereits ab der ersten Grundschulklasse vorfindbar. (4) Die durch das distale Metagedächtnis und das kategoriale Organisieren aufgeklärte Varianz der Reproduktionsleistung nimmt vom Beginn bis zum Ende der Grundschuljahre deutlich zu. (5) Das distale Metagedächtnis ist erst ab der dritten Klassenstufe auch ein bedeutsamer Prädiktor der Reproduktionsleistung. (6) Die zeitliche Stabilität der interindividuellen Differenzen bei den fünf hier analysierten Verhaltensvariablen nimmt im Verlauf der Grundschuljahre kontinuierlich zu.

4.3 Differentielle Perspektive II: Altersunterschiede zwischen strategischen und nichtstrategischen Verhaltens- und Veränderungstypen

Die bisher berichteten differentiellen Analysen sind geeignet, die Verhaltensqualität der einzelnen Altersgruppen im Vergleich zu charakterisieren. Dies mag zwar aus der Perspektive einer allgemeinpsychologisch orientierten Entwicklungspsychologie als hinreichend erscheinen. Für eine Analyse intraindividueller Veränderungen ist jedoch eine Charakterisierung der Verhaltensqualität einzelner Individuen erforderlich. Um ein einzelnes Individuum beim Bearbeiten der Sort-Recall-Aufgabe als "strategisch vorgehend" zu klassifizieren, wurden für die in diesem Abschnitt berichteten Ergebnisse folgende Kriterien festgelegt: (a) Das Kind muß ein überzufällig hohes Ausmaß kategorialer Input-Organisation (RR ≥ 0.30) *und* (b) ein überzufällig hohes Ausmaß an Output-Organisation (RR ≥ 0.30) *und* (c) die metamemoriale Bewußtheit der zum Lernen verwendeten kategorialen Ordnungsstruktur des Lernmaterials (proximales aufgabenspezifisches Metagedächtnis) zeigen. Bei Verwendung dieser Kriterien lassen sich zum ersten Meßzeitpunkt von der Vorschule bis zur vierten Klassenstufe 25.0%, 21.6%, 33.8%, 37.7% und 71.2% der Kinder als Strategen identifizieren und zum zweiten Meßzeitpunkt 20.8%, 35.0%, 42.0% und 65.2% (erste bis vierte Klassenstufe).

In Übereinstimmung mit den Schlußfolgerungen aus den bisher berichteten Ergebnissen kommt es vor allem zwischen der dritten und vierten Klassenstufe zu einer massiven Zunahme von Strategen.

Der gegen Ende der Grundschulzeit starke prozentuale Anstieg an Strategen bleibt auch dann noch erhalten, wenn man die drei oben aufgeführten Kriterien um das Kriterium "Vorhandensein des distalen Metagedächtnisses" ergänzt. So ergeben sich für Strategen, die bereits ca. drei Monate vor dem Bearbeiten der Sort-Recall-Aufgabe bei den Items zum distalen aufgabenspezifischen Metagedächtnis die kategoriale Struktur einer Lernliste als Begründung für ihre Antwortentscheidung genannt hatten, ähnlich deutliche Altersdifferenzen (beim ersten Meßzeitpunkt 0% - 0% - 10% - 13.2% - 44.2% von der Vorschulklasse bis zur vierten Klassenstufe; beim zweiten Meßzeitpunkt 4.3% - 7% - 18% - 34.8% von der ersten zur vierten Klassenstufe).

Betrachtet man die intraindividuellen Verhaltensveränderungen vom ersten zum zweiten Meßzeitpunkt, so ergibt sich eine weitere Differenzierung: Auf jeder Klassenstufe lassen sich vier Verhaltens-Veränderungs-Typen unterscheiden: (a) Kinder, die zu beiden Meßzeitpunkten als Nichtstrategen klassifiziert wurden (Nichtstrategen), (b) Kinder, die zu beiden Meßzeitpunkten als Strategen klassifiziert wurden (Strategen), (c) Kinder, die beim ersten Meßzeitpunkt noch Nichtstrategen waren, beim zweiten jedoch Strategen (positive Veränderer) und (d) Kinder, die zwar beim ersten, nicht mehr aber beim zweiten Meßzeitpunkt als Strategen klassifiziert wurden (negative Veränderer). Abbildung 2 zeigt die prozentuale Verteilung dieser vier Verhaltens-Veränderungs-Typen, getrennt nach Klassenstufen.

STICHPROBENKLASSIFIKATION
nach strategischem Verhalten zu beiden Meßzeitpunkten

[Balkendiagramm: Prozentsatz (0–70) auf y-Achse, Klassenstufe (t1/t2) auf x-Achse mit Kategorien V./1., 1./2., 2./3., 3./4.; Legende: Nichtstrategen, Strategen, Veränderer(pos.), Veränderer(neg.)]

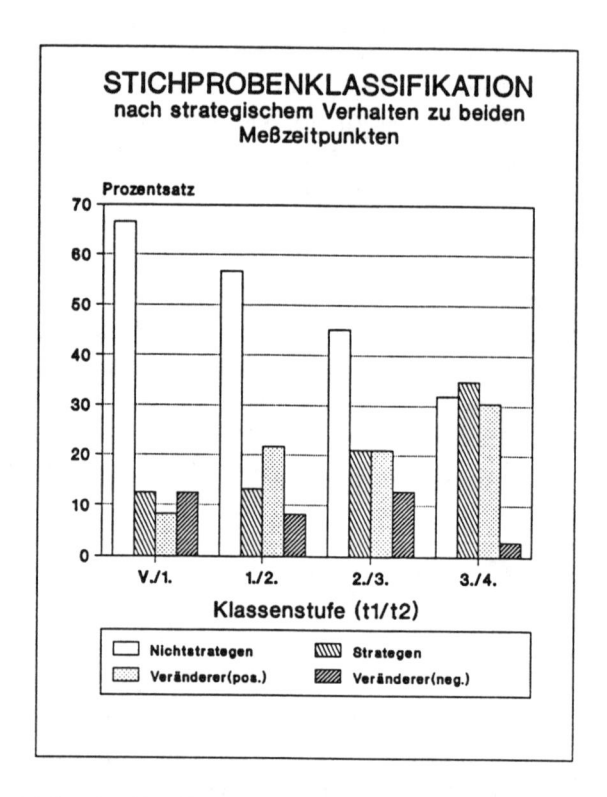

Abbildung 2. Stichprobenklassifikation nach den vier möglichen Verhaltens-Veränderungs-Typen, getrennt nach Klassenstufen

Die Klassifikation der Stichprobe nach den Verhaltens-Veränderungs-Typen zeigt für jeden "Typ" charakteristische Altersverläufe. Am deutlichsten ist die Abnahme der über beide Meßzeitpunkte als Nichtstrategen klassifizierten Kinder von Klassenstufe zu Klassenstufe. Der Anstieg der Strategen erfolgt dagegen in beschleunigter Weise erst in der zweiten Hälfte der Grundschuljahre. Während es zu Beginn der Grundschulzeit noch kaum "positive Veränderer" gibt, nimmt dieser Verhaltens-Veränderungs-Typ zunächst zur zweiten und dann zur vierten Klassenstufe deutlich zu. Vergleichsweise gering ist der Prozentsatz der "negativen Veränderer". Negative Veränderungen lassen sich wohl zum Großteil als Meßfehler interpretieren, vielleicht zum geringeren Teil auch als Entwicklungsregressionen. Der Prozentsatz dieser atypischen Fälle sinkt vor allem deutlich zum Ende der Grundschulzeit auf ein minimales Niveau. Bei den weiteren Ergebnisdarstellungen wird daher auf die "negativen Veränderer" vollständig verzichtet.

Die leitende Fragestellung für die folgenden differentiellen Analysen lautete, ob sich die bisher skizzierten Entwicklungsveränderungen hinreichend durch eine quantitative Alterszunahme strategisch agierender Kinder erklären läßt. Mitgeteilt werden in Abbildung 3 Mittelwertsergebnisse für die vier Variablen Input-Organisation, Output-Organisation, Reproduktionsleistung und distales Metagedächtnis, getrennt nach Klassenstufen und Meßzeitpunkten sowie zusätzlich differenziert nach den drei Verhaltens-Veränderungs-Typen: Nichtstrategen, (positive) Veränderer und Strategen. Abbildung 3 entspricht ansonsten der bei den Analysen zur allgemeinen Entwicklungsperspektive verwendeten Abbildung 1.

a. Input-Organisation. Eine Inspektion der Abbildung 3(a) weckt den Eindruck, daß bei der hier vorgenommenen Typen-Differenzierung keine Altersdifferenzen vorkommen. Das würde bedeuten, daß sich die Altersdifferenzen in der Input-Organisation jeweils durch den prozentualen Anteil von Strategen innerhalb einer Klassenstufe erklären lassen. Die durchgeführten Mittelwertsvergleiche relativieren jedoch diesen Eindruck.

In einem ersten Analyseschritt wurden getrennt für die drei Verhaltens-Veränderungs-Typen Varianzanalysen mit den Faktoren Klassenstufe und Meßzeitpunkt durchgeführt (mit einer regressionsanalytischen Korrektur der ungleichen Zellenbesetzungen). Bei keiner der drei Analysen ($\alpha = .05$) resultierte ein statistisch bedeutsamer Interaktionseffekt ($Fs < 1.6$). Bei den Haupteffekten erwies sich allerdings der Faktor Klassenstufe für die Gruppe der *Strategen* als signifikant ($F\ (3/44) = 3.64$). Anschließende Mittelwertsvergleiche ergaben, daß ein bedeutsamer Unterschied in der Input-Organisation zwischen Zweit- und Viertkläßlern zum zweiten Meßzeitpunkt vorlag. Trotz der generell sehr ausgeprägten Input-Organisation bei den Strategen läßt sich hier zumindest partiell noch eine quantitative Zunahme zum Ende der Grundschuljahre hin feststellen. Der Haupteffekt für den Faktor Zeitpunkt erwies sich vor allem bei den positiven Veränderern ($F\ (1/45) = 240.28$) aber auch noch bei den Nichtstrategen ($F\ (1/96) = 15.05$) als statistisch bedeutsam, nicht jedoch bei den Strategen ($F\ (1/44) = 1.40$, $p > .20$). Die erhebliche Zunahme der Input-Organisation bei den Veränderern macht deutlich, daß vor allem bei diesen Kindern ein Wandel in der strategischen Kompetenz stattfindet.

Zur Beantwortung der bereits angedeuteten Frage, ob denn die Altersunterschiede im Ausmaß der Input-Organisation sich allein dadurch erklären lassen, daß der Prozentsatz der Strategen zunimmt, wurde für die Substichprobe der vom ersten zum zweiten Meßzeitpunkt unveränderten Typen (Nichtstrategen und Strategen) eine Varianzanalyse durchgeführt. Diese 4 (Klassenstufen) x 2 (Typen) x 2 (Meßzeitpunkte) faktorielle Varianzanalyse (korrigiert um die ungleiche Zellenbesetzung) ergab eine bedeutsame Interaktion zwischen Typ und Meßzeitpunkt ($F\ (1/140) = 5.16$). Sie ist darauf zurückzuführen, daß lediglich die

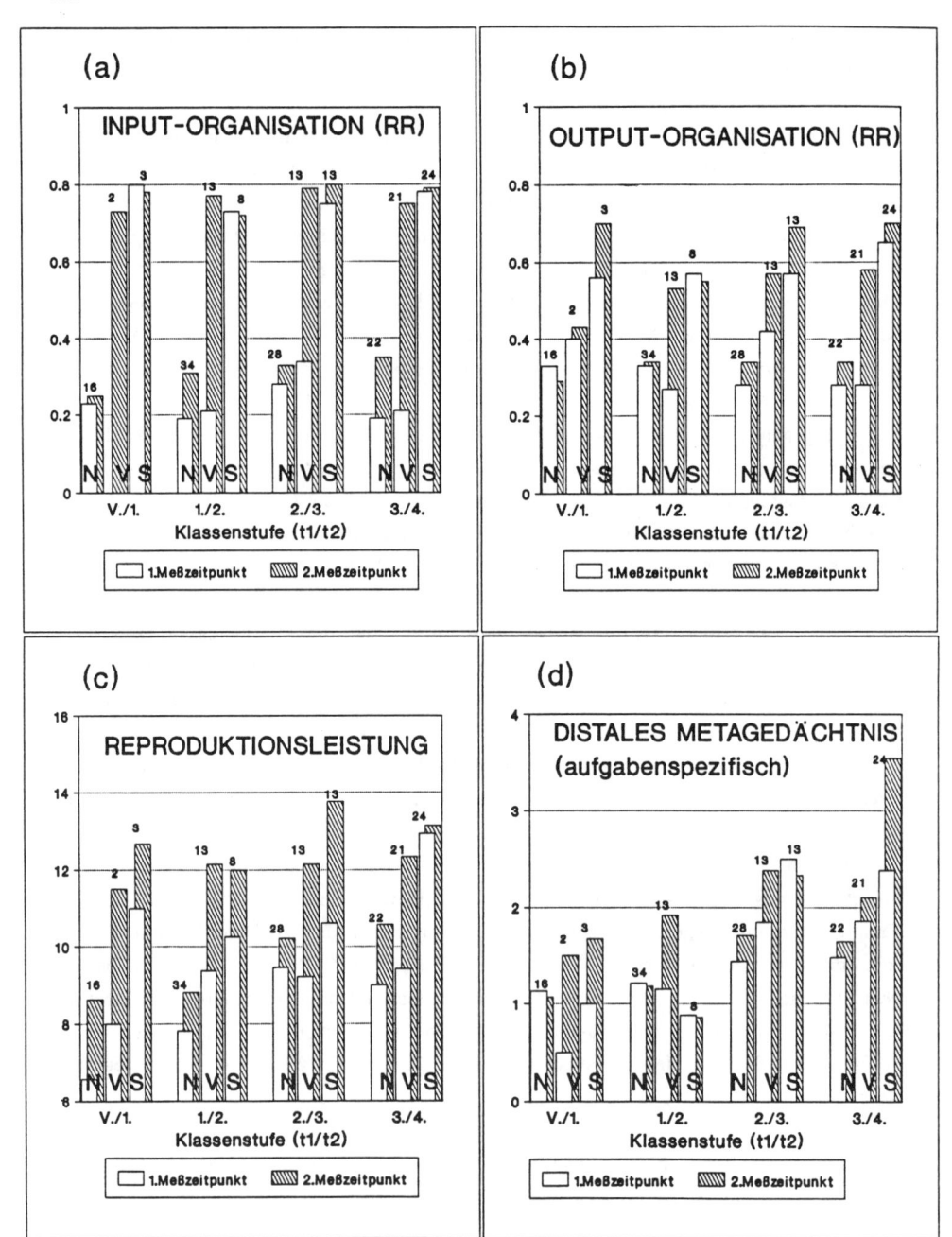

Abbildung 3. Mittelwerte bei Nichtstrategen (N), positiven Veränderern (V) und Strategen (S) für Input-Organisation, Output-Organisation, Reproduktionsleistung und distales Metagedächtnis, getrennt nach Klassenstufen und Meßzeitpunkten (mit Angaben der jeweiligen Stichprobengrößen)

Nichtstrategen, nicht aber die ohnehin schon nahezu perfekt kategorial sortierenden Strategen sich vom ersten zum zweiten Meßzeitpunkt verbesserten. Darüber hinaus erwiesen sich alle drei Haupteffekte als statistisch bedeutsam (F (3/140) = 21.43 für den Faktor Klassenstufe, F (1/140) = 410.47 für den Faktor Typ, und F (1/140) = 16.27 für den Zeitfaktor). Da unabhängig vom Effekt für den Faktor Typ hier auch der Klassenstufeneffekt statistisch bedeutsam ist, sind die Veränderungen im Ausmaß der Input-Organisation im Verlauf der Grundschuljahre nicht hinreichend durch eine proportionale Zunahme der Anzahl von Strategen zu erklären.

b. Output-Organisation. Die Mittelwerte für Nichtstrategen, Veränderer und Strategen zeigt Abbildung 3(b). In einem ersten Analyseschritt wurden separate 4 (Klassenstufen) x 2 (Meßzeitpunkte) faktorielle Varianzanalysen für die drei Verhaltens-Veränderungs-Typen durchgeführt. Wie schon bei der Input-Organisation zeigten sich keine Wechselwirkungseffekte zwischen den beiden Faktoren. Der Haupteffekt für den Faktor Klassenstufe erwies sich nur für die Strategen (F (3/44) = 3.09) als bedeutsam. Obwohl die Strategen auf allen Altersstufen den Nichtstrategen überlegen waren, kam es dennoch gerade innerhalb dieser Gruppe zu einer Zunahme der Output-Organisation im Verlauf der Grundschuljahre. Bedeutsame Haupteffekte für den Faktor Meßzeitpunkt resultierten für die Veränderer (F (1/45) = 51.22) und die Strategen (F (1/44) = 5.52), nicht jedoch für die Nichtstrategen. Anders als bei der Input-Organisation verbesserten sich hier also neben den Veränderern noch die Strategen vom ersten zum zweiten Meßzeitpunkt.

Die für die Output-Organisation durchgeführte dreifaktorielle Varianzanalyse mit den Faktoren Klassenstufe, Meßzeitpunkt und Typ (Nichtstrategen versus Strategen) erbrachte weder eine signifikante Zweifach- noch eine bedeutsame Tripel-Interaktion. Alle drei Haupteffekte erwiesen sich jedoch als statistisch bedeutsam (Klassenstufe: F (3/140) = 8.08; Meßzeitpunkt: F (1/140) = 5.24; Typ: F (1/140) = 168.71). Für die Output-Organisation gilt also wie für die Input-Organisation, daß die oben berichteten Altersdifferenzen im kategorialen Organisieren sich nicht ausschließlich auf eine proportionale Zunahme von Strategen im Verlauf der Grundschuljahre zurückführen lassen.

c. Reproduktionsleistung. Abbildung 3(c) zeigt die Mittelwerte für die Reproduktionsleistung. Die separat für die Nichtstrategen, Veränderer und Strategen durchgeführten zweifaktoriellen (Klassenstufe mal Zeitfaktor) Varianzanalysen ergaben für die Veränderer lediglich einen bedeutsamen Zeiteffekt (F (1/45) = 56.19). Dies zeigt, daß Verhaltensänderungen der Kinder dieser Gruppe vom ersten zum zweiten Meßzeitpunkt auch zu einer entsprechenden Leistungsverbesserung geführt haben. Für die Nichtstrategen resultierten signifikante Haupteffekte für die Klassenstufe (F (3/96) = 9.70) und den Meßzeitpunkt (F (1/96) = 23.07). Dieser Befund spricht dafür, daß es im Gegensatz zu den Veränderern bei den Nichtstrategen hinsichtlich der Output-Organisation zu einer Leistungszunahme im Verlauf der Grundschuljahre kommt. Für die Gruppe der Strategen erwiesen sich nicht nur beide Haupteffekte (Klassenstufe: F (3/44) = 2.92; Meßzeitpunkt: F (1/44) = 15.02), sondern auch die Interaktion (F (3/44) = 4.28) als statistisch bedeutsam. Dieser Interaktionseffekt läßt sich darauf zurückführen, daß es für die ältesten Strategen im Vergleich zu den drei anderen Altersstufen keine bedeutsame Leistungszunahme vom ersten zum zweiten Meßzeitpunkt mehr gibt.

Die abschließende Varianzanalyse über die Faktoren Klassenstufe (4), Zeit (2) und Typ (Nichtstrategen versus Strategen) erbrachte neben einer bedeutsamen Tripel-Interaktion (F (3/140) = 3.91), die auf dem Vorhandensein der Zweifach-Interaktion von Klassenstufe und Zeitfaktor bei den Strategen, nicht jedoch bei den Nichtstrategen, basiert, für alle drei Faktoren bedeutsame Haupteffekte (Klassenstufe: F (3/140) = 27.35; Zeit: F (1/140) = 37.68; Typ: F (1/140) = 93.13). Noch deutlicher als in den Verhaltensmerkmalen des kategorialen Organisierens kommt es demnach zu einer alterskorrelierten Zunahme der Reproduktionsleistung, die also unabhängig ist von der proportionalen Zunahme von Strategen und Nichtstrategen.

d. Distales Metagedächtnis. Abbildung 3(d) zeigt die Mittelwerte des distalen aufgabenspezifischen Metagedächtnisses. Der Vergleich von 3(d) mit 3(a), 3(b) und 3(c) scheint anzudeuten, daß die Altersdifferenzen beim Metagedächtnis am wenigsten durch die Typen-Differenzierung aufgehoben werden. Die dreifaktorielle Varianzanalyse über die Faktoren Klassenstufe, Zeit und Typ (Nichtstrategen versus Strategen) erbringt jedoch auch für diese Variable bedeutsame Haupteffekte für alle drei Faktoren (Klassenstufe: F (3/134) = 11.71; Zeit: F (1/134) = 3.93; Typ: (F (1/134) = 20.82). Zusätzlich erweist sich die Zweifach-Interaktion zwischen Klassenstufe und Typ (F (3/134) = 4.30) als statistisch bedeutsam. Nachgeschaltete Mittelwertsvergleiche zeigen, daß der vermutete Klassenstufeneffekt lediglich für die *Strategen* statistisch bedeutsam ist. Obwohl verschiedene Interpretationen möglich sind, scheint dieser Befund darauf hinzuweisen, daß die entscheidenden Altersdifferenzen bei den Strategen im Bereich des aufgabenspezifischen Metagedächtnisses vorliegen, d.h. daß vor allem die Verfügbarkeit von Wissen über kategoriale Organisationsstrategien von entscheidender Bedeutung ist.

e. Zusammenfassung. Die differentiellen Analysen nach individueller Verhaltensklassifikation geben weiteren Aufschluß über die Entwicklungsdynamik vom automatischen zum strategischen Aktivieren kategorialen Wissens. Die Anzahl der Kinder, die ein strategisches Bearbeiten der Sort-Recall-Aufgabe zeigen, nimmt von ca. 20% zu Beginn bis etwa 70% gegen Ende der Grundschulzeit zu. Die Veränderungen vom unstrategischen zum strategischen Verhaltenstyp sind dabei in der zweiten Hälfte der Grundschuljahre besonders ausgeprägt. Dennoch lassen sich die beobachteten Entwicklungsveränderungen im Sort-Recall-Verhalten nicht allein darauf zurückführen, daß der Prozentsatz der Strategen von Klassenstufe zu Klassenstufe zunimmt. Es zeigten sich nämlich auch noch innerhalb der als Strategen klassifizierten Gruppe von Kindern bedeutsame Altersdifferenzen, die die

Hypothese des "Erwachens" strategischer Wissensaktivierung zusätzlich stützen. Am Ende der Grundschulzeit gibt es nicht nur mehr Strategen, sondern die Strategen der vierten Klassenstufe zeichnen sich gegenüber jüngeren Strategen auch durch eine stärkere Tendenz zum kategorialen Organisieren und durch eine höhere metakognitive Kompetenz aus.

5. SCHLUSSDISKUSSION

Die hier vorgelegten Ergebnisse der allgemeinen und differentiellen Entwicklungsanalysen zum Sort-Recall-Verhalten bei Grundschulkindern unterstützen in vielerlei Hinsicht die These, daß in der zweiten Hälfte der Grundschuljahre das automatische von einem mehr strategischen Aktivieren kategorialen Wissens abgelöst wird. Dafür gibt es mehrere empirische Anhaltspunkte: (a) die Input- und Output-Organisation nehmen zwischen der zweiten und vierten Klassenstufe als Folge der ebenfalls deutlichen Zunahme des aufgabenspezifischen Metagedächtnisses zu, (b) der Prädiktionswert von Input-Organisation, Output-Organisation und (distalem) Metagedächtnis für die Vorhersage der Reproduktionsleistung steigt zwischen der ersten und zweiten Hälfte der Grundschulzeit an, (c) das (distale) Metagedächtnis hat ab der dritten Klassenstufe einen bedeutsamen funktionalen Einfluß nicht nur auf das Ausmaß kategorialen Organisierens, sondern auch auf die Reproduktionsleistung, (d) die (interindividuellen) zeitlichen Stabilitäten des Sort-Recall-Verhaltens und des aufgabenspezifischen Metagedächtnisses nehmen bedeutsam zu, (e) die Zahl der bewußt kategorial organisierenden Strategen steigt am Ende der Grundschuljahre sprunghaft an und (f) das Verhalten der Strategen verändert sich qualitativ in der zweiten Hälfte der Grundschuljahre, indem offenbar das aufgabenspezifische Metagedächtnis anwächst und zunehmend stringenter genutzt wird.

In mancherlei Hinsicht weichen die hier aufgezeigten empirischen Merkmale von anderen in der Literatur berichteten Befunden ab. Frankel und Rollins (1985) charakterisieren die Übergangsphase zur strategischen Nutzung kategorialen Wissens bei Viertkläßlern mit deren geringer Input-Organisation, die sich in ihrer Untersuchung nicht von der bei Vorschulkindern unterschied. Eine andere Abweichung ergibt sich gegenüber den Befunden einer neueren Arbeit von Bjorklund (1988), in der - wie in der vorliegenden Arbeit - die untersuchten Kinder aufgrund ihres Organisationsverhaltens bei einer Gedächtnisaufgabe mit eher vertrauten und typischen Items als Strategen bzw. Nichtstrategen klassifiziert werden. Berichtet wird ein Prozentsatz der beim spontanen Gedächtnisverhalten als Strategen identifizierten Viertkläßler von 30%. Obwohl Bjorklund aufgrund dieses Befundes einräumt, daß "spontaneous, strategic functioning is indeed within the capabilities of 10- and 13-year-old children" (Bjorklund, 1988, S. 84), liegt dieser Prozentsatz doch erheblich unter dem hier gefundenen von 65-70%.

Die Gründe für diese Ergebnisdiskrepanzen mögen vielfältig sein. Sie können auf Unterschiede im verwendeten Material, in der Untersuchungsmethode oder gar in den Auswertungsdetails zurückzuführen sein. M.E. sind jedoch all diese Gründe nicht ausschlaggebend. In einigen neueren Untersuchungen, in denen das Sort-Recall-Verhalten von deutschen und amerikanischen Kindern verglichen wurde, ergaben sich nämlich sehr ähnliche Unterschiede (vgl. Carr, Kurtz, Schneider, Turner & Borkowski, 1989; Schneider, Borkowski, Kurtz & Kerwin, 1986): In der zweiten Hälfte der Grundschuljahre verhielten sich deutsche Kinder sehr viel strategischer als amerikanische. Es ist also möglich oder sogar wahrscheinlich, daß es bei der häuslichen und schulischen Anleitung zur Nutzung kategorialer Zusammenhänge kulturelle Unterschiede gibt, die einen Einfluß auf die Art der Wissensaktivierung bei entsprechenden Gedächtnisaufgaben haben.

Wenn tatsächlich deutschen Kindern sehr viel eher strategische Kompetenzen der Wissensaktivierung zugesprochen werden müssen als etwa amerikanischen Kindern, so verliert die Frage nach dem Alter des Übergangs von einer automatischen zu einer eher strategischen Aktivierung kategorialen Wissens an entwicklungstheoretischer Brisanz. Der Befund wirft stattdessen die interessante Frage auf, welche erzieherisch offenbar beeinflußbare Mechanismen für den Übergang vom automatischen zum strategischen kategorialen Organisieren verantwortlich sind.

Zu dieser Frage hat Bjorklund (1985, 1987) einen wesentlichen Beitrag mit einer Theorie geleistet, in der als Übergangsmechanismen automatische Steuerungen von der als semantisches Netzwerk konzipierten Wissensbasis angenommen werden. Dabei wird jedoch die Rolle des Strategiewissens (Metagedächtnis) und der von ihm abhängigen Mechanismen vernachlässigt. Metagedächtnis ist nach Bjorklund lediglich das Produkt einer entwickelteren Wissensbasis, das sich einstellt, nachdem (unabhängig?) reflexive Abstraktionsfähigkeiten (im Sinne der Piagetschen formalen Operationen) zum kognitiven Repertoire des Kindes hinzukommen.

Nach den hier und anderswo (Hasselhorn, 1986, Kap. 8; 1990) vorgelegten Befunden mißt der Verfasser dem Metagedächtnis mehr Bedeutung bei. Um die kognitive Erfahrung zu machen, daß das kategoriale Organisieren lernerleichternd wirkt, reichen offenbar bereits diejenigen konkret-operatorischen Denkmöglichkeiten aus, über die viele Kinder schon im Grundschulalter verfügen. Aus solchen kognitiven Erfahrungen entsteht das hier als Metagedächtnis bezeichnete Strategiewissen, von dem Prozesse initiiert werden, die wesentlich die Qualität des Gedächtnisverhaltens und damit auch seine Leistung beeinflussen.

Die hier vertretene Auffassung fordert dazu heraus, mögliche Wechselwirkungsmechanismen zwischen dem, was Bjorklund die Wissensbasis nennt, und dem Strategiewissen (Metagedächtnis) für die Phase des Übergangs vom automatischen zum strategischen Aktivieren kategorialen Wissens theoretisch zu spezifizieren und empirisch zu prüfen. Eine genauere Kenntnis dieser Mechanismen und die Kenntnis möglicherweise prototypischer interindividueller Unterschiede bei derartigen Übergangsprozessen würden nicht zuletzt auch praktisch bedeutsame Konsequenzen haben können.

LITERATUR

Andreassen, C. & Waters, H.S. (1989). Organization during study: Relationships between metamemory, strategy use, and performance. *Journal of Educational Psychology, 81*, 190-195.

Belmont, J.M. & Borkowski, J.G. (1988). A group administered test of children's metamemory. *Bulletin of the Psychonomic Society, 26*, 206-208

Bjorklund, D.F. (1985). The role of conceptual knowledge in the development of organization in children's memory. In C.J. Brainerd & M. Pressley (Eds.), *Basic processes in memory development. Progress in cognitive development research* (pp. 103-142). New York: Springer.

Bjorklund, D.F. (1987). How age changes in knowledge base contribute to the development of children's memory: An interpretive review. *Developmental Review, 7*, 93-130.

Bjorklund, D.F. (1988). Acquiring a mnemonic: Age and category knowledge effects. *Journal of Experimental Child Psychology, 45*, 71-87.

Bjorklund, D.F. & Bernholtz, J.F. (1986). The role of knowledge base in the memory performance of good and poor readers. *Journal of Experimental Child Psychology, 41*, 367-393.

Bjorklund, D.F. & Bjorklund, B.R. (1985). Organization versus item effects of an elaborated knowledge base on children's memory. *Developmental Psychology, 21*, 1120-1131.

Bjorklund, D.F. & Jacobs, J.W. (1985). Associative and categorical processes in children's memory: The role of automaticity in the development of organization in free recall. *Journal of Experimental Child Psychology, 39*, 599-617.

Bjorklund, D.F., Thompson, B.E. & Ornstein, P.A. (1983). Developmental trends in children's typicality judgements. *Behavior Research Methods and Instrumentation, 15*, 350-356.

Carr, M., Kurtz, B.E., Schneider, W., Turner, L.A. & Borkowski, J.G. (1989). Strategy acquisition and transfer among American and German children: Environmental influences of metacognitive development. *Developmental Psychology, 25*, 765-771.

Cavanaugh, J.C. & Perlmutter, M. (1982). Metamemory: A critical examination. *Child Development, 53*, 11-28.

Frankel, M.T. & Rollins, H.A. (1985). Associative and categorical hypotheses of organization in the free recall of adults and children. *Journal of Experimental Child Psychology, 40*, 304-318.

Hasselhorn, M. (1986). *Differentielle Bedingungsanalyse verbaler Gedächtnisleistungen bei Kindern.* Frankfurt/M.: Lang.

Hasselhorn, M. (1990). The emergence of strategic knowledge activation in categorical clustering during retrieval. *Journal of Experimental Child Psychology, 50*.

Hasselhorn, M., Mähler, C. & Jaspers, A. (1989). *Metagedächtnis zwischen Vorschulalter und Ende der Grundschuljahre: Altersdifferenzen und -veränderungen.* Vortrag auf der 9. Tagung Entwicklungspsychologie, München.

Justice, E.M. (1985). Categorization as a preferred memory strategy: Developmental changes during elementary school. *Developmental Psychology, 21,* 1105-1110.

Justice, E.M. (1986). Developmental changes in judgements of relative strategy effectiveness. *British Journal of Developmental Psychology, 4,* 75-81.

Lange, G. (1978). Organization-related processes in children's recall. In P.A. Ornstein (Ed.), *Memory development in children* (pp. 101-128). Hillsdale, NJ: Erlbaum.

Moely, B.E. (1977). Organizational factors in the development of memory. In R.V. Kail & J.W. Hagen (Eds.), *Perspectives on the development of memory and cognition* (pp. 203-236). Hillsdale, NJ: Erlbaum.

Murphy, M.D. (1979). Measurement of category clustering in free recall. In C.R. Puff (Eds.), *Memory organization and structure* (pp. 51-83). New York: Academic Press.

Naus, M.J. & Ornstein, P.A. (1983). Development of memory strategies: Analysis, questions, and issues. In M.T.H. Chi (Ed.), *Trends in memory development research* (pp. 1-30). Basel: Karger.

Ornstein, P.A., Baker-Ward, L. & Naus, M.J. (1988). The development of mnemonic skill. In F.E. Weinert & M. Perlmutter (Eds.), *Memory development: Universal changes and individual differences* (pp. 31-50). Hillsdale, NJ: Erlbaum.

Ornstein, P.A. & Corsale, K. (1979). Organizational factors in children's memory. In C.R. Puff (Ed.), *Memory organization and structure* (pp. 219-257). New York: Academic Press.

Salatas, H. & Flavell, J.H. (1976). Behavioral and metamnemonic indicators of strategic behaviors under remember instructions in first grade. *Child Development, 47,* 81-89.

Schneider, W. (1985). Metagedächtnis, gedächtnisbezogenes Verhalten und Gedächtnisleistung. Eine Analyse der empirischen Zusammenhänge bei Grundschülern der dritten Klassenstufe. *Zeitschrift für Entwicklungspsychologie und Pädagogische Psychologie, 17,* 1-16.

Schneider, W. (1986). The role of conceptual knowledge and metamemory in the development of organizational processes in memory. *Journal of Experimental Child Psychology, 42,* 318-336.

Schneider, W. (1989). *Zur Entwicklung des Metagedächtnisses bei Kindern.* Bern: Huber.

Schneider, W., Borkowski, J.G., Kurtz, B.E. & Kerwin, K. (1986). Metamemory and motivation: A comparison of strategy use and performance in German and American children. *Journal of Cross-Cultural Psychology, 17,* 315-336.

Schneider, W., Körkel, J. & Vogel, K. (1987). Zusammenhänge zwischen Metagedächtnis, strategischem Verhalten und Gedächtnisleistungen im Grundschulalter: Eine entwicklungspsychologische Studie. *Zeitschrift für Entwicklungspsychologie und Pädagogische Psychologie, 19,* 99-115.

Schneider, W., Körkel, J. & Weinert, F.E. (1987). The effects of intelligence, self-concept, and attributional style on metamemory and memory behaviour. *International Journal of Behavioral Development, 10,* 281-299.

Schneider, W. & Pressley, M. (1989). *Memory development between 2 and 20.* New York: Springer.

Schneider, W., & Weinert, F.E. (1989). Universal trends and individual differences in memory development. In: A. de Ribaupierre (Ed.), Transition mechanisms in child development: The longitudinal perspective (pp. 68-106). Cambridge: Cambridge University Press.

Weinert, F.E. (1988). Epilogue. In F.E. Weinert & M. Perlmutter (Eds.), *Memory development: Universal changes and individual differences* (pp. 381-395). Hillsdale, NJ: Erlbaum.

Weinert, F.E. & Hasselhorn, M. (1986). Memory development: Universal changes and individual differences. In F. Klix & H. Hagendorf (Eds.), *Human memory and cognitive capabilities: Mechanisms and performances* (pp. 423-435). Amsterdam: Elsevier.

Weinert, F.E. & Perlmutter, M. (Eds.) (1988). *Memory development: Universal changes and individual differences*. Hillsdale, NJ: Erlbaum.

Weinert, F.E., Schneider, W. & Knopf, M. (1988). Individual differences in memory development across the life-span. In P.B. Baltes, D.L. Featherman & R.M. Lerner (Eds.), *Life-span development and behavior* (Vol.9, pp. 39-85). Hillsdale, NJ: Erlbaum.

Wippich, W. (1976). Clustering, subjektive Organisation und Reproduktionsleistung. *Archiv für Psychologie, 128*, 66-74.

ZUR RELEVANZ VON BEREICHSSPEZIFISCHEN VORKENNTNISSEN BEI DER VERARBEITUNG UND REPRODUKTION VON GESCHICHTEN

Joachim Körkel

Seit dem bahnbrechenden Experiment von Chi (1978) und den dadurch inspirierten Folgearbeiten sind die entwicklungs- und die pädagogisch-psychologische Forschung um die abgesicherte Erkenntnis reicher, daß Vorkenntnisse in einem umschriebenen Inhaltbereich das Lern- und Leistungsverhalten erheblich beeinflussen. Chi konnte in diesem Experiment nachweisen, daß jüngere Schachturnierteilnehmer (Dritt- bis Achtkläßler) bessere Erinnerungsleistungen für Schachfigurenkombinationen erbringen als erwachsene Akademiker, die nur über basale Schachkenntnisse verfügen. Auch bei verbessertem experimentellem Design (Lindberg, 1980; Opwis, Gold, Gruber & Schneider, im Druck) ändert sich an den Schlußfolgerungen von Chi (1978) nichts: Selbst jüngere Kinder erbringen ungewohnt gute Lern- und Behaltensleistungen, sofern die Prüfaufgabe aus einem vertrauten Interessensbereich stammt.

Chis Befund hat in den verschiedensten Sparten der Lern- und Gedächtnispsychologie eine wahre Flut von Studien nach sich gezogen, die fast ohne Ausnahme die Bedeutung bereichsspezifischer Vorkenntnisse für die Quantität und Qualität kognitiver Leistungen untermauern (vgl. Bjorklund, 1987; Chi & Ceci, 1987; Schneider & Pressley, 1989; Voss, Fincher-Kiefer, Green & Post, 1986; Weinert, 1986). So wurde etwa für die Gedächtniskapazität (Dempster, 1978), die Informationsverarbeitungsgeschwindigkeit (Roth, 1983), das Erlernen und Reproduzieren von Itemlisten (Bjorklund & Zeman, 1983) sowie verschiedene Formen des Problemlösens (Neber, 1987) die Abhängigkeit der Leistungshöhe von inhaltlichen Vorkenntnissen bestätigt.

Auch im Bereich der Aneignung, Verarbeitung und Reproduktion *textbezogener* Informationen liegen inzwischen vielfältige Befunde vor, die auf den prognostischen Wert von Vorkenntnissen verweisen. Diese Ergebnisse lassen sich wie folgt zusammenfassen (vgl. Körkel, 1987): Gibt man Probanden Texte bzw. Geschichten vor, deren Gegenstandsbereich ihnen wohlvertraut ist, so begünstigt dies die Schnelligkeit, mit der sie die Texte verstehen, die Tiefe, in der sie sie speichern und die Quantität wie Qualität, mit der sie die Informationen reproduzieren. Diese Ergebnistrends lassen sich weiter differenzieren: Erhöht man die Komplexität der Texte, indem man redundante Teile entfernt oder widersprüchliche Aussagen einbaut, so verbessern Vorkenntnisse das Textverstehen; wer hohe Vorkenntnisse besitzt, nimmt bei knappen Handlungsschilderungen Inferenzen vor und schließt dadurch die Mehrdeutigkeit einzelner Textpassagen, und er erkennt Widersprüchlichkeiten als "Fehler" des Textes. Durch gute Vorkenntnisse werden wichtige Textinformationen besonders gut gespeichert und reproduziert. Bei Ausdehnung der Zeitspanne zwischen Textvorgabe und Reproduktion zeigt sich die Bedeutung bereichsbezogener Vorkenntnisse zunehmend stärker. Nur wenn Erinnerungshilfen dargeboten werden, so schwindet die Bedeutung der Vorkenntnisse; bei reinen Wiedererkennungsaufgaben (recognition) ist sie meist gleich Null.

Aus dem Vergleich zwischen Experten (hohe Vorkenntnisse) und Nichtexperten (geringe Vorkenntnisse) ist weiterhin bekannt, daß beim Reproduzieren von Texten die bereichsspezifische Expertise gering ausgeprägte allgemeine kognitive Fähigkeiten zu kompensieren vermag (Schneider & Körkel, 1989; Schneider, Körkel & Weinert, 1989, 1990; Walker, 1987).

Die folgenden Ausführungen greifen eine Fragestellung auf, die in der bisherigen Forschung nur ansatzweise geprüft wurde: Läßt sich ein signifikanter Erklärungsbeitrag bereichsspezifischer Vorkenntnisse auch dann nachweisen, wenn man bewährte Prognosevariablen für interindividuelle Unterschiede in textbezogenen Lern- und Gedächtnisleistungen in die Vorhersage einbezieht (z.B. Intelligenz, Konzentrationsfähigkeit etc.)?

Die vorliegende empirische Basis zur Beantwortung dieser Fragestellung ist dürftig. Hasselhorn (1986) kommt zum Ergebnis, daß beim Erlernen von Wortlisten die Vorwissenskomponente einen größeren Effekt als Kapazitäts-, Strategie- und Metagedächtnismerkmale ausübt. Bei Langer und Nicolich (1981) reduziert sich der hohe Einfluß der Vorkenntnisse auf die Textreproduktion in keiner Weise, wenn die interindividuell unterschiedliche Ausgangsbasis der Pbn in verschiedenen sprachlichen und nichtsprachlichen Intelligenzmerkmalen in Rechnung gestellt wird. Zu vergleichbaren Ergebnissen gelangen Schneider, Körkel und Weinert (1989).

Diese Studien liefern erste Anhaltspunkte dafür, daß bereichsspezifisches Vorwissen einen "robusten" Prognosefaktor für Gedächtnisleistungen darstellt, dessen Einfluß selbst bei Berücksichtigung der alternativ diskutierten Erklärungskonzepte Gedächtniskapazität, Gedächtnisstrategien und Metagedächtnis dominierend erscheint (vgl. resümierend Schneider 1989a, S. 160ff). Die Indizien sind jedoch weiterhin spärlich. Einige potentielle Prognosefaktoren für Gedächtnisleistungen wurden bislang überhaupt nicht berücksichtigt (z.B. Konzentrationsfähigkeit). Zum anderen fehlt ein umfassender Ansatz, der die simultane Prüfung unterschiedlicher Prognosefaktoren gestattet. Zur weiteren Klärung der oben gestellten Frage wurde deshalb eine Kausalanalyse vorgenommen, in der diverse explikative Konstrukte auf ihren Beitrag zur Erklärung der Varianz in verschiedenen Gedächtnisleistungen geprüft wurden. Dabei wurde erwartet, daß bereichsspezifische Vorkenntnisse auch bei Einbeziehung der alternativen Prognosevariablen Alter, nichtsprachliche kognitive Kompetenzen, sprachliche Intelligenz und deklaratives Metawissen einen statistisch nachweisbaren Vorhersagewert für textbezogene Gedächtnisleistungen in einem auf die Vorkenntnisse bezogenen Text aufweisen würden (*Hypothese 1*). Noch restriktiver wurde weiterhin erwartet, daß sich die Gedächtnisleistungen ohne signifikante Einbuße vorhersagen ließen, wenn auf die Vorhersagebereiche des Alters und des deklarativen Metawissens verzichtet würde (*Hypo-

these 2). Diese Vorhersage stützt sich zum einen auf vorliegende Einzelbefunde zum Prognosewert bereichsspezifischer Vorkenntnisse (z.B. Chi, 1978, s.o.), wonach "die Altersvariable an prognostischer Bedeutung abnimmt, wenn der eigenständige Beitrag des Vorwissens *getrennt* berücksichtigt wird" (Körkel, 1987, S. 197). Zum anderen ist davon auszugehen, daß der Einfluß des mitteilbaren Wissens über Lern- und Gedächtnisprozesse (deklaratives Metawissen) auf textbezogene Behaltensleistungen gering ausfällt, wenn die Vorwissenskomponente zur Varianzaufklärung herangezogen wird (Schneider 1989a, S. 115).

In der vorliegenden Studie wurde der relative Einfluß des fußballbezogenen Vorwissens auf die Reproduktion einer Fußballgeschichte geprüft. Als alternative Vorhersagevariablen dienten neben dem chronologischen Alter die sprachliche Intelligenz sowie diverse nichtsprachliche kognitive Kompetenzen (nichtsprachliche Intelligenz, Kurzzeitgedächtnis, Konzentrationsfähigkeit). Schließlich fanden eine Reihe von Indikatoren des Metagedächtnisses Eingang in die Studie, nachdem eine Vielzahl empirischer Befunde den Erklärungswert des Metagedächtnisses für Gedächtnisleistungen belegt hat (vgl. zusammenfassend Schneider, 1989a; Schneider & Pressley, 1989). "Metagedächtnis" wurde dabei entsprechend der derzeitigen Theoriebildung in die zwei Komponenten "*Wissen* über textbezogene Gedächtnisprozesse" (deklaratives Metagedächtnis) und "strategische *Kontrolle und Steuerung* des Erwerbs und der Reproduktion von Textinformationen" (prozedurales Metagedächtnis) differenziert. Die strategische Komponente des Metagedächtnisses geht in Hypotheses 3 ein (s.u.).

VERSUCHSPERSONEN, MATERIALIEN UND DESIGN[1]

Bei 67 Fünft- und 54 Siebtkläßlern einer Hauptschule (N=39/28 resp. N=37/17 Pbn männlichen/weiblichen Geschlechts in den fünften resp. siebten Klassen) erfolgte zunächst die Erhebung des mitteilbaren Wissens über Lern- und Gedächtnisprozesse (deklaratives Metagedächtnis). In Form eines *Metagedächtnisinterviews* wurden zu diesem Zweck 17 (mit 0/1 bewertete) Fragen zum Wissen über Textlernen und 18 allgemeine Fragen zu Lernen und Behalten vorgegeben. Die Frageninhalte sind angelehnt an die Interviews von Kreutzer, Leonard und Flavell (1975) sowie Myers und Paris (1978).

> Beispiele: "Was würdest Du tun, um Dir eine Geschichte so gut einzuprägen, daß Du am nächsten Tag das Wichtigste daraus in der Klasse vortragen kannst?" "Was glaubst Du, weshalb manche Leute ein gutes Gedächtnis haben?"

Etwa 14 Tage später wurde mündlich und zusätzlich schriftlich eine (ca. 1 1/2 Seiten lange) 32 Sätze umfassende *Geschichte über ein Fußballspiel präsentiert*. Inhalt der Geschichte sind das Verhalten und die Erlebnisse des 11jährigen Hans, der als Mittelstürmer an einem Fußballspiel teilnimmt. Nach einer kurzen Beschreibung des Jungen und seiner Vorbereitungen auf das Fußballspiel wird der Verlauf des Spiels ausgeführt. Die Geschichte endet mit der Darstellung des physischen und psychischen Zustandes des Protagonisten nach dem Spiel.

---

[1] Eine Reihe von Spezifika der Studie, die für die hier thematischen Fragestellungen und Ergebnisse ohne Bedeutung sind (z.B. Vorgabe zweier unterschiedlich schwieriger Varianten des Textes), werden hier nicht aufgeführt.

Die Geschichte ist, gemessen an der Wort- und Satzlänge, bereits für Zweitkläßler gut verständlich (Lesbarkeitsindex nach Flesch, für den deutschen Sprachraum adaptiert von Amstad, 1978) und von der Vollständigkeit wie auch Abfolge der Inhalte her betrachtet (Rahmen der Geschichte, Beginn der Handlung etc. bis zum Ende) als einfache und wohlgeordnete Geschichte (sensu Mandler & Johnson, 1977; Johnson & Mandler, 1980) zu bezeichnen.

Direkt nach der Textvorgabe wurden zwei Indikatoren des strategisch-prozessualen Metagedächtnisses erhoben.

Zuerst wurde um eine Vorhersage gebeten, wieviele Sätze man glaube, frei und korrekt nacherzählen zu können. Die *Prognosegenauigkeit* als Metagedächtnisindikator ermittelt sich aus dem Absolutwert der Differenz zwischen Schätzung und tatsächlicher freier Erinnerungsleistung, dividiert durch die Leistung.

Zum zweiten wurden die Pbn gebeten, die zehn Sätze aus dem noch vorliegenden Text auszuwählen, die ihrer Ansicht nach die wichtigsten Inhalte der Geschichte enthielten. Jedes *Wichtigkeitsurteil*, das mit dem einer Gruppe erwachsener Fußballexperten übereinstimmte, erhielt einen Punkt.

Ein dritter Metagedächtnisindikator wurde im Rahmen des Lückentests erfaßt (s.u.).

Die Kriteriumsleistung (Enkodierung und Reproduktion der Geschichte) wurde über fünf Indikatoren ermittelt:

- Die Instruktion zur *freien Nacherzählung* (free recall test) hielt die Kinder zu einer vollständigen und genauen freien Wiedergabe der Geschichte an. Jede der richtig erinnerten Bedeutungseinheiten des Textes (sensu Mandler & Johnson, 1977; Johnson & Mandler, 1980) wurde mit einem Punkt bewertet (Wertebereich 0-47).

- Im *Wiedererkennungstest 1* (recognition test) wurden in eine Auswahl von 15 in ursprünglicher Reihenfolge belassene Originalsätze 18 Distraktorsätze eingestreut. Jede richtige Identifizierung eines Satzes als richtig (=alt) oder falsch (=neu) erhielt einen Punkt.

- Der *Wiedererkennungstest 2* umfaßte vier Fragen zum Text. Die richtige Antwort war bei drei Items aus mehreren Antwortalternativen herauszufinden (Multiple-choice-Format) bzw. bei einem Item frei zu formulieren. Pro richtiger Antwort wurde ein Punkt vergeben.

- Im *Lückentest* (cloze test) mußten in einer mit Lücken versehenen Textfassung 48 freie Textstellen (einzelne oder mehrere Worte waren vakant) ausgefüllt werden (pro richtiger Ergänzung ein Punkt). Zusätzlich war nach jeder Lückenergänzung als Indikator metakognitiver Prozeßsteuerung eine *Wissensanmutung* abzugeben. Dabei hatten die Pbn anzugeben, ob sie ihre Lückenergänzung für richtig oder für falsch hielten. "Treffer" (d.h. richtige Lückenergänzung, die als richtig beurteilt wird) und "richtige Zurückweisungen" (d.h. falsche Lückenergänzung, die als falsche erkannt wird) wurden zu einem Summenwert zusammengefaßt (Wertebereich 0-96).

- Schließlich sollte im *Rekonstruktionstest* (reconstruction test) die Geschichte aus 32 in zufälliger Reihenfolge vorgegebenen Schnipseln der Einzelsätze in ihre ursprüngliche Abfolge gebracht werden. Der über das ARC-Maß ausgewertete Vergleich zwischen der rekonstruierten und der ursprünglichen Textbasis führte zur Ermittlung der Rekonstruktionsfehler.

Zur Erfassung der *Vorkenntnisse über Fußballsport* kam ein 16-Item-Fragebogen zur Anwendung (13 Items zum Wissen über Fußballregeln und drei Items zu allgemeinen Kenntnissen über Fußballsport). Jede richtige Antwort erhielt einen Punkt.

Die Vorgabe der freien Nacherzählung, des Lückentests, des Wiedererkennungstests 1 und des Vorkenntnistests erfolgte in ausbalancierter Reihenfolge entweder direkt oder eine Woche nach der Textvorgabe. Die Applikation des Wiedererkennungstests 2 und des Rekonstruktionstests wurde zwei Wochen nach Präsentation der Geschichte vorgenommen.

Einige Tage vor dem Metagedächtnisinterview wurden die Leistungen in den o.g. alternativen Erklärungsvariablen für Gedächtnisleistungen geprüft: die nichtsprachliche (CFT20, Cattell & Weiss, 1978) und die sprachliche Intelligenz (KFT 4-13, Heller, Gaedicke & Weinläder, 1976; hier: Auswertung der in den Klassenstufen 5 und 7 identischen Items 16-30 der Untertests V1-V3), die Kapazität des Kurzzeitgedächtnisses (Zahlennachsprechen vorwärts, ZNV) und die Konzentrationsfähigkeit (d2; Brickenkamp, 1978).

ERGEBNISSE[2]

Unsere erste Hypothese macht Aussagen über den relativen Beitrag der o.g. Konstrukte Alter, nichtsprachliche kognitive Kompetenzen, sprachliche Intelligenz, deklaratives Metawissen und Vorwissen in der Vorhersage textbezogener Gedächtnisleistungen. Dementsprechend bot es sich an, mit LISREL einen Strukturgleichungsansatz zu wählen, der statistische Prüfentscheidungen auf der Ebene von *Konstrukten* (und nicht von Einzelvariablen) vornimmt und der konfirmativ (hypothesentestend) angelegt ist (vgl. Schneider, 1989b). Deshalb wurden für die Gesamtgruppe aller N=121 Pbn LISREL-Analysen zur Hypothesentestung durchgeführt. Auf simultane Vergleiche der Fünft- und Siebtkläßlerdaten wurde verzichtet, um die Wahrscheinlichkeit eines Ergebnisbias bei einer Substichprobengröße kleiner 100 zu vermeiden (vgl. Tanaka, 1987).

Unser Ausgangsmodell ist zusammen mit den Ergebnissen des ersten Auswertungsschrittes in Abbildung 1 spezifiziert.

In ihm sind die Konstrukte durch Kreise symbolisiert. Kausalpfade zwischen den Konstrukten werden durch Pfeile, die Korrelationen durch einen gebogenen Doppelpfeil veranschaulicht. In diesem vollständigen Kausalmodell dienen die Konstrukte Alter (in Monaten), nichtsprachliche kognitive Kompetenzen (d2, CFT20, ZNV), sprachliche Intelligenz (KFT V1, KFT V2, KFT V3), Vorkenntnisse (Regelwissen, allgemeines Fußballwissen) und deklaratives Metawissen (textbezogenes resp. nicht textbezogenes Metawissen) dazu, die über die fünf o.g. Einzeltests indikatorisierte Gedächtnisleistung vorherzusagen. Zwischen einzelnen der Prognosevariablen werden ebenfalls Kausalbeziehungen angenommen (z.B. wird von einem Einfluß des chronologischen Alters auf alle nachgeordneten Konstrukte ausgegangen).

Nach vorgeschalteten explorativen und konfirmatorischen Faktorenanalysen, die eine Beibehaltung des Meßmodells (=Zuordnung der Indikatoren zu den Konstrukten) zuließen, wurde in einem ersten Schritt geprüft, ob sich das in Abbildung 1 veranschaulichte Gesamtmodell mit den empirischen Daten vereinbaren ließe.[3] Der insignifikante Chi^2-Wert (Chi^2 (91) = 105.38, p = .14) führt zu einer Beibehaltung dieser Annahme. Eine Inspektion

---

[2] In den Ergebnissen werden nur diejenigen Aspekte des LISREL-Strukturmodells beschrieben und interpretiert, die für die zu prüfenden Hypothesen von Bedeutung sind.

[3] Das kritische Signifikanzniveau wird im folgenden auf 10% festgelegt.

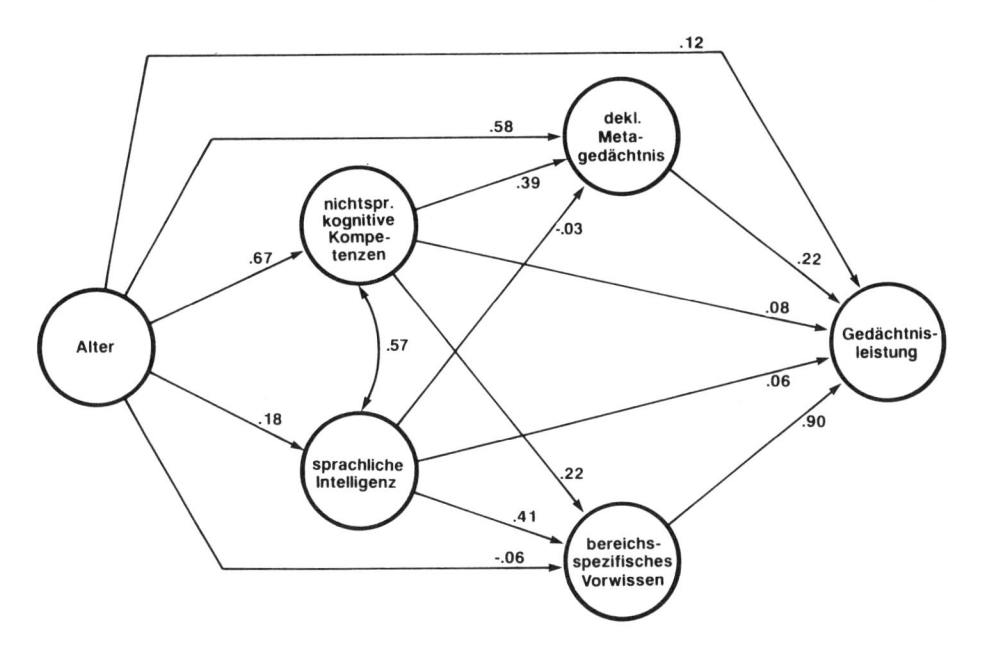

Abbildung 1. Strukturgleichungsmodell (mit Parameterschätzungen) zur Vorhersage textbezogener Gedächtnisleistungen (Ausgangsmodell)

der standardisierten Parameterschätzungen zeigt, daß das Vorwissen (mit .90, $p < .10$) den stärksten Einfluß auf die Gedächtnisleistungen ausübt, gefolgt vom deklarativen Metawissen (.22, $p < .10$; dieser Pfad weist einen hohen Standardschätzfehler auf), dem chronologischen Alter (.12, $p > .10$), der nichtsprachlichen kognitiven Kompetenz (.08, $p > .10$) und der sprachlichen Intelligenz (.06, $p > .10$). Zu erwähnen ist zusätzlich der hochsignifikante Gleichungsfehler auf das Vorwissen (.71, $p < .001$), der besagt, daß die Varianz im Vorwissen nur zu einem sehr geringen Teil durch die im Modell vorausgehenden Konstrukte (Alter sowie nichtsprachliche und sprachliche kognitive Kompetenzen) aufgeklärt wird; das Vorwissen übt also einen eigenständigen Einfluß auf Gedächtnisleistungen aus. Angesichts der meist entgegengesetzten entwicklungspsychologischen Befundlage sei auf die Unbedeutsamkeit des Pfades vom Alter auf die Gedächtnisleistungen besonders hingewiesen. Dieser Befund kann in der vorliegenden Untersuchung allerdings nicht überraschen, da die Leistungsprüfungen in einem eng umschriebenen Inhaltsbereich (Fußballsport) vorgenommen wurden, in dem bereits die jüngeren Kinder (Fünftkläßler) ausgeprägte Vorkenntnisse besaßen (vgl. den insignifikanten Pfad zwischen Alter und Vorkenntnissen: -.06, $p > .10$).

Diese Ergebnisse können als eine deutliche Bewährung unserer ersten Hypothese angesehen werden: Ein statistisch abzusichernder Einfluß des Vorwissens auf Gedächtnisleistungen läßt sich auch dann nachweisen, wenn alternative Prognosekonstrukte in die Betrachtung miteinbezogen werden. In der Tat stellen die bereichsspezifischen Vorkenntnisse den numerisch bei weitem bedeutsamsten Vorhersagefaktor dar.

Es stellt sich die Frage, ob entsprechend Hypothese 2 der exponierte Einfluß des Vorwissens auch dann Bestand hat, wenn auf die Prognosemerkmale Alter und deklaratives Metawissen gänzlich verzichtet wird. Diese Vorhersage wurde in einer weiteren LISREL-Analyse geprüft. Abbildung 2 zeigt die Ergebnisse, die unsere Voraussage stützen:

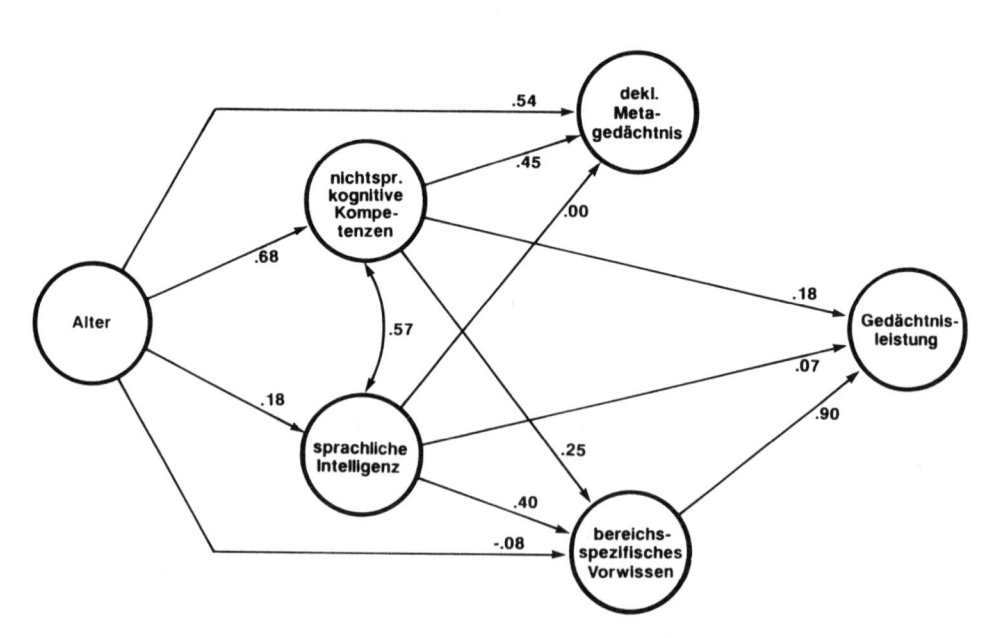

Abbildung 2. Strukturgleichungsmodell (mit Parameterschätzungen) zur Vorhersage textbezogener Gedächtnisleistungen (reduziertes Modell)

Auch nach Entfernung der Kausalpfade von Alter und deklarativem Metawissen auf Gedächtnisleistungen weicht das Modell nicht von der Struktur der erhobenen Daten ab, Chi^2 (93) = 105.82, p = .17. Das sparsamere, reduzierte Modell ist dem Gesamtmodell statistisch *nicht* unterlegen, Chi^2 (1) = .44, .50 > p > .70. Dies bedeutet, daß das chronologische

Alter und das deklarative Metawissen keine notwendigen Bedingungen zur Vorhersage textbezogener Gedächtnisleistungen darstellen, wenn man innerhalb *eines* Modells die Prognosefaktoren Vorkenntnisse, Alter und Metawissen berücksichtigt. Abbildung 2 zeigt, daß vom Vorwissen (mit .90, *p* < .001) erneut der stärkste Einfluß auf die Gedächtnisleistungen ausgeht, dem mit großem Abstand die nichtsprachlichen kognitiven Kompetenzen (.18, *p* < .10) und die sprachliche Intelligenz (.07, *p* > .10) folgen. Die restlichen Pfade des Modells weisen die folgenden Ausprägungen auf:

- Das Alter übt einen starken Einfluß auf die nichtsprachlichen kognitiven Kompetenzen (.68, *p* < .001) und auf das verbalisierbare Metawissen (.54, *p* < .05) aus, während sein Einflußgehalt auf die sprachliche Intelligenz zwar noch statistisch bedeutsam, aber numerisch gering ist (.18, *p* < .10). Vermutlich aufgrund der bereits in frühem Alter ausgeprägten Fußballkenntnisse läßt sich kein Alterseinfluß auf das Wissen über Fußball absichern (-.08, *p* > .10).
- Zwischen nichtsprachlichen kognitiven Kompetenzen und sprachlicher Intelligenz ist eine ausgeprägte Korrelation abzusichern (*r* = .57).
- Der Einfluß der nichtsprachlichen kognitiven Kompetenzen auf das deklarative Metawissen (.45) und auf die Vorkenntnisse (.25) ist wegen der jeweils großen Standardfehler insignifikant (jeweils *p* > .10).
- Die sprachliche Intelligenz beeinflußt die Stärke fußballbezogener Vorkenntnisse (.40, *p* < .10), nicht jedoch die des deklarativen Metawissens (.00, *p* > .10).

In einem sich anschließenden Auswertungsschritt wurde angestrebt, das Vorhersagemodell weiter zu vereinfachen, so daß die Überschaubarkeit, Ökonomie und Interpretierbarkeit des Modells gefördert, die Verträglichkeit mit den vorliegenden Daten aber nicht beeinträchtigt würden. Dazu wurden sukzessive die numerisch gering ausgeprägten Pfade von der sprachlichen Intelligenz auf das metakognitive Wissen, vom Alter auf die Vorkenntnisse, von der sprachlichen Intelligenz auf die Gedächtnisleistung und von den nichtsprachlichen kognitiven Kompetenzen auf die Vorkenntnisse eliminiert. Das Modell bleibt auch bei Elimination dieser vier Pfade der Datenstruktur angepaßt, *Chi*² (97) = 106.89, *p* = .23. Abbildung 3 faßt die Parameterschätzungen des sparsamsten LISREL-Modells zusammen.

Ein Vergleich der Modelle in Abbildung 2 und 3 zeigt meist keine oder nur minimale, selten größere, in jedem Falle jedoch erwartungsgemäße Veränderungen in den Parameterschätzungen an. Erwähnt seien hier nur die numerisch auffallenden Unterschiede. Durch die Eliminierung des Pfades von der nichtsprachlichen kognitiven Kompetenz auf das Vorwissen nimmt der Einfluß der sprachlichen Intelligenz auf fußballbezogene Vorkenntnisse erwartungsgemäß zu (.55). Die Ausklammerung der sprachlichen Intelligenz aus der Gedächtnisprognose fördert einen numerischen Anstieg der verbleibenden Pfadkoeffizienten der nichtsprachlichen kognitiven Kompetenzen (.23) bzw. des Vorwissens (.93) auf die Wiedergabeleistung. Im letzten Pfad schlagen sich auch indirekte Einflüsse des Alters, der nichtsprachlichen sowie der sprachlichen kognitiven Fähigkeiten auf die Gedächtnisleistung nieder.

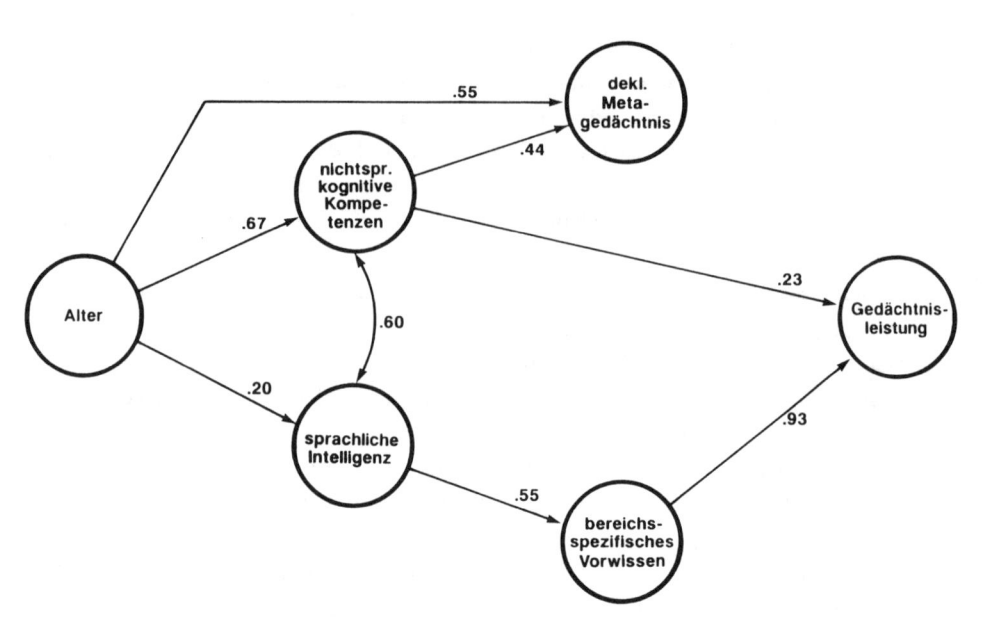

Abbildung 3. Strukturgleichungsmodell (mit Parameterschätzungen) zur Vorhersage textbezogener Gedächtnisleistungen (sparsamstes Modell)

DISKUSSION

Unser Anliegen war es, über einen Strukturgleichungsansatz erste Schritte hin zu einem Modell zu leisten, in dem die multikausale Beeinflussung von Gedächtnisleistungen ersichtlich ist und der prädiktive Gehalt einzelner Konstrukte abschätzbar wird. Dabei konnten wir feststellen, daß sich ein um den direkten Einfluß des chronologischen Alters, des deklarativen Metawissens und der sprachlichen Intelligenz reduziertes Modell für Vorhersagen von Gedächtnisleistungen als haltbar erwiesen hat. Es konnte darüberhinaus bestätigt werden, daß der numerisch ausgeprägteste Erklärungsbeitrag auf bereichsspezifisches Vorwissen zurückgeht. Das Alter ist von starkem Einfluß auf die Ausprägung nichtsprachlicher intellektueller Fähigkeiten und metakognitiven Wissens. Dagegen sind die Einwirkungen des Alters auf die bereichsspezifischen Vorkenntnisse zu vernachlässigen. Zumindest in der vorliegenden Stichprobe sind demnach die erfragten fußballbezogenen Kenntnisse bereits in der fünften so gut wie in der siebten Klassenstufe ausgebildet.

Die sprachlichen Intelligenzfähigkeiten beeinflussen deutlich die Ausprägung des inhaltsbezogenen Vorwissens. Es deutet sich damit an, daß die verbale Ausdrucksfähigkeit, der Wortschatz und das sprachgebundene schlußfolgernde Denken eine Voraussetzung für die Aktualisierung bereichsspezifischer Vorkenntnisse darstellen. Dieser Befund wird auch von Holmes (1983) berichtet, in deren Studie nur bei überdurchschnittlichen, nicht jedoch bei unterdurchschnittlichen sprachlichen Leistungen verfügbare Vorkenntnisse zur Beantwortung textbezogener Fragen genutzt wurden. Diese Zusammenhänge scheinen sich im Laufe der Entwicklung zu ändern: In Querschnittsanalysen war festzustellen, daß sprachgebundene und sprachfreie Intelligenzfähigkeiten bei älteren Erwachsenen in keinem bedeutsamen Zusammenhang mit inhaltsbezogenen Vorkenntnissen stehen (Weinert, Knopf & Barann, 1983; Weinert, Knopf, Körkel, Schneider, Vogel & Wetzel, 1984).

Die Gedächtnisleistung wird maßgeblich durch die fußballbezogene Expertise bestimmt. Bemerkenswert ist, daß die Höhe des Pfadkoeffizienten fast vollständig mit der Partialkorrelation zwischen Vorkenntnissen und Reproduktionsleistung übereinstimmt, die Langer und Nicolich (1981) nach Ausschaltung sprachlicher und nichtsprachlicher Intelligenzfaktoren ermittelten (dort: $r=.91$).

Zu berücksichtigen ist in unserem Falle, daß die Vorkenntnisse indirekt vom Alter (über die sprachliche Intelligenz) und direkt von der sprachlichen Intelligenz beeinflußt werden. Dem Vorwissen kommt folglich neben seinen direkten Auswirkungen auf Gedächtnisleistungen Indikatorfunktion für andere Fähigkeiten und damit indirekter Einflußgehalt zu. Der hochsignifikante Gleichungsfehler auf das Vorwissen untermauert allerdings seinen eigenständigen Erklärungsbeitrag für Gedächtnisleistungen, d.h. Vorkenntnisse haben nicht lediglich Indikatorfunktion für andere kognitive Kompetenzen.

In den vorliegenden LISREL-Analysen wurde die Bedeutung der Vorkenntnisse zur Vorhersage von Gedächtnisleistungen gegenüber verschiedenen alternativen Erklärungskonstrukten, inklusive dem deklarativen Metawissen, abgesichert. Im Rahmen der Metagedächtnisforschung wird nun allerdings darauf hingewiesen, daß weniger das deklarative, sondern das *prozedurale Metagedächtnis* als relevante Vorhersagegröße für textbezogene Verstehens- und Gedächtnisleistungen in Betracht zu ziehen ist (Forrest-Pressley & Waller, 1984; Garner, 1987). Die bislang vorliegenden *empirischen* Studien schenken diesem Aspekt noch wenig Aufmerksamkeit (vgl. z.B. Voss et al., 1986; Walker, 1987). Aus diesem Grunde wurde von uns (Körkel & Schneider, 1989) eine zweite Analyse angeschlossen, in der die Erklärungskraft der Vorkenntnisse zusätzlich gegen die des prozeduralen Metagedächtnisses geprüft wurde. Vorhergesagt wurde, daß das bereichsspezifische Vorwissen auch dann als zentralster prognostischer Faktor Bestand haben würde, wenn strategisch-prozedurale Metagedächtniskomponenten zusätzlich (neben Alter, nichtsprachlichen kognitiven Kompetenzen, sprachlicher Intelligenz und deklarativem Metagedächtnis) in die Betrachtung einbezogen würden (*Hypothese 3*).

Zu diesem Zweck wurde mit den o.g. Personen- und Variablenstichproben eine weitere LISREL-Analyse angeschlossen, in die neben den im ersten Auswertungsschritt bereits benannten Konstrukten zusätzlich das prozedurale Metagedächtnis Eingang fand. Durch die Neueinführung des zuletzt genannten Konstruktes wird das Gesamtmodell um weitere Variablen ergänzt. Dadurch entsteht die wenig zufriedenstellende Situation, im Vergleich zu der relativ geringen Stichprobengröße unangemessen viele Parameterschätzungen vornehmen zu müssen. Aus diesem Grunde entschlossen wir uns, einige Konstrukte durch Eliminierung einzelner Konstruktindikatoren "auszudünnen". So wurden der Indikator der nonverbalen Kompetenzen auf die Indikatorisierung durch den CFT20 beschränkt, und aus dem Gedächtnisleistungskonstrukt wurden beide Wiedererkennungstests eliminiert. In das Konstrukt des prozeduralen Metagedächtnisses gingen alle drei o.g. Indikatoren ein (Prognosegüte, Wichtigkeitsurteile, Wissensanmutungen).

ERGEBNISSE DES ZWEITEN ANALYSESCHRITTES

In Abbildung 4 sind die Ergebnisse des um prozedurales Metagedächtnis erweiterten Strukturgleichungsmodells wiedergegeben.

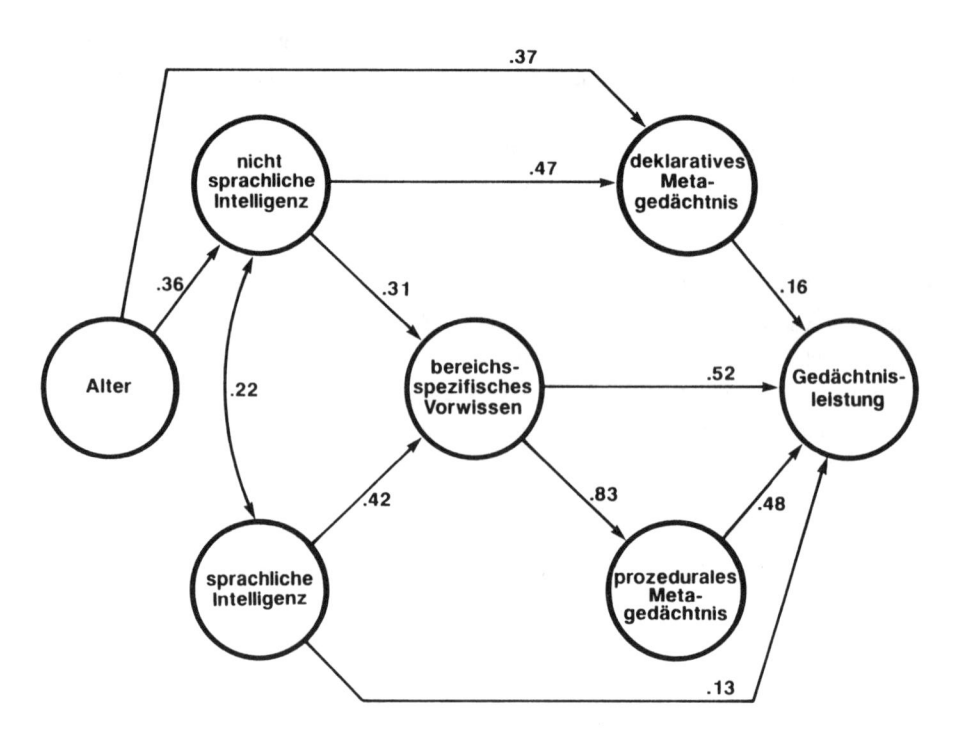

Abbildung 4. Strukturgleichungsmodell (mit Parameterschätzungen) zur Vorhersage textbezogener Gedächtnisleistungen, inklusive prozeduralem Metagedächtnis

Auch dieses Modell ist mit den Daten kompatibel, Chi^2 (93) = 105.83, $p > .05$. Abbildung 4 zeigt die Ausprägung der einzelnen Kausalpfade, von denen die wichtigsten erwähnt seien. Erneut geht der stärkste Pfad auf das Gedächtnis vom Vorwissen aus (.52), das zudem in fast vollständiger Form in das prozedurale Metagedächtnis eingeht (.83). Aufschlußreich ist weiterhin der recht ausgeprägte Pfad vom prozeduralen Metagedächtnis auf Gedächtnisleistungen (.48). Textbezogene Gedächtnisleistungen werden also in erheblichem Ausmaß von Kontroll- und Steuerungskompetenzen des Lernens beeinflußt. Das deklarative Metawissen (.16, $p < .10$) erweist sich erneut ohne substantielle Bedeutung in der Vorhersage von Gedächtnisleistungen. Zusammengenommen untermauern diese Ergebnisse die dominante Rolle bereichsspezifischer Vorkenntnisse für die Vorhersage von Gedächtnisleistungen. Zudem differenzieren sie den Globalbefund insoweit, als Vorkenntnisse nicht nur direkt, sondern auch vermittelt über metakognitive Kontroll- und Steuervorgänge in die Reproduktionsleistungen eingehen.

Erwähnt sei an dieser Stelle weiterhin, daß drei alternative Modelltestungen zu keiner zufriedenstellenden Datenanpassung führten. Dadurch werden unsere theoretischen Überlegungen weiter gestärkt: Weder die Annahme, daß Vorwissen und prozedurales Metagedächtnis lediglich korrelieren, noch diejenige, daß beide unabhängig voneinander sind, wird der Datenstruktur gerecht. Auch die gegen unsere theoretischen Annahmen verstoßende These, daß prozedurales Metagedächtnis auf Vorwissen einwirkt, erwies sich als nicht weiterführend (bei allen drei LISREL-Analysen $p < .05$).

GESAMTDISKUSSION

Ziel der hier dargestellten Studien war es, die herausragende Bedeutung bereichsspezifischer Vorkenntnisse gegenüber alternativen Prognosevariablen abzusichern, wobei als Kriterium die Gedächtnisleistungen in dem Bereich der verfügbaren Vorkenntnisse vorhergesagt werden sollten. Zwei Analysen kamen im wesentlichen zu übereinstimmenden Befunden: Bereichsspezifisches Vorwissen bildet den einflußreichsten Prädiktor für Gedächtnisleistungen, indem es zum einen die Gedächtnisleistungen direkt kausal beeinflußt. Zum anderen wirken Vorkenntnisse in starkem Ausmaß indirekt auf Gedächtnisleistungen, indem sie die metakognitive Verarbeitung des Textes, d.h. die Kontrolle und Steuerung der Textaneignung und -reproduktion, beeinflussen. Gute Vorkenntnisse sind folglich von mehrfachem Nutzen: Neue Informationen können auf der Basis von bereits Bekanntem spontan verankert und flexibel abgerufen werden; auf dieser Grundlage ist es dann auch möglich, korrekte Entscheidungen über den relativen Bedeutungsgehalt einzelner Textinformationen vorzunehmen (Wichtigkeitsurteile), das Textverständnis und den wahrscheinlichen Reproduktionserfolg realistisch einzuschätzen (Prognosegüte) und die Veridikalität der eigenen Erinnerungen treffsicher zu beurteilen (Wissensanmutungen). Bestätigt werden somit die These von Chi (1984) und das von Schneider (1989a) gezogene Resümee zum Forschungsstand, wonach bereichsspezifisches Vorwissen "Gedächtnisleistungen entweder unmittelbar oder indirekt, d.h. über die Perfektionierung von Gedächtnisstrategien beeinflussen (kann). Es scheint schließlich keinen Zweifel daran zu geben, daß das bereichsspezifische Vorwissen in bestimmten Situationen alterstypische Gedächtnisunterschiede mehr als kompensieren kann" (S. 17). Dieser Befund läßt sich auch für das Erwachsenenalter absichern (Weinert et al., 1983, 1984), wobei zu berücksichtigen ist, daß Leistungsabnahmen im höheren Erwachsenenalter z.T. auch bei gleichbleibendem bereichsspezifischem Wissen zu beobachten sind (Perlmutter, 1978).

In unseren Analysen hat auch das Metagedächtnis einen starken direkten Effekt auf die Textreproduktion. Dieser Effekt bleibt auf die prozedurale Komponente des Metagedächtnisses beschränkt, d.h. auf die Überwachung und Steuerung der Textverarbeitung. Das verbalisierbare Wissen über Textlernen und Gedächtnisprozesse ist dagegen von verschwindend geringem Einfluß. Auch dieser Befund liegt im Trend der bisherigen Forschung, wonach "vieles darauf (hinweist), daß Gedächtnisüberwachungsprozesse im Vergleich zum deklarativen Metagedächtnis beim Textlernen eine größere Bedeutung haben, wenn es darum geht, Gedächtnisleistungen vorherzusagen" (Schneider 1989a, S. 115). Gleichwohl ist in dieser Hinsicht weiterhin Zurückhaltung geboten. Folgt man den Überlegungen von Siegler (1986), wonach sich der Einfluß von metamemorialem Wissen auf gedächtnisbezogenes Verhalten und Gedächtnisleistungen frühestens ab dem 10. Lebensjahr, d.h. erst bei Verfügbarkeit über fundierteres deklaratives Metawissen stärker auszubilden scheint, so ist es auf jeden Fall notwendig, Replikationsversuche an älteren Probandengruppen vorzunehmen. Zudem legen die Ergebnisse von Hasselhorn und Körkel (1984) nahe, daß "dem *deklarativen Metawissen* bei den Laien (Personen mit geringen Vorkenntnissen) im Vergleich zu den Experten erheblich mehr Bedeutung für die Verstehens- wie auch die Behaltensleistung (zukommt). Dies stützt die These von Brown (1980), nach der allgemeine metakognitive Kompetenzen an prognostischer Bedeutung gewinnen, wenn (durch Defizite im bereichsspezifischen Vorwissen) ein Einsatz bereichsspezifischer Regulationsprozesse nicht möglich ist" (S. 293).

Auch andere Überlegungen führen zu Zurückhaltung bei der Verallgemeinerung unserer Befunde. Zum einen möchten wir darauf aufmerksam machen, daß bei uns keine Strategien der Aneignung und Reproduktion des Textes erfaßt wurden. Zumindest beim Erlernen von Wortlisten kommt dem Strategiefaktor jedoch erhebliche Bedeutung zu (vgl. Schneider, Körkel & Weinert, 1987). Die relative Bedeutung von Lern- und Gedächtnisstrategien für die Reproduktionsleistung sollte deshalb in zukünftigen Untersuchungen abgeschätzt werden, auch wenn die Messung von Strategiefaktoren beim Textlernen erfahrungsgemäß kompliziert und aufwendig ist.

Zum zweiten bedürfen die vorgestellten Ergebnisse aufgrund unserer für Strukturgleichungsmodelle relativ kleinen Stichprobengröße der Absicherung an unabhängigen und größeren Probandengruppen unterschiedlichen Alters, so daß die Gefahr vermieden wird, die für die vorliegende Stichprobe passenden Parameterschätzungen unzulässigerweise auf größere Gesamtheiten zu verallgemeinern ("capitalizing on chance").

Die dritte Überlegung betrifft die Generalisierbarkeit der Ergebnisse auf andere Aufgabenbereiche. Der Nachweis, daß sich der große prognostische Wert bereichsspezifischer Expertise im Vergleich zu den anderen grundlegenden Gedächtnisdeterminanten (nämlich: Gedächtniskapazität, -strategien und Metagedächtnis) auch bei anderen Typen von Gedächtnisaufgaben absichern läßt, steht noch aus. Lernaufgaben wie etwa das Vokabellernen folgen möglicherweise einem anderen Zusammenwirken der einzelnen Prognosemerkmale.

Unter Berücksichtigung dieser einschränkenden Bedingungen ist auf der Grundlage der dargestellten Forschungslage gleichwohl die Annahme naheliegend, daß auch im pädagogischen Alltag Lern- und Erinnerungsleitungen nicht unwesentlich von dem Vorwissen, das die Personen in dem thematischen Bereich bereits erworben haben, beeinflußt werden. Wenn dem so ist, so folgt daraus, daß eine wesentliche Möglichkeit zur Leistungsförderung im kognitiven Bereich darin besteht, die Aneignung und Nutzung bereichsspezifischer Vorkenntnisse zu fördern. Diese Folgerung liegt besonders dann nahe, wenn man davon ausgeht, daß gutes Vorwissen allgemeine kognitive Kompetenzen (wie etwa Intelligenz) offenbar zu kompensieren vermag (Schneider et al., 1989). Bei schlechteren und jüngeren Schülern erscheint zusätzlich die Vermittlung allgemeiner metakognitiver Steuerungs- und Kontrollkompetenzen erforderlich, da die Verfügbarkeit über Vorkenntnisse nicht deren flexible Zugänglichkeit und Nutzung garantiert (Campione, 1984, S. 126). Insbesondere beim Versuch einer systematischen Lernförderung sollten beide Komponenten - die Steuerung/ Überwachung des Lernens sowie die Vertiefung des Wissensfundus in dem thematischen Lerngebiet - Berücksichtigung finden (Hasselhorn & Körkel, 1983). "Das Ziel der Trainingsbemühungen sollte ... darin bestehen, daß die Schüler über zahlreiche spezifische wie auch generelle Problemlösestrategien und darüber hinaus über ein breites strategisches wie auch bereichsspezifisches Wissen verfügen. Diese Strategie- bzw. Wissenskomponenten dürften in aktuellen Problemlösesituationen eng zusammenwirken und dazu führen, daß die unterschiedlichsten Textinformationen optimal verarbeitet werden können" (Schneider 1989a, S. 168; vgl. auch Weinert & Knopf, 1983). Die Unterstützung der Wissensvermittlung durch Strategien der Lernüberwachung scheint um so dringlicher, je weniger Vorkenntnisse auf dem fraglichen Lerngebiet bereits verfügbar sind (Körkel & Hasselhorn, 1987). Es hat sich nämlich gezeigt, daß nur Schüler mit hohen Vorkenntnissen, *nicht aber Novizen*, auch von traditionellen Instruktionsmaßnahmen ohne metakognitive Komponenten profitieren (Hasselhorn & Körkel, 1986). Diese Überlegungen lassen sich mit Gewinn nicht nur auf die Förderung des Textlernens, sondern auch auf die Optimierung mathematischer Kompetenzen übertragen (Schneider & Hasselhorn, 1988). Hinsichtlich der Beziehung zwischen Vorwissen und metakognitiver Steuerung bedeutet das im letzteren Falle z.B., daß "ein reiches Faktenwissen ... bei komplexen Fragestellungen den kognitiven Aufwand für basale arithmetische Fertigkeiten (reduziert), so daß man die Aufmerksamkeit fast vollständig auf höhere kognitive Operationen fokussieren kann" (Schneider 1989a, S. 169).

Lenkt man unter pädagogisch-psychologischer Perspektive die Aufmerksamkeit ausschließlich auf die Vorkenntnisse, so betonen Asher, Hymel und Wigfield (1978), daß bereits bei der Diagnose von Lese-/Verstehensleistungen der moderierende Effekt bereichsspezifischer Vorkenntnisse berücksichtigt werden sollte. Vorkenntnisdefizite bieten insbesondere dann eine Erklärungsgrundlage für schlechte Lese-, Verstehens- und Behaltensleistungen, wenn basale Dekodierfertigkeiten bereits ausgebildet sind (Stevens, 1980). Bei Texten, für die beim Leser Vorkenntnisse und Interessse vorausgesetzt werden können, wird eine Abschätzung des potentiellen Leistungsniveaus eher möglich sein als bei Lernmaterialien mit wenig vertrauten oder unbekannten Inhalten. Auch im Hinblick auf eine Lernmotivationssteigerung verdient das Phänomen, daß lernstoffbezogenes Interesse und Kenntnisse die Lernbereitschaft erhöhen, unter pädagogischer Sichtweise größere Aufmerksamkeit (Asher et al., 1978). Als eine Möglichkeit zur Leistungs- und Motivationsoptimierung bietet sich auch diesbezüglich die Verbesserung bereichsspezifischer Vorkenntnisse an (vgl. ähnlich bereits Bransford, Nitsch & Franks, 1977).

LITERATUR

Amstad, T. (1978). *Wie verständlich sind unsere Zeitungen?* Unveröffentlichte Dissertation, Zürich.

Asher, S.R., Hymel, S. & Wigfield, A. (1978). Influence of topic interest on children's reading comprehension. *Journal of Reading Behavior, 10*, 35-47.

Bjorklund, D.F. (1987). How age changes in knowledge base contribute to the development of children's memory: An interpretive review. *Developmental Review, 7*, 93-130.

Bjorklund, D.F. & Zeman, B.R. (1983). The development of organizational strategies in children's recall of familiar information: Using social organization to recall the names of classmates. *International Journal of Behavioral Development, 6*, 341-353.

Bransford, J.D., Nitsch, K.E. & Franks, J.J. (1977). Schooling and the facilitation of knowing. In R.C. Anderson, R.J. Spiro & W.E. Montague (Eds.), *Schooling and the acquisition of knowledge* (pp. 31-55). Hillsdale, NJ: Erlbaum.

Brickenkamp, R. (1978). *Aufmerksamkeits-Belastungs-Test (d2)*. (5. Aufl.). Göttingen: Hogrefe.

Brown, A.L. (1980). Metacognitive development and reading. In R.J. Spiro, B. Bruce & W.F. Brewer (Eds.), *Theoretical issues in reading and comprehension* (pp. 452-481). Hillsdale, NJ: Erlbaum.

Campione, J.C. (1984). Ein Wandel in der Instruktionsforschung mit lernschwierigen Kindern: Die Berücksichtigung metakognitiver Komponenten. In F.E. Weinert & R.H. Kluwe (Hrsg.), *Metakognition, Motivation und Lernen* (pp. 109-131). Stuttgart: Kohlhammer.

Cattell, R. & Weiss, R. (1978). *Grundintelligenztest, Skala 20*. Braunschweig: Westermann.

Chi, M.T.H. (1978). Knowledge structures and memory development. In R.S. Siegler (Ed.), *Children's thinking: What develops?* (pp. 73-96). Hillsdale, NJ: Erlbaum.

Chi, M.T.H. (1984). Bereichsspezifisches Wissen und Metakognition. In F.E. Weinert & R. Kluwe (Hrsg.), *Metakognition, Motivation und Lernen* (pp. 211-232). Stuttgart: Kohlhammer.

Chi, M.T.H. & Ceci, S.J. (1987). Content knowledge: Its role, representation, and restructuring in memory development. In H.W. Reese (Ed.), *Advances in child development and behavior* (Vol. 20, pp. 91-142). Orlando, Florida: Academic Press.

Dempster, F.N. (1978). Memory span and short-term memory capacity: A developmental study. *Journal of Experimental Child Psychology, 26*, 419-431.

Forrest-Pressley, D.L. & Waller, T. (1984). *Cognition, metacognition and reading*. New York: Springer.

Garner, R. (1987). *Metacognition and reading comprehension*. New Jersey: Ablex Publishing Corp.

Hasselhorn, M. (1986). *Differentielle Bedingungsanalyse verbaler Gedächtnisleistungen bei Schulkindern*. Frankfurt/Main: Peter Lang.

Hasselhorn, M. & Körkel, J. (1983). Gezielte Förderung der Lernkompetenz am Beispiel der Textverarbeitung. *Unterrichtswissenschaft, 11*, 370-382.

Hasselhorn, M. & Körkel, J. (1984). Zur differentiellen Bedeutung metakognitiver Komponenten für das Verstehen und Behalten von Texten. *Zeitschrift für Entwicklungspsychologie und Pädagogische Psychologie, 16*, 283-296.

Hasselhorn, M. & Körkel, J. (1986). Metacognitive versus traditional reading instructions: The mediating role of domain-specific knowledge on children's text-processing. *Human Learning, 5*, 75-90.

Heller, M.S., Gaedike A.K. & Weinläder, H. (1976). *Kognitiver Fähigkeitstest für 4. bis 13. Klassen (KFT 4-13)*. (2. Aufl.). Weinheim: Beltz.

Holmes, B.C. (1983). The effect of prior knowledge on the question answering of good and poor readers. *Journal of Reading Behavior, 15*, 1-18.

Johnson, N.S. & Mandler, J.M. (1980). A tale of two structures: Underlying surface forms in stories. *Poetics, 9*, 51-86.

Körkel, J. (1987). *Die Entwicklung von Gedächtnis- und Metagedächtnisleistungen in Abhängigkeit von bereichsspezifischen Vorkenntnissen*. Frankfurt/Main: Peter Lang.

Körkel, J. & Hasselhorn, M. (1987). Textlernen als Problemlösen: Differentielle Aspekte und Förderperspektiven im Schulalter. In H. Neber (Hrsg.), *Angewandte Problemlösepsychologie* (pp. 193-214). Münster: Aschendorff.

Körkel, J. & Schneider, W. (1989): *Domain-specific versus metacognitive knowledge effects on text recall and comprehension*. Paper presented at the Third European Conference for Research on Learning and Instruction, Madrid, Spain.

Kreutzer, M.A., Leonard, C. & Flavell, J.H. (1975). An interview study of children's knowledge about memory. *Monographs of the Sciety for Research in Child Development, 40* (1, Serial No. 159).

Langer, J.A. & Nicolich, M. (1981). Prior knowledge and its relationship to comprehension. *Journal of Reading Behavior, 13*, 373-379.

Lindberg, M.A. (1980). Is knowledge base development a necessary and sufficient condition for memory development? *Journal of Experimental Child Psychology, 30*, 401-410.

Mandler, J.M. & Johnson, N.S. (1977). Remembrance of things passed: Story structure and recall. *Cognitive Psychology, 9*, 11-151.

Myers, M. & Paris, S.G. (1978): Children's metacognitive knowledge about reading. *Journal of Educational Psychology, 70*, 680-690.

Neber, H. (1987). Angewandte Problemlösepsychologie. In: H. Neber (Hrsg.), *Angewandte Problemlösepsychologie* (pp. 1-117). Münster: Aschendorff.

Opwis, K., Gold, A., Gruber, H. & Schneider, W. (im Druck). Zum Einfluß von Expertise auf Gedächtnisleistungen und ihre Selbsteinschätzung bei Kindern und Erwachsenen. *Zeitschrift für Entwicklungspsychologie und Pädagogische Psychologie.*

Perlmutter, M. (1978). What is memory aging the aging of? *Developmental Psychology, 14*, 330-345.

Roth, C. (1983). Factors affecting developmental changes in the speed of processing. *Journal of Experimental Child Psychology, 35*, 509-528.

Schneider, W. (1989a). *Zur Entwicklung des Meta-Gedächtnisses bei Kindern.* Bern: Huber.

Schneider, W. (1989b). Problems of longitudinal studies with children: Practical, conceptual and methodological issues. In M. Brambring, F. Lösel & H. Skowronek (Eds.), *Children at risk: Assessment and longitudinal research* (pp. 313-335). New York: De Gruyter.

Schneider, W. & Hasselhorn, M. (1988). Metakognitionen bei der Lösung mathematischer Probleme: Gestaltungsperspektiven für den Mathematikunterricht. *Heilpädagogische Forschung, 14*, 113-118.

Schneider, W. & Körkel, J. (1989). The knowledge base and text recall: Evidence from a short-term longitudinal study. *Contemporary Educational Psychology, 14*, 382-393.

Schneider, W., Körkel, J. & Weinert, F.E. (1987). The effects of intelligence, self-concept, and attributional style on metamemory and memory behaviour. *International Journal of Behavioral Development, 10*, 281-299.

Schneider, W., Körkel, J. & Weinert, F.E. (1989). Domain-specific knowledge and memory performance: A comparison of high- and low-aptitude children. *Journal of Educational Psychology, 81*, 306-312.

Schneider, W., Körkel, J. & Weinert, F.E. (1990). Expert knowledge, general abilities, and text processing. In W. Schneider & F.E. Weinert (Eds.), *Interactions among aptitudes, strategies, and knowledge in cognitive performance* (pp. 235-251). New York: Springer-Verlag.

Schneider, W. & Pressley, M. (1989): *Memory development between 2 and 20.* New York: Springer.

Siegler, R.S. (1986). *Children's thinking.* Englewood Cliffs: Prentice Hall.

Stevens, K.C. (1980). The effect of background knowledge on the reading comprehension of ninth graders. *Journal of Reading Behavior, 12*, 151-154.

Tanaka, J.S. (1987). "How big is enough?": Sample size and goodness of fit in structural equation models with latent variables. *Child Development, 58*, 134-146.

Voss, J., Fincher-Kiefer, R., Green, T. & Post, T. (1986). Individual differences in performance: The contrastive approach to knowledge. In R.J. Sternberg (Ed.), *Advances in the psychology of human intelligence* (Vol. 3, pp. 297-334). Hillsdale, NJ: Erlbaum.

Walker, C.H. (1987). Relative importance of domain knowledge and overall aptitude on acquisition of domain-related information. *Cognition and Instruction, 4*, 25-42.

Weinert, F.E. (1986). Developmental variations of memory performance und memory related knowledge across the life-span. In A. Sorensen, F.E. Weinert & L.R. Sherrod (Eds.), *Human development: Multidisciplinary perspectives* (pp. 535-554). Hillsdale, NJ: Erlbaum.

Weinert, F.E. & Knopf, M. (1983). Gedächtnisentwicklung. In R.K. Silbereisen & L. Montada (Hrsg.), *Entwicklungspsychologie. Ein Handbuch in Schlüsselbegriffen* (pp. 103-110). München: Urban & Schwarzenberg.

Weinert, F.E., Knopf, M. & Barann, G. (1983). Metakognition und Motivation als Determinanten von Gedächtnisleistungen im höheren Erwachsenenalter. *Sprache und Kognition, 2*, 71-87.

Weinert, F.E., Knopf, M., Körkel, J., Schneider, W., Vogel, K. & Wetzel, M. (1984). Die Entwicklung einiger Gedächtnisleistungen bei Kindern und älteren Erwachsenen in Abhängigkeit von kognitiven, metakognitiven und motivationalen Einflussfaktoren. In K.E. Grossmann & P. Lütkenhaus (Hrsg.), *Bericht über die 6. Tagung Entwicklungspsychologie* (pp. 313-326). Regensburg: Universitäts-Druckerei.

DIE ENTWICKLUNG DER WORTLESEFERTIGKEIT - EMPIRISCHE BEFUNDE UND PÄDAGOGISCHE IMPLIKATIONEN

Werner Zielinski und Christoph Rott[1]

1. EINLEITUNG

In vergangenen Jahrzehnten drehte sich die Diskussion in der Didaktik des Anfangsleseunterrichts lange Zeit um die Frage, ob ein vom Wortganzen ausgehender analytischer oder ein mit Einzelgraphemen beginnender synthetischer Leselehrgang den Fähigkeiten von Leseanfängern eher entgegenkommt. Während dieser Streit in der Praxis durch den Kompromiß einer Methodenkombination im Sinne eines analytisch-synthetischen Leselehrgangs weitgehend beigelegt ist, wird er im wissenschaftlichen Disput erst im letzten Dezenium aufgearbeitet. Hier drehte sich die Diskussion allerdings weniger um die adäquate Leselernmethode als um die Frage, ob ein direkter Zugang vom geschriebenen Wort zur Wortbedeutung möglich ist oder ob ein indirekter, die phonemische Zwischenebene benutzender Weg angenommen werden muß. Während heute weitgehend Einigkeit darüber besteht, daß geübte Erwachsene einen direkten Zugangsweg präferieren und den indirekten lediglich bei unvertrautem Wortmaterial einsetzen (Scheerer, 1978), ist die Frage für Leseanfänger und ungeübte Leser noch nicht entschieden. Zwar treten neuerdings Modelle in den Vordergrund, die beide Zugangswege zur Wortbedeutung annehmen (Ellis, 1984; Scheerer-Neumann, 1987). Unklar ist aber weiterhin, wie sich ein eventueller Wechsel der Lesestrategie von Leseanfängern zu der geübter Erwachsener vollzieht.

Ein von Günther (1986) vorgestelltes Modell der Leseentwicklung weist dem logographischganzheitlichen Ansatz, der in der Bundesrepublik besonders von Kern (1965) vertreten wurde und implizit eine direkte Verbindung von Graphemvorlage und Wortbedeutung annimmt, nur einen Platz in der Anfangsphase der Auseinandersetzung mit der Schrift zu. Nach neuesten Untersuchungen (Stuart & Coltheart, 1988; Wimmer & Hummer, pers. Mitteilung, 1989) ist aber auch das Durchlaufen dieses logographischen Vorstadiums keineswegs notwendig. Zwingend erforderlich ist dagegen, daß der angehende Leser den alphabetischen Code der Schrift in der folgenden alphabetischen Phase erwirbt, da unserer Schrift im Gegensatz zur chinesischen ein alphabetisches System zugrundeliegt. Die Bedeutung dieses Codes drückt sich in der vielfach gesicherten Korrelation zwischen früher Kenntnis von Buchstaben-Laut-Verbindungen und späterem Leselernerfolg aus (Badian, 1982; Kretschmann, 1989; Share, Jorm, MacLean & Mathews, 1984; Vellutino & Scanlon, 1987).

---

[1] Die vorliegende Arbeit wurde aus Mitteln der Deutschen Forschungsgemeinschaft gefördert

Mit der Frage, wie die Entwicklung von der Buchstabenkenntnis zum Wortlesen voranschreitet, befaßten sich indes nur wenige Untersuchungen. Zwar haben bereits LaBerge und Samuels in ihrem Lesemodell von 1974 einzelheitliche wie gruppenweise Verarbeitung von Graphemen beim Wortlesen vorgesehen und in einem Klassifikationsexperiment indirekt nachgewiesen, daß jüngere Kinder offenbar kleinere Verarbeitungseinheiten wählen als ältere oder Erwachsene (Samuels, LaBerge & Bremer, 1978). Während die Latenzzeiten für die Entscheidung, ob es sich bei einem dargebotenen Wort um ein Tier handelte, bei Schülern der 2. Klasse bereits bei vierbuchstabigen Wörtern anstiegen, zeigten ältere Schüler eine derartige Zunahme erst bei Vorgabe fünfbuchstabiger Wörter. Studenten ließen selbst bei Wörtern mit sechs Buchstaben keinen Anstieg erkennen.

Ob die berichtete Progression von kleineren zu größeren Verarbeitungseinheiten auch im deutschen Sprachraum zu beobachten ist und wie sie im einzelnen verläuft, ist von den Verfassern in einem früheren Experiment teilweise untersucht worden. Wie seine Ergebnisse zeigen, nehmen die Reaktionszeiten schwacher Leser besonders der 2. Klasse mit jedem zusätzlich zu verarbeitenden Buchstaben zu, die Latenzzeiten guter Leser dagegen sind bei Vorgabe von Mono-, Di-, Tri- und Tetragrammen ebenso kurz wie die beim Lesen vierbuchstabiger vertrauter Wörter (Rott & Zielinski, 1985). Welche Entwicklungsschritte zwischen den Verarbeitungsprozessen guter und schwacher Leser liegen, blieb zunächst ungeklärt. Eine Inspektion der Reaktionszeitprofile einzelner Schüler mit anschließender Typenanalyse erlaubte die Zuordnung der individuellen Profile zu fünf Typen:
- Typ 1 kennzeichnet Vpn mit linearem Anstieg der Reaktionszeiten von Mono- zu Tetragrammen;
- Typ 2 umfaßt Schüler, deren Reaktionszeiten erst beim Lesen von Trigrammen zunehmen;
- Typ 3 vereinigt Leser, die Mono- bis Trigramme gleich schnell recodieren und nur noch zur Verarbeitung von Tetragrammen signifikant längere Zeit benötigen;
- Typ 4 zeigt keine signifikanten Latenzzeitdifferenzen bei Vorgabe von Mono- bis Tetragrammen; und in
- Typ 5 sind Vpn versammelt, deren Reaktionszeiten von der Mono- zur Tetragrammstufe leicht abfallen.

Gute Leser der drei untersuchten Klassenstufen dominieren unabhängig von ihrer Klassenzugehörigkeit bei den Typen 4 und 5, während schwache Leser über die Typen 1-4 streuen.
Jüngere schwache Leser besetzen bevorzugt die Typen 1-3, ältere Typ 4.
In einer ein Jahr später durchgeführten Wiederholungsuntersuchung ergab sich ein durchschnittlicher Entwicklungsfortschritt von einem Typ zum nächst folgenden. Zwischenzeitliche Übungen beschleunigten diesen Trend (Rott & Zielinski, 1986).

Danach könnten die beobachteten Lesertypen ein Modell der Entwicklung der Recodierungsfertigkeit darstellen, die mit einer sukzessiven Recodierung von Einzelgraphemen beginnt und zu immer größeren Verarbeitungseinheiten fortschreitet.

Da wegen des Teilziels, auch die Entwicklung schwacher Leser zu untersuchen, Lesematerial mit geringem Schwierigkeitsgrad gewählt worden war, konnte nicht geklärt werden, wie groß diese Einheiten werden können und wann diese Entwicklung abgeschlossen ist. Dieser Frage sollte daher im folgenden Experiment gezielt nachgegangen werden.

2. EXPERIMENT

2.1 Lesematerial

Um den Einfluß der Wortlänge auf die Decodierungszeit überprüfen zu können, wurde Wortmaterial mit 4-7 Buchstaben verwendet. Zur Kontrolle des Einflusses des Wortbekanntheitsgrades wurde aus jedem Wort durch Vokalaustausch ein gleich langes Pseudowort gebildet, etwa "Nose" aus "Nase". Ferner wurde sichergestellt, daß sich die durchschnittlichen Übergangswahrscheinlichkeiten der Buchstaben, wie sie sich nach den Frequenzanalysen von Schönpflug (1969) ergaben, pro Materialgruppe bei Wörtern und Pseudowörtern nicht unterschieden. Der Digrammfrequenzindex (DFI) wurde als Summe der logarithmierten positionsrelativierten Übergangswahrscheinlichkeiten je zweier benachbarter Buchstaben eines Wortes errechnet.

Um prüfen zu können, ob Graphemsequenzen als Einheiten verarbeitet werden, wurde jedes Wort bzw. Pseudowort je einmal ungegliedert (z.B. Faden), regulär getrennt (Fa den) und irregulär getrennt (Fad en) vorgegeben. Bei simultaner Verarbeitung der Buchstaben eines Wortes oder Pseudowortes als Einheiten sowie bei sequentieller Analyse sollte die Art der Darbietung keinen Einfluß auf die Reaktionszeiten haben. Eine Präferenz für Subeinheiten wie etwa Silben müßte bei richtiger Trennung zu einer Verkürzung, bei falscher dagegen zu einer Verlängerung der Latenzzeiten führen.

Darüber hinaus sollte der Einfluß des Komplexitätsgrades eines Wortes auf die Lesezeit durch den Vergleich der Reaktionszeiten auf Wörter mit unterschiedlicher Silbenzahl bei konstanter Buchstabenzahl ermittelt werden, da bei gleicher Wortlänge eine geringere Silbenzahl zwangsläufig zu Konsonantenhäufungen führt. Dazu wurden Gruppen 4- und 5buchstabiger Wörter mit ein und zwei Silben sowie 6- und 7buchstabige Wörter mit zwei und drei Silben gebildet. Unterschiedliche Komplexitätsgrade mit deutlich differierenden Digrammfrequenzindices konnten aber nur bei 5buchstabigen Wörtern und Pseudowörtern realisiert werden. Bei allen anderen Materialgruppen ergaben sich keine DFI-Differenzen zwischen Wörtern bzw. Pseudowörtern mit mehr und weniger Silben.

Darüber hinaus wurde das Material so zusammengestellt, daß der mittlere DFI (DFI/ Anzahl der Digramme) auch zwischen Wörtern unterschiedlicher Länge nicht differierte.

Zusätzlich waren die Wortgruppen nach der durchschnittlichen Häufigkeit im Schulbuchwortschatz (Schneider, 1979) parallelisiert. Jede Wortgruppe bestand aus zwölf Wörtern, die in Blocks zu je vier Wörtern gegliedert waren. Durch die Blockbildung sollte erreicht werden, daß die Vpn leichter eine materialangemessene Lesestrategie einsetzen konnten. Jedes Kind hatte insgesamt 576 Wörter und Pseudowörter zu lesen.

2.2 Versuchsdurchführung

Pseudowörter und Wörter wurden wie in der Voruntersuchung auf den Bildschirm eines Tischcomputers projiziert und waren so schnell wie möglich still zu lesen. Nach erfolgter Identifikation war ein Hebel zu betätigen, worauf der projizierte Reiz verschwand. Zur Kontrolle der Richtigkeit der Reaktion hatten die Vpn zu verbalisieren, was sie glaubten erkannt zu haben. Die Reaktionszeiten wurden festgehalten, die Qualität der Reaktion registriert. Wegen der großen Zahl der zu lesenden Wörter wurde die Darbietung auf drei Sitzungen verteilt. Zur Vermeidung von Positionseffekten erfolgte eine systematische Variation der Wortblöcke sowohl zwischen den Vpn in einer Sitzung als auch zwischen den Testsitzungen. Eine Vorübung, die in einer separaten Sitzung vor der ersten Erhebung durchgeführt wurde, machte die Vpn mit Apparatur und Versuchsbedingungen vertraut.

2.3 Versuchspersonen

Da aufgrund der bisherigen Erfahrungen angenommen werden mußte, daß schwache Leser der 2. Klasse mit dem schwierigeren Wortmaterial überfordert wären, wurden sie diesmal nicht in die Untersuchungsstichprobe aufgenommen. An ihre Stelle trat eine Gruppe schwacher Leser der 6. Klasse. Mit ihrer Hilfe sollte zusätzlich die Frage geprüft werden, ob ihre Leseleistungen etwa denen einer Gruppe jüngerer guter Leser entsprechen.

Insgesamt wurden 318 Grundschüler der Klassen 2-4 und 6 wie in der ersten Untersuchung mit einer Liste von 60 weniger geläufigen vierbuchstabigen Hauptwörtern voruntersucht. Nicht in die Hauptuntersuchung aufgenommen wurden Wiederholungsschüler, Kinder mit unkorrigierten Sehfehlern sowie leseschwache Ausländerkinder. Unberücksichtigt blieben auch Schüler, die beim Lesen der Wortliste mehr als 15% Fehler machten, da unterhalb einer Mindestlesefertigkeit bei Reaktionszeitversuchen mit einer größeren Zahl störender Ausreißerwerte gerechnet werden muß. Dadurch wurden sehr schlechte Leser nicht erfaßt, so daß der Leistungsstand schwacher Leser wie in der vorangegangenen Untersuchung etwa zwischen Prozentrang 25-10 einzuordnen ist. Die verbliebenen 281 Vpn wurden nach ihrer durchschnittlichen Wortlesezeit (Gesamtlesezeit/Zahl der richtig gelesenen Wörter) jahrgangsweise in eine Rangreihe gebracht. Die jeweils 18 besten Leser der Jahrgangsstufen 2-4 nahmen als "gute" Leser, die 18 schlechtesten der Jahrgangsstufen 3, 4 und 6 als "schwache" Leser an der Untersuchung teil. Zusätzlich zu den beschriebenen Schülern wurden auch 30 Psychologiestudenten untersucht. Sie durchliefen das Versuchsprogramm allerdings in nur einer Sitzung.

2.4 Datenverarbeitung

Aufgrund der Ergebnisse der Voruntersuchung, wonach die individuellen materialspezifischen Reaktionsszeitprofile besser von Profiltypen, die bestimmten Entwicklungsstufen der Lesefertigkeit entsprechen, als von Klassenprofilen repräsentiert werden, wurde auf eine Gliederung der Vpn nach Lesergruppen- und Klassenzugehörigkeit verzichtet. Viel mehr interessierte die Frage, ob sich auch bei dieser neuen Stichprobe von Lesern und mit anderem Wortmaterial wiederum typische Reaktionszeitprofile finden ließen, die sich nach dem Ort des Anstiegs der Latenzzeit unterscheiden.

Zunächst wurden je Vp, Darbietungsart und Materialklasse Werte $>X+2SD$ eliminiert, um den verzerrenden Einfluß extrem langer Reaktionszeiten, sogen. Ausreißer, zu unterbinden. Desgleichen wurden die Reaktionszeiten für Lesefehler oder vorzeitige Reaktionen von der Weiterverarbeitung ausgeschlossen. Die durch diese beiden Maßnahmen entstandenen Datenlücken wurden aufgrund von Schätzungen aus den individuellen Mittelwerten je Materialklasse und Darbietungsart ergänzt.

Die Zahl der infolge von Fehlern zu ergänzenden Werte betrug bei guten Lesern 2,0% für Pseudowörter und 0,6% für bekannte Wörter. Bei schwachen Lesern lagen die entsprechenden Werte bei 4,0 bzw. 0,9%. Die Fehlerzahlen waren insgesamt so gering, daß eine qualitative Fehleranalyse unterbleiben mußte. Die korrigierten Reaktionszeiten der untersuchten 108 Vpn für Pseudowörter wurden zunächst individuellen Rangvarianzanalysen nach Friedman unterzogen, da die Voraussetzungen für eine parametrische Verarbeitung der Individualdaten z.T. nicht gegeben waren. Dabei wurde, um genügend stabile Werte für eine Analyse auf Einzelfallbasis zu erhalten, zunächst nicht nach Silben und Darbietungsart getrennt, so daß für jede Person 4 x 72 Messungen für 4- bis 7buchstabige Pseudowörter in die Berechnungen eingingen. Mit Hilfe nichtparametrischer Trendanalysen nach Marascuilo und McSweeney (1967) wurde sodann überprüft, ob sich von den 4- bis zu den 7buchstabigen Pseudowörtern ein linear ansteigender Trend auf individueller Basis ergibt. Mit Hilfe des dij-Tests von Dunn-Rankin wurden - außer bei nicht signifikanten Friedmananalysen - materialspezifische Reaktionszeitdifferenzen lokalisiert. Aufgrund dieser Berechnungen wurde versucht, die 108 Vpn zu ähnlichen Typen zusammenzufassen, wie wir sie in der ersten Untersuchung gefunden hatten.

2.5 Ergebnisse

Zu Typ 1 wurden zunächst diejenigen Vpn zusammengefaßt, die eine signifikante Zunahme der Reaktionszeiten von einer Materialklasse zur nächsten aufwiesen.

Typ 2 ergab sich aus Vpn, deren Lesezeiten für 4- und 5buchstabige Pseudowörter sich im dij-Test nicht unterschieden, bei denen aber ein deutlicher Anstieg bei 6- und 7buchstabigen Pseudowörtern folgte, der sich in dij-Tests und Trendanalysen sichern ließ.

Typ 3 ähnelt in seinen Reaktionszeiten auf 4- und 5buchstabige Pseudowörter Typ 2. Er zeigt von sechs Buchstaben an zwar auch einen Anstieg, der aber numerisch eher gering ausfällt und nur wegen der homogenen Reaktionszeiten dieser Vpn statistisch bedeutsam wird.

Da sich nicht alle Schüler diesen drei Typen problemlos zuordnen ließen, wurde mit Hilfe eines Verfahrens von Tatsuoka (1971) ermittelt, welchem der drei Reaktionszeitprofile die Profile der fraglichen Schüler am nächsten kommen. Um die zum Teil beträchtlichen Niveauunterschiede zwischen den einzelnen Vpn zu neutralisieren, erfolgte zuvor eine ipsative z-Transformation der individuellen Reaktionszeiten. Bei der Profilanalyse konnten lediglich 3 von 108 Profilen nicht einem der drei Typen zugeordnet werden. Gute und schwache Leser der untersuchten Klassenstufen verteilen sich, wie Tabelle 1 zeigt, wie folgt auf die drei Typen:

Tabelle 1
Verteilung guter und schwacher Leser der Klasse 2-4 und 6 auf die Lesertypen 1-3

Leser:	Klassen						
	2 gute	3 gute	3 schwache	4 gute	4 schwache	6 schwache	Su.
Typ 1	3	1	14	-	7	9	34
Typ 2	10	9	2	10	10	8	49
Typ 3	5	7	-	8	1	1	22
Summe	18	17	16	18	18	18	105

Bei Typ 1 dominieren mit nur vier Ausnahmen die schwachen Leser, bei Typ 3 dagegen eindeutig gute Leser. Lediglich je ein schwacher Leser der 4. und 6. Klasse ist hier anzutreffen. In Typ 2 kommt es zu einer Überlappung der Lesertypen. Schwache Leser der 4. und 6. Klasse erreichen hier teilweise das Leseniveau guter Leser der 2. und 3. Klasse. Die Verteilung der Lesertypen auf die vier untersuchten Klassenstufen verfehlt mit einem $Chi^2 (6) = 11.61$, $p > .07$, die Signifikanzgrenze nur knapp.

In den drei Kurventypen kommen aber nicht nur qualitative Differenzen zwischen den Lesertypen zum Ausdruck, sondern auch quantitative Unterschiede der Lesefertigkeit. Die durchschnittlichen Reaktionszeiten auf 4- bis 7buchstabige Pseudowörter und bekannte Wörter sind in Abbildung 1 veranschaulicht.

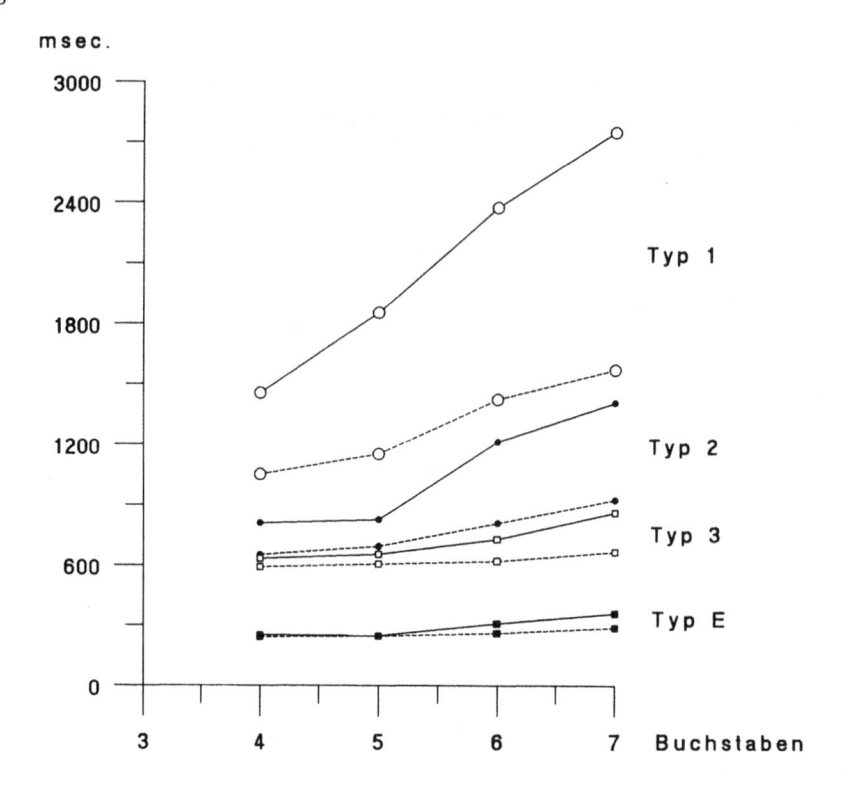

Abbildung 1. Reaktionszeiten der Lesertypen 1 - 3 (Schüler) und E (Studenten) auf 4- bis 7buchstabige Pseudowörter (---) und Wörter (- - -)

Bei Pseudowörtern unterscheiden sich die Typen 1 und 3 am deutlichsten im Niveau, während die Latenzzeiten für die Recodierung 4- und 5buchstabiger Graphemsequenzen bei den Typen 2 und 3 eng beieinander liegen. Beide Typen zeigen nach dieser Materialstufe einen Anstieg, der allerdings unterschiedlich steil ausfällt und auch hier zu klaren Niveaudifferenzen führt. Die beschriebenen Unterschiede schlagen sich varianzanalytisch in hochsignifikanten Haupt- und Interaktionseffekten nieder. Die unterschiedliche Recodierungsgeschwindigkeit der drei Typen für Pseudowörter kommt in einem F-Wert von $F\ (2,102) = 43.97$, $p < .001$, der die Latenzzeiten verlängernde Einfluß der Buchstabenanzahl auf dem Meßwiederholungsfaktor mit $F\ (3,306) = 230.52$, $p < .001$, zum Ausdruck. Die Wechselwirkung zwischen Lesertyp und Zahl der Buchstaben mit $F\ (6,306) = 41.06$, $p < .001$, weist darauf hin, daß die Niveauunterschiede mit der Buchstabenzahl zunehmen.

Die Decodierungszeiten der drei Typen für bekannte Wörter liegen dagegen enger zusammen als die für Pseudowörter. Mit $F\ (2,102) = 34.94$, $p < .001$, sind die Niveauunterschiede aber ebenfalls hochsignifikant, ebenso der Einfluß der Wortlänge mit $F\ (3,306) = 103.21$,

$p < .001$, und die Wechselwirkung zwischen Lesertyp und Wortlänge mit $F\,(6,306) = 19.41$, $p < .001$. Mit dem Fortschritt der Leseentwicklung von Typ 1 nach Typ 3 nehmen die Niveau- und Profildifferenzen zwischen den Latenzzeiten für Wörter und Pseudowörter erkennbar ab. Für Typ 1 ist der F-Wert für den Haupteffekt der Wortart mit $F\,(1,66) = 28.62$, $p < .001$, noch hochsignifikant; bei Typ 3 ist er mit $F\,(1,42) = 1.52$, $p > .05$, dagegen deutlich niedriger und statistisch nicht mehr bedeutsam. Der Anstieg der Latenzzeiten mit Zunahme der Buchstabenzahl fällt bei Typ 1 für Pseudowörter ebenfalls erheblich steiler aus als für Wörter. Mit $F\,(3,198) = 36.96$, $p < .001$, ist die Interaktion zwischen Wortart und Buchstabenzahl bei Typ 1 ausgeprägter als bei Typ 3, wo sie mit $F\,(3,126) = 19.61$, $p < .001$, aber immer noch hochsignifikant bleibt.

Die beiden Reaktionszeitkurven der studentischen Leser haben auf den ersten Blick große Ähnlichkeit mit denen von Typ 3. Bei beiden Typen zeigt sich ein linearer Anstieg der Latenzzeiten für Pseudowörter und Wörter. Mit $F\,(3,147) = 102.0$, $p < .001$, ist der Effekt der Wortlänge hochsignifikant. Der Anstieg beginnt bei beiden Typen erst bei 6buchstabigem Material. Er ist aber bei Typ 3 mit 236 msec für Pseudowörter und mit 81 msec für Wörter steiler als bei der studentischen Stichprobe, wo er nur 109 bzw. 40 msec ausmacht. Mit $F\,(3,147) = 5.31$, $p < .05$, ist die Wechselwirkung zwischen Typ und Wortlänge für Pseudowörter signifikant, wohingegen sie für Wörter mit $F\,(3,147) = 2.06$, $p > .10$, das Signifikanzniveau verfehlt. Auch haben sich die Reaktionszeitkurven der Studenten für Pseudowörter und Wörter so weit angenähert, daß sie für Sequenzen von 4 und 5 Buchstaben zusammenfallen. Mit $F\,(1,49) = 13.0$, $p < 0.001$, ist die Interaktion zwischen Typ und Wortart hochsignifikant. Der größte Unterschied zwischen den beiden Typ betrifft das allgemein Niveau der Latenzzeiten. Sie verringerten sich bei den Studenten nochmals erheblich. Mit $F\,(1,49) = 48.86$, $p < .001$, sind die Niveauunterschiede zwischen Typ 3 und der studentischen Gruppe hochsignifikant.

Der Einfluß der Darbietungsart konnte varianzanalytisch für Pseudowörter wie für vertraute Wörter nachgewiesen werden. Bei beiden Wortarten ist der Darbietungseffekt mit $F\,(2,1674) = 23.34$, $p < .001$ bzw. $F\,(2,1674) = 19.47$, $p < .001$, hochsignifikant. Er macht sich als Latenzzeitverlängerung bei irregulärer Wortgliederung, nicht aber als Reaktionszeitverkürzung durch korrekte Silbentrennung bemerkbar. In der signifikanten Wechselwirkung zwischen Lesertyp und Darbietungsart ($F\,(4,1674) = 2.89$, $p < .05$, für Pseudowörter und $F\,(4,1670) = 6.99$, $p < .01$, für bekannte Wörter) kommt der unterschiedliche Einfluß der inkorrekten Segmentierung auf die drei Typen zum Ausdruck. So erhöhen sich die Latenzzeiten bei Pseudowörtern für Typ 1 durchschnittlich um 114, bei Typ 2 um 88, bei Typ 3 um 46 und bei Studenten um 42 msec gegenüber ungetrennter Darbietungsweise. Bei bekannten Wörtern betragen die entsprechenden Differenzen 97, 34, 13 und 14 msec. Trotz dieser Unterschiede korrelieren die Latenzzeiten für das Lesen von Pseudowörtern mit .96, $p < .001$, überraschend hoch mit den Latenzzeiten für das Wörterlesen.

Der latenzzeitverlängernde Einfluß der orthographischen Komplexität ließ sich nur bei Pseudowörtern und hier nur in Abhängigkeit von der Typenzugehörigkeit als Interaktion zwischen Digramm-Frequenz-Index und Lesertyp statistisch sichern (F (2,312) = 3.29, $p < .05$). Er zeigte sich nur bei Typ 1.

Da die Reaktionszeitkurven in Abbildung 1 die Mittelwerte aus drei Durchgängen repräsentieren, ergab sich die Möglichkeit, die Frage zu prüfen, ob durch die Wiederholung Lerneffekte ausgelöst werden. Zu diesem Zweck wurden die Latenzzeiten der 1. und 3. Sitzung für Pseudowörter und vertrautes Wortmaterial einander gegenübergestellt. Wie aus Abbildung 2 ersichtlich, verkürzen sich die Latenzzeiten für Pseudowörter vom ersten zum dritten Durchgang teilweise erheblich, am deutlichsten bei Typ 1 und am geringsten bei studentischen Lesern. Gleichzeitig erfolgt eine Abflachung der Kurven.

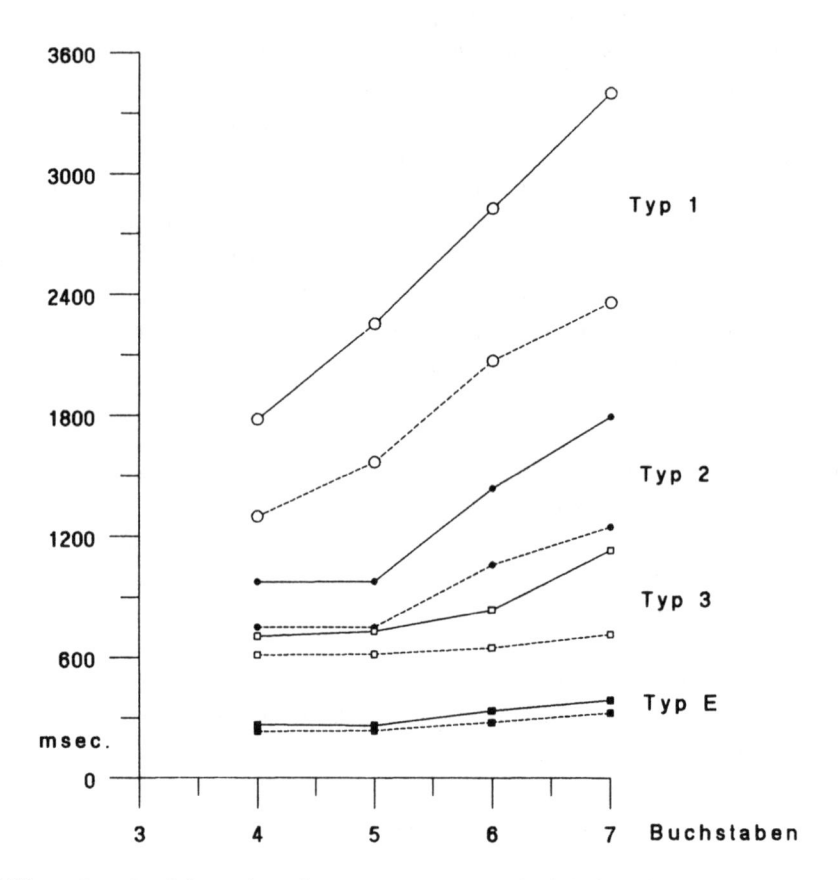

Abbildung 2. Reaktionszeiten der Lesertypen 1 - 3 (Schüler) und E (Studenten) auf 4- bis 7buchstabige Pseudowörter in der 1. (---) und 3. (- - -)

Ähnliche Trends sind auch bei den Reaktionszeiten für vertraute Wörter (s. Abbildung 3) zu beobachten. Aber weder bei Typ 3 noch bei den Studenten unterblieb beim letzten Versuchsdurchgang der Latenzzeitanstieg bei 6- und 7buchstabigen Wörtern und Pseudowörtern.

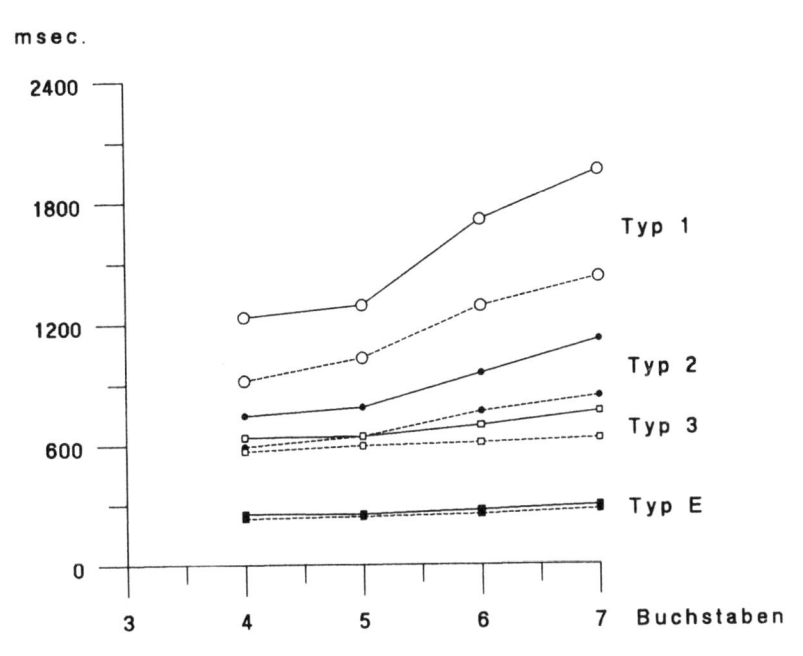

Abbildung 3. Reaktionszeiten der Lesertypen 1 - 3 (Schüler) und E (Studenten) auf 4- bis 7buchstabige bekannte Wörter in der 1. (—) und 3. (- - -)

Zur genaueren Analyse des Entwicklungsfortschrittes wurden darüber hinaus die Standardabweichungen der Items nach Buchstabenzahl und Lesertyp getrennt ermittelt. Sie nehmen generell mit der Buchstabenzahl zu und reduzieren sich von Typ 1 nach Typ E. So erhöht sich die durchschnittliche Standardabweichung bei Typ 1 von 949 msec für 4buchstabige Pseudowörter auf 1908 msec für 7buchstabige Pseudowörter. Die entsprechenden Werte für Typ 3 liegen bei 328 und 602 msec und betragen bei Studenten 139 bzw. 316 msec. Die Standardabweichungen für vertrautes Wortmaterial sind erkennbar niedriger. Sie liegen bei Typ 1 für 4buchstabige Wörter bei 577 msec und steigen für 7buchstabiges Wortmaterial auf 981 msec. Für Typ 3 reduzieren sich die entsprechenden Werte auf 286 bzw. 352 msec und betragen bei studentischen Lesern nur noch 146 bzw. 164 msec. Die Differenzen der Standardabweichungen für 4- und 7buchstabige Pseudowörter und Wörter sind nahezu alle signifikant. Lediglich bei vertrauten Wörtern verfehlt der Varianzanstieg bei Typ 3 und bei den Studenten die Signifikanzgrenze ($p > .05$).

3. DISKUSSION

Das vorgestellte Experiment sollte in erster Linie klären, wie groß die graphemischen Verarbeitungseinheiten bei guten Lesern werden können und in wie weit sich gute Leser der Grundschule von versierten erwachsenen Lesern noch unterscheiden. Wie unsere Ergebnisse zeigen, sind selbst Erwachsene in der Hochschulausbildung nicht in der Lage, Pseudowörter wie hochvertraute Wörter mit mehr als fünf Buchstaben ohne zusätzliche Verarbeitungszeit zu lesen. Bei sechsbuchstabigen Wörtern ist der zusätzliche Zeitbedarf zwar noch relativ gering, so daß dieser Befund den Ergebnissen von Samuels et al. (1978), die in einem Klassifikationsexperiment bei Studenten kein Ansteigen der Latenzzeiten bei 3- bis 6buchstabigen Wörtern beobachteten, nicht unbedingt widerspricht.

Erstaunlicherweise erreichen mit Typ 3 bereits fast 2/5 der guten Leser der Grundschule dieses Verarbeitungsniveau. Sie unterscheiden sich von ihren studentischen Vergleichspartnern im wesentlichen nur durch längere Reaktionszeiten im allgemeinen wie auch bei der Recodierung 6- und 7buchstabiger Pseudowörter. Damit haben sie, was die Größe der graphemischen Einheiten anlangt, die simultan, d.h. ohne zusätzlichen Zeitaufwand, verarbeitet werden können, den Endpunkt der Entwicklung der Lesefertigkeit bereits in der Grundschule erreicht.

Da sich die Latenzzeitkurven guter und schwacher Leser zum Teil überlappen, kann für beide Lesergruppen ein gemeinsames Entwicklungsmodell unterstellt werden. Unter Einbeziehung der Ergebnisse bei schwachen Lesern aus der vorausgegangenen Untersuchung würde demnach die Entwicklung der Wortlesefertigkeit mit der sukzessiven Verarbeitung von Einzelgraphemen beginnen und mit zunehmender Geübtheit zu immer größeren Verarbeitungseinheiten fortschreiten, bis eine Größe von etwa fünf Einheiten erreicht ist. Gute jüngere Leser können zum Teil bereits in der Grundschule so große graphemische Einheiten wie geübte Erwachsene verarbeiten, so daß damit für sie das Endstadium der Entwicklung der Wortlesefertigkeit qualitativ bereits erreicht wäre. Eine Weiterentwicklung scheint offenbar nur noch quantitativ durch Erhöhung der Verarbeitungsgeschwindigeit zu erfolgen.

Eine längsschnittliche Interpretation von Daten, die aus Querschnittsanalysen gewonnen wurden, ist an sich problematisch. Die Befunde aus den drei Versuchsdurchgängen, der Wiederholungsuntersuchung des vorangegangenen Experiments und der referierten Trainingsstudie (Rott & Zielinski, 1986) lassen eine entwicklungsbezogene Auslegung jedoch gerechtfertigt erscheinen. Genau genommen ist sie aber zunächst nur für das Recodieren von Pseudowörtern, d.h. für die Umcodierung von Graphemen in Phoneme, zulässig, da in der Voruntersuchung vertrautes Wortmaterial erst ab einer Wortlänge von vier Buchstaben verwendet wurde. Die hohe Korrelation zwischen der Lesegeschwindigkeit für Wörter und Pseudowörter deutet jedoch einen hohen Überlappungsgrad zwischen den zugrundeliegenden kognitiven Fertigkeiten an. Vergleicht man dazu die Latenzzeitkurven für Pseudowörter und vertraute Wörter in Abbildung 1, so werden weitere Parallelen sichtbar. Auch für vertrautes Wortmaterial zeigt sich die bei Pseudowörtern beobachtete Latenzzeitverkürzung und Vergrößerung der Verarbeitungseinheiten von Typ 1 über Typ 3 hin zu den Erwachsenen. Die Latenzzeiten sind nur kürzer, ihre Anstiege mit zunehmender Buchstabenzahl geringer. Der in den Abbildungen 2 und 3 sichtbar gewordene Übungsfortschritt von der ersten zur dritten Sitzung verläuft ebenfalls ähnlich. Bezieht man ferner die gleichgerichtete Varianzreduktion bei Wörtern und Pseudowörtern von Typ 1 nach Typ E in die Überlegungen mit ein, so läßt sich eine gewisse Übereinstimmung zwischen dem Recodieren von Pseudowörtern und dem Decodieren vertrauter Wörter feststellen. Dem Lesen bekannter und unvertrauter Wörter könnten demnach ähnliche kognitive Prozesse zugrundeliegen.

Damit wird die in der Einleitung angesprochene Frage berührt, ob Grundschüler einen indirekten Zugangsweg von der Graphemvorlage zur Wortbedeutung über eine phonologische Zwischenebene benutzen oder einen direkten Zugang zur Wortbedeutung haben. Das Ausbleiben eines Latenzzeitanstieges mit zunehmender Buchstabenzahl bei Wörtern bis zu einer Länge von 5 Buchstaben bei den Typen 3 und E könnte als Beleg für einen direkten Zugang dieser Wörter zum Bedeutungslexikon interpretiert werden.

Daß auch versierte Leser ab einer Wortlänge von 6 Buchstaben eine Latenzzeitverlängerung zeigen, ließe sich im Rahmen eines Zwei-Wege-Modells durchaus erklären. Danach würden kürzere Wörter, die vertrauter und damit überlernt sind, einen direkten Zugang zur Wortbedeutung haben, längere und damit weniger vertraute müßten dagegen im Bedarfsfall erst phonologisch transformiert werden, was sich in einem Anstieg der Latenzzeit niederschlägt.

Eine derartige Interpretation erschiene stimmig, wenn nicht auch für 4- und 5buchstabige Pseudowörter das Ausbleiben eines Latenzzeitanstieges zu beobachten wäre. Für sie aber existiert kein Eintrag im Bedeutungslexikon. Sie können allenfalls phonologische Einheiten abrufen, die möglicherweise in einer Art phonologischem Lexikon gespeichert sind. Dieses Lexikon würde zunehmend mit größeren Einheiten angereichert. Durch Übung kann der Zugriff zu diesem Lexikon offenbar, wie die Reduktion der Latenzzeiten von der 1. zur 3. Sitzung andeutet, beschleunigt werden. Von diesem Übungseffekt profitieren aber nicht alle Graphem-Phonem-Einheiten gleichmäßig, wie die große Varianz bei 7buchstabigen Pseudowörtern deutlich macht. Erst bei leseübten Erwachsenen geht sie zurück, was darauf hindeutet, daß sich bei ihnen der Erfahrungs- und Automatisierungsgewinn konsolidiert hat.

Die Existenz eines Lexikons für Graphem-Phonem-Einheiten unterschiedlicher Größe als Bedingung erfolgreichen Pseudowortlesens hätte Konsequenzen für die Annahme eines Mehrwegemodells. Wenn, wie oben ausgeführt, der Recodierung von Pseudowörtern und der Decodierung vertrauter Wörter ähnliche kognitive Prozesse unterstellt werden könnten, folgte daraus, daß auch die Decodierung vertrauter Wörter auf dieses phonologische Lexikon zurückgriffe. Die Decodierung bekannter Wörter wäre lediglich hoch überlernt und erfolgte deshalb derart automatisiert, daß der Zugriff auf das phonologische Lexikon nicht latenzzeitverlängernd in Erscheinung träte.

Dieser Annahme ließen sich unsere eigenen Ergebnisse entgegengehalten. So könnte der Befund, daß alle Vpn - wenn auch je nach Typ in unterschiedlichem Ausmaß - bei Pseudowörtern auf irreguläre Silbengliederung stärker mit Latenzzeitverlängerung reagierten als bei bekannten Wörtern, auf unterschiedliche Verarbeitungsprozesse hindeuten. Vertraute Wörter würden demnach eher als Einheiten verarbeitet als Pseudowörter, so daß eine irreguläre Segmentierung ihre Decodierung nicht stört. Pseudowörter dagegen würden offenbar mit einer Binnengliederung auf der Basis von Sprechsilben verarbeitet. Das geringe Ausmaß dieser Verlängerung bei den Typen 3 und E insgesamt, das bei 4- und 5buchstabigen Pseudowörtern gleich null ist, weist jedoch darauf hin, daß - hinreichende Geübtheit wie bei den Typen 3 und E vorausgesetzt - kürzere Pseudowörter offenbar ebenso als Einheiten verarbeitet werden können wie bekannte Wörter. Selbst schwache Leser, wie sie vornehmlich in den Typen 1 und 2 zu finden sind, tendieren offenbar zu größeren Verarbeitungseinheiten als Sprechsilben, wie das Ausbleiben des vorhergesagten Erleichtungseffekts durch silbenweise Vorgliederung andeutet, obgleich Scheerer-Neumann (1981) bei Legasthenikern den positiven Einfluß einer silbenmäßigen Vorsegmentierung längerer Wörter ermittelt hat. Dies ist möglicherweise darauf zurückzuführen, daß das von uns verwendete Wortmaterial mit einer Länge bis zu sieben Buchstaben nicht schwierig genug war, um durch Vorgliederung eine entscheidende Schwierigkeitsreduktion zu erfahren. Ein positiver Gliederungseffekt würde dann erst bei längeren Wörtern eintreten. Als in begrenztem Maße schwierig erwiesen sich nur Konsonantenhäufungen bei Pseudowörtern und dies auch nur für Typ 1. Dieser Befund deckt sich mit Beobachtungen von Brügelmann (1987), nach denen Wörter mit Konsonantenhäufungen schwerer zu lesen sind als solche mit einfachen Konsonanten-Vokal-Sequenzen.

Trotz vieler Übereinstimmungen zwischen dem Lesen von Wörtern und Pseudowörtern, wie sie herausgestellt wurden, ist der Schluß, es gäbe letztlich nur einen Verarbeitungsprozeß für Graphemsequenzen, der zur Wortbedeutung führt, nämlich den indirekt-phonologischen, voreilig. Es wäre durchaus denkbar, daß Pseudowörter auch durch Analogiebildung mit bekannten Wörtern ähnlicher graphemischer Struktur recodiert werden (Henderson, 1982). Tatsächlich lassen sich Pseudowörter rascher erlesen, wenn ihnen strukturähnliche bekannte Wörter vorausgeschickt werden (Goswami, 1986). Kay und Marcel 20 (1981) präferieren deshalb die Annahme eines lexikalischen Zugangs zum Pseudowortlesen, also ebenfalls ein Ein-Weg-Modell.

Nach unseren Beobachtungen an schwachen Lesern, die häufig neben ihren phonologischen Problemen auch Schwierigkeiten haben, ein begrenztes Lexikon mit Häufigkeitswörtern aufzubauen, tendieren wir zu der Annahme, daß zumindest leseschwache Schüler einen indirekten, phonologischen Zugangsweg präferieren. Gerade bei diesen Kindern bleibt der von Goswami (1986) beobachtete Analogieeffekt häufig aus, weil sie i.d.R. auch nur über einen sehr begrenzten Sichtwortschatz verfügen. Deshalb ist für sie der indirekt-phonologische Weg des Recodierens eine notwendige, wenn auch vielleicht nur vorübergehende Durchgangsstufe, um möglichst bald unvertraute Wörter, die ungeübten Lesern zwangsläufig häufiger begegnen als versierten, ohne fremde Hilfe erlesen zu können.

Warum auch gute Leser der Grundschule und selbst Studenten, von denen angenommen wird, daß sie für viele Wörter einen direkten Zugang zur Wortbedeutung besitzen, ganz ähnlich vorzugehen scheinen, bedarf einer weiteren Erklärung. Die Ursache hierfür liegt möglicherweise in unserer Aufgabenstellung begründet. Die Aufgabe, isolierte Wörter und Pseudowörter laut zu lesen, verlangt im Gegensatz zu einem lexikalischen Entscheidungsexperiment, bei dem entschieden werden muß, ob eine Graphemsequenz ein bedeutungshaltiges Wort ist, nicht primär den Zugriff auf das Bedeutungslexikon. In unserer Versuchssituation, wo trotz der Bildung von Blöcken aus je vier Wörtern und Pseudowörtern immer eine gewisse Unsicherheit blieb, ob der nächste Reiz ein Wort oder ein Pseudowort sein würde, erscheint der Rückgriff auf ein phonologisches Lexikon als die Strategie der Wahl, da sie in jedem Fall zum Ziel, nämlich zur Aussprache des Gelesenen führt. In diese Richtung weisen Befunde einer Studie, die zur Überprüfung dieser Annahme durchgeführt wurde (Schmid, 1990).

Es wäre u.E. jedoch falsch, hier von einem bloßen Methodenartefakt zu sprechen. Die Situation, isolierte und unbekannte Wörter zu lesen, ist zwar für den geübten Leser seltener als für den Leseanfänger oder Problemleser. Beim Versuch, einen unvertrauten Fachausdruck oder den Namen eines neuartigen Medikaments zu lesen, wird auch der Erwachsene mit einer ähnlichen Aufgabe konfrontiert. Ihre Lösung gelingt mit zunehmender Leseerfahrung offenbar durch Rückgriff auf immer größere phonologische Einheiten und mit abnehmender zusätzlich erforderlicher Verarbeitungszeit, wie unsere Ergebnisse zeigen, so daß hier ein systematischer Lerneffekt angenommen werden muß, der nicht allein auf das Konto unserer Versuchsanordnung gehen kann. Wenn dieser Effekt auf wortspezifische Erfahrungen zurückgeht, wie die Vertreter des Analogieanatzes reklamieren, so deutet das auf eine enge Verzahnung zwischen den beiden Zugangswegen und ihren Ergebnissen hin. Ein versierter Leser wäre demnach in der Lage, sowohl eine große Zahl von Wortbedeutungen direkt und ohne phonologische Zwischenschritte den Graphemvorlagen zu entnehmen als auch, wenn es die Aufgabe erfordert, auf ein ausdifferenziertes und rasch verfügbares phonologisches Lexikon zurückzugreifen, das im Bedarfsfall durch Anwendung phonologischer Regeln weiter modifiziert werden kann. Die guten Leser von Typ 3 hätten dann auf diesem Weg bereits ein gutes Stück zurückgelegt.

4. LESEDIDAKTISCHE KONSEQUENZEN

Aus den berichteten Befunden läßt sich eine Reihe lesedidaktischer Folgerungen ableiten. So ist durch die Befunde von Stuart und Coltheart (1988) sowie Wimmer und Hummer (pers. Mitteilung, 1989) belegt, daß Leseunterricht keineswegs zwingend mit einem logographischganzheitlichen Stadium beginnen muß. Unverzichtbar ist dagegen das Erlernen des alphabetischen Codes. Das bedeutet nun keineswegs, daß die Rückkehr zur synthetischen Methode unserer Vorväter geboten wäre. Der Ausgang von für die Kinder bedeutsamen Wortganzen, wie er von den Vertretern analytisch-synthetischer Lesemethoden praktiziert wird, bietet den Vorzug, Schrift als inhaltlich bedeutsames Kommunikationswerkzeug vermitteln zu können. Verfehlt wäre jedoch die Einführung zahlreicher Ganzwörter, um mit ihrer Hilfe differenzierte Botschaften austauschen zu können. Die Diskriminierungsfähigkeit gerade schwacher Schüler für eine größere Zahl ähnlicher Wortschemata ist leicht zu überfordern. Wichtig ist vielmehr eine rasche Herausarbeitung der wichtigsten Graphem-Phonem-Verbindungen anhand einer überschaubaren Zahl von Wörtern, die sich leicht analysieren lassen. Konsonantenhäufungen, die sogar älteren Schülern noch Schwierigkeiten bereiten, wären zu vermeiden.

Mit dem Erwerb von Graphem-Phonem-Verbindungen ist es aber offenbar nicht getan. Die von uns untersuchten schwachen Leser kannten alle wichtigen Buchstaben-Laut-Verbindungen, benötigten aber zu deren Abruf signifikant mehr Zeit als gute Leser. Bei längeren Wörtern addierten sich diese Defizite erheblich. Viele schwache Leser sind nach Meinung von Boder (1973) sogen. 'Dysphonetiker', die eine Schwäche beim Übersetzen von Graphemen in Phoneme haben. Uns scheint, daß bis zum Nachweis einer Therapieresistenz lediglich von einem Fertigkeitsdefizit gesprochen werden sollte, das durch systematische Übungen anzugehen wäre. Wie diese aussehen müßten, ist nach unseren Befunden vorgezeichnet.

Wiederholtes Lesen von Texten ist zwar eine häufig angewandte Methode, um einen schnellen Leseerfolg zu erzielen. Sie ist aber wenig geeignet, das Codierungsdefizit mancher Leseanfänger und besonders das sogen. schwacher Leser aufzuarbeiten. Sie vermittelt durch gedächtnismäßiges Einprägen der Texte oftmals nur die Illusion, ein Kind könne lesen, eine Täuschung, die den rechtzeitigen Beginn einer Lesebehandlung verzögern kann. Das Lesen einzelner Wörter ohne Textzusammenhang erscheint dagegen erfolgversprechender. Es reduziert die Erfolgsquote bloßen Ratens und fordert zu sorgfältiger Beachtung aller Buchstaben heraus. Zur Vermeidung von Überforderungen sollte dabei - unabhängig vom diagnostizierten Entwicklungsstand der Codierungsfertigkeit - mit kurzen, einfachen Konsonant-Vokal-Verbindungen begonnen werden. Entsprechend unserer Modellvorstellung von der Leseentwicklung wären nach Beherrschung der grundlegenden Buchstaben-Laut-Verbindungen Übungen zur sukzessiven Synthese angezeigt. Die hierbei häufig zu beobachtenden Schwierigkeiten beim Zusammenschleifen der Laute lassen sich umgehen, wenn der Synthese zunächst der sukzessive Abbau bekannter Wörter vorausgeht. Nach Befunden von Fayne und Bryant (1981) sollte er möglichst nur bis zum initialen Digramm vorgenommen werden, da dieses den größten Übertragungsgewinn auf andere Wörter gewährleistet.

Insgesamt stellt sich durch die allgemeine schulische Leseerfahrung im Laufe eines Jahres von selbst ein Trend zur Verwendung größerer Graphemeinheiten ein. Durch gezielte Leseübungen ist dieser Trend, wie Hirth, Mechler, Rott und Zielinski (1985) ermittelten, erheblich zu beschleunigen. In insgesamt nur 8 Zeitstunden über den Zeitraum von 6 Wochen verteilt konnten sie die Vergrößerung der durchschnittlichen Verarbeitungseinheiten um mehr als ein Graphem erzielen, ein Fortschritt, der noch nach 9 Monaten meßbar war.

Ein weiteres zentrales Problem schwacher Leser ist nach unseren Erfahrungen die geringe Motivation von Kindern, die mit dem Lesen Probleme haben. Eltern wie Lehrer beklagen regelmäßig die Unwilligkeit schwacher Leser, ihre Defizite durch besondere Anstrengungen aufzuarbeiten. Hirth et al. (1985) setzten deshalb ein Belohnungssystem ein, um die Mitarbeit der Schüler aufrecht zu halten.

Zur Steigerung der Motivation wurden daher in einer gerade beendeten Studie die zu lesenden Wörter auf den Bildschirm eines Computers projiziert. Jede Reaktion des Schülers erhielt eine computergesteuerte akustische Rückmeldung mit der richtigen Aussprache des dargestellten Wortes. Ein Wettlauf zwischen einem Schiff, dessen Geschwindigkeit der Schüler selbst bestimmen konnte, und einem Läufer, der bei jeder richtigen Antwort einen Sprung vorwärts machte, signalisierte dem Schüler Erfolg oder Mißerfolg seiner Bemühungen. Wie erhofft, erwiesen sich alle weiteren Vorkehrungen zur Aufrechterhaltung der Motivation als überflüssig. Nach einem Lesetraining mit einer Dauer von nur 5 Zeitstunden, zu dem sich die Schüler freiwillig an schulfreien Nachmittagen einfanden, hatten sich die Größe der grapho-phonemischen Verarbeitungseinheiten sowie die Wortlesegeschwindigkeit so erhöht, daß der Lernerfolg auch in der Schule registriert wurde.

Damit ist belegt, daß Buchstaben-Laut-Codierungen in der Entwicklung der Wortlesefertigkeit nicht nur eine wichtige Rolle spielen, sondern auch durch gezielte Übungen relativ kurzfristig verbessert werden können. Der Computer könnte dabei als ein motivierendes Hilfsmittel, das den Klassenlehrer obendrein von monotoner Drillarbeit entlastet, zunehmend eine nützliche Funktion auch in der Grundschule übernehmen.

LITERATUR

Badian, N.A. (1982). The prediction of good and poor reading before kindergarten entry: A four-year followup. *Journal of Special Education, 16,* 309-318.

Boder, E. (1973). Developmental Dyslexia: A diagnostic approach based on three atypical reading-spelling patterns. *Developmental Medicine and Child Neurology, 15,* 663-687.

Brügelmann, H. (1987). Was ist "einfach" zu lesen für Leseanfänger? In H. Balhorn & H. Brügelmann (Hrsg.), *Welten der Schrift in der Erfahrung der Kinder* (pp. 214-218). Konstanz: Faude.

Ellis, A.W. (1984). *Reading, writing and dyslexia - a cognitive analysis.* London: Erlbaum.

Fayne, H.R. & Bryant, N.D. (1981). Relative effects of various word synthesis strategies on the phonics achievement of learning disabled youngsters. *Journal of Educational Psychology, 73,* 616-623.

Goswami, U. (1986). Children's use of analogy in learning to read: A developmental study. *Journal of Experimental Child Psychology, 42,* 73-83.

Günther, K.B. (1986). Ein Stufenmodell der Entwicklung kindlicher Lese- und Schreibstrategien. In H. Brügelmann (Hrsg.), *ABC und Schriftsprache: Rätsel für Kinder, Lehrer und Forscher* (pp. 32-54). Konstanz: Faude.

Henderson, L. (1982). *Orthography and word recognition in reading.* London: Academic Press.

Hirth, R., Mechler, W., Rott, C. & Zielinski, W. (1985). Vergleich zweier Trainingsmethoden zur Erhöhung der Wortlesegeschwindigkeit schwacher Leser in der Grundschule. *Psychologie in Erziehung und Unterricht, 32,* 178-183.*

Kay, J. & Marcel, A. (1981). One process, not two, in reading aloud: Lexical analogies do the work of nonlexical rules. *Quarterly Journal of Experimental Psychology, 33A,* 397-413.

Kern, A. (1965). Die Gestaltauffassung der Schulanfänger und der Leselernprozeß. *Westermanns Pädagogische Beiträge, 17,* 347-354.

Kretschmann, R. (1989). Prädiktoren und Komponenten der Schriftsprachkompetenz. In H. Balhorn & H. Brügelmann (Hrsg.), *Jeder spricht anders* (pp. 213-219). Konstanz: Faude.

LaBerge, D. & Samuels, S.J. (1974). Toward a theory of automatic information processing in reading. *Cognitive Psychology, 6,* 293-323.

Marascuilo, C. & McSweeney, M. (1967). Nonparametric post hoc comparison for trend. *Psychological Bulletin, 67,* 501-412.

Rott, C. & Zielinski, W. (1985). Vergleich der Buchstaben- und Wortlesefertigkeit guter und schwacher Leser der 2. - 4. Grundschulklasse. *Zeitschrift für Entwicklungspsychologie und Pädagogische Psychologie, 17,* 150-163.*

Rott, C. & Zielinski, W. (1986). Entwicklungsstufen der Lesefertigkeit in der Grundschule. *Zeitschrift für Entwicklungspsychologie und Pädagogische Psychologie, 18,* 165-175.*

Samuels, S.J., LaBerge, D. & Bremer, C.D. (1978). Units of word recognition: Evidence for developmental changes. *Journal of Verbal Learning and Verbal Behavior, 17,* 715-720.

Scheerer, E. (1978). Probleme und Ergebnisse der experimentellen Leseforschung. *Zeitschrift für Entwicklungspsychologie und Pädagogische Psychologie, 10,* 347-364.

Scheerer-Neumann, G. (1981). The utilization of intra-word structure in poor readers: Experimental evidence and a training program. *Psychological Research, 43,* 155-178.

Scheerer-Neumann, G. (1987). Wortspezifisch: Ja - Wortbild: Nein. In H. Balhorn & H. Brügelmann (Hrsg.), *Welten der Schrift in der Erfahrung der Kinder* (pp. 219-241). Konstanz: Faude.

Schmid, H. (1990). *Der Einfluß der Zusammensetzung des Lesematerials auf die Strategie beim Lesen bekannter und unbekannter Wörter.* Unveröffentlichte Diplomarbeit, Universität Heidelberg.

Schneider, W. (1979). *Materialien zur deutschen Rechtschreibung.* Textsammlung von Probearbeiten, Diktaten und Schulbüchern (alphabetische Indices, Frequenzranglisten, Konkordanzen). Nürnberg: Regensburger Microfiche Materialien.

Schönpflug, W. (1969). n-Grammhäufigkeiten in der deutschen Sprache. *Zeitschrift für experimentelle und angewandte Psychologie, 16,* 157-183.

Share, D., Jorm, A.F., MacLean, R. & Mathews, R. (1984). Sources of individual differences in reading acquisition. *Journal of Educational Psychology, 76,* 1309-1324.

Stuart, M. & Coltheart, M. (1988). Does reading develop in a sequence of stages? *Cognition, 30,* 139-181.

Tatsuoka, M.M. (1971). *Multivariate Analysis.* New York: Wiley.

Vellutino, F.R. & Scanlon, D.M. (1987). Phonological coding, phonological awareness and reading ability: Evidence from a longitudinal and experimental study. *Merrill Palmer Quarterly, 33,* 321-363.

Die mit (*) bezeichneten Arbeiten wurden aus Mitteln der Deutschen Forschungsgemeinschaft gefördert.

ZUR KOMPATIBILITÄT KOGNITIVER, AFFEKTIVER UND MOTIVATIONALER ZIELKRITERIEN DES SCHULUNTERRICHTS - CLUSTERANALYTISCHE STUDIEN

Andreas Helmke und Friedrich-Wilhelm Schrader

Schule und Unterricht haben neben der fachlichen Qualifikation der Schüler eine Vielzahl anderer - teils beabsichtigter, teils unbeabsichtigter - Wirkungen, die sich, je nach zugrundeliegender Forschungstradition, mit Stichworten wie "erzieherische Wirkungen", "Sozialisationseffekte", "heimlicher Lehrplan" oder "soziales Lernen" umreißen lassen (vgl. Fend, 1980). Gleichwohl richtet sich das Hauptinteresse der Lehr-Lern-Forschung, von Lehrern und Eltern und nicht zuletzt der Öffentlichkeit traditionellerweise auf die schulische *Leistung* als zentrales Zielkriterium des Unterrichts. Daran haben auch vollmundige Umschreibungen der Wichtigkeit nicht-kognitiver Lernziele in diversen Präambeln von Schulgesetzen (z.B. "Die Schulen ... sollen Wissen und Können vermitteln sowie Geist und Körper, Herz und Charakter bilden", Artikel 1 des Bayerischen Gesetzes über das Erziehungs- und Unterrichtswesen) oder die Erstellung von Katalogen sog. "affektiver Lernziele" (z.B. Krathwohl, Bloom & Masia, 1975) nur wenig geändert.

Eine der theoretisch interessantesten und zugleich praktisch bedeutsamsten Fragen ist in diesem Zusammenhang die Frage nach der *multikriterialen Wirksamkeit* des Unterrichts, und dabei insbesondere nach der Kompatibilität verschiedener Zielkriterien (vgl. Treiber & Weinert, 1982). Es gibt eine Reihe von Studien, die zusätzlich zum Kriterium der Leistungssteigerung weitere Zielkriterien wie den Ausgleich von Leistungsunterschieden innerhalb der Klasse ("Egalisierung", vgl. Helmke, 1988; Treiber & Weinert, 1985) oder affektive bzw. motivationale Effektkriterien (Helmke, Schneider & Weinert, 1986; Schofield, 1981) einbezogen haben. Sieht man von vereinzelten experimentellen Studien zur Evaluation verschiedener Lehrmethoden anhand ihrer kognitiven *und* affektiven Wirkungen (z.B. Slavin & Karweit, 1981) ab, so stammen die meisten Ergebnisse zur Frage der Vereinbarkeit verschiedener Zielkriterien aus Untersuchungen zum Vergleich von direkter und indirekter Instruktion. Dabei überlappt sich der Bedeutungsgehalt des Gegensatzpaares "direct vs. indirect instruction" stark mit dem der Begriffspaare "traditional vs. open classrooms" und "formal vs. informal teaching" (vgl. Bennett, 1976; Good, Biddle & Brophy, 1975).

Direkte Instruktion ist im wesentlichen dadurch gekennzeichnet, daß der Lehrer stark dominiert und den Unterrichtsablauf stark strukturiert, daß einfache und leicht beantwortbare Fragen gestellt werden, daß sofortiges eindeutiges Feedback gegeben wird und daß wenig Raum für Eigenaktivitäten der Schüler bleibt (vgl. Rosenshine, 1979). Dieses "Modell der direkten Instruktion" wurde in den letzten Jahren relativ gut untersucht; die Ergebnisse vieler Untersuchungen sprechen dafür, daß diese Form des Unterrichtens insbesondere bei jüngeren und leistungsschwächeren Schülern und bei stark strukturierten Unterrichtsstoffen besonders leistungsförderlich ist (Rosenshine & Stevens, 1986). Häufig wird bei dieser Form des Unterrichts jedoch unterstellt, daß ein solcher Unterricht auf Kosten affektiver Zielkriterien wie Freude am Lernen und der Einstellung zu Schule und Schulfach geht. Bei *indirektem Unterricht* stehen dagegen gerade nicht-kognitive Lernziele wie die Förderung von Selbständigkeit, Eigeninitiative und Kooperationsfähigkeit im Vordergrund. Befürchtet wird dabei aber vielfach, daß basale Lernziele wie die Einübung und Konsolidierung von elementaren, für den weiteren Stoffaufbau wie für die Lebenspraxis grundlegenden Kenntnissen und Fertigkeiten zu kurz kommen. Direkter und indirekter Unterricht scheinen somit für unterschiedliche Ziele relevant zu sein.

Untersuchungen zur Wirkung direkter und indirekter Instruktion zeigen in der Tat häufig eine partielle Inkompatibilität affektiver und kognitiver Kriterien: "Teacher behavior involved in maximizing student learning is not always the same kind of teacher behaviour involved in maximizing student attitudes" (Good et al., 1975, p. 78). Peterson's (1979) Meta-Analyse der Wirkungen von direct vs. open instruction zeigt, daß direkte Instruktion beim Erwerb von basic skills in den Hauptfächern überlegen ist, wobei allerdings die mittleren Effektstärken gering sind (zwischen .12 und .14 z-Einheiten) und eine sehr große Streubreite aufweisen. Bei anderen kognitiven Kriterien (wie Problemlösen, Kreativität) und bei affektiven Kriterien zeigt sich dagegen durchwegs ein Vorsprung indirekten Unterrichts, der bei Effektkriterien wie Angst und Selbstkonzept allerdings ebenfalls gering (mittlere Effektstärke von .12 bis .16 z-Einheiten), bei der affektiven Einstellung zum Lehrer (.42 z-Einheiten) jedoch recht deutlich ausgeprägt ist. Dieser Trend wurde durch nachfolgende Studien tendenziell bestätigt, z.B. von Schofield (1981), der dieses Effektmuster in folgender Weise auf den Punkt bringt:

"Promoting academic skills ... entails adherence to a well-organized curriculum and the exertion of pressure on children to apply themselves continually during class periods to tasks leading to content mastery; it does not entail commensurate concern for the pupils' enjoyment of classroom acitivities and intrinsic interests in learning or for the pupils' feeling of self-esteem and emotional adjustment." (p. 462)

Ein nicht ganz unähnliches Befundmuster zeigt sich in der Forschung zum Vergleich der Gesamtschule mit dem traditionellen Schulsystem. Letzteres ist tendenziell im Schulleistungsbereich, die Gesamtschule bei den affektiven Variablen überlegen (Fend, 1982; Helmke, 1979), wobei jedoch oft nicht entscheidbar ist, ob das Wirkungsmuster auf strukturellen (Systemmerkmale), kontextuellen (Selektionseffekte) oder personalen Determinanten beruht, da diese drei Variablen in der Regel unauflöslich konfundiert sind.

Obwohl die vorliegenden empirischen Belege tendenziell auf eine Unvereinbarkeit bzw. Gegenläufigkeit kognitiver und affektiver Zielkriterien hindeuten, kann man natürlich kritisch fragen, ob ein stark leistungsorientierter Unterricht *zwangsläufig* auf Kosten affektiver Unterrichtsziele gehen muß. Genaugenommen zeigen die vorliegenden empirischen Untersuchungen ja lediglich, daß *im Durchschnitt* mit einem "trade-off" im Hinblick auf affektive und kognitive Ziele gerechnet werden muß, nicht dagegen, was in einzelnen Fällen und unter günstigen Umständen möglich sein könnte. Solange jedoch darüber keine Klarheit besteht, sind Aussagen, die von der Inkompatibilität kognitiver und affektiver Ziele als Faktum sprechen, nicht nur unpräzise, sondern darüberhinaus aus pädagogischer Sicht sogar bedenklich.

Die vorliegenden Untersuchungen weisen zudem eine Reihe von Defiziten auf: Es handelt sich vorwiegend um Querschnittstudien; bei den wenigen Follow-up und Longitudinalstudien ist das zugrundeliegende Zeitintervall meist nur sehr kurz; vielfach wird zusätzlich zum Leistungskriterium nur *ein* affektives Kriterium herangezogen; schließlich sind die Stichproben oft sehr klein und wenig repräsentativ (beispielsweise handelt es sich nur um Lehrerstudenten, wie bei Schofield, 1981).

Wir selbst sind der Frage nach der Vereinbarkeit verschiedener Zielkriterien bereits im Rahmen einer größeren Längsschnittstudie zur schulischen Leistungsentwicklung nachgegangen. In einer Arbeit (Weinert & Helmke, 1987b) haben wir zunächst diejenigen drei Merkmale der Unterrichtsqualität identifiziert, die die stärksten Prädiktoren der Leistungsentwicklung darstellen. In einem zweiten Schritt haben wir mithilfe von auf Klassenebene eingesetzten kausalanalytischen Techniken untersucht, welche Rolle diese Merkmale (Klarheit, Zeitnutzung und individuelle fachliche Hilfen) für verschiedene affektive Zielkriterien spielen. Eines der interessantesten Ergebnisse war gewesen, daß eine sehr intensive Nutzung der Unterrichtszeit für die Behandlung von Stoff ("Zeitnutzung") als ein zweischneidiges Schwert angesehen werden muß: Einerseits wird das Leistungsniveau gesteigert, andererseits wird jedoch - auf lange Sicht gesehen - die Freude am Lernen geschmälert. In einer zweiten Studie (Helmke, 1988) ging es um die Vereinbarkeit von zwei kognitiven Zielkriterien des Unterrichts: Qualifizierung und Ausgleich von innerklasslichen Leistungsunterschieden. Hier gingen wir effektzentriert vor, d.h. es wurden zunächst Gruppen mit über- vs. unterdurchschnittlicher Ausprägung der beiden Zielkriterien gebildet, und anschließend wurde das Unterrichts- und Kontextprofil der resultierenden vier Gruppen von Klassen miteinander verglichen. Hauptergebnis war, daß die Gruppe der "Positivklassen" (d.h. mit überdurchschnittlichen Werten bei beiden Zielkriterien) bei allen geprüften Unterrichtsvariablen, am deutlichsten hinsichtlich der Adaptivität, die höchsten Ausprägungen aufwies. Allerdings fanden sich beachtliche Unterschiede zwischen den Unterrichtsprofilen der einzelnen Klassen *innerhalb* der Positivgruppe.

In der vorliegenden Arbeit wollen wir an die beiden genannten Studien anknüpfen und diese in folgender Weise erweitern: Im Unterschied zu der Arbeit von Helmke (1988), in der es um zwei *kognitive* Zielkriterien (Qualifizierung und Chancenausgleich) ging, sollen hier sowohl kognitive als auch *motivationale* und *affektive* Zielkriterien zugrundegelegt werden. Und anders als bei Weinert und Helmke (1987b) beschränken wir uns in der vorliegenden Studie nicht auf diejenigen Komponenten des Unterrichts, die für die kognitive Entwicklung relevant sind, sondern berücksichtigen auch solche Aspekte des Unterrichts und der Lehrer-Schüler-Interaktion, von denen wir annehmen, daß sie für die affektive Entwicklung wichtig sind. Das heißt, wir schreiben den affektiven Wirkungen nicht lediglich den Status von Nebenwirkungen zu, sondern betrachten sie als gleichgewichtige Zielkriterien des Unterrichts. Wir greifen dabei auf sechs der in der Arbeit von Helmke (1988) zugrundegelegten Unterrichtsmerkmale zurück, für die eine relativ klare Zuordnung zu den kognitiven und affektiven Zielkriterien möglich ist. Anders als in den beiden vorangegangenen Arbeiten soll in dieser Arbeit versucht werden, das globale Muster des Zusammenhangs zwischen verschiedenen Zielkriterien des Unterrichts weiter aufzuschlüsseln, indem Gruppen von Lehrern identifiziert werden, die im Hinblick auf die Zielerreichung mehr oder weniger ähnlich sind. Indem danach gefragt wird, welche Muster der Zielerreichung empirisch vorkommen, wird zugleich geprüft, inwieweit verschiedene Ziele von einzelnen Lehrern oder Lehrergruppen gleichzeitig realisiert werden. Die Aufschlüsselung des globalen Variablenzusammenhangs soll also dadurch erfolgen, daß *Typen* von Klassen bzw. Lehrern ermittelt werden, die sich durch bestimmte Effektmuster charakterisieren lassen. Speziell sind wir daran interessiert zu erfahren, ob sich Typen von Klassen bzw. Lehrern identifizieren lassen, denen es gelingt, gleichzeitig alle drei Zielkriterien (kognitiv, affektiv und motivational) in überdurchschnittlichem Maße zu realisieren, und wie sich derartige Lehrer und Klassen charakterisieren lassen. Damit ergeben sich die folgenden beiden Fragestellungen:

(1) Sind kognitive, affektive und motivationale Zielkriterien miteinander kompatibel, d.h. lassen sich Klassen identifizieren, deren Lehrern eine überdurchschnittliche Entwicklung in allen drei Bereichen gelingt?
(2) Falls ja: Durch welche Merkmale des Unterrichts und der Lehrer-Schüler-Interaktion ist der Unterricht solcher "Positivklassen" gekennzeichnet? Lassen sich im Unterrichtsprofil dieser Klassen hinreichende und notwendige Bedingungen voneinander unterscheiden? Welche Rolle spielen dabei Merkmale des Klassenkontextes und relevante Eingangsbedingungen?

METHODE

Rahmen der Untersuchung
Die vorliegende Arbeit beruht auf Daten, die im Rahmen des Projektes *Unterrichtsqualität und Leistungszuwachs* (vgl. Helmke, Schneider & Weinert, 1986; Weinert & Helmke, 1987b) erhoben wurden. Es handelte sich dabei um eine größere Längsschnittuntersuchung zur Leistungsentwicklung im Fach Mathematik sowie zur Entwicklung leistungsbezogener motivationaler Merkmale in Abhängigkeit von der Unterrichtsqualität.

Stichprobe
Die Stichprobe besteht aus 39 Hauptschullehrern und ihren Klassen, die Schulen der Landkreise München und Erding angehörten. Die Untersuchung erstreckte sich vom Beginn

der fünften bis zum Ende der sechsten Klassenstufe. Die vorliegende Studie beschränkt sich auf die Entwicklung während der 5. Klassenstufe. Bei den Lehrern handelte es sich um die regulären Mathematiklehrer dieser Klassen. Eine Vergleichsuntersuchung zeigte, daß sich die an der Untersuchung beteiligten Lehrer hinsichtlich wichtiger demographischer und unterrichtsbezogener Merkmale nicht systematisch von einer repräsentativen Stichprobe bayerischer Hauptschullehrer ($N = 651$) unterscheiden, so daß die Verallgemeinerbarkeit der Ergebnisse von daher nicht eingeschränkt ist.

Instrumente

LEHRER- UND UNTERRICHTSMERKMALE

Zurückgegriffen wurde auf sechs der sieben von Helmke (1988) entwickelten Indikatoren der Unterrichtsqualität. Es handelt sich dabei um mehrperspektivisch gebildete Konstrukte (vgl. Treiber & Weinert, 1982). Das heißt, zur Vermeidung methodenspezifischer Einseitigkeiten und Verzerrungen wurden bei der Bildung der Variablen nach Möglichkeit die folgenden vier Informationsquellen benutzt:

(1) <u>Niedrig-inferente Unterrichtsbeobachtungen</u>. Mit Hilfe eines lehrerzentrierten Beobachtungssystems ("Five-Minute-Interaction"-System bzw. FMI; Stallings, 1977) wurden von trainierten Unterrichtsbeobachtern in jeweils 9 Mathematikstunden die folgenden Aspekte des Lehrerverhaltens und der Lehrer-Schüler-Interaktion erfaßt: der Kontext (z.B. lehrerzentrierter Frontalunterricht oder Stillarbeit), die an der Interaktion Beteiligten (Lehrer, ein einzelner Schüler, eine Schülergruppe) und der Inhalt der Interaktion (z.B. erklärende Darstellung, verschiedene Formen von Fragen und Rückmeldungen). Den Analysen zugrundegelegt wurden über alle 9 Beobachtungsstunden aggregierte Angaben über die relative Häufigkeit des Auftretens der einzelnen Beobachtungskategorien.

(2) <u>Hoch-inferente Unterrichtsbeurteilungen</u>. Nach jeder beobachteten Unterrichtsstunde wurde der Unterricht von den Unterrichtsbeobachtern auf einer Reihe von hoch-inferenten Ratingskalen beurteilt (z.B. Effizienz des klasseninternen Regelsystems und der Klassenführung, Ausmaß der Lehrstofforientierung). Die Einschätzungen wurden ebenfalls über alle 9 Beobachtungsstunden aggregiert.

(3) <u>Schülerangaben</u>. Mit Hilfe eines Schülerfragebogens wurden verschiedene Aspekte des Unterrichts aus Schülersicht (z.B. die wahrgenommene Effizienz der Klassenführung, die Sensibilität des Lehrers für die fachlichen Stärken und Schwächen der Schüler) erfaßt. Die Angaben der Schüler wurden klassenweise aggregiert.

(4) <u>Lehrerangaben</u>. Verschiedene Lehrerangaben zur Unterrichtsgestaltung wurden ebenfalls mit Hilfe eines Fragebogens erfaßt.

Die auf der Basis dieser Informationsquellen gebildeten Konstrukte sehen wie folgt aus:

<u>Effizienz der Klassenführung</u>. Anteil der nicht-disziplinbezogenen Aktivitäten an allen registrierten Interaktionen (niedrig-inferente Beobachtungen); Vorhandensein klarer und von den Schülern akzeptierter Verhaltensregeln (hoch-inferentes Rating); Effizienz der Klassenführung aus Schülersicht (Schülerfragebogen, 5 Items).

<u>Lehrstofforientierung/Zeitnutzung</u>. Anteil der nicht-prozeduralen Aktivitäten an allen registrierten Interaktionen (niedrig-inferente Beobachtungen); Vermittlung fachlicher Inhalte und Lehrziele durch den Lehrer (hoch-inferentes Rating); Lehrstofforientierung aus Schülersicht (Schülerfragebogen, 6 Items).

<u>Klarheit</u>. Fehlen von Aktivitäten, die mangelndes Verständnis der Schüler anzeigen (niedrig-inferente Beobachtungen); Verständlichkeit der Lehrerdarstellung (hoch-inferentes Rating); Verständlichkeit aus Schülersicht (Schülerfragebogen, 2 Items).

<u>Adaptivität</u>. Anteil von Kleingruppenunterricht sowie Anteil individueller Hilfestellungen an allen registrierten Interaktionen (niedrig-inferente Beobachtungen); angemessene Variation des Lehrerverhaltens aus Schülersicht (Schülerfragebogen, 5 Items); Präferenz eines klein-

gruppenorientierten Unterrichts sowie Bereitschaft zur Variation des Unterrichtsangebots (Lehrerfragebogen, 2 Items).

Affektive Qualität der Lehrer-Schüler-Beziehung. Bereitschaft des Lehrers zu loben aus Schülersicht (Schülerfragebogen, 1 Item); Humor des Lehrers aus Schülersicht (Schülerfragebogen, 1 Item); dem Lehrer entgegengebrachte Sympathie (Schülerfragebogen, 1 Item).

Langsamkeitstoleranz. Tendenz des Lehrers, den Schülern nach Fragen Zeit zum Überlegen zu lassen (hoch-inferentes Rating); Bereitschaft des Lehrers, langsame Reaktionen zu tolerieren (Lehrerfragebogen, 4 Items).

SCHÜLERMERKMALE

Intelligenz. Die Intelligenz der Schüler wurde mit Hilfe von drei Subskalen (Wortbedeutung, Fortsetzen von Zahlenreihen, Figurenanalogien) des zu Beginn der 5. Klassenstufe eingesetzten kognitiven Fähigkeitstests (KFT) von Heller, Gaedike und Weinläder (1976) erfaßt. Die Reliabilität des aus den drei Subskalen bestehenden Gesamttestwertes beträgt .92 (Cronbach's Alpha).

Kognitives Zielkriterium: Mathematiktestleistung. Von den im Verlaufe der zwei Jahre insgesamt viermal erhobenen Mathematikleistungen wurden für die vorliegenden Analyse die beiden zu Beginn und Ende der fünften Klassenstufe erfolgten Messungen herangezogen. Die Erhebung erfolgte mit Hilfe von zwei selbstentwickelten, auf das Curriculum der fünften Jahrgangsstufe bayerischer Hauptschulklassen abgestimmten Tests, die die Bereiche "Grundrechenarten" und "Textaufgaben" abdeckten. Die Reliabilität des aus beiden Tests bestehenden Gesamtwertes beträgt .95 (Cronbach's Alpha).

Motivationales Zielkriterium: Selbstkonzept der eigenen Fähigkeit. Das Selbstkonzept der eigenen Fähigkeit für Mathematik wurde mit Hilfe einer aus 6 Items bestehenden Skala zu Beginn und am Ende der fünften Klassenstufe erhoben. Die Reliabilitäten der Skala zu den beiden Meßzeitpunkten betragen .83 und .85 (Cronbach's Alpha).

Affektives Zielkriterium: Einstellung zum Fach Mathematik. Ebenfalls zu Beginn und zum Ende der fünften Klassenstufe wurde mit Hilfe einer aus 5 Items bestehenden Skala die Einstellung zum Fach Mathematik erfaßt. Die Reliabilitäten dieser Skala zu den beiden Meßzeitpunkten betragen .75 und .78 (Cronbach's Alpha).

KONTEXTMERKMALE. Folgende Klassenmerkmale wurden als Kontextmerkmale des Unterrichts berücksichtigt: Klassengröße, Mädchenanteil, Ausländeranteil, Niveau und Streuung der Vorkenntnisse in der Klasse und Intelligenzniveau der Klasse.

VERÄNDERUNGSMASSE. Die Erfassung von Veränderungen in den drei Bereichen Leistung, Selbstkonzept und Einstellung zur Mathematik erfolgte dadurch, daß die zum Ende der fünften Klasse erhobenen Angaben um die zu Beginn der fünften Klasse erfaßten, inhaltlich äquivalenten Angaben (Pretests) bereinigt wurden (Residualisierung).

Analysestrategie

Das Kernstück der Auswertung sind Clusteranalysen, die sowohl auf Seiten der Zielkriterien als auch auf Seiten der Unterrichtsmerkmale durchgeführt wurden. Bei Clusteranalysen wird eine Objektmenge aufgrund der zwischen den Elementen bestehenden Ähnlichkeitsbeziehungen so in verschiedene Gruppen oder Klassen (Cluster) aufgeteilt, daß die Ähnlichkeiten innerhalb jedes Clusters möglichst hoch und die Ähnlichkeiten zwischen den verschiedenen Clustern möglichst gering sind. Wir entschieden uns dabei für ein hierarchisches Vorgehen, weil dieses bessere Rückschlüsse auf die zur Darstellung der Ähnlichkeitsstruktur geeignete Clusterzahl erlaubt (vgl. Eckes & Roßbach, 1980). Bei einem hierarchischen Verfahren wird eine ganze Serie von Zerlegungen (maximal n Zerlegungen bei n Objekten) vorgenommen, wobei jede Zerlegung eine Verfeinerung der vorangegangenen ist. Zugrundegelegt wurde die Ward-Methode, die sich in Monte-Carlo-Studien vielfach als überlegen herausgestellt hat (Aldenderfer & Blashfield, 1984; Bortz, 1988). Die Ward-Methode ist ein hierarchisch-agglomeratives Verfahren; d.h. das Verfahren beginnt damit, daß jedes Objekt als eigenes Cluster betrachtet wird und die beiden ähnlichsten Cluster/Elemente zu einem neuen Cluster fusioniert werden; dieses Verfahren wird schrittweise so lange fortgesetzt, bis alle Elemente zu einem einzigen Cluster vereinigt sind. Die verschiedenen hierarchisch-agglomerativen Verfahren unterscheiden sich durch das benutzte Ähnlichkeitskriterium. Bei der Ward-Methode werden diejenigen Elemente zu einem Cluster fusioniert, bei denen die Vereinigung zur geringsten Erhöhung der Fehlerquadratsumme führt. Ein bislang ungelöstes Problem bei clusteranalytischen Methoden ist die Bestimmung der optimalen Clusterzahl. Als heuristisches Kriterium wird für die Ward-Methode vielfach ein zum Scree-Test in der Faktorenanalyse analoges Vorgehen empfohlen, wonach die Größe des Fusionierungskoeffizienten als Funktion der Clusterzahl betrachtet und diejenige Clusterzahl gewählt werden sollte, ab der ein sprunghafter Anstieg im Wert des Fusionierungskriteriums zu verzeichnen ist. Alternativ hierzu - oder zusätzlich - kann festgelegt werden, daß die Clusteranzahl solange erhöht wird, bis der Betrag der zusätzlich erklärten Kriteriumsvarianz einen kritischen Punkt erreicht. Hierfür legten wir vorab den Betrag von 5% fest.

ERGEBNISSE

Für die Beantwortung der Frage nach der Vereinbarkeit verschiedener Zielkriterien des Unterrichts war zunächst zu prüfen, wie hoch der Zusammenhang zwischen den verschiedenen Effektmaßen ist. Tabelle 1 zeigt, daß lediglich Leistungsentwicklung und Entwicklung des Fähigkeitsselbstbildes signifikant positiv, wenn auch nur mäßig hoch korrelieren. Diese weitgehende Unabhängigkeit der Zielkriterien deutet darauf hin, daß es Schulklassen mit ganz unterschiedlichem Effektmuster geben muß.

Tabelle 1
Interkorrelation der Effektkriterien (Klassenebene, N = 39)

	2	3
1 Leistungsentwicklung	.36*	-.11
2 Entwicklung des Fähigkeitsselbstbildes		.20
3 Entwicklung der Schulfreude		

* $p < .05$

Die erste der beiden zentralen Fragen ist, ob sich Schulklassen identifizieren lassen, bei denen eine überdurchschnittlich günstige Leistungsentwicklung mit einer positiven affektiven und motivationalen Entwicklung einhergeht. Zur Beantwortung dieser Frage wurde auf der Basis der drei Effektmaße eine Clusteranalyse der 39 Klassen durchgeführt. Für das von uns zugrundegelegte Lösungskriterium (minimal 5% zusätzlich erklärte Kriteriumsvarianz) ergab sich eine 6-Cluster-Lösung; d.h. es resultierten sechs durch unterschiedliche Effektmuster charakterisierte Gruppen von Klassen. Aufschluß über Größe und Beschaffenheit dieser Cluster gibt Tabelle 2, in der jedes Cluster durch seine mittlere Ausprägung auf den drei Effektkriterien charakterisiert ist.

Tabelle 2
Charakterisierung der sechs Effektcluster hinsichtlich der Mittelwerte auf den drei Zielkriterien (auf der Basis z-standardisierter Werte)

	Cluster					
	1	2	3	4	5	6
Clustergröße (N)	11	11	10	5	1	1
Leistungsentwicklung	-0.17	-0.02	0.57	0.54	-2.66	-3.73
Entwicklung d. F.selbstbildes	-0.07	0.62	-0.85	1.17	0.07	-3.49
Entwicklung der Schulfreude	0.64	-0.69	-0.60	0.82	3.14	-0.76

Sieht man von den beiden aus nur einer Klasse bestehenden Clustern (Nr. 5 und 6) ab, so zeigt sich, daß zwei Cluster (Nr. 1 und 2) durch eine knapp durchschnittliche Leistungsentwicklung und die anderen beiden Cluster (Nr. 3 und 4) durch eine deutlich überdurchschnittliche Leistungsentwicklung gekennzeichnet sind. Eines der letztgenannten Cluster (Nr. 4) stellt das gesuchte - immerhin aus fünf Klassen bestehende - Positivmuster dar, bei dem alle drei Zielkriterien überdurchschnittlich günstig ausgeprägt sind. Es existiert demnach eine Gruppe von Klassen, bei denen alle drei Zielkriterien eines guten Unterrichts in überdurchschnittlichem Maße verwirklicht sind. Bemerkenswert ist dabei, daß eine solche Klassengruppe nicht lediglich das Ergebnis einer Apriori-Klassifizierung darstellt, sondern Resultat einer empirisch geleiteten Ähnlichkeitsanalyse ist.

Besonders interessant erscheint der Vergleich der Cluster 3 und 4: Beide Klassengruppen weisen eine nahezu identische Leistungsentwicklung auf, unterscheiden sich jedoch deutlich hinsichtlich der Entwicklung der beiden nicht-kognitiven Zielkriterien. Diese interessante Datenkonstellation bietet die Möglichkeit, durch einen Vergleich dieser beiden Klassengruppen näheren Aufschluß zur Frage der Vereinbarkeit kognitiver und affektiv-motivationaler Zielkriterien zu erhalten: Möglicherweise sind es gerade die zwischen den Gruppen diskriminierenden Unterrichtsmerkmale, die dafür verantwortlich sind, daß *zusätzlich* zu einer positiven Leistungsentwicklung eine positive - oder aber negative - affektive Entwicklung resultiert.

Im nächsten Schritt soll untersucht werden, wie sich die erhaltenen sechs Klassengruppen unterscheiden. Als mögliche Determinanten der Unterschiede in der Zielerreichung kommen in erster Linie Unterrichtsqualität und Klassenkontext in Frage. Tabelle 3 gibt Aufschluß über die Interkorrelation der von uns als zentral angesehenen Unterrichtsmerkmale.

Tabelle 3
Interkorrelation der Unterrichtsvariablen (Klassenebene, N = 39)

	2	3	4	5	6
1 Management	.65**	.48**	.18	-.08	.27(*)
2 Aufgabenorientierung		.56**	.42**	-.10	.16
3 Klarheit			.43**	.00	.43**
4 Adaptivität				.04	.51**
5 Langsamkeitstoleranz					.19
6 Affektives Klima					

(*) $p<.10$, * $p<.05$, ** $p<.01$

Dabei zeigt sich, daß die drei von uns als leistungsförderlich angesehenen Unterrichtsmerkmale relativ hoch interkorrelieren. Die übrigen Zusammenhänge sind weniger eindeutig beschreibbar. Insbesondere gibt es keine vergleichbar hohen Zusammenhänge zwischen den unserer Meinung nach für die affektive Entwicklung wichtigen Unterrichtsmerkmalen. Das Merkmal "Langsamkeitstoleranz" hängt als einziges mit keinem der jeweils anderen fünf Merkmale zusammen.

Bei den Kontextmerkmalen (vgl. Tabelle 4) hängen lediglich Intelligenz- und Vorkenntnisniveau der Klasse eng zusammen, die übrigen Merkmale können als untereinander völlig unabhängig angesehen werden.

Tabelle 4
Interkorrelation der Kontextvariablen (Klassenebene, N = 39)

	2	3	4	5
1 Klassengröße	-.10	.15	.00	-.12
2 Anteil ausländ. Schüler		-.01	-.05	.18
3 Intelligenzniveau			.52**	.00
4 Vorkenntnisniveau				.09
5 Vorkenntnisstreuung				

** $p<.01$

Die einfachen Korrelationen der Unterrichts- und Kontextmerkmale mit den drei Zielkriterien sind in Tabelle 5 dargestellt. Während die drei Kernmerkmale leistungsförderlichen Unterrichts positiv mit der Leistungsentwicklung, aber auch mit Veränderungen im Fähigkeitsselbstbild korrelieren, hängen die drei anderen Unterrichtsmerkmale schwach positiv mit den affektiven und motivationalen Zielkriterien und zum Teil negativ mit der Leistungsentwicklung zusammen. Während die Leistungsentwicklung also relativ gut vorhersagbar ist, gilt dies für die affektiv-motivationale Entwicklung in weitaus geringerem Maße.

Tabelle 5
Korrelationen der Unterrichts- und Kontextvariablen mit den um die Pretestwerte bereinigten (Residualwerte) kognitiven und affektiven Kriteriumsvariablen (N = 39 Klassen)

	Mathematikleistung	Selbstkonzept	Lernfreude
UNTERRICHTSMERKMALE			
Management	.47**	.29(*)	.05
Aufgabenorientierung	.63**	.25	.04
Klarheit	.44**	.28(*)	.36*
Adaptivität	.25(*)	.13	.23
Langsamkeitstoleranz	-.26	.22	.14
Affektives Klima	-.03	.11	.41**
KONTEXTMERKMALE			
Klassengröße	.37*	-.08	-.37*
Anteil ausländ. Schüler	-.16	.20	.09
Intelligenzniveau	.07	.19	-.14
Vorkenntnisniveau	.00	.24	-.12
Vorkenntnisstreuung	-.12	.02	.10

(*) $p < .10$, * $p < .05$, ** $p < .01$

Von den fünf Kontextmerkmalen weist nur die Klassengröße bedeutsame Zusammenhänge mit den Zielkriterien auf: während die Leistungsentwicklung in großen Klassen tendenziell günstiger verläuft, sind für die Entwicklung der Lernfreude eher kleine Klassen günstig.

Wie unterscheiden sich nun die erhaltenen sechs Cluster im Hinblick auf wichtige Unterrichts- und Kontextmerkmale? Tabelle 6 veranschaulicht die Mittelwerte dieser Merkmale für die einzelnen Cluster. Angesichts der geringen Besetzung einzelner Gruppen kommt es uns hier nicht auf eine eindeutige statistische Absicherung von Gruppenunterschieden an, sondern lediglich auf eine deskriptive Charakterisierung der einzelnen Cluster.

Tabelle 6

Charakterisierung der sechs Effektcluster hinsichtlich der Unterrichts- sowie der Kontextvariablen (auf der Basis z-standardisierter Werte)

	Cluster					
	1	2	3	4	5	6
Clustergröße (N)	11	11	10	5	1	1
UNTERRICHTSMERKMALE						
Management	-0.54	0.37	0.14	0.07	1.67	-1.55
Aufgabenorientierung	-0.21	-0.05	0.16	0.57	-0.59	-1.04
Klarheit	0.10	-0.09	-0.15	0.32	1.29	-1.44
Adaptivität	-0.03	-0.39	0.25	0.58	-0.65	-0.23
Langsamkeitstoleranz	-0.07	-0.04	-0.41	0.84	0.39	0.70
Affektives Klima	-0.05	-0.39	-0.02	0.35	2.51	0.79
KONTEXTMERKMALE						
Klassengröße	0.00	0.36	0.45	-1.03	-1.54	-1.68
Anteil ausländ. Schüler	-0.43	0.15	-0.32	0.92	0.36	0.92
Intelligenzniveau	-0.23	0.22	0.21	-0.21	0.48	-1.41
Vorkenntnisniveau	-0.38	0.31	0.06	0.00	0.85	-0.67
Vorkenntnisstreuung	-0.63	0.21	0.21	0.11	1.25	0.74

Verglichen mit allen anderen Clustern weist das Positivcluster (Cluster 4) die höchsten Werte bei den Dimensionen Aufgabenorientierung, Adaptivität und Langsamkeitstoleranz auf, während es bei Klarheit die zweite, beim affektiven Klima die dritte und beim Management die vierte Rangposition einnimmt. Was den Kontext anbelangt, so handelt es sich bei den Klassen des Positivclusters um zahlenmäßig kleine Klassen, die jedoch andererseits einen hohen Anteil ausländischer Schüler aufweisen. Hinsichtlich Intelligenz und Vorkenntnisniveau sowie Vorkenntnisstreuung nimmt das Positivcluster eine unauffällige Mittellage ein.

Ein Vergleich der beiden uns vorrangig interessierenden Cluster 3 und 4 hinsichtlich der Unterrichtsmerkmale ist in Abbildung 1 dargestellt. Beide Klassencluster mit vergleichbar günstiger Leistungsentwicklung weisen bei den drei leistungsförderlichen Unterrichtsmerkmalen bis auf eine Ausnahme mindestens durchschnittliche Werte auf. Bis auf die Effizienz der Klassenführung, wo beide Klassengruppen nahezu identische Werte aufweisen, weist das Positivcluster deutlich höhere Ausprägungen auf allen Unterrichtsmerkmalen auf. Besonders groß, nämlich 1.2 z-Einheiten, ist die Differenz bei der Langsamkeitstoleranz, der offenbar

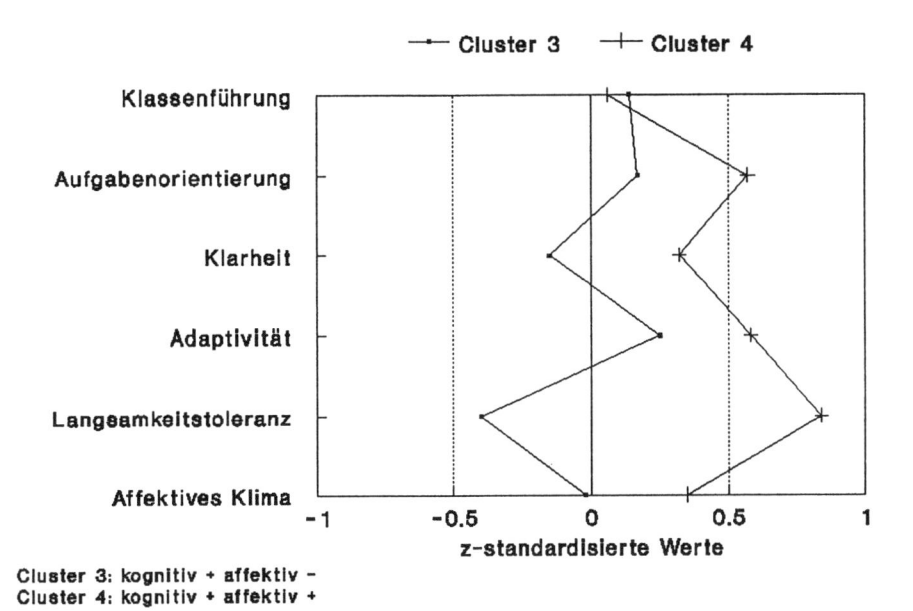

Abbildung 1. Profil des Unterrichts bei den beiden Clustern von Klassen mit überdurchschnittlicher Leistungsentwicklung, aber ungünstiger (Nr. 3) vs. günstiger (Nr. 4) affektiv-motivationaler Entwicklung

für das gleichzeitige Erreichen einer günstigen kognitiven und affektiv-motivationalen Entwicklung eine Schlüsselrolle zukommt.

Abbildung 2 demonstriert die Effektprofile der 5 Klassen des Positiv-Clusters. Dabei zeigt sich, daß es trotz der überdurchschnittlichen Cluster-*Mittelwerte* auf den drei Kriterien in einem Falle (nämlich bei Klasse B) vorkommt, daß die Leistungsentwicklung unterdurchschnittlich ist.

Um Aufschluß darüber zu erhalten, ob und inwieweit das günstige Effektmuster auf vergleichbare Unterrichtsbedingungen zurückgeht, sind die *Unterrichtsprofile* aller einzelnen fünf Positivklassen in Abbildung 3 dargestellt. Abgesehen von Klasse E liegen die Klassen bei den meisten Merkmalen leicht über dem Durchschnitt; das heißt, diese Klassen sind im Hinblick auf den Unterricht zumindest einigermaßen homogen. Jede dieser vier homogenen Klassen weist bei genau einem - und nur einem! - der sechs Unterrichtsmerkmale eine unterdurchschnittliche Merkmalsausprägung auf: A bei der Klarheit, B bei der Adaptivität, C beim affektiven Klima und D bei der Effizienz der Klassenführung.

Klassen

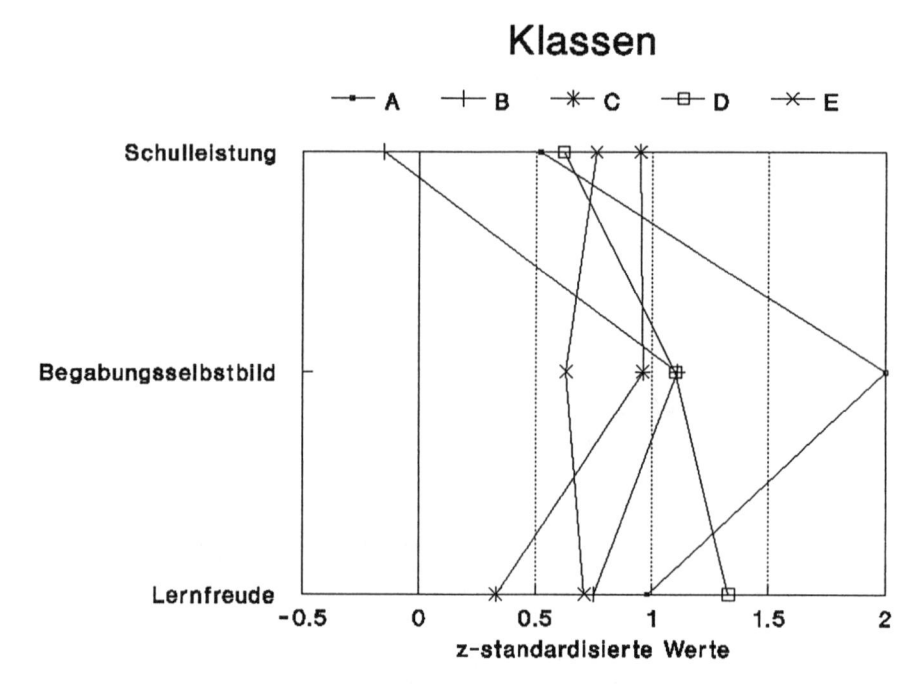

— A — B — C — D — E

Schulleistung

Begabungsselbstbild

Lernfreude

-0.5 0 0.5 1 1.5 2
z-standardisierte Werte

Abbildung 2. Effektprofil der fünf Klassen des Positivclusters

Abschließend wollen wir der Frage nachgehen, ob die Lehrer mit dem positiven Effektmuster auch hinsichtlich ihres Unterrichts einigermaßen homogen sind, also gewissermaßen einen eigenen Lehrertyp konstituieren. Zur Klärung dieser Frage wurde zunächst auf der Basis der sechs basalen *Unterrichtsmerkmale* - im Gegensatz zum bisherigen Vorgehen, bei dem von der Gruppierung der *Effektkriterien* ausgegangen worden war - eine Clusteranalyse durchgeführt. Dabei ergibt sich für das von uns zugrundegelegte Lösungskriterium die in Tabelle 7 dargestellte 4-Clusterlösung.

Erstaunlicherweise handelt es sich bei dem mit 16 Lehrern zahlenmäßig größten Cluster (Nr. 2) um eine Lehrergruppe, die auf allen sechs Unterrichtsvariablen nahezu konstant deutlich überdurchschnittliche Werte erreicht. Die anderen beiden Lehrergruppen weisen im Durchschnitt eine eher niedrige Unterrichtsqualität auf, wobei bei Cluster 3 insbesondere die leistungsförderlichen Unterrichtsmerkmale ungünstig ausgeprägt sind und bei Cluster 1 die für die affektive Entwicklung wichtigen Merkmale.

Eine Inspektion der einzelnen Klassen zeigt, daß von den 5 Lehrern aus dem Cluster mit dem positiven *Effektmuster* 4 Lehrer auch zur Gruppe der Lehrer mit dem positiven

Klassen

— A   + B   —*— C   —□— D   —×— E

Klassenführung

Aufgabenorientierung

Klarheit

Adaptivität

Langsamkeitstoleranz

Affektives Klima

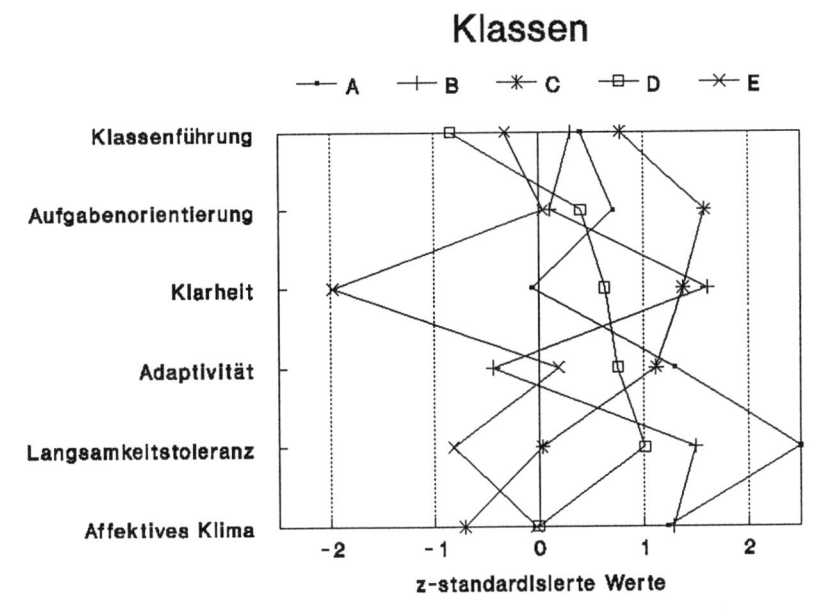

-2   -1   0   1   2
z-standardisierte Werte

Abbildung 3. Unterrichtsprofil der fünf Klassen des Positivclusters

Unterrichtsmuster gehören. Das heißt, diejenigen Lehrer, die die positiven Effekte erzielen, sind auch hinsichtlich ihres Unterrichts relativ homogen.

Tabelle 7
Ergebnis der Clusteranalyse für die Unterrichtsmerkmale

	Cluster			
	1	2	3	4
Clustergröße (N)	11	16	11	1
Management	-0.13	0.66	-0.74	-0.99
Aufgabenorientierung	0.14	0.61	-0.76	-2.93
Klarheit	0.00	0.59	-0.62	-2.68
Adaptivität	-0.92	0.61	0.28	-2.77
Langsamkeitstoleranz	-0.43	0.46	-0.36	1.30
Affektives Klima	-0.86	0.49	0.36	-2.43

DISKUSSION

Ist die multikriteriale Zielerreichung im kognitiven und affektiv-motivationalen Bereich realisierbar?

Das Hauptergebnis dieser Studie kann sicher darin gesehen werden, daß kognitive und affektiv-motivationale Zielkriterien nicht *notwendigerweise* inkompatibel sind. Es lassen sich durchaus Schulklassen identifizieren, die nicht nur eine überdurchschnittliche Leistungsentwicklung, sondern darüberhinaus auch eine überdurchschnittlich günstige Entwicklung sowohl des Selbstvertrauens als auch der Freude am Lernen aufweisen. Eine dergestalt günstige multikriteriale Zielerreichung wird aber offenbar nicht durch eine Maximierung *einzelner* Zielkriterien erreicht, sondern eher durch eine Ausbalanzierung der verschiedenen Bereiche auf einem mittelhohen Niveau. Aus diesem Grunde ziehen wir es übrigens auch vor, von "Positivklassen" (statt von "Optimalklassen") zu sprechen. Wie sich bei einzelnen Klassen andeutet, geht eine Maximierung einzelner Ziele möglicherweise auf Kosten anderer Ziele. Dieses Ergebnis fügt sich gut in den von Good et al. (1975) berichteten Forschungsstand ein:

> "... extreme emphasis on one set of goals would probably interfere with progress towards the other type of goal. Thus, the most generally successful teachers are probably those who are equally concerned with both student learning and personal development. Overconcern with either of these areas will probably mean that any extra progress attained in the area of emphasis will come at the expense of the area that is de-emphasized" (p. 78).

Dafür, daß der Lehrer für eine erfolgreiche multikriteriale Zielerreichung eine zentrale Rolle spielt, sprechen die nicht übermäßig günstigen Kontextvoraussetzungen der Klassen mit dem positiven Effektmuster: Einer geringen Klassengröße (als einer sicherlich förderlichen Bedingung) stehen mit einem überdurchschnittlichen Anteil ausländischer Kinder und einem etwas unterdurchschnittlichen Intelligenzniveau der Klasse Kontextbedingungen gegenüber, die gemeinhin als unterrichtserschwerend gelten.

Notwendige und kompensierbare Bedingungen multikriterialer Zielerreichung

Gibt es so etwas wie Schlüsselmerkmale des Unterrichtserfolges, bezogen auf die gleichzeitige Erreichung kognitiver wie affektiv-motivationaler Zielkriterien? Unsere Ergebnisse deuten darauf hin, daß drei zentrale Bedingungen erfüllt sein sollten, damit beide Entwicklungsstränge günstig verlaufen:

(1) Der Unterricht ist aufgaben- und lehrstofforientiert, die verfügbare Unterrrichtszeit wird intensiv für die Durchnahme des Stoffs genutzt;

(2) Der Lehrer bemüht sich um eine Anpassung der Unterrichtsinhalte und der Schwierigkeit seiner Anforderungen an unterschiedliche Schülervoraussetzungen, variiert öfter die Unterrichtsform und leistet aktive individuelle fachliche Hilfestellungen.

(3) Die Schüler erhalten bei Fragen und Aufforderungen des Lehrers ausreichend Zeit zum Überlegen und Antworten, der Lehrer toleriert solche Verzögerungen des Unterrichtstempos und setzt die Schüler keinem Tempodruck aus.

Verglichen damit, spielen Klarheit des Unterrichts und affektives Klima - zumindest so, wie wir diese Merkmale gemessen haben - eine untergeordnete Rolle, und die Effizienz des Managements ist bedeutungslos.

Verläßt man jedoch die traditionelle Ebene der Gruppenvergleiche und inspiziert die Profile der fünf einzelnen Klassen, die das Positivcluster bilden, dann wird klar, wie problematisch es wäre, von "Schlüsselvariablen" oder gar von "notwendigen Bedingungen" der multikriterialen Zielerreichung zu sprechen. Eine solche Einzelfallbetrachtung, der eine deterministische Sichtweise zugrundeliegt, bei der zufällige Effekte und Meßfehler keine Rolle spielen, läßt sich natürlich nur mit großen Vorbehalt und in eher exploratorischer Hinsicht rechtfertigen. Unter diesen Einschränkungen kristallisiert sich für 4 der 5 Klassen ein relativ klares, robustes Muster heraus: Um sowohl bei den kognitiven als auch bei den affektiv-motivationalen Zielen überdurchschnittliche Ausprägungen zu erreichen, scheint es günstig zu sein, wenn die sechs Unterrichtsmerkmale ein möglichst gleichmäßiges, ausgewogenes positives Profil darstellen. Von der Ausnahmeklasse (E) abgesehen, weist keine der Klassen bei mehr als einer der 6 Dimensionen der Unterrichts- und Beziehungsqualität deutlich unterdurchschnittliche Werte auf.

Wie aber kann es bei jener Klasse E mit dem vergleichsweise ungünstigen Unterrichtsprofil, insbesondere der auffallend niedrigen Klarheit, zu einer überdurchschnittlichen Entwicklung in allen drei Zielbereichen kommen? Zumindest der niedrige Wert für "Klarheit" der Instruktion läßt sich teilweise mit ungünstigen Kontextvoraussetzungen dieser Klasse, vor allem dem hier besonders niedrigen Vorkenntnis- und Intelligenzniveau, erklären. So wie das Konstrukt operationalisiert wurde, hängt die "Klarheit" des Unterrichtens zu einem erheblichen Teil vom Vorkenntnisniveau der Klasse ab: Je größer die Vorkenntnislücken und je niedriger das Intelligenzniveau, desto schwieriger wird es dem Lehrer gemacht, klar und verständlich zu unterrichten (vgl. Weinert & Helmke, 1987b). Insofern repräsentieren niedrige kognitive Eingangsvoraussetzungen der Klasse ein erhebliches "constraint" für die Realisierung einer hohen Unterrichtsqualität. Nun vermag dieses Teilergebnis zwar zu erklären, warum in einer Klasse mit besonders ungünstigen kognitiven Eingangsbedingungen auch die "Klarheit" des Unterrichts niedrig ist. Unerklärlich bleibt aber, wieso diese Klasse im Hinblick auf das Wirkungsmuster zu den Positivklassen gehört. Hier sehen wir mindestens zwei Möglichkeiten: Entweder wurden die geprüften Variablen - sei es generell oder speziell in dieser Klasse - nicht reliabel genug erfaßt. Oder das "Geheimnis" des Erfolges jener Klasse liegt außerhalb der Gruppe von Unterrichts- und Interaktionsvariablen, die wir für diese Studie ausgewählt haben.

Variablenansatz vs. Typenansatz: Möglichkeiten der Clusteranalyse

Ein zentrales Analyseziel war es, Gruppen von Klassen bzw. Lehrern mit unterschiedlichen Effektmustern zu identifizieren. Dies ist prinzipiell auf zwei verschiedene Arten möglich: Entweder geht man von den einzelnen Ziel- oder Effektkriterien aus und klassifiziert die

Lehrer danach, welche Werte sie auf den einzelnen Effektkriterien erreichen (so etwa Helmke, 1988). Oder man bildet - wie hier - globale Ähnlichkeitsmaße für die Lehrer und faßt die Lehrer nach ihrer Ähnlichkeit zu Gruppen zusammen. Beide Strategien sind für die Beantwortung der Frage nach der Vereinbarkeit verschiedener Zielkriterien des Unterrichts geeignet. Die erstgenannte Strategie orientiert sich stärker am klassischen *Variablenkonzept*, die zweite Strategie akzentuiert stärker die globale variablenübergreifende Ähnlichkeit zwischen den Lehrern im Sinne eines *Typenkonzepts*. Weinert hat gerade für den Bereich der Unterrichtsforschung auf die Grenzen eines auf subpersonalen Variablen beruhenden Forschungsansatzes hingewiesen und dafür plädiert, diesen Ansatz stärker mit einem personalen oder typologischen Ansatz zu verknüpfen (Weinert, Schrader & Helmke, in press a, im Druck b). Die hier gewählte clusteranalytische Strategie dürfte im Prinzip geeignet sein, diesem Ziel näher zu kommen. Aus empirischer Sicht erscheint ein solches Vorgehen umso überzeugender, je mehr es gelingt, "tatsächliche" oder "wahre" Cluster zu identifizieren und somit "Typen" zu finden, die "mehr" sind als eine bloße Kombination von Variablenausprägungen.

Wie läßt sich die Existenz von Effektclustern, also von Ähnlichkeitsmustern im Hinblick auf die Zielerreichung, erklären? Die naheliegendste Vermutung ist natürlich die, daß Lehrer, die ähnliche Unterrichts*effekte* erzielen, auch im Hinblick auf die *Determinanten* dieser Effekte ähnlich sind. Dafür spricht, daß 4 der 5 Lehrer des positiven *Effektclusters* auch zu den Lehrern mit dem positiven *Unterrichtscluster* gehören. Bis auf eine Ausnahme bildet damit die Lehrergruppe mit dem positiven Effektmuster eine Teilmenge der 16 Lehrer mit dem positiven Unterrichtsmuster. Dies legt, bei aller Vorsicht, die Annahme nahe, daß ein positiver Unterricht im Sinne der beschriebenen Clusterlösung (konstant überdurchschnittliche Ausprägung sämtlicher Merkmale) eine notwendige, aber offensichtlich keine hinreichende Voraussetzung für das Erzielen einer günstigen mehrkriterialen unterrichtlichen Wirkung ist. Damit stellt sich aber die Frage: Was muß zu dem beobachteten günstigen Unterrichtsprofil hinzukommen, damit ein positives Effektmuster resultiert? Oder anders: Was machen Lehrer falsch, die trotz "guten" Unterrichts das positive Effektmuster dennoch nicht erreichen? Ungünstige Schülereingangs- bzw. Kontextmerkmale allein sind dafür offensichtlich keine ausreichende Erklärung. Eine zusätzliche Erklärung könnte in einer mangelhaften Operationalisierung insbesondere der affektiven Unterrichtsmerkmale liegen; die Merkmale könnten etwa zu wenig "trennscharf" sein, um zwischen erfolglosen und erfolgreichen Lehrern zu unterscheiden. Schließlich ist denkbar, daß eine hohe Ausprägung auf verschiedenen *isoliert* gemessenen Unterrichtsmerkmalen noch nicht unbedingt eine hohe Unterrichtsqualität anzeigt, sondern daß eine hohe Unterrichtsqualität erst aus der Integration (oder: der "Orchestrierung") der einzelnen Merkmale zu einem Stil resultiert ("Melodie" im Sinne von Gage & Berliner, 1979). Die letztgenannte Erklärung zeigt nicht nur die Grenzen herkömmlicher Meß- und Beobachtungsverfahren auf, sondern vermutlich sogar des gesamten Variablenansatzes.

Theoretische Perspektiven

Einer der Gründe dafür, daß diese Arbeit exploratorischen Charakter hat, ist darin zu sehen, daß es für die Frage der multikriterialen Zielerreichung im kognitiven und affektiv-motivationalen Bereich kein explizites Lehr-Lern-Modell gibt, aus dem stringente Hypothesen ableitbar wären. Zwar liegen durchaus Modelle des schulischen Lernens vor, in denen die hier behandelten Zielklassen thematisiert werden, beispielsweise das Mastery-Paradigma von Bloom (1976) oder das Modell der mehrdimensionalen Zielerreichung von Eigler, Macke & Nenniger (1976). Diese Modelle sind jedoch zu allgemein gehalten, als daß man spezifische Aussagen für unterrichtliche und kontextuelle Bedingungen multikrieterialer Zielerreichung ableiten könnte, vom Problem wechselseitiger Substituierbarkeit solcher Bedingungen ganz zu schweigen. Ein Lehr-Lern-Modell, das dem Anspruch gerecht werden wollte, eine multikriteriale Zielerreichung zu erklären, müßte zunächst Unterschiede im Inhaltsbereich des Lerngegenstandes (z.B. Mathematik vs. Fremdsprachen), der nicht-kognitiven Variablen (z.B. Selbstkonzept vs. politisches Bewußtsein), in der Zeitperspektive (kurz- vs. langfristige Entwicklung) und im Alter der Schüler angemessen berücksichtigen. Doch damit nicht genug. Das Modell selbst müßte mindestens die folgenden vier Sub-Modelle enthalten: Auf der Personebene, d.h. noch ohne Berücksichtigung des Unterrichts, bedarf es eines Modells zur Erklärung der wechselseitigen Beeinflussung der betrachteten kognitiven und affektiven Zielkriterien, z.B. von Begabungsselbstbild, Lernfreude und Schulleistung. Beispielsweise könnte man hinsichtlich des Zusammenspiels von Schulleistungen und korrespondierenden Fähigkeits-Selbstkonzepten vom Modell eines sich selbst stabilisierenden Systems ausgehen, das durch eine wechselseitige positive Beeinflussung charakterisiert ist (vgl. Helmke, 1989), während dies für das reziproke Beeinflussungsmuster von Schulleistung und affektiven Einstellungsvariablen nur in abgeschwächtem Maße gilt (vgl. Good et al., 1975). Weiterhin sind - auf der Ebene des Schulklassenunterrichts - separate Modelle dafür erforderlich, welche Komponenten der Unterrichts- und Beziehungsqualität sich wie auf die Entwicklung der kognitiven oder affektiven Merkmale auswirken. So gibt es Belege dafür, daß direkte Instruktion in das individuelle System der wechselseitigen Verstärkung kognitiver und affektiver Charakteristika in der Weise eingreifen kann, daß sich gegenläufige Wirkungen ergeben: ein positiver direkter Effekt (Leistungsförderung) und ein negativer indirekter Effekt (Verringerung der Lernfreude, vgl. Weinert & Helmke, 1987a; b). Letzterer könnte daraus resultieren, daß bestimmte Elemente der direkten Instruktion von den Schülern als Kontrolle, Restriktion und Leistungsdruck, jedenfalls als aversiv empfunden werden, was wiederum die Anstrengungs- und Lernbereitschaft und somit letzlich auch die zukünftige Leistung selbst beeinträchtigen kann. Dies, so kann man weiter vermuten, vor allem dann, wenn der jeweilige Lernstoff - wie dies für Mathematik in der Hauptschule wohl partiell zutrifft - nur wenige Anlässe für motivationale Höhenflüge vom Typ des "Flow-Erlebens" bereithält, sachinhärente Anreize des Lernens also begrenzt sind. Erst dann kann überhaupt erklärt werden, welche Rolle diese Unterrichts- und Beziehungsmerkmale für eine *simultane* Zielerreichung in mehreren Inhaltsbereichen spielen.

Es ist der letztgenannte Punkt, der die Entwicklung eines auch nur einigermaßen präzisen multikriterialen Lehr-Lern-Modells so schwierig, wenn nicht aussichtslos erscheinen läßt. Denn damit verbunden ist die Frage, in welcher "Dosierung" die relevanten Komponenten der Unterrichts- und Beziehungsqualität realisiert sein müssen, damit simultan alle drei Zielkriterien erreicht werden. Das heißt: Wann und in welchem Maße können beispielsweise unterdurchschnittliche Ausprägungen bei einer Komponente durch überdurchschnittliche Ausprägungen bei anderen kompensiert werden, damit bei allen drei Zielkriterien eine bestimmte Mindestausprägung, z.B. eine mindestens durchschnittliche Entwicklung, erreicht wird? Gibt es bei bestimmten Variablen Schwellen der Minimal- oder Maximalausprägung?

Angesichts der Komplexität und Verwobenheit von Unterrichts- und Kontextmerkmalen, meßfehlerbedingter Unschärfen sowie skalierungs- und operationalisierungsbedingter Beliebigkeiten ist die gegenwärtige Lehr-Lern-Forschung weit davon entfernt, die zuletzt gestellten Fragen zufriedenstellend beantworten zu können. Unsere hier berichteten Ergebnisse bestärken uns in der skeptischen Einschätzung, daß eine klare Trennung zwischen notwendigen und hinreichenden Bedingungen der multikriterialen Zielerreichung weder empirisch nahegelegt wird noch theoretisch zwingend ist. Zu groß ist die Zahl der in der Unterrichtswirklichkeit gegebenen Kompensationsmöglichkeiten. Beim jetzigen Wissensstand lassen sich keine präzisen quantitativen Aussagen über die Frage der wechselseitigen Kompensierbarkeit von Aspekten der Unterrichts- und Beziehungsqualität in ihrer Bedeutung für die affektiv-motivationale und kognitive Entwicklung von Schülern machen. Was dagegen möglich und realistisch erscheint, ist eine Grobklassifikation dieser Merkmale danach, ob sie mehr oder weniger wichtig für die multikriteriale Zielerreichung sind, d.h. ob beispielsweise eine sehr geringe Ausprägung eines Merkmals bzw. einer Kompetenz durch Stärken bei anderen Merkmalen im Durchschnitt eher leicht oder nur schwer aufgefangen werden können.

LITERATUR

Aldenderfer, M.S. & Blashfield, R.K. (Eds.) (1984). *Cluster Analysis*. Beverly Hills: Sage Publications.

Bennett, N. (1976). *Teaching styles and pupil progess*. London: Open Books.

Bloom, B.S. (1976). *Human characteristics and school learning*. New York: McGraw-Hill.

Bortz, J. (1989). *Statistik für Sozialwissenschaftler* (3. Aufl.). Berlin: Springer.

Eckes, T. & Roßbach, H. (1980). *Clusteranalysen*. Stuttgart: Kohlhammer.

Eigler, G., Macke, G. & Nenniger, P. (1976). Mehrdimensionale Zielerreichung in Lehr-Lern-Prozessen. *Zeitschrift für Pädagogik, 22*, 181-197.

Fend, H. (1980). *Theorie der Schule*. Weinheim: Beltz.

Fend, H. (1982). *Gesamtschule im Vergleich*. Weinheim und Basel: Beltz.

Gage, N.L. & Berliner, D.C. (1979). *Pädagogische Psychologie* (Bd. 2) (2. Aufl.). München: Urban & Schwarzenberg.

Good, T.L., Biddle, B.J. & Brophy, J.E. (1975). *Teachers make a difference.* New York, NY: Holt, Rinehart & Winston.

Heller, K., Gaedike, A.K. & Weinläder, H. (1976). *Kognitiver Fähigkeitstest, KFT 4-13.* Weinheim: Beltz.

Helmke, A. (1979). Schulsystem und Schülerpersönlichkeit. In A. Helmke & E. Dreher (Hrsg.), *Gesamtschule und dreigliedriges Schulsystem in Nordrhein-Westfalen - Erzieherische Wirkungen* (pp. 1-152). Paderborn: Schöningh.

Helmke, A. (1988). Leistungssteigerung und Ausgleich von Leistungsunterschieden in Schulklassen: unvereinbare Ziele? *Zeitschrift für Entwicklungspsychologie und Pädagogische Psychologie, 10,* 45-76.

Helmke, A. (1989). Mediating processes between children's self-concept of ability and mathematical achievement: A longitudinal study. In H. Mandl, E. de Corte, N. Bennett & H.F. Friedrich (Eds.), *Learning and instruction. European research in an international context. Volume 2.2: Analysis of complex skills and complex knowledge domains* (pp. 537-550). Oxford: Pergamon Press.

Helmke, A., Schneider, W. & Weinert, F.E. (1986). Quality of instruction and classroom learning outcomes - Results of the German contribution to the Classroom Environment Study of the IEA. *Teaching and Teacher Education, 2,* 1-18.

Krathwohl, D.R., Bloom, B.S. & Masia, B.B. (1975). *Taxonomie von Lernzielen im affektiven Bereich.* Weinheim: Beltz.

Peterson, P.L. (1979). Direct instruction reconsidered. In P.L. Peterson & H.J. Walberg (Eds.), *Research in teaching. Concepts, findings, and implications* (pp. 57-69). Berkeley, CA: McCutchan.

Rosenshine, B.V. (1979). Content, time and direct instruction. In P.L. Peterson & H.J. Walberg (Eds.), *Research on teaching* (pp. 28-56). Berkeley, CA: McCutchan.

Rosenshine, B.V. & Stevens, R. (1986). Teaching functions. In M.C. Wittrock (Ed.), *Handbook of research on teaching (3rd edition)* (pp. 376-391). New York: Macmillan.

Schofield, H.L. (1981). Teacher effects on cognitive and affective pupil outcomes in elementary school mathematics. *Journal of Educational Psychology, 73,* 462-471.

Slavin, R.E. & Karweit, N.L. (1981). Cognitive and affective outcomes of an intensive student team learning experience. *Journal of Experimental Education, 50,* 29-35.

Stallings, J.A. (1977). *Learning to look.* Belmont, CA: Wadsworth.

Treiber, B. & Weinert, F.E. (1982). Gibt es theoretische Fortschritte in der Lehr-Lern-Forschung? In B. Treiber & F.E. Weinert (Hrsg.), *Lehr-Lern-Forschung* (pp. 242-290). München: Urban und Schwarzenberg.

Treiber, B. & Weinert, F.E. (1985). *Gute Schulleistungen für alle? Psychologische Studien zu einer pädagogischen Hoffnung.* Münster: Aschendorff.

Weinert, F.E. & Helmke, A. (1987a). Compensatory effects of student self-concept and instructional quality on academic achievement. In F. Halisch & J. Kuhl (Eds.), *Motivation, intention, and volition* (pp. 233-247). Berlin: Springer.

Weinert, F.E. & Helmke, A. (1987b). Schulleistungen - Leistungen der Schule oder der Kinder? *Bild der Wissenschaft, 24,* 62-73.

Weinert, F.E., Schrader, F.-W. & Helmke, A. (in press a). Educational expertise: Bridging the gap between classroom practices and educational research. *School Psychology*.

Weinert, F.E., Schrader, F.-W. & Helmke, A. (im Druck b). Unterrichtsexpertise - ein Konzept zur Verringerung der Kluft zwischen zwei theoretischen Paradigmen. *Zeitschrift für empirische Pädagogik*.

DIFFERENTIELLE VERHALTENSGENETIK: VERGANGENHEIT, GEGENWART UND ZUKUNFT

Jens Asendorpf

EINFÜHRUNG

Dies ist kein klassisches Sammelreferat, sondern eine selektive Übersicht über methodologische und wissenschaftspolitische Aspekte der Verhaltensgenetik (behavioral genetics) als Teildisziplin der Differentiellen Psychologie. Diese Fokussierung auf methodologische und wissenschaftspolitische Aspekte ist nicht zufällig. Erstens entspricht sie dem Anlaß dieses Kapitels, denn F. E. Weinerts Beiträge zur Psychologie scheinen mir eine ähnliche Zentrierung aufzuweisen. Zweitens entspricht sie dem aktuellen Stand der Verhaltensgenetik in Deutschland. Es gibt wohl kein Gebiet der deutschen Psychologie, das - international betrachtet - so unterentwickelt ist wie die differentielle Verhaltensgenetik. Das hat sicher auch etwas mit einer immer noch nicht ausreichend bewältigten Vergangenheit zu tun. Die Erbpsychologie der Hitlerzeit wirft auch heute noch ihren Schatten auf die Verhaltensgenetik der Gegenwart und beeinflußt die Prognosen für ihre Zukunft.

Positiv gewendet heißt das, daß eine hohe Sensibilität für die Gefahren naiv interpretierter verhaltensgenetischer Befunde die Chance eröffnet, einem künftigen Mißbrauch der Verhaltensgenetik eher vorzubeugen. Obwohl eine radikale Veränderung der Verhaltensgenetik durch die Entschlüsselung der menschlichen Strukturgene erst in 15-20 Jahren erwartet wird, gibt es schon jetzt eine breite, hoch emotional geführte Diskussion in der deutschen Öffentlichkeit über die möglichen gesellschaftlichen Konsequenzen dieser künftigen Veränderungen. Angesichts der starken Vernachlässigung der Verhaltensgenetik in der deutschen psychologischen Forschung seit dem 2. Weltkrieg - es scheint seitdem in Deutschland keine einzige größere verhaltensgenetische empirische Untersuchung begonnen worden zu sein - nimmt es nicht wunder, daß sich Psychologen an dieser Diskussion bisher fast nicht beteiligen. Das ist schade, weil diese Diskussion durch eine unproduktive Lagermentalität gekennzeichnet ist - hie naive Erb-, dort naive Umwelttheoretiker, die die inzwischen umfangreiche verhaltensgenetische Datenbasis nicht kennen, verzerrt wahrnehmen oder fehlinterpretieren. Hier müßten eigentlich Psychologen aufklärend wirken. Der vorliegende Beitrag soll einige Argumente für eine solche Aufklärung an die Hand geben.

Zunächst werden aus heutiger Sicht Gegenstandsbereich und grundlegender methodologischer Ansatz der Verhaltensgenetik skizziert und vier zentrale Mißverständnisse geklärt, die üblicherweise Diskussionen über die Interpretation verhaltensgenetischer Befunde belasten. Anschließend wird die deutsche Verhaltensgenetik während des Nationalsozialismus skizziert, wobei besonders auf die erbpsychologische Abteilung am Kaiser-Wilhelm-Institut für Anthropologie, menschliche Erblehre und Rassenhygiene eingegangen wird. Dort wurden erste Zwillingsstudien zur Erblichkeit von Verhaltensunterschieden durchgeführt, deren Ergebnisse jedoch mit inadäquater Methodik ausgewertet und einseitig zugunsten von Erbfaktoren interpretiert wurden. Diesen ersten Anfängen werden die auf multiplen Methoden und viel größeren Stichproben beruhenden Ergebnisse der gegenwärtigen Verhaltensgenetik gegenübergestellt. Abschließend entwerfe ich drei Szenarien für die zu erwartende Neuorientierung der Verhaltensgenetik auf der Basis von Genomanalysen: ein optimistisches, ein pessimistisches und ein realistisches.

VIER MISSVERSTÄNDNISSE ÜBER DIFFERENTIELLE VERHALTENSGENETIK

Differentielle Verhaltensgenetik wird hier verstanden als Teildisziplin der Differentiellen Psychologie (Stern, 1911). Ziel der differentiellen Verhaltensgenetik ist es, den Einfluß genetischer Unterschiede auf interindividuelle Unterschiede im Verhalten innerhalb einer bestimmten Population zu untersuchen. Genetische Unterschiede im Sinne der Verhaltensgenetik sind interindividuelle Unterschiede im Genom, d.h. der Gesamtheit der in der DNS der Zellen gespeicherten Information.

Das *erste Mißverständnis* über differentielle Verhaltensgenetik besteht darin, daß die Frage nach dem relativen Einfluß von Genotyp und Umwelt auf Verhaltensunterschiede oft als *trivial* bezeichnet wird: da immer beide Faktoren gegeben sein müssen, sei es müßig, ihre relative Bedeutsamkeit abschätzen zu wollen. Ein Genotyp könne ja nicht ohne Umwelt verhaltenswirksam werden, und eine Umwelt alleine könne ohne Genotyp auch keinen Effekt auf Verhalten haben.

Diese Antwort ist zwar richtig, beantwortet aber die falsche Frage. M.E. gibt es keine schlüssige Methodik, die darüber Auskunft geben könnte, wie stark ein bestimmtes Verhalten bei einem Menschen oder bei einer Gruppe von Menschen genetisch determiniert ist (interkulturelle Universalien sind kein zwingender Nachweis, da es ja auch interkulturelle Universalien von verhaltenswirksamen Umwelteinflüssen gibt). Aber das sind gar nicht die Fragen, die die differentielle Verhaltensgenetik beantworten möchte. Sie fragt vielmehr, wie stark die Verhaltens*unterschiede* in einer bestimmten Population zu einem bestimmten historischen Zeitpunkt genetisch bedingt sind. Diese Frage ist keineswegs trivial, und sie läßt sich empirisch (und nur empirisch) beantworten. Wer die Fragestellung der differentiellen Verhaltensgenetik für trivial erklärt, verwechselt die individuelle Sichtweise des Verhaltens mit der differentiellen Sichtweise des Verhaltens (vgl. Asendorpf, 1988, S. 245ff; Asendorpf, 1990).

Das *zweite Mißverständnis* ist, daß die Frage nach dem genetischen Einfluß auf Verhaltensunterschiede sich in *allgemeiner Form* beantworten ließe, etwa in der Form "Verhaltensunterschiede sind zu 40% durch Gene und zu 60% durch Umwelteinflüsse bedingt". Das ist nicht möglich, weil die Aussagen der differentiellen Verhaltensgenetik populations- und merkmalsabhängig sind. Der genetische Einfluß hängt davon ab, (a) welche genetischen Unterschiede in der betrachteten Population bestehen, (b) welche Umweltunterschiede in dieser Population bestehen, und (c) welches Verhalten betrachtet wird. Jede Änderung in der Häufigkeitsverteilung bestimmter Gene, bestimmter Umwelten oder bestimmter Gen-Umwelt-Kombinationen in einer Population kann den relativen Einfluß der Genotypen und Umwelten auf die Verhaltensunterschiede in dieser Population verändern. Je homogener die Umwelten in einer Gesellschaft sind, desto größer kann der genetische Einfluß auf Verhaltensunterschiede ausfallen; je genetisch homogener eine Gesellschaft ist, desto größer kann der Umwelteinfluß sein. Natürlich kann der relative genetische Einfluß außerdem mit dem betrachteten Merkmal stark variieren. In ein und derselben Population können z.B. Intelligenzunterschiede stärker genetisch bedingt sein als Unterschiede in Aggressivität oder umgekehrt.

Das *dritte Mißverständnis*, das derzeit noch viele Psychologen teilen, ist, daß sich die Relativität verhaltensgenetischer Aussagen in der Populations- und Merkmalsabhängigkeit erschöpft. Es kommt aber noch ein weiterer relativierender Faktor hinzu: das Alter der Menschen, deren Verhaltensunterschiede interessieren. Die Aussagen der differentiellen Verhaltensgenetik sind *altersabhängig* (vgl. besonders Plomin, 1986).

Das mag zunächst befremdlich erscheinen, denn das *Genom* eines Menschen kann im wesentlichen als zeitlich konstant angenommen werden; zwischen Zeugung und Tod ändert sich das Genom fast nicht. Mutationen in einzelnen Zellen sind für psychologische Fragestellungen fast immer vernachlässigbar, sofern es sich nicht um die recht seltenen Mutationen in der frühen Embryonalentwicklung handelt (Mosaikbildungen), bei denen ganze Körperteile genetisch unterschiedlich kodiert sind.

Aus der zeitlichen Konstanz des Genoms wird nun meist geschlossen, daß - individuell betrachtet - der Einfluß des Genoms auf das Verhalten zeitlich konstant sei und daher auch - interindividuell betrachtet - der Einfluß genetischer Unterschiede auf das Verhalten. Das ist falsch, weil der genetische Einfluß auf das Verhalten in einem bestimmten Alter nur indirekt auf dem Genom beruht. Direkt beruht er jedoch auf der *Gen-Aktivität*.

Ein überraschend großer Teil des Genotyps höherer Lebewesen scheint überhaupt nie aktiviert zu werden; er wird wohl aus evolutionären Gründen mit herumgeschleppt, ohne überhaupt einen Einfluß zu haben. Andere Gene entfalten ihre Wirkungen erst ab einem bestimmten Zeitpunkt, zum Beispiel Gene, die körperliche Veränderungen in der Pubertät bewirken. Und andere Gene sind nur bis zu einem bestimmten Zeitpunkt aktiv, etwa diejenigen, die die Ausreifung des Zentralnervensystems beeinflussen. Schließlich kann sich auch die Wirkung ein und desselben Gens im Verlauf der Ontogenese verändern, weil diese Wirkung einer Wechselwirkung mit den anderen gerade aktiven Genen unterliegen kann: der genetische Einfluß zu einem bestimmten Zeitpunkt ist mehr als die Summe der Einflüsse der gerade aktiven Gene.

Es wäre aber ein Mißverständnis, wollte man den genetischen Einfluß auf Persönlichkeitsunterschiede in einem bestimmten Alter nur auf die gerade aktiven Gene beziehen. Nicht die aktuelle Gen-Aktivität, sondern die Gesamtheit der *kumulativen* genetischen Aktivität bis zu dem betreffenden Alter ist relevant. Genetische Einflüsse aus vorangegangenen Entwicklungsphasen können sich anatomisch oder physiologisch verfestigen und dadurch weiter wirken, ohne daß die genetischen Urheber dieser Strukturen und stabilen Funktionen noch weiterhin aktiv sind. Durch dieses kumulative Prinzip kann der genetische Einfluß trotz starker Schwankungen in der Gen-Aktivität stabilisierend auf Persönlichkeitsunterschiede wirken.

Andererseits können durch das "Anschalten" vorher nicht aktiver Gene bei einem Teil der betrachteten Population vorhandene Persönlichkeitsunterschiede *de*stabilisiert werden, wenn die neu ins Spiel kommenden Gene sich auf diese Persönlichkeitsunterschiede auswirken. Entgegen dem Vorurteil, daß ein genetischer Einfluß auf Verhaltensunterschiede sich generell stabilisierend auf diese Unterschiede auswirke, ist es eine empirische Frage, ob genetische Unterschiede eher stabilisierend oder eher destabilisierend auf interindividuelle Unterschiede wirken.

Das *vierte Mißverständnis* schließlich besteht in der Annahme, Verhaltenswirkungen genetischer Unterschiede ließen sich nur durch gentechnologische Maßnahmen beeinflussen (und Verhaltenswirkungen von Umweltunterschieden ließen sich nur durch Umweltmaßnahmen verändern). Das ist falsch. Die Auswirkungen genetischer Unterschiede können unter Umständen durch Umweltveränderungen beeinflußt werden (und manche umweltbedingte Verhaltensunterschiede können wohl auch - aber das ist bisher reine Theorie - gentechnologisch verändert werden).

Das klassische Beispiel für eine Kompensation genetischer Defekte durch Umweltmaßnahmen ist die Phenylketonurie (vgl. genauer hierzu z.B. Asendorpf, 1988, S. 187ff). Es handelt sich hier um eine genetische Störung auf dem ersten Chromosom, die zu einer Enzym-Störung führt. Diese Enzym-Störung behindert bei normaler Ernährung die Entwicklung des Zentralnervensystems und ruft langfristig bei den meisten Betroffenen einen Intelligenzmangel hervor. Die Auswirkungen dieses genetischen Effekts können durch eine Diät vollständig verhindert werden, wenn mit ihr rechtzeitig begonnen wird. Deshalb werden seit einigen Jahren alle Neugeborenen auf Phenylketonurie untersucht.

Allgemeiner gilt, daß zwar nicht die genetischen Unterschiede per se, wohl aber deren Auswirkungen auf biochemischer, neurophysiologischer und psychologischer Ebene im Prinzip durch Umweltveränderungen gezielt beeinflußt werden können. Wie weit dies gelingt, hängt vor allem vom Verständnis der Funktion der betreffenden Gene ab und von den Möglichkeiten, diese Funktion auf einer der drei Ebenen gezielt zu verändern. Medikamentöse Behandlung, eine gezielte Diät, Veränderung der sozialen Umwelt oder Psychotherapie sind prinzipiell mögliche - wenn auch nicht immer wirksame - Eingriffsmöglichkeiten in die genetischen Wirkungen. Daß genetisch bedingte Unterschiede nur durch Gentechnologie beeinflußbar seien, ist ein Mythos.

DEUTSCHE VERGANGENHEIT

Während des Nazi-Regimes kam es zu einem kräftigen Aufschwung rassen- und erbpsychologischer Forschung, der durch zwei Faktoren wesentlich gefördert wurde: Ersetzung jüdischer und regimekritischer Professoren durch Personen, von denen eine Unterstützung nationalsozialistischen Gedankenguts zu erwarten war, insbesondere eine Unterstützung der Ideologie von der Überlegenheit der nordischen Rasse und ihrer Gefährdung durch "Überfremdung" und "Entartung"; und opportunistische Anpassung von Hochschulangehörigen an die herrschende Ideologie, um die eigene Karriere zu fördern. Es wäre aber falsch, die Verhaltensgenetik zwischen 1933 und 1945 hierauf reduzieren zu wollen.

Die nazistische Rassenideologie war nur eine extreme, historisch relativ späte Variante einer internationalen, in sich sehr widersprüchlichen eugenischen Bewegung, die 1933 bereits eine längere Geschichte aufzuweisen hatte (vgl. z.B. Davenport, 1910; Galton, 1883, pp. 24-25, 1909; Pearson, 1912). In Deutschland war diese Bewegung vor 1914 "eine in sich zerstrittene Gruppe meist nationalistischer Wissenschaftler, in der die Wortführer einer völkisch gesinnten 'Rassenhygiene' eine Minderheit waren" (Ash, 1988).

In der Weimarer Zeit dagegen mauserte sich die eugenische Bewegung zu einer ernstzunehmenden Kraft, die vor allem nach dem Einbruch der Weltwirtschaftskrise praktischen Nutzen bei der Kostendämpfung in der Sozial- und Krankenversicherung versprach und etwa in der Gestalt der 'positiven Eugenik' eines Hermann Muckermann den Wohlfahrtspolitikern des Zentrums durchaus mit liberal-katholischen Wertvorstellungen vereinbar erschien. Zu dieser auch in Großbritannien oder den USA beobachtbaren Entwicklung (vgl. z.B. Kevles, 1985), trug besonders der rasante Fortschritt der Genetik bei, die versprach, die reine Beschreibung von Rassen- und Persönlichkeitsunterschieden zu überwinden, auf biologisch-naturwissenschaftlichem Weg die Ursachen dieser Unterschiede zu erforschen und die Ergebnisse dieser Forschung gesellschaftlich nutzbar zu machen.

Einen Exponenten dieser biologisch-naturwissenschaftlich orientierten Eugenik, Eugen Fischer, berief die Kaiser-Wilhelm-Gesellschaft 1927 zum Direktor eines neuen Kaiser-Wilhelm-Instituts, des KWI für Anthropologie, menschliche Erblehre und Eugenik. Es wurde vor allem vom preußischen Wissenschaftsministerium, aber auch von staatlichen Gesundheitsämtern finanziert. Fischer vertrat lange vor 1933 klar eugenische Positionen

(Fischer, 1926), grenzte sich auch 1936 noch deutlich gegenüber der von der NSDAP bevorzugten messenden Rassenkunde H. F. K. Günthers ab (Fischer, 1936) und betrieb eine an naturwissenschaftlichen Standards orientierte Anthropologie. Anscheinend versprach sich die Kaiser-Wilhelm-Gesellschaft von diesem Institut einen gesellschaftlichen Nutzen vor allem im Wohlfahrtsbereich und glaubte, mit Eugen Fischer eine wissenschaftlich respektable Alternative zur nationalsozialistischen Eugenik fördern zu können. So schrieb der Präsident der Kaiser-Wilhelm-Gesellschaft, Adolf von Harnack, zur Gründung des Instituts, es gäbe "keinen anderen Gelehrten in Deutschland, der das Institut in wissenschaftlicher und organisatorischer Hinsicht unabhängig von allen unwissenschaftlichen Gesichtspunkten führen wird" (Harnack, 1926; zit. nach Ash, 1988).

Ende der zwanziger Jahre führte Othmar von Verschuer, der Leiter der Abteilung für Erblehre, die Zwillingsmethode und den Terminus "Erbpsychologie" ein. Die Zwillingsmethode war schon von Galton (1876) exemplarisch benutzt worden; aber erst Merriman (1924) wandte sie mit statistischen Auswertungsmethoden auf psychologische Fragestellungen an. In kurzer Zeit entstanden in Berlin mehrere Arbeiten über die unterschiedliche Ähnlichkeit ein- und zweieiiger Zwillinge hinsichtlich Intelligenz- und Rorschachtests, des persönlichen Tempos und des sozialen und des Leistungsverhaltens in der Schule.

Obwohl diese Untersuchungen methodisch auf dem Stand der Zeit waren und Daten lieferten, die auch heute noch verwertbar sind, wurden ihre Ergebnisse meist einseitig im Sinne des Erbeinflusses interpretiert. Zwar betonte etwa Fischer (1938, S. 1), daß es nicht richtig sei, von der Vererbung von Eigenschaften zu sprechen, weil nicht die Eigenschaften selbst vererbt würden, sondern ihre "erblichen Unterlagen". Fischer (1938, S. 2ff) interpretierte aber die Ergebnisse von Zwillingsstudien so, als ob die größere Ähnlichkeit eineiiger Zwillinge, verglichen mit zweieiigen Zwillingen, nur auf ihre größere genetische Ähnlichkeit zurückzuführen wäre. Vor allem übernahm er unkritisch die Auffassung Galtons, daß die Ähnlichkeit von Familienmitgliedern, etwa die Häufung musikalischer Hochbegabung in der Familie Bach, rein genetisch interpretiert werden könne (tatsächlich scheint die normale interindividuelle Variation von Musikalität stärker durch von Familienmitgliedern geteilte Umweltfaktoren als durch die von ihnen geteilten Gene bedingt zu sein, während über die Vererbung von musikalischer Höchstbegabung bisher nichts Sicheres bekannt ist; vgl. Coon & Carey, 1989).

Etwas differenzierter beurteilte Kurt Gottschaldt die Ergebnisse der Zwillingsforschung. Als Verschuer 1935 nach Frankfurt wegberufen wurde, übernahm Gottschaldt, ein Schüler von Wolfgang Köhler und Erich Rothacker, die Abteilung menschliche Erblehre, die von da ab Abteilung für Erbpsychologie hieß. Diese Namensänderung entsprach dem Trend einer zunehmenden Professionalisierung der Psychologie im Verlauf der dreißiger Jahre (vgl. Geuter, 1984).

Gottschaldt übernahm von von Bracken (1936) die Auffassung, daß die Umwelten ein- und zweieiiger Zwillinge verschieden seien, so daß von einer komplizierteren Wechselwirkung von Erbe und Umwelt auszugehen sei (Gottschaldt, 1937). Methodisch ging er über die bis dahin üblichen Testverfahren hinaus, indem er das Verhalten von Zwillingspaaren auch in relativ unstrukturierten "Lebenssituationen" beobachtete (hier ist der Einfluß von Kurt Lewin unverkennbar). So wurden vom Kaiser-Wilhelm-Institut in den Jahren 1936 und 1937 in Seebädern an Nord- und Ostsee "Zwillingslager" organisiert, in denen an ein- und zweieiigen Zwillingspaaren rund 6000 Einzelexperimente durchgeführt und über 20 000 Beobachtungsprotokolle von "Lebenssituationen" erhoben wurden. Das folgende Beispiel mag verdeutlichen, was unter solchen "Lebenssituationen" zu verstehen ist.

> Wir haben in den Stranddünen, in denen wir unsere Untersuchungen durchführten, 3 Felder von 15x15 m, im ganzen also über rund 600 qm, abgesteckt und haben in diesem von Büschen, Dünengras, Sandgruben, Ziegelhaufen usw. geformten Gelände vorversteckte Bälle suchen lassen. Die mittlere Suchzeit betrug etwa eine halbe Stunde. Die Gehkurven wurden aufgezeichnet...(Sie) zeigen, wie die Erbgleichen in völlig ähnlicher Weise durch das Gelände laufen, während die Erbverschiedenen keine solche Konkordanz aufweisen ... Die Art, wie die Umwelt in dieser Situation erlebt wird, das Gesamterfassen des mit 600 qm nicht ganz kleinen Geländes, das Angezogenwerden von einzelnen Büschen, Steinhaufen, Mulden und Gräsern u. dgl. weiter, die Art, wie einzelne herumliegende Gegenstände aufgegriffen, eine Zeitlang mitgeschleppt und wieder weggeworfen werden, alles das war bei den Erbgleichen in einer für den Beobachter häufig überraschenden Weise übereinstimmend. Auch in diesem freien biologischen Experiment - frei etwa gegenüber der gebundenen Situation der Testuntersuchungen - überwiegt in überzeugender Weise die erbliche Grundlage gegenüber der Umwelt." (Gottschaldt, 1938, S. 13-14).

Methodisch wurde der Erbanteil an den beobachteten interindividuellen Unterschieden abgeschätzt, in dem die mittlere absolute Differenz der zweieiigen Zwillinge durch die entsprechende Differenz der eineiigen Zwillinge dividiert wurde. Bei 31 zweieiigen Zwillingen ergab sich z.B. für das erste Feld des o.g. Suchversuchs eine mittlere absolute Abweichung der Werte voneinander von 2.2, während sie bei 44 eineiigen Zwillingen nur 1.1 betrug; daraus schloß Gottschaldt (1938), daß der Erbeinfluß auf die beobachteten interindividuellen Unterschiede im Suchverhalten doppelt so hoch sei wie der Umwelteinfluß (inclusive Meßfehler).

Dieses Verfahren der Erblichkeitsschätzung ist nicht sinnvoll, denn es setzt nicht etwa, wie es scheinen mag, die auf genetische Unterschiede zurückgehende Varianz in Verhältnis zu der Varianz, die auf Umweltunterschiede und den Meßfehler zurückgeht, sondern es setzt diese genetische Varianz in Beziehung zu dem doppelten Varianzanteil, der auf den Meßfehler und die Umwelteffekte zurückgehen, in denen sich Zwillinge unterscheiden. Ignoriert wird dabei der Einfluß von Umweltunterschieden, in denen sich Zwillinge *nicht* unterscheiden wie z.B. gemeinsame pränatale Umgebung, familiäre Umwelt, gemeinsame Freunde und gemeinsame soziale Schicht. Diese Vernachlässigung führt zu einer Überschätzung des genetischen Anteils an der Gesamtvarianz des Merkmals, die umso größer ist, je bedeutsamer die intelligenzprägenden Wirkungen dieser gemeinsamen Umweltbedingungen sind relativ zu den von Zwillingen nicht geteilten Umweltbedingungen.

Genauer: Bei einer Normalverteilung der Meßwerte besteht zwischen mittlerer absoluter Differenz D und der Korrelation r der Werte zwischen den auf Ähnlichkeit verglichenen Personen-Paaren (hier: zwei- bzw. eineiige Zwillinge) folgende Beziehung:
$D = (2s \sqrt{1-r})/\sqrt{\pi}$, wobei s die Standardabweichung der Meßwerte ist (vgl. Jensen, 1980, chap. 9, note 5).

Die Korrelation r wiederum ist identisch mit demjenigen Anteil an der Merkmalsvarianz in der betrachteten Population, in dem sich die Personen-Paare nicht unterscheiden (vgl. genauer hierzu Asendorpf, 1988, S. 260ff; Fisher, 1918). Es folgt für den von Gottschaldt verwendeten Koeffizienten $Dz/De = \sqrt{(1-rz)/(1-re)} = \sqrt{Vg/2(Vsu+Vf)+1}$, wobei Dz,De die mittlere absolute Differenz zwischen zwei- bzw. eineiigen Zwillingen ist; rz,re die Korrelation des Merkmals zwischen zwei- bzw. eineiigen Zwillingen ist; Vg der auf genetische Unterschiede zurückgehende Anteil an der Merkmalsvarianz von Zwillingen ist; Vsu der Anteil der umweltbedingten Merkmalsvarianz von Zwillingen ist, der von Zwillingspartnern *nicht* geteilt wird; und Vf die Varianz des Meßfehlers ist.

Insgesamt können die Arbeiten der erbpsychologischen Abteilung des Kaiser-Wilhelm-Instituts aus heutiger Sicht als interessant von der Versuchsplanung her, aber irreführend in der Auswertung betrachtet werden. Problematisch ist ihre Interpretation, da sich die Schlußfolgerungen über den genetischen Einfluß auf Verhaltensunterschiede nur auf die Zwillingsmethode stützten und häufig eine irreführende Schätzmethode verwendeten. Zudem krankten die meisten Untersuchungen an zu geringen Stichprobengrößen und einer fehlenden Reliabilitätsschätzung der Meßverfahren. Letzteres gilt aber auch ganz allgemein für die differentielle Verhaltensgenetik bis Ende der sechziger Jahre.

Wie Ash (1988) in seiner Analyse der Arbeiten dieser Abteilung des Kaiser-Wilhelm-Instituts betonte, findet sich in den vorhandenen Akten kein Beleg für eine Beteiligung dieser Abteilung an Euthanasieprogrammen. Während andere Mitglieder des Instituts, vor allem Direktor Fischer, Gutachtertätigkeit in eugenischen Fragen ausübten und mitunter Kurse für SS-Ärzte anboten, erwähnen die Tätigkeitsberichte Fischers laut Ash (1988) keine solchen Aktivitäten von Mitarbeitern der erbpsychologischen Abteilung; auch die Publikationen von Gottschaldt und seinem Mitarbeiter Wilde waren laut Ash (1988) bemerkenswert frei von Bekenntnissen zur nazistischen Ideologie und Eugenik.

Andererseits fehlen auch Versuche aus dem Kaiser-Wilhelm-Institut, unwissenschaftlichen Behauptungen über den Grad der Vererbung von interindividuellen oder kulturellen Verhaltensunterschieden aktiv und entschieden entgegenzutreten. Es gab also während der gesamten Zeit des Nationalsozialismus eine seriöse deutsche Forschung zur Verhaltensgenetik, ohne daß aber die Exponenten dieser Forschung sich öffentlich erkennbar gegen den Mißbrauch der Verhaltensgenetik zur Rechtfertigung von Euthanasieprogrammen gewendet hätten.

GEGENWART

Das zentrale methodische Problem der gegenwärtigen Verhaltensgenetik besteht darin, daß sich derzeit zwar Umwelten einigermaßen klassifizieren lassen, nicht aber Genotypen. Durch die absehbare Entschlüsselung der menschlichen Strukturgene in den nächsten 20 Jahren (Board on Basic Biology, 1988) wird sich dies bald ändern; dann können Genotypen *direkt* klassifiziert und in Kreuzklassifikation mit Umwelten in ihrer Wirkung auf Persönlichkeitsmerkmale untersucht werden, sofern solche Untersuchungen nicht auf ethische Bedenken stoßen.

Bis dies soweit ist, bleibt nur der Weg, den genetischen Einfluß auf Persönlichkeitsunterschiede *indirekt* abzuschätzen. Die Methodik hierfür hat Fisher (1918) vorgeschlagen. Die Ähnlichkeit von Personen-Paaren, die bestimmte Einflußfaktoren auf ihre Entwicklung teilen, gibt direkte Auskunft über den Anteil dieser geteilten Einflüsse an allen Einflußfaktoren auf ihre Entwicklung. Je ähnlicher sich zum Beispiel nicht genetisch verwandte Adoptivgeschwister sind, desto größer ist der Anteil der von ihnen geteilten Umwelteinflüsse auf ihre Entwicklung, und desto geringer ist der Einfluß nicht geteilter Faktoren, die im Fall von Adoptivgeschwistern den vollen genetischen Einfluß, den Meßfehler und den Einfluß von Umweltbedingungen umfassen, die Adoptivgeschwister nicht teilen, etwa Schwangerschafts- und Geburtsverlauf.

Soweit ist der methodische Ansatz relativ unproblematisch. Kritisch ist jedoch die Annahme, daß die an bestimmten Typen von Personen-Paaren gewonnenen Einflußschätzungen auf alle Mitglieder der Population verallgemeinert werden können. Zum Beispiel dürften die Umweltunterschiede zwischen deutschen Adoptivfamilien geringer ausgeprägt sein als die Umweltunterschiede zwischen beliebigen deutschen Familien. Ich skizziere nun kurz zwei typische Methoden der Verhaltensgenetik, die auf diesem Ansatz beruhen: die Zwillingsme-

Tabelle 1
Typische Korrelationen zwischen den IQ-Werten von Familienmitgliedern

Verglichene Personen	N^a	r^b
Person mit sich selbst (Testwiederholung)	456	.87
Adoptivgeschwister	1594	.25
Geschwister unterschiedlichen Alters	8228	.49
Zweieiige Zwillinge	864	.62
Eineiige Zwillinge	1300	.86

Anmerkung. Die Daten stammen von Plomin und De Fries (1980).
[a] Anzahl der korrelierten Paare.
[b] IQ-Korrelation zwischen den verglichenen Person-Paaren.

thode und die Adoptionsmethode. Als Beispiel wähle ich Daten für den IQ, wie sie typisch für Untersuchungen in westlichen Industrienationen in den letzten 20 Jahren sind. Zu den methodischen Problemen komme ich anschließend.

Nach der Zwillingsmethode (vgl. genauer hierzu Asendorpf, 1988, S. 260ff; Plomin, 1986) schätzt die doppelte Differenz zwischen den Korrelationen ein- und zweieiiger Zwillinge den genetischen Anteil an der Merkmalsvarianz; dieser wird also als 48% geschätzt. Weiterhin gehen 13% der Merkmalsvarianz auf den Meßfehler zurück. Der Rest, also 39%, gehen auf Umweltfaktoren zurück. Fast alle diese Varianz wird von Zwillingspartnern geteilt; nur 1% der Gesamtvarianz (0.87-0.86) geht auf Umweltfaktoren zurück, in denen sich eineiige Zwillinge unterscheiden, also personspezifische Umweltfaktoren.

Nach der Adoptionsmethode schätzt die Korrelation zwischen (nicht genetisch verwandten) Adoptivgeschwistern die von Geschwistern geteilte Umweltvarianz, die 25% beträgt. Sie fällt geringer aus als die nach der Zwillingsmethode geschätzte gemeinsame Umweltvarianz von 38%, weil die Umwelten von Zwillingen ähnlicher sind als die von Adoptivgeschwistern (letztere unterscheiden sich z.B. in ihrer pränatalen Umgebung und, wenn sie nicht genau altersgleich sind, in anderen altersabhängigen Faktoren). Der genetische Varianzanteil wird durch die doppelte Differenz zwischen der Korrelation genetisch verwandter Geschwister und der Korrelation genetisch nicht verwandter Adoptivgeschwister geschätzt; er beträgt exakt wie bei der Zwillingsmethode 48%.

Tabelle 2
Methodische Probleme der Zwillingsmethode und der Adoptionsmethode der Verhaltensgenetik und ihre Auswirkungen auf die Schätzung des genetischen Einflusses

Methode/Problem	Auswirkung
Zwillingsmethode	
Eineiige Zwillinge werden durch Fremde ähnlicher behandelt als zweieiige Zwillinge	Überschätzt genetischen Einfluß
Eineiige Zwillinge werden durch Familienangehörige unähnlicher behandelt als zweieiige	Unterschätzt genetischen Einfluß
Eltern sind sich genetisch ähnlich wegen entsprechender Partnerwahl	Unterschätzt genetischen Einfluß
Adoptionsmethode	
Adoptivkinder sind ihren Adoptivgeschwistern genetisch ähnlich durch selektive Adoption (z.B. ähnliche Schicht)	Unterschätzt genetischen Einfluß
In Adoptivfamilien ist die Umweltvarianz geringer als in der Population (Auswahl durch Adoptionsagentur)	Überschätzt genetischen Einfluß
Eltern sind sich genetisch ähnlich wegen entsprechender Partnerwahl	Überschätzt genetischen Einfluß

Diese Konvergenz der Schätzung des genetisch bedingten Varianzanteils bei Methoden, die mit völlig unabhängigen Datensätzen arbeiten, ist ein wesentliches Argument, weil jede der beiden Methoden durch Probleme belastet ist. Ich nenne kurz in tabellarischer Form die jeweils drei wichtigsten Probleme für die Adoptionsmethode und die Zwillingsmethode (vgl. für eine genauere Diskussion z.B. Plomin, 1986).

Hier wird dreierlei deutlich. Erstens: Jede der beiden Methoden hat mehrere Probleme, die sich in ihrer Wirkung auf die Einflußschätzungen teilweise aber wieder aufheben. Zweitens: Die Probleme der beiden Methoden sind unterschiedliche, und selbst wenn die Probleme gleich sind, können sie zu unterschiedlichen Wirkungen auf die Einflußschätzungen führen (dies ist bei der selektiven Partnerwahl der Eltern der Fall). Drittens: Deshalb ist der Nachweis übereinstimmender Ergebnisse bei Anwendung beider Methoden (die ja auch mit völlig unabhängigen Stichproben arbeiten) ein Argument für die Haltbarkeit des Ansatzes trotz seiner Probleme.

Dennoch ist es natürlich unbefriedigend, sich letztlich darauf zu verlassen, daß die zahlreichen Probleme der Methoden sich insgesamt gegenseitig neutralisieren. In neueren Arbeiten wird deshalb versucht, die Probleme direkt zu kontrollieren; dies ist aber nur bei der Adoptionsmethode möglich, denn der Effekt einer unterschiedlichen Behandlung ein- versus zweieiiger Zwillinge ist kaum kontrollierbar. Die Tendenz geht deshalb in der Verhaltensgenetik hin zu Adoptionsstudien, in denen die drei genannten Probleme durch Stichprobenselektion oder durch explizite Modellierung der Effekte in Strukturgleichungsmodellen kontrolliert werden.

Berücksichtigt man diese methodischen Probleme der Verhaltensgenetik, so muß man bei ihren Ergebnissen mit einem erheblichen methodenbedingten Fehler in den Varianzschätzungen rechnen. Die folgenden Ausführungen sind deshalb immer mit einem "caveat" versehen zu verstehen.

Der gegenwärtige Stand der Verhaltensgenetik an *Erwachsenen* läßt sich grob wie folgt charakterisieren. Replizierte Ergebnisse gibt es überhaupt nur für westliche Industrienationen und dort nur für *strukturelle* Persönlichkeitsmerkmale: Testintelligenz (IQ) mit ihren Subfaktoren, und sozial-emotionale Persönlichkeitsmerkmale, wie sie durch die klassischen Persönlichkeitsfragebögen in Selbst- oder Fremdbeschreibung erfaßt werden, beispielsweise Extraversion, Neurotizismus, Aggressivität. Mehr *inhaltsbestimmte* Bereiche der Persönlichkeit wie Art und spezifische Organisation erworbenen Wissens, Einstellungen und Werthaltungen wurden dagegen kaum untersucht.

Für die wenigen gut untersuchten Persönlichkeitsmerkmale schwanken die Schätzungen für den genetischen Einfluß stark je nach betrachtetem Merkmal zwischen 0% und etwa 50%; das Maximum wird im Falle des IQ erreicht.

Relativ neu, aber inzwischen auch mit unterschiedlichen Methoden repliziert ist der Befund, daß für einige Persönlichkeitsmerkmale im *sozial-emotionalen Bereich* der von Geschwistern geteilte Umwelteinfluß wesentlich geringer zu sein scheint als der Einfluß von Umweltfaktoren, in denen sich Geschwister unterscheiden. Dies widerspricht diametral der Grundannahme der klassischen Sozialisationsforschung, die die gemeinsame familiäre Umgebung in den Mittelpunkt ihrer Bemühungen um eine Erklärung von Persönlichkeitsunterschieden stellte. Traut man den Schätzungen der Verhaltensgenetik, so sind also Unterschiede in den Umwelten von Mitgliedern derselben Familie für einige Persönlichkeitsmerkmale wesentlich bedeutsamer als Umweltunterschiede zwischen Familien. Zu den Faktoren, die Geschwister eher unähnlich machen, gehören beispielsweise unterschiedlicher Schwangerschafts- und Geburtsverlauf, unterschiedliche Behandlung durch die gleichen Eltern, unterschiedliche Geschwisterposition, unterschiedliche Beziehungen zu Gleichaltrigen, unterschiedliches Klassenklima in der Schule, und Auswirkungen ganz individueller Erlebnisse.

Betrachten wir Verhaltensunterschiede nun nicht mehr wie bisher querschnittlich, also zu einem gegebenen Zeitpunkt, sondern längsschnittlich, also in ihrem Entwicklungsverlauf, so stellen sich angesichts der Altersabhängigkeit der genetischen Wirkungen (vgl. das eingangs geschilderte vierte Mißverständnis) zwei grundlegende Fragen. Ist der genetische Einfluß auf die Verhaltensunterschiede in jeder Altersgruppe gleich groß oder verändert er sich? Und, zweitens, wirkt der genetische Einfluß auf Verhaltensunterschiede eher stabilisierend oder eher destabilisierend (bei der Diskussion des vierten Mißverständnisses wurde ja schon darauf hingewiesen, daß genetische Wirkungen durchaus destabilisierend wirken können)?

Wilson (1983) konnte als erster einen genetischen Einfluß auf die Destabilisierung von Intelligenzunterschieden empirisch nachweisen. Er verglich längsschnittlich den IQ ein- und zweieiiger Zwillinge miteinander. Man kann die IQ-Verläufe zwischen den Zwillingen auf Synchronizität prüfen, indem man die IQ-Werte der Zwillinge über die Zeit korreliert. Abbildung 1 zeigt typische Beispiele der IQ-Verläufe von eineiigen Zwillingen (links) und zweieiigen Zwillingen (rechts) für den Zeitraum von 3 Monaten bis 6 Jahren. Wären IQ-Unterschiede perfekt stabil, müßte jedes Kind einen zeitlich konstanten IQ-Wert haben, d.h. die Werte jedes Kindes müßten auf einer Geraden parallel zur Zeitachse liegen. Jedes Ansteigen oder Abfallen der Werte eines Kindes ist Ausdruck einer Destabilisierung der IQ-Unterschiede in der untersuchten Population. Je ähnlicher die Veränderungen im IQ sind zwischen zwei Zwillingen, also je höher die Synchronizität ihrer IQ-Veränderungen ist, desto stärker gehen diese IQ-Veränderungen auf Einflüsse zurück, die beide Zwillingspartner teilen. Der Unterschied zwischen der Synchronizität ein- und zweieiiger Zwillinge kann nach der Logik der Verhaltensgenetik als Ausdruck der größeren genetischen Ähnlichkeit der eineiigen Zwillinge gedeutet werden.

Die Daten von Wilson (1983) zeigen einen wachsenden genetischen Einfluß auf die Synchronizität. Während sie sich während des ersten Lebensjahres zwischen ein- und zweieiigen Zwillingen nicht unterscheidet, werden sich eineiige Zwillinge ab dem 2. Lebensjahr in ihren IQ-Schwankungen ähnlicher, während bei zweieiigen Zwillingen keine Veränderung in der Synchronizität festzustellen ist. Die mittlere Profilähnlichkeit pro Zwillingspaar lag bei den zweieiigen Zwillingen bei 0.65, während sie bei den eineiigen nach dem 2. Lebensjahr stets über 0.80 betrug; die gezeigten Beispiele sind repräsentativ für diese Daten. Ab dem 2. Lebensjahr scheint also ein genetischer Einfluß auf *De*stabilisierungen von IQ-Unterschieden vorhanden zu sein. Dies ist bisher die einzige Studie dieser Art, so daß es derzeit weder eine Replikation dieser Daten für den IQ noch vergleichbare Daten für andere Persönlichkeitsmerkmale gibt.

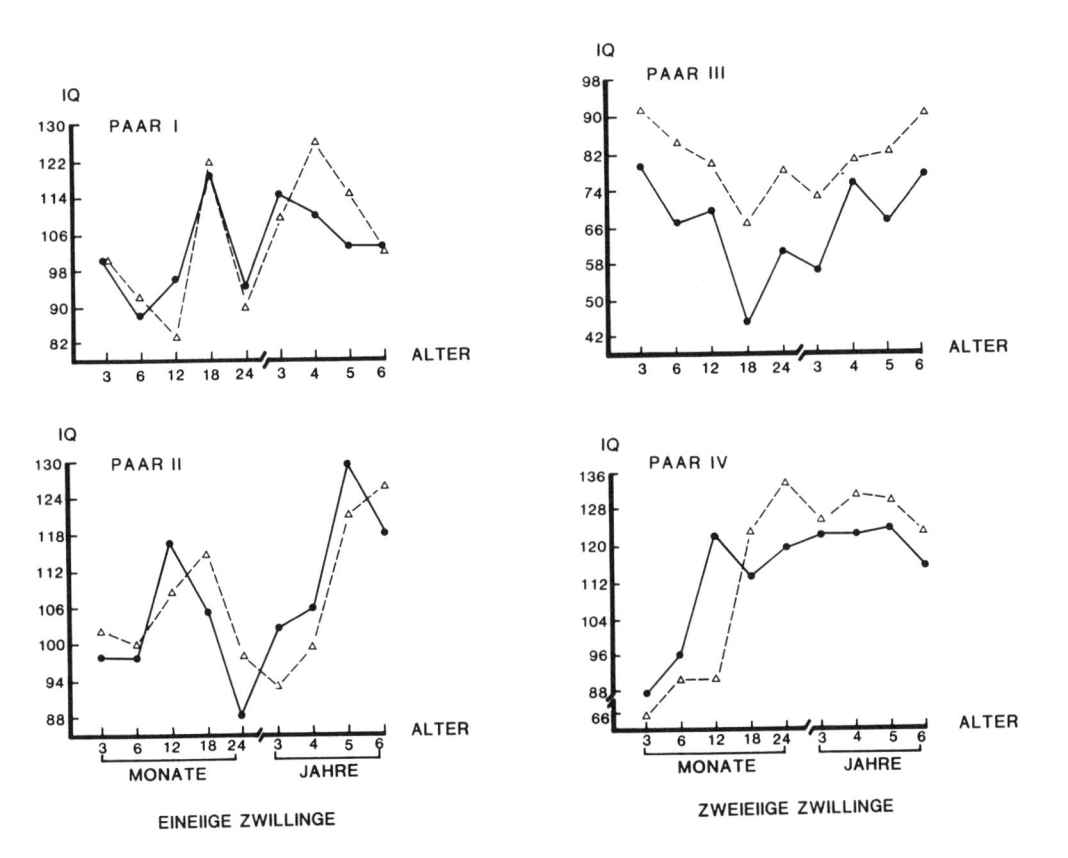

Abbildung 1. IQ-Verläufe ein- und zweieiiger Zwillinge (Abb. aus Asendorpf, 1988; Copyright Piper-Verlag).

Diese Studie demonstriert auch einen inzwischen mehrfach replizierten Befund: den wachsenden genetischen Einfluß auf IQ-Unterschiede mit zunehmendem Alter (vgl. Abbildung 2).

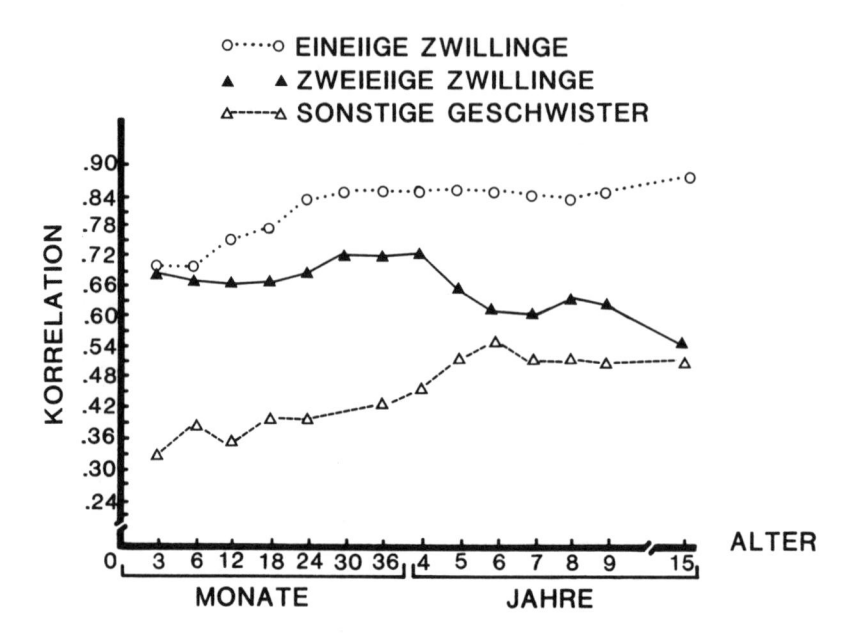

Abbildung 2. IQ-Ähnlichkeitkeiten von drei Geschwistertypen in Abhängigkeit vom Alter (Abb. aus Asendorpf, 1988; Copyright Piper-Verlag).

Zunächst sind sich ein- und zweieiige Zwillinge gleich ähnlich; dies deutet darauf hin, daß der genetische Einfluß auf das Ergebnis von Intelligenztests im Alter von 3 Monaten praktisch Null ist. Dann werden sich die eineiigen Zwillinge immer ähnlicher, bis im Alter von etwa 9 Jahren die auch bei Erwachsenen gefundenen Korrelationen von 0.85 für eineiige und 0.60 für zweieiige Zwillinge erreicht werden. Die zunehmende Ähnlichkeit der eineiigen Zwillinge relativ zu den zweieiigen Zwillingen ist nach der Logik der Verhaltensgenetik Ausdruck eines zunehmenden genetischen Einflusses auf den IQ.

Wie Abbildung 2 zeigt, werden auch Geschwister unterschiedlichen Alters sich im IQ immer ähnlicher, bis sie sich so ähnlich sind wie zweieiige Zwillinge. Diese sind sich in den ersten Lebensjahren viel ähnlicher als Geschwister unterschiedlichen Alters; dies geht auf frühe Umweltfaktoren zurück, die nur Zwillinge teilen. Dazu gehören vor allem ein ähnlicher Schwangerschaftsverlauf und ähnliche Geburtsumstände.

Ein wachsender genetischer Einfluß auf den IQ wurde auch in zwei Adoptionsstudien gefunden, in denen übereinstimmend der IQ der wegadoptierten Kinder dem IQ ihrer leiblichen Eltern mit wachsendem Alter der Kinder immer ähnlicher wurde, obwohl sie von diesen leiblichen Eltern gar nicht aufgezogen wurden. Nach einer Übersicht von Plomin (1986) wurde ein wachsender genetischer Einfluß auch auf Unterschiede in Schüchternheit und Geselligkeit gefunden; für das Aktivitätsniveau, Extraversion und Neurotizismus scheint der Anstieg nur sehr gering zu sein. Bisher scheint es kein einziges Merkmal zu geben, bei dem ein *Sinken* des genetischen Einflusses mit wachsendem Alter beobachtet worden wäre. Einschränkend muß jedoch hinzugefügt werden, daß dies nur für die Entwicklung bis zum jungen Erwachsenenalter gilt; ob der genetische Einfluß auf Persönlichkeitsunterschiede sich ab dem Alter von 20 Jahren altersabhängig verändert, ist mangels entsprechender Längsschnittstudien bisher völlig offen. Wie ist der wachsende genetische Einfluß auf einige Persönlichkeitsunterschiede bis zum jungen Erwachsenenalter hin zu erklären?

Ein Erklärungsversuch wurde von Scarr und McCartney (1983) vorgelegt und bezieht die bisher ignorierte Genotyp-Umwelt-*Kovariation* in die Überlegungen ein (vgl. auch schon Plomin, DeFries & Loehlin, 1977). Genotypen und Umwelten sind ja im allgemeinen nicht unabhängig voneinander: bestimmte Genotypen können sich in bestimmten Umwelten häufen. Scarr und McCartney schlugen nun vor, diese Genotyp-Umwelt-Kovariation durch drei *Mechanismen* der Genotyp-Umwelt-Wechselwirkung zu erklären. Ich erläutere diese drei Mechanismen an einem möglichst einfachen Modell der Persönlichkeitsentwicklung am Beispiel der "Musikalität" (vgl. Abbildung 3).

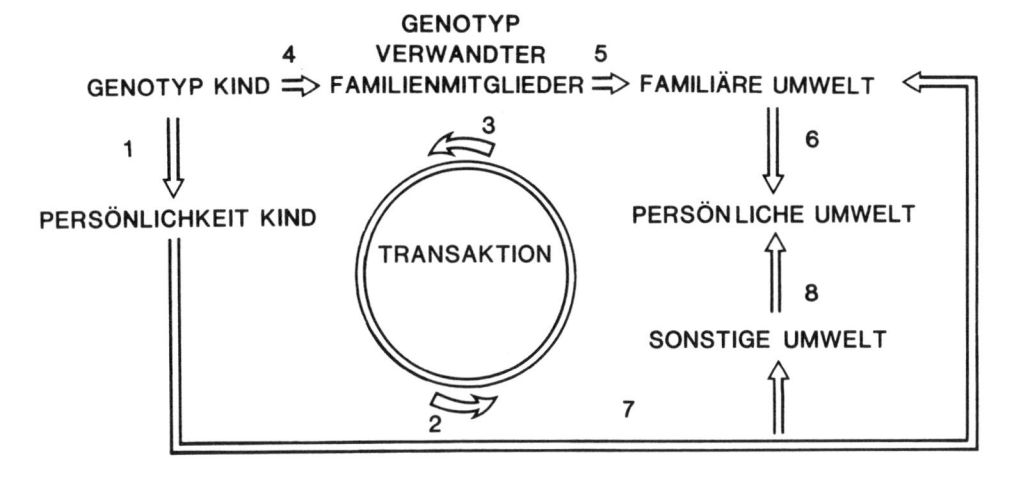

Abbildung 3.   Ein Modell der Genotyp-Umwelt-Wechselwirkung (Abb. aus Asendorpf, 1988; Copyright Piper-Verlag).

Die Musikalität eines Kindes steht in ständiger Transaktion mit einem Teil seiner Umwelt, die die *persönliche Umwelt* des Kindes genannt werden soll: es ist derjenige Umweltanteil, der die Persönlichkeit des Kindes beeinflußt oder von der Persönlichkeit des Kindes beeinflußt wird. Wenn ein substantieller genetischer Einfluß auf Unterschiede in Musikalität besteht (dies ist der Fall; vgl. Coon & Carey, 1989), sollte eine *passive Genotyp-Umwelt-Kovariation* dadurch zustande kommen, daß ein genetisch für hohe Musikalität prädisponiertes Kind aus genetischen Gründen auch eher musikalische Eltern und Geschwister hat (Pfad 4 in der Abbildung links oben), diese für eine musikalische familiäre Umgebung sorgen, indem sie selbst viel Musik machen und hören (Pfad 5) und dadurch auch eine musikalische Umwelt für das Kind schaffen (Pfad 6). Die passive Genotyp-Umwelt-Kovariation dürfte mit wachsendem Alter des Kindes abnehmen; hat es erst einmal das Elternhaus verlassen, ist ihr Einfluß minimal.

Ziemlich altersunabhängig dagegen dürfte die *reaktive Genotyp-Umwelt-Kovariation* sein, die eine Reaktion der Umwelt auf den Genotyp des Kindes darstellt. Ein genetisch zu hoher Musikalität prädisponiertes Kind fällt durch seine manifeste Musikalität bei Familienmitgliedern auf und übt dadurch Wirkungen aus, z.B. indem die Eltern ein Klavier kaufen (Pfad 7+6); dasselbe gilt für die sonstige Umwelt, etwa indem der Musiklehrer das Kind besonders fördert (Pfad 7+8).

Eine dritte Form der Genotyp-Umwelt-Kovariation schließlich sollte mit dem Alter stark zunehmen: die *aktive Genotyp-Umwelt-Kovariation*. Ein genetisch zu hoher Musikalität prädisponiertes Kind wird sich eher ein Klavier wünschen, gerne in Konzerte gehen, eher Klavierunterricht nehmen und sich eher mit musikalischen Gleichaltrigen befreunden (Pfad 1+2). Oder allgemeiner (und etwas ungenau; s.u.) formuliert: mit wachsendem Alter steigt der Einfluß von Genotypen auf ihre Umwelt, indem sie diese passend auswählen oder gestalten; Genotypen schaffen sich die ihnen angemessenen ökologischen Nischen.

Scarr und McCartney nehmen nun an, daß der Zuwachs an aktiver Genotyp-Umwelt-Kovariation für viele Persönlichkeitsmerkmale stärker ist als die Abnahme an passiver Genotyp-Umwelt-Kovariation; dies würde bei gleichbleibender reaktiver Genotyp-Umwelt-Kovariation bedeuten, daß der genetische Einfluß auf diese Persönlichkeitsmerkmale steigt, da Umweltunterschiede durch das immer stärkere Dominieren der aktiven Genotyp-Umwelt-Kovariation immer mehr von genetischen Unterschieden kontrolliert werden.

Dies ist ein interessanter Ansatz, weil er die traditionelle Erbe-Umwelt-Dichotomie überwindet und relativ spezifische, empirisch untersuchbare Mechanismen angibt, die für mögliche Genotyp-Umwelt-Kovariationen verantwortlich sein könnten. Wie Oyama (1989) zu Recht kritisiert, schießen Scarr und McCartney (1983) (und auch Plomin, 1986) über ihr Ziel insofern hinaus, als sie bisweilen dem Genotyp anthropomorphisierend Aktivitäten unterstellen, die dieser nicht hat, z.B. Umwelten auszuwählen. Dies ist nicht nur ein stilistisches Problem, da solche Sprachregelungen eine unter Genetikern verbreitete Tendenz widerspiegeln, den Genotyp als Figur vor dem Hintergrund der Umwelt zu sehen (vgl. Oyama, 1989, für eine umfassende Diskussion), aber es ist kein prinzipielles Problem, wenn die von Scarr und McCartney und Plomin diskutierten Kovariationen nicht einseitig kausal interpretiert werden.

Für die Ausgangsfrage nach dem wachsenden genetischen Einfluß auf einige Persönlichkeitsunterschiede gibt es jedoch noch eine zweite mögliche Interpretation. Eines der fundamentalen Meßprobleme der Entwicklungspsychologie besteht darin, daß viele psychologische Qualitäten auf unterschiedlichen Altersstufen nicht mit demselben Meßverfahren erfaßt werden können. Mißt ein IQ-Test für 3 Monate alte Säuglinge etwas, was auch nur in irgend einer Weise vergleichbar wäre mit dem, was ein IQ-Test für Erwachsene mißt? Auffällig ist, daß der von den Verhaltensgenetikern beobachtete Zuwachs an genetischem Einfluß auf den IQ begleitet wird von einem beobachtbaren Zuwachs an zeitlicher *Stabilität* der IQ-Unterschiede: je älter Kinder werden, desto besser läßt sich ihr Erwachsenen-IQ vorhersagen. Entsprechendes gilt auch für die anderen Persönlichkeitsunterschiede, für die ein wachsender genetischer Anteil beobachtet wurde.

Vielleicht sind nun wachsender genetischer Anteil und zunehmende zeitliche Stabilität der Persönlichkeitsunterschiede zumindest zum Teil Ausdruck desselben Phänomens, nämlich einer anfänglich vorhandenen *Unvergleichbarkeit* der gemessenen *Merkmale* und einer mit wachsendem Alter zunehmenden Vergleichbarkeit der Merkmale (vgl. für empirische Evidenz Bornstein & Sigman, 1986). Da sich die Merkmale ähnlicher werden, wächst die zeitliche Stabilität der Merkmalsunterschiede, und der genetische Einfluß auf die Merkmale steigt ebenfalls, weil sich die genetischen Einflüsse auf das Erwachsenenmerkmal in den frühen Merkmalsformen noch gar nicht manifestieren können, da es sich um unvergleichbare Merkmale handelt. Zusätzlich muß jedoch noch angenommen werden, daß die frühen Merkmalsformen auch durch keine *anderen* genetischen Faktoren beeinflußt sind, ihr genetischer Einfluß also reduziert ist auf den genetischen Einfluß, der sich im Erwachsenenmerkmal manifestiert. Hierfür gibt es inzwischen sogar eine gewisse empirische Evidenz (vgl. DeFries, Plomin, & La Buda, 1987; LaBuda, DeFries, Plomin, & Fulker, 1986).

Nach dieser zweiten Interpretation, die man als "Überlappungshypothese" bezeichnen könnte, wäre der wachsende genetische Einfluß auf den IQ Ausdruck einer zunehmenden Überlappung der gemessenen Merkmale mit dem Erwachsenenmerkmal. Diese Überlappungshypothese widerspricht der Auffassung von Scarr und McCartney nicht, sondern ergänzt sie eher.

Insgesamt lassen sich die Hauptbefunde der gegenwärtigen differentiellen Verhaltensgenetik in vier Punkten zusammenfassen:

1. Der interessanteste Beitrag der neueren Verhaltensgenetik zur Differentiellen Psychologie besteht nicht in dem Hinweis auf einen genetischen Einfluß auf manche Verhaltensunterschiede, sondern in der Behauptung, daß für einige Verhaltensunterschiede die Umweltunterschiede zwischen Mitgliedern derselben Familie bedeutsamer sind als die Umweltunterschiede zwischen Familien.

2. Die moderne Verhaltensgenetik berücksichtigt zeitliche Schwankungen in der Gen-Aktivität bei konstantem Genotyp und überwindet so die traditionelle Sicht, daß genetische Wirkungen stets stabilisierend auf Verhaltensunterschiede wirken; die empirische Evidenz für destabilisierende genetische Wirkungen ist jedoch noch gering.

3. Der bisher stärkste empirische Befund der differentiellen Verhaltensgenetik ist die Beobachtung, daß der genetische Einfluß auf einige Verhaltensunterschiede mit zunehmendem Alter bis zum frühen Erwachsenenalter anwächst. Der Versuch einer Erklärung dieses Effekts durch Mechanismen der Genotyp-Umwelt-Wechselwirkung überwindet die traditionelle Erbe-Umwelt-Dichotomie und fördert eine psychobiologische Sichtweise der Persönlichkeitsentwicklung; es gibt aber auch Alternativerklärungen, die ohne diese Mechanismen auskommen, etwa die Überlappungshypothese.

4. Aus der erweiterten psychobiologischen Sichtweise der Entwicklung verliert die traditionelle Frage nach dem relativen Einfluß von Genotypen und Umwelten auf Verhaltensunterschiede an Interesse; wichtiger werden nun die vermittelnden Mechanismen der Genotyp-Umwelt-Wechselwirkung.

ZUKUNFT

Der Pluralismus verschont nichts. Auch die Zukunft ist nicht gegen ihn gefeit. In allen natürlichen Sprachen ist sie, als ob sich das von selbst verstünde, ein Singularetantum, so wie die Vergangenheit und die Gegenwart, von denen die meisten unter uns nach wie vor glauben, daß sie nur einmal vorkämen.
Hans Magnus Enzensberger, *Vermutungen über die Turbulenz*

Eine homogene Zukunft wird für uns immer undenkbarer. Wir repräsentieren Zukunft heute eher in Form möglicher Szenarien, die sich in wiederum mögliche Subszenarien aufspalten und so weiter - also in Form eines endlos verzweigten Entscheidungsbaums. In diesem Sinne möchte ich die Zukunft der Verhaltensgenetik in Form von drei Szenarien skizzieren: einem rosarot-optimistischen, einem pechschwarz-pessimistischen, und einem weniger spektakulären, alltagsgrau-realistischen. Alle drei Szenarien sind Stilisierungen möglicher Entwicklungen; sie stecken das Feld ab, auf dem sich diese abspielen werden.

Szenario 1

Die Strategie der USA und Japans, zur vollständigen Kartierung des menschlichen Genoms unterschiedliche Forschergruppen anfänglich rivalisieren zu lassen, förderte die Entwicklung innovativer Techniken der automatisierten Genomanalyse. Praktisch gleichzeitig erzielten zwei amerikanische, eine japanische und eine französische Forschungsgruppe den großen Durchbruch, der das Projekt anschließend zu einer langwierigen, aber erfolgssicheren Routineangelegenheit werden ließ. Das größte menschliche Projekt seit der Mondlandung wurde im Jahr 2003 abgeschlossen, zwei Jahre früher als geplant (Board on Basic Biology, 1988). Seine Gesamtkosten betrugen allein in den USA 5 Milliarden Dollar (damit 5% der Ausgaben der USA für die biologische Forschung insgesamt im Projektzeitraum 1990-2003; vgl. Board on Basic Biology, 1988).

Schon vor Abschluß des Projekts kam es zu ersten erfolgreichen medizinischen Anwendungen. Heute, im Jahre 2030, können klassische Erbkrankheiten wie Bluterkrankheit, Veitstanz und Muscovicidose als ausgerottet betrachtet werden. Belastete Feten werden weitgehend abgetrieben; in den Staaten der Ersten Welt haben Eltern zudem die Wahl, ethische Probleme der Abtreibung zu umgehen, indem sie durch eine gezielte Diät, verbunden mit medikamentöser Therapie, den Ausbruch dieser Krankheiten verhindern. Bestimmte Formen von Diabetes, Herzinfarkt, Depression und Schizophrenie können nun ebenfalls kausal behandelt werden.

Die Differentielle Psychologie nahm einen ungeheuren Aufschwung. Durch Korrelieren von Persönlichkeitsmerkmalen mit Genotypen wurden zwar die von der klassischen Verhaltensgenetik behaupteten breiten Reaktionsnormen für den durchschnittlichen genetischen Einfluß auf das Verhalten bestätigt, aber für bestimmte Genotypen - und das war gar nicht so selten, wie Pessimisten vorher behauptet hatten - erwiesen sich die Umwelteffekte als überraschend gering, vor allem, als nicht nur die Varianten eines Gens, sondern Kombinationen der Varianten vieler Gene in die Genomanalyse einbezogen wurden.Dies erlaubte eine präzise genetische Diagnose bestimmter Persönlichkeitsmerkmale für bestimmte Genotypen. Die dimensionale Betrachtungsweise der Differentiellen Psychologie, die in der zweiten Hälfte des 20. Jahrhunderts vorgeherrscht hatte, wich erneut Typentheorien.

Eine breite öffentliche Diskussion in den Staaten der Ersten Welt führte zur Aufnahme dreier neuer Menschenrechte in die UN-Charta: des Rechts auf genetische Selbstbestimmung, des Rechts auf Geheimhaltung des individuellen Genotyps, und des Rechts auf Nicht-Wissen des eigenen Genotyps. Genetische Daten, einschließlich das genetische Material selbst, wurden in allen diesen Staaten zu einer besonders sensitiven datenrechtlichen Kategorie erhoben.

Genetische Diagnosen der Persönlichkeit erfolgen dort deshalb nur auf freiwilliger Basis oder, bei Unmündigkeit, bei Einverständnis des Vormunds (natürlich auch dann, wenn sie im Rahmen von Gerichtsprozessen beweiskräftiges Material darstellen können). Sie werden im Rahmen der Schwangerschaftsberatung (zur Prävention genetischer Störungen), der Erziehungsberatung, der schulpsychologischen Dienste, der Berufsberatung, der Eheberatung, der Psychotherapie und der Sterbehilfe von Diplompsychologen der Fachrichtung Genetisch-Psychologischer Berater eingeholt und an die Betroffenen vermittelt.

Szenario 2

Nachdem im Jahr 2008, also auf dem Höhepunkt der Weltwirtschaftskrise, EUGENICS INC. mit Sitz auf den Bermudas alle Rechte über das menschliche Genom erworben hatte, gelang es dieser transnationalen Gesellschaft immer mehr, die Forschung zur Bedeutung bestimmter Genotypen unter Kontrolle zu bekommen. Genomanalytische Verfahren und die Therapie abnormaler genetischer Veranlagungen waren bald nur noch gegen Patentgebühren nutzbar. Um einen maximalen Gewinn aus der Anwendung dieser Verfahren zu sichern, wurde die Forschung überall dort intensiviert, wo massenhafte Anwendbarkeit in Aussicht stand. Forschung an seltenen Störungen wie Bluterkrankheit, Veitstanz und Muscovicidose wurde nur dann vorangetrieben, wenn dies aus Imagegründen vorteilhaft erschien.

Umfrageergebnisse in den Staaten der Ersten Welt ergaben, daß Eltern vor allem in folgende Merkmale ihrer Kinder bereit waren, viel zu investieren: Gesundheit, Sportlichkeit, physische Attraktivität, Intelligenz, Durchsetzungsfähigkeit und emotionale Robustheit. Hier investierte EUGENICS INC. ("We take care of your children") riesige Summen. Kritiker monierten zwar die undurchsichtigen Erfolgskontrollmessungen, aber das tat der Investitionsbereitschaft des vermögenderen Teils der Bevölkerung der Ersten Welt keinen Abbruch. Wer wollte schon seine Kinder benachteiligen?

Nachdem EUGENICS INC. eine Vielzahl genkompensatorischer Therapien hatte patentieren lassen, gelang es ihr, durch geschickte Verhandlungen mit den Regierungen führender Industriestaaten allgemeine genetische Screeningprogramme bei Schwangerschaft, Einschulung, Stellenbewerbung im öffentlichen Dienst und Antrag auf Heirat durchzusetzen und vergleichbare Screenings für Einstellungen in Privatfirmen zuzulassen. Schwangere, deren Feten mindestens eine Standardabweichung unter dem Mittelwert des genetischen Quotienten (GQ) liegen, müssen seitdem bei Verweigerung des empfohlenen Schwangerschaftsabbruchs eine Risikoabgabe zahlen. Die Eingruppierung und die im zweijährigen Turnus erfolgende Umgruppierung in die Bildungskasten werden durch einen Index bestimmt, in den anfangs nur der GQ und später GQ und Schulnoten gleichgewichtig eingehen. Wesentliches Einstellungskriterium ist die Passung zwischen dem genetischen Profil der Stellenbewerber und dem Anforderungsprofil des Arbeitsplatzes (vor allem hinsichtlich Allergie- und Streßprofil). Heirat zwischen Partnern mit inkompatiblen genetischen Profilen ist nicht zugelassen (genetische Profile werden dann als inkompatibel betrachtet, wenn der erwartete GQ der Kinder mindestens eine Standardabweichung unter dem Mittelwert liegt).

Hauptproblem bei der Durchsetzung dieser Maßnahmen war der Einwand der Krankenkassen- und Rentenversicherungsträger der Staaten der Ersten Welt, daß diese Maßnahmen die Lebenserwartung und damit die durchschnittlich zu erwartenden Krankheits- und Rentenversicherungskosten steigern würden. Dieser Einwand stieß auf allgemeine Empörung bei den mündigen Bürgern der Staaten der Ersten Welt; er wurde durch ein von EUGENICS INC. gesponsortes Volksbegehren hinweggefegt.

Szenario 3

Szenario 1 und 2 sind unrealistisch, weil sie nicht mit der schweigenden Mehrheit rechnen. Diese Mehrheit repräsentiert das statistisch Normale. Sie übt einen stillschweigenden Vorbehalt gegenüber jeder Neuerung. Sie wird die Möglichkeiten der Genomanalyse deshalb nur gelegentlich nutzen. Höflich hört sie sich ihre Vorzüge an und geht dann achselzuckend zur Tagesordnung über. Sie duldet administrative Einschränkungen und hintergeht sie hinterrücks, vor allem aus Nachlässigkeit. Sie verpaßt Termine, vergißt das Einhalten genkorrigierender Diäten. Sie gibt zu, daß es besser wäre, wenn bestimmte Genotypen eliminiert werden, und sie gibt gleichzeitig zu, daß das moralisch und biologisch höchst problematisch ist. Die genaue Argumentation überläßt sie lieber den Experten. Anfangen möge man mit der Eugenik aber doch bitte beim Nachbarn, nicht bei der eigenen Familie. Diese Renitenz der Mehrheit schmälert die beabsichtigten Wirkungen der Verfechter der Eugenik und ihrer kommerziellen Nutznießer ebenso, wie sie die unbeabsichtigten Nebenwirkungen mildert, die diese anrichten.

"Unseren Gesellschaftswissenschaften, die an ihrer Kolonisierung bisher noch immer gescheitert sind, muß die Normalität als ein dunkler Kontinent erscheinen, als ein unerforschlicher Schwarzer Körper, der das Licht der Neugier, der Kritik und der herrschenden Vernunft verschluckt. Die Normalität ist eine defensive Kraft, aber sie ist unfähig, zu resignieren. Mit Meinungen, Weltanschauungen, Ideologien ist ihr nicht beizukommen.

In ihrem kleinen Leben - aber kann Leben etwas Kleines sein? - stecken enorme Reserven an Arbeitskraft, Schlauheit, Hilfsbereitschaft, Rachsucht, Widerspenstigkeit, Energie, Umsicht, Mut und Wildheit. Die Angst vor der Zukunft ist nicht ihre Stärke. Sofern die Gattung fähig ist zu überleben, wird sie ihre Fortdauer vermutlich nicht irgendwelchen Außenseitern verdanken, sondern ganz gewöhnlichen Leuten." (Enzensberger, 1989, S. 191-192).

LITERATUR

Asendorpf, J. (1988). *Keiner wie der andere: Wie Persönlichkeits-Unterschiede entstehen.* München: Piper.

Asendorpf, J. (1990). *Die differentielle Sichtweise in der Psychologie.* Göttingen: Hogrefe.

Ash, M.G. (1988). *Die erbpsychologische Abteilung am Kaiser-Wilhelm-Institut für Anthropologie, menschliche Erblehre und Eugenik 1935-1945.* Vortrag gehalten am 5.10.1988 am Max-Planck-Institut für Bildungsforschung, Berlin.

Board on Basic Biology, Commission on Life Sciences, National Research Council. (1988). *Report of the comittee on mapping and sequencing the human genome.* Washington, D.C.: National Academy Press.

Bornstein, M.H. & Sigman, M.D. (1986). Continuity in mental development from infancy. *Child Development, 57,* 251-274.

Bracken, H.v. (1936). Verbundenheit und Ordnung im Binnenleben von Zwillingspaaren. *Zeitschrift für pädagogische Psychologie, 37,* 65-81.

Coon, H. & Carey, G. (1989). Genetic and environmental determinants of musical ability in twins. *Behavior Genetics, 19,* 183-193.

Davenport, C.B. (1910). *Eugenics - The science of human improvement by selective breeding.* New York: Holt.

DeFries, J.C., Plomin, R. & LaBuda, M.C. (1987). Genetic stability of cognitive development from childhood to adulthood. *Developmental Psychology, 23,* 4-12.

Enzensberger, H.M. (1989). *Der Fliegende Robert.* Frankfurt/M.: Suhrkamp.

Fischer, E. (1926). Aufgaben der Anthropologie, menschlichen Erblichkeitslehre und Eugenik. *Die Naturwissenschaften, 14,* 749-755.

Fischer, E. (1936). Kaiser-Wilhelm-Institut für Anthropologie, menschliche Erblehre und Eugenik. In M. Hartmann (Hrsg.), *25 Jahre Kaiser-Wilhelm-Gesellschaft zur Förderung der Wissenschaften* (Vol. 2). Berlin: Springer.

Fischer, E. (1938). Rasse und Vererbung geistiger Eigenschaften. *Zeitschrift für Morphologie und Anthropologie, 38,* 1-9.

Fisher, R.A. (1918). The correlation between relatives on the supposition of Mendelian inheritance. *Transactions of the Royal Society of Edinburgh, 52,* 399-433.

Galton, F. (1876). The history of twins as a criterion of the relative powers of nature and nurture. *Royal Anthropological Institute of Great Britain and Ireland Journal, 6,* 391-406.

Galton, F. (1883). *Inquiries into human faculty and its development.* London: Macmillan.

Galton, F. (1909). *Essays in eugenics.* London: The Eugenics Education Society.

Geuter, U. (1984). *Die Professionalisierung der Psychologie im Nationalsozialismus.* Frankfurt/M.: Suhrkamp.

Gottschaldt, K. (1937). Über die Vererbung von Intelligenz und Charakter. *Fortschritte der Erbpathologie und Rassenhygiene, 1,* 1-21.

Gottschaldt, K. (1938). Erbe und Umwelt in der Entwicklung der geistigen Persönlichkeit. *Zeitschrift für Morphologie und Anthropologie, 38,* 10-17.

Harnack, A.v. (1926). *Bericht an das Kuratorium der Kaiser-Wilhelm-Gesellschaft, 18.6.1926.* Archiv der Max-Planck-Gesellschaft, Berlin. KWI Anthropologie, Vol. 2411.

Jensen, A.R. (1980). *Bias in mental testing.* London: Methuen.

Kevles, D. (1985). *In the name of eugenics.* New York: Knopf.

LaBuda, M.C., DeFries, J.C., Plomin, R. & Fulker, D.W. (1986). Longitudinal stability of cognitive ability from infancy to early childhood: Genetic and environmental etiologies. *Child Development*, *57*, 1142-1150.

Oyama, S. (1989). Ontogeny and the central dogma: Do we need the concept of genetic programming in order to have an evolutionary perspective? In M.R. Gunnar & E. Thelen (Eds.), *Minnesota Symposia on Child Psychology: Vol.22. Systems and development* (pp. 1-34). Hillsdale, NJ: Erlbaum.

Pearson, K. (1912). *Eugenics and public health*. Cambridge, UK: Cambridge University Press.

Plomin, R. (1986). *Development, genetics, and psychology*. Hillsdale, NJ: Erlbaum.

Plomin, R., DeFries, J.C. & Loehlin, J.C. (1977). Genotype-environment interaction and correlation in the analysis of human behavior. *Psychological Bulletin*, *84*, 309-322.

Scarr, S. & McCartney, K. (1983). How people make their own environments: A theory of genotype --> environment effects. *Child Development*, *54*, 424-435.

Stern, W. (1911). *Die differentielle Psychologie in ihren methodischen Grundlagen*. Leipzig: Barth.

Wilson, R.S. (1983). The Louisville Twin Study: Developmental synchronies in behavior. *Child Development*, *54*, 298-316.

FRANZ E. WEINERT: EIN MANN VIELER TUGENDEN UND LEBENSSPUREN

Paul B. Baltes

Wenn ich gefragt würde, den deutschen Psychologen zu nennen, der die Kardinaltugenden eines harmonisch agierenden Menschen und die ausgereifte Expertise eines Wissenschaftlers am besten verkörpert, so wäre Franz Weinert meine erste und auch nach weiterem Überlegen unangefochtene Wahl. Als Wissenschaftler kennzeichnen ihn eine Schaffens-, Denk- und Urteilskraft, die in ihrer Breite und Tiefe ihresgleichen sucht. Und all dies ist Teil einer Persönlichkeit, die vieles von dem in sich vereinigt, was die meisten von uns im stillen anstreben: Bescheidenheit, menschliche Wärme, Verantwortungsbewußtsein, Fairneß, Toleranz und Hilfsbereitschaft.

Weinerts Reife und Ausgewogenheit sind aber keinesfalls eine statische Gestalt, ohne Bewegung und Spannung, ohne Umtrieb. Im Gegenteil, die stetige Suche nach Neuland, der Glaube an das wissenschaftliche Abenteuer gehören ebenso dazu. Diese seltene Mischung zeigte sich schon bei unserer allerersten Begegnung, an die ich mich mit Freude erinnere, die mich aber auch nachdenklich stimmte. Ich beschreibe dieses Ereignis in einiger Ausführlichkeit aus zwei Gründen. Erstens nutze ich die Gelegenheit Dank zu sagen, denn es war ein für mich prägendes Erlebnis. Und zweitens glaube ich, daß dieses Ereignis offenlegt, was für viele das Fundament ihrer Bewunderung für die Person und den Wissenschaftler Franz Weinert ausmacht.

DIE ERINNERUNG AN DIE ERSTE BEGEGNUNG

Ich lernte den damals etwa 35jährigen Franz Weinert anläßlich des im Jahre 1966 von Theo Herrmann organisierten Braunschweiger Symposiums über Erziehungsstile kennen. Für mich, den damals etwa 25jährigen, war es der erste öffentliche Auftritt als "Jungwissenschaftler". Mit missionarischem Eifer und ganz in der Tradition des damaligen Saarbrücker Psychologischen Instituts hatte ich einen methodenkritischen Beitrag übernommen. Mein Fazit: Die Erziehungsstilforschung täte gut daran, sich an die methodischen und statistischen Regeln des wissenschaftlichen Vorgehens zu halten. Was bisher gemacht worden sei bzw. was einige der Teilnehmer gerade in Arbeit hätten, sei methodisch und statistisch nicht überzeugend.

Von Weinert, dessen breites und tiefes Wissen mir am Vorabend beim ersten Kennenlernen imponierte, erhoffte ich Unterstützung und vielleicht sogar Anerkennung. Diese erhielt ich auch während der Diskussion in mehrfachem Sinn. Zunächst komplimentierte er den methodisch-statistisch überzeugend argumentierenden Jungwissenschaftler. Ich fühlte mich verstanden und hatte ein Gefühl persönlicher Handlungskontrolle.

Dann aber kam das Unerwartete. Franz Weinert legte mit der ihn kennzeichnenden feinfühligen Eloquenz und didaktischen Meisterschaft die Begrenzungen einer allzu gläubigen empirisch-statistischen Methodik offen. Von der Notwendigkeit sogenannter "wissenschaftlicher Probierbewegungen" sprach er; und von der Wichtigkeit, solche die Regeln der konventionellen Methodik oft verletzenden Probierbewegungen immer im Auge zu behalten, ja sie zu pflegen. Gerade diese Probierbewegungen seien es doch, die oft den Fortschritt in der Wissenschaft in die Wege leiteten.

Für mich war dieser Weinertsche Kommentar so etwas wie ein kritisches Lebensereignis, und er hat mich seither immer wieder beschäftigt. Einerseits eröffnete er mir einen Blick auf eine der besonderen Facetten der Persönlichkeit Franz Weinerts: Toleranz und Flexibilität trotz fester Standards und transparenter persönlicher Überzeugungssysteme. Andererseits setzte sein Kommentar etwas Neues in mir in Bewegung. Ich begann zu verstehen, daß gute Wissenschaft nicht nach einem einzigen Methodenkanon verfährt, sondern daß Probierbewegungen, Devianz, Pluralismus und gelegentlich sogar Anarchie zum Wesen einer lebendigen Wissenschaft gehören.

Wann immer ich seither den Eindruck des Festfahrens in einem bestimmten methodischen Ansatz oder einer bestimmten theoretischen Orientierung habe, rufe ich mir diese erste Begegnung mit Franz Weinert in Erinnerung und versuche, mich von eingeschliffener Routine zu befreien, Wege zu finden, für die es noch keine Landkarte in den etablierten Methodenklassikern gibt. In diesem Sinn hat unser Jubilar ganz wesentlich zu meiner inneren Befreiung von dem Methoden-Imperialismus beigetragen, der meine Generation mit ihrem Nachholbedürfnis für Empirie in Fesseln zu legen drohte.

Diese erste Begegnung war der Auftakt. Seither ist Franz Weinert, wahrscheinlich ohne sein Wissen, zu einem meiner "invisible mentors" oder auch imaginären Beichtvätern geworden. Einem Beichtvater, der mir sogar gelegentlich bereits die Absolution erteilt, bevor ich gesündigt habe, ja durch diesen Vorgriff geradezu sicherstellt, daß ich die Chance habe, hier und da von der Sünde der Probierbewegungen zu profitieren. Und Beichtväter sind natürlich nur dann erfolgreich, wenn sie selbst zunächst ganz und gar nicht den Eindruck erwecken, daß Sündigen auch zu ihrem Leben gehören könnte.

In dieser unerwarteten und selten gelungenen Mischung von traditionsbezogener Kompetenz und freiheitsgeleiteter Toleranz liegt das für mich Herausragende an Franz Weinert. Einerseits überzeugt er als der Idealtyp des wohl- und breitinformierten, zuverlässigen und produktiven Wissenschaftlers, ohne Fehl und Tadel, ohne das Sündenhafte des Alltags. Andererseits beeindruckt er durch seine persönliche Toleranz, seine zwischenmenschliche Integrationskraft, seine Fähigkeit des Dezentrierens und seinen Willen, dem Unkonventionellen in der Wissenschaft eine Chance zu geben. So kommt es, daß man ihm und seinem

Urteil vertraut, daß man ihn in schwierigen Entscheidungen immer wieder als Ratgeber sucht.

EINE ZWEITE BEGEGNUNG: FRANZ WEINERT ALS INSTITUTSGRÜNDER

Wen wundert es daher, daß Franz Weinert nicht nur als Wissenschaftler brilliert, sondern sein Wirkungsfeld auch die Führungsebenen der Wissenschaftsplanung einschließt. So ist Franz Weinert wahrscheinlich der deutsche Psychologe, der mehr als jeder andere während der letzten Jahre in Top-level-Planungs- und Personalkommissionen saß. Beispielhaft möchte ich zwei Gremien erwähnen: Die Findungskommissionen für die gegenwärtig amtierenden Präsidenten von zwei der wichtigsten deutschen Forschungsorganisationen: der Deutschen Forschungsgemeinschaft und der Max-Planck-Gesellschaft.

Und dann ist da Weinerts Verdienst um die Gründung des ersten Max-Planck-Instituts mit psychologischer Forschung als zentraler Aufgabe. Mit diesem Ereignis beschäftigt sich meine zweite Erinnerungskette.

Die Psychologie in der Max-Planck-Gesellschaft zu etablieren war keine leichte Aufgabe. Die Max-Planck-Gesellschaft hat sich mit der Förderung der Psychologie lange Zeit sehr schwer getan, aus welchen Gründen auch immer. Gegen Ausgang der siebziger Jahre eröffnete sich eine neue Gelegenheit. Es gab in kurzer zeitlicher Aufeinanderfolge eine Reihe von Planungsüberlegungen, bei denen Psychologen bzw. die Psychologie in Erwägung gezogen wurden.

So wurde erstens diskutiert, das Starnberger "Von-Weizsäcker-Habermas-Institut" nach der Emeritierung von Carl Friedrich v. Weizsäcker in ein größeres sozialwissenschaftliches Institut umzustrukturieren, zweitens ein neues Institut für Psycholinguistik zu gründen, und drittens die Psychologie am Berliner MPI für Bildungsforschung durch eine Neuberufung als eigenständigen Forschungsbereich fest zu etablieren. In der einen oder anderen Form war Franz Weinert bei all diesen Planungen beteiligt. In meinem eigenen Fall bin ich sicher, daß ich ohne seine Unterstützung und die beginnende Freundschaft meine Rückkehr aus den USA an das Berliner MPI für Bildungsforschung nicht erwogen hätte. Neben dem in den USA über den Social Science Research Council laufenden wissenschaftlichen Kontakt (Weinert und ich waren Mitglieder einer interdisziplinären Arbeitsgruppe über Lifespan-Forschung) hatten hierbei eine Reihe von intensiven, persönlichen Gesprächen ein besonderes Gewicht. Verschiedene Kaffeehäuser, in denen wir uns in Heidelberg, München und New York trafen, sind mir in guter Erinnerung, aber auch die Wärme und Aufgeschlossenheit von Frau Weinert, die bei einigen dieser Gespräche entscheidenden Anteil hatte. Die besondere Rolle Frau Weinerts bei diesen Begegnungen ist keine Ausnahme. Anne und Franz Weinert sind ein Paar, das nicht nur zusammen lebt, sondern auch zusammen wirkt und sich in einer Art Synergismus wechselseitig verstärkt. Wie gelegentlich als Aperçu formuliert: " Eins und eins ergeben, wenn man sie richtig arrangiert, nicht zwei, sondern elf."

Zum Kern dieser zweiten Erinnerungslinie. Da ist zunächst das Ergebnis. Franz Weinert wurde im Jahre 1981 als Gründungsdirektor des Münchener Max-Planck-Instituts für psychologische Forschung berufen. Aber diese Berufung ist nicht hinreichend Grund, ihm den primären Verdienst zuzusprechen, die Psychologie als Disziplinengestalt in der MPG etabliert zu haben. Es hätten ja andere den Gründungsplan entworfen und genährt haben können. Bedeutsamer ist, daß dieses Institut zum Leben kommen konnte, ohne daß es hierfür einen konkreten Planungsakt gab. Das Institut wurde aus der Not geboren, und Franz Weinert war der Retter in der Not. Wieso?

Die Max-Planck-Gesellschaft berief Franz Weinert ursprünglich nämlich nicht an ein MPI für psychologische Forschung, sondern als Mitdirektor eines von Habermas bzw. einer Kommission der Geisteswissenschaftlichen Sektion neu konzipierten Starnberger Max-Planck-Instituts für sozialwissenschaftliche Forschung. Dieses Institut sollte von drei oder vier Direktoren ganz unterschiedlicher sozialwissenschaftlicher Provenienz geleitet werden. Einer davon sollte der Psychologe Franz Weinert sein. Als dieser Plan sich leider nicht realisieren ließ und Habermas, vor allem der aufreibenden Auseinandersetzungen um mitarbeiterliche Anstellungsrechte überdrüssig, sich entschloß, einen Ruf an die Universität Frankfurt anzunehmen, war die Berufung von Franz Weinert vergleichbar einer Weihe ohne Königstum. Es gab keinen institutionellen Kontext.

Die Führungsspitze der MPG und die für die Förderung der Sozialwissenschaften zuständige geisteswissenschaftliche Sektion standen vor einem planerischen Desaster. In dieser schier ausweglosen Lage kam all das zum Tragen, was Franz Weinert zu einem Mann vieler Tugenden und Lebensspuren macht: sein wissenschaftlicher Status, seine Forschungsvisionen, seine administrative Kompetenz, seine persönliche Integrität, die Zuverlässigkeit seines Wortes, seine Verantwortungsethik für das Gemeinwohl. All dies führte fast unwiderstehlich zu dem Schluß, das zu wagen, was bisher nicht denkbar war: die Gründung eines eigenständigen Max-Planck-Instituts für psychologische Forschung in Erwägung zu ziehen. Auch dieses Ereignis ist also exemplarisch für das für mich Herausragende an Führungspersönlichkeiten wie Franz Weinert: Sie sind in der Lage, auch mit dem Unerwarteten produktiv umzugehen, das Beste aus einer schwierigen Lage zu machen.

Franz Weinerts Institutsgründung verlief ungemein erfolgreich. Umgeben von einem kleinen, aber hochqualifizierten und enthusiastischen Mitarbeiterstab gelang es ihm zunächst, Heinz Heckhausen als zweiten Direktor zu gewinnen, und dann innerhalb weniger Jahre ein vitales Programm kognitions- und entwicklungspsychologischer Forschung voranzutreiben. Der unerwartete und frühe Tod von Heinz Heckhausen im Jahre 1988 hat die Lebenswelt dieses Instituts zutiefst erschüttert, gerade weil es wegen seines jungen Alters noch nicht auf eine erfolgreiche Tradition des Überlebens zurückgreifen konnte. Für mich ist Franz Weinert der Garant, daß diese durch Schmerz und Verunsicherung gekennzeichnete krisenhafte Situation auch Blickwinkel der Hoffnung auf eine gute Zukunft in sich birgt.

Diese zwei um Franz Weinert gewachsenen Erinnerungsläufe denke ich mir als Geburtstagssträuße. Gerne hätte ich noch andere gebunden, deren Ursprung in den Inhalten der wissenschaftlichen Arbeiten von Franz Weinert liegt, doch ist diese Aufgabe anderen Autoren zugefallen. Ich überreiche diese beiden Geburtstagssträuße nicht nur mit Dankbarkeit und Bewunderung. Sie symbolisieren für mich auch die Vorfreude auf viele weitere Begegnungen. Denn Begegnungen mit Franz Weinert sind Begegnungen des produktiven Lebens. Es tut gut, mit ihm und um ihn zu sein. Ja, man wünscht sich, daß der Spruch "Sage mir, mit wem Du umgehst, und ich sage Dir, wer Du bist" mehr als nur ein Körnchen Wahrheit enthält.

FRANZ E. WEINERT: REPRÄSENTANT EINER WISSENSCHAFT

Carl Friedrich Graumann

Wenn einem Wissenschaftler zugemutet wird, einen anderen Wissenschaftler zu würdigen, aber dabei von dessen wissenschaftlichem Werk und akademischer Lehre abzusehen (weil darüber Kompetentere urteilten), so hat dies seine gut begründete Ordnung und wirkt dennoch, auf den ersten Blick, wie eine Zumutung. Denn was ist an einem Wissenschaftler der Würdigung und Ehrung wert, wenn nicht seine Forschung und seine Lehre? Darüber mag zwar noch weitgehend Konsens bestehen, aber es bleibt die Optik des ersten Blicks. Wenn der zweite Blick im allgemeinen der reflektiertere ist, dann ist, wenigstens in der Wissenschaft, die Reflexion der Rede wert: Der Wissenschaftler darf nicht für sich betrachtet werden, sondern nur im Kontext der scientific community, der Forschergemeinschaft. Es hat zwar eine Zeitlang gedauert, bis die Wissenschaftsforschung und ihre historiographische Teildisziplin unter dem Einfluß der Wissenschaftssoziologie die institutionelle wie die informelle Vernetzung des einzelnen Forschers in seine scientific community als einen Grundtatbestand anerkannt hat, der nicht mehr zu bezweifeln, sondern nur noch empirisch zu untersuchen ist, vor allem was die Verschränkung von sozialen und kognitiven Normen bei der Erkenntnisgewinnung betrifft. Unbestritten sei auch, daß es viele Wissenschaftler, vor allem unter den Hochschullehrern gibt, die nur "ihre" Wissenschaft machen und ihre Einbindung in eine Wissenschaftsgemeinschaft und ein daraus sich ergebendes Engagement für diese Gemeinschaft ignorieren oder ablehnen. Für die Würdigung aber eines einzelnen Wissenschaftlers sollte die Berücksichtigung seines Engagements für die scientific community mehr als nur eine Perspektive "von außen" sein. Im wissenschaftlichen Alltag ist diese Gemeinschaft (eines Instituts, einer Fakultät, eines Senates oder überregionaler Gremien und Institutionen) in der Regel multidisziplinär. Damit wird der einzelne Wissenschaftler über seine Forscherindividualität hinaus immer auch zum *Vertreter seines Faches*. Was er sagt, wozu er schweigt, wie er entscheidet, wird immer auch, wenn nicht überhaupt, der Wissenschaft zugeschrieben, die er vertritt. Muß man hinzufügen: in the eyes of the beholder?

Nun gibt es Wissenschaftler, die kaum je - außer gegenüber ihren Studenten - in die Lage kommen, ihr Fach vor anderen zu vertreten und dies auch gar nicht wollen. Ja es gibt ganze Fächer und Wissenschaftszweige, deren geringe Sichtbarkeit daher rührt, daß niemand sie vertritt, zumindest überzeugend vertritt. Denn oft wird die Kenntnis, die man als Angehöriger einer Wissenschaft von einer anderen hat, wesentlich durch den Eindruck geprägt, den deren Vertreter machen. Ein Fach vertreten heißt ja, im vollen Sinne des Wortes, es nach innen und außen repräsentieren.

Wer Franz Weinert kennt, versteht, daß ihn zu würdigen unvollständig bliebe, ginge man nicht ein auf die Art, wie er seit vielen Jahren die Psychologie wirkungsvoll repräsentiert. Darauf will ich mich konzentrieren. Um aber noch einmal die Grenzen dieser Würdigung deutlich zu machen: Selbstverständlich ist jede wissenschaftliche Veröffentlichung eine Repräsentation sowohl ihres Autors wie prinzipiell seiner Wissenschaft. Aber darunter fallen, ganz unabhängig von ihrer Güte, Publikationen, die mehr den individuellen Autor repräsentieren als das, was in seinem Fachgebiet als repräsentativ gilt, und es gibt Veröffentlichungen, die so sehr den mainstream einer Richtung repräsentieren, daß eine Eigenart ihres (prinzipiell austauschbaren) Autors nicht mehr erkennbar ist. Je nach Wissenschaft wird einer der beiden Typen eher als Idealtyp angesehen. Von dieser Art Repräsentation wird hier, auftragsgemäß, nicht die Rede sein, wohl aber von der eben angesprochenen Polarität. Denn auch unter denjenigen, die sich das Recht und damit die Pflicht erworben haben, ihr Fach in irgendeiner Funktion nach innen und nach außen zu vertreten, gibt es die beiden Typen, den unverwechselbaren als Persönlichkeit beeindruckenden Repräsentanten seines Faches und den - bei aller Qualifikation - als Rollenträger oder Funktionär austauschbaren Fachvertreter.

Franz Weinert hat in seinem bisherigen akademischen Leben schon sehr viele Funktionen gehabt, darunter solche, die ihn immer wieder mit Vertretern anderer Fachrichtungen und Disziplinen an einen Tisch brachten und bringen. Allein in der Deutschen Forschungsgemeinschaft hat er etwa fünfzehn Jahre lang in den verschiedensten Gremien (Senatskommission, Fachausschuß, Hauptausschuß, Senat) und zuletzt als Vizepräsident gewirkt. Ich wähle den Ausdruck "gewirkt" hier mit Bedacht. Denn hier noch deutlicher, ja exemplarischer, als in den anderen Funktionen der wissenschaftlichen Selbstverwaltung hat Weinert in dem Maße, wie er der Wissenschaft im ganzen gedient hat, die Psychologie in sehr wirkungsvoller Weise vertreten.

Wenn die Psychologie heute im Konzert der Wissenschaften, wenigstens soweit sie Grundlagenforschung betreiben und dazu auf öffentliche Mittel angewiesen sind, eine Stimme hat, die man erkennt und anerkennt, dann ist dies Franz Weinert mehr als einem einzelnen anderen zu verdanken. Wenn ich den Urteilen anderer und meiner eigenen langjährigen DFG-Erfahrung vertrauen kann, hat Weinert in der multidisziplinären Diskussion der Sache der Psychologie vor allem dadurch gedient, daß er sich nicht für die Psychologie, sondern als Psychologe für die Optimierung und die möglichst objektive Förderung der Forschung überhaupt eingesetzt hat. Wie er es geschafft hat, daß sein Urteil gefragt war und ist, schildert ein langjähriger Zeuge der Weinertschen DFG-Arbeit:

"Er hat es verstanden, auch in schwierigen Fragen und brisanten Entscheidungssituationen die jeweiligen Traktanden in allen ihren Facetten sehr differenziert und mit einer Art konzentrierten Kühle vorzutragen, den eigentlich in solchen Fällen meist ja üblichen emotional vorgetragenen Reaktionen die Entfaltungsmöglichkeit im vorhinein wegzunehmen. Dabei kam es ihm zustatten, daß er in der Art eines guten Schachspielers die argumentativen Bewegungen seiner Kontrahenten meist um zwei bis drei Züge weiter abzuschätzen vermochte, als diese die seinen."

Gelegentlich wurde und wird Weinerts Verhandlungsstil von Freunden wie Kritikern "diplomatisch" genannt. Doch ist dies ein ambivalentes Stereotyp, das mehr verdeckt als enthüllt, auf jeden Fall Weinerts individuellen Stil nicht wiedergibt. Wer mit ihm, gleich auf welcher Seite, in solchen Verhandlungs- und Entscheidungssituationen zu tun hatte, wird Weinert bestätigen, daß er seine Position jeweils klar und unmißverständlich, höflich, aber bestimmt, eher offensiv als defensiv und durchaus mit Witz vertritt. Der Witz hat oft dazu beigetragen, in Situationen wie den Auseinandersetzungen mit den studentischen K-Gruppen Anfang der siebziger Jahre die zwangsläufige - oder gar vom Opponenten intendierte - Emotionalisierung und Polarisierung abzubauen. Dabei kam es zuweilen vor, daß die Verweigerung, sich emotionalisieren zu lassen, ihrerseits emotionalisiert hat. "Diplomatisch" ist oft ein Synonym für "verbindlich". Wenn Franz Weinert in seinem Verhandlungsstil verbindlich ist, dann nie auf Kosten der Sache, die er vertritt. Wie es ein unmittelbarer Zeuge seiner Tätigkeit als Präsident der Deutschen Gesellschaft für Psychologie formuliert hat: "Wenn es darauf ankommt, ist er von unbeugsamer Direktheit."

Was schließlich schon gar nicht mehr zum Klischee des "Diplomaten" gehört, ist die von vielen bekundete Integrität seiner Argumentation. Wer immer mit ihm verhandelt, weiß, woran er mit ihm ist und daß er sich auf das bisher Gesagte verlassen kann.

Wenn ich persönlich (aber auch hier erhielt ich Zustimmung von anderen) ein Verdienst Weinerts im multidisziplinären "Diskurs" sehr hoch zu schätzen gelernt habe, dann ist es seine Fähigkeit, bei Nichtpsychologen nicht die Vorbehalte, Voreingenommenheiten oder gar Aversionen auszulösen, denen andere Psychologen in der engeren und weiteren Öffentlichkeit oft ausgesetzt sind, wenn sie sie nicht geradezu - psychologisierend - provozieren. Er hat es im Gegenteil verstanden, zumindest in der DFG, mit der Psychologie die Geistes- und Sozialwissenschaften aus der Ecke herauszuargumentieren, die ihnen von tonangebenden Natur- und Ingenieurwissenschaftlern zugewiesen worden war.

Eine Fähigkeit, die ihm hierbei - wie auch sonst im Gespräch - sehr dienlich ist, und von der auch ich oft genug profitiert habe, ist die, zuzuhören und die Perspektive des Dialogpartners zu übernehmen. Das letztere mag trivial klingen, sollten doch Psychologen schon in ihrem Studium gerade dies lernen und üben. Doch die real existierende Psychologie zeigt, daß diese Fähigkeit nicht selten hinter dem Drang, die eigenen Interessen durchzusetzen, unterentwickelt bleibt. Franz Weinert hat in vielen Entscheidungssituationen der Forschungsförderung als Berichterstatter und Anwalt geistes- und sozialwissenschaftlicher Projekte durch seine Fähigkeit, sich in ein fremdes Vorhaben einzudenken, es gleichwohl differenziert, prägnant und kritisch zu analysieren und nach einsehbaren Kriterien zu beurteilen, als ein "guter Psychologe" fungiert und damit als Vertreter einer Disziplin, deren Konzepte und Methoden er anderen allmählich als wissenschaftlich ernst zu nehmen nahebrachte.

Selbstverständlich hat auch und vor allem die Entwicklung des Forschungspotentials der Psychologie, haben gute Projekte und nicht zuletzt harte Bewertungskriterien dazu beigetragen, den wissenschaftlichen Status der Psychologie so zu heben, wie dies in den letzten beiden Dekaden geschehen ist. Aber die Psychologie hat, zumindest was ihre Grundlagenforschung betrifft, das nicht selbstverständliche Glück gehabt, in Franz Weinert einen Exponenten stellen zu können, der neben seiner Wirkung nach innen, in Universität, Deutscher Gesellschaft und Max-Planck-Institut, die Psychologie auch in der Gemeinschaft der Wissenschaften im guten und vollen Sinne des Wortes repräsentieren kann. Für das, was Franz Weinert hierbei erreicht hat, kann die Psychologie sich und ihm gratulieren.

FRANZ E. WEINERT: MENSCH UND WISSENSCHAFTLER

Hans-Joachim Kornadt

Als ich von den Herausgebern gefragt wurde, ob ich bereit sei, im Rahmen dieses Bandes etwas zur Person von Franz E. Weinert zu schreiben, habe ich spontan gerne und ohne zu zögern zugesagt. Franz Weinert gehört zu den ganz wenigen Fachkollegen, deren wissenschaftliche und wissenschaftspolitische Leistung meine volle Bewunderung hat und die ich zugleich auch als Mensch uneingeschränkt schätze. Erst als ich an die Ausführung ging, habe ich gemerkt, wie schwer es ist, eine solche Bewunderung und Hochschätzung auch in Worte zu fassen, die nicht übertrieben, leichtfertig oder unglaubwürdig klingen.

Ich kenne Franz Weinert zwar schon lange, aber so richtig verstehen und schätzen gelernt habe ich ihn doch erst im letzten Jahrzehnt. Es war ein über Etappen sich vollziehender Prozeß des Sich-langsam-näher-Kommens. Wenn ich mich frage, seit wann ich ihn denn eigentlich kenne, so kommt mir immer ein Bild ins Gedächtnis, das sich mir Ende der 50er Jahre eingeprägt hat. Ich war damals Assistent am Psychologischen Institut in Würzburg, wo eines Tages ein etwas jüngerer Kollege erschien und sich nach den Arbeitsmöglichkeiten bei Professor Arnold erkundigte - Franz Weinert. Die Einzelheiten sind mir entfallen, und wahrscheinlich waren wir uns auch vorher schon einmal begegnet. Aber von diesem Besuch ist mir das Bild eines dynamischen, besonders interessierten und sehr zielstrebigen jungen Wissenschaftlers haften geblieben. Obwohl mich das beeindruckt hatte, ließ doch irgendetwas mich zunächst eher reserviert bleiben.

Unsere Weg haben sich in den darauffolgenden 20 Jahren nur gelegentlich berührt. Wir haben uns auf Kongressen und Tagungen getroffen, in Symposien gelegentlich gemeinsam diskutiert und uns dabei immer gut verstanden, aber doch ohne daß sich ein besonders enger Kontakt entwickelt hätte.

Das änderte sich auch nicht durch ein zweites persönliches Erlebnis, das in meiner Erinnerung herausragt, und obwohl es meine Einstellung zu Franz Weinert um einen wichtigen Aspekt erweitert hat. 1967 hatte ich einen Ruf auf einen psychologischen Lehrstuhl nach Bochum, und gleichzeitig war mir für den Fall dessen Ablehnung ein Ruf auf einen damals noch rein pädagogischen Lehrstuhl an der Universität Saarbrücken sicher. Ich stand vor der Frage, ob ich mich nun endgültig ausschließlich auf die Psychologie konzentrieren sollte, was für mich bis dahin völlig selbstverständlich war, oder ob ich nicht verpflichtet wäre, gerade als Psychologe innerhalb der Pädagogik zu wirken, wenn man mir schon die Chance dazu gab.

Für diesen Konflikt habe ich bei nur ganz wenigen meiner psychologischen Kollegen Verständnis gefunden. Einer von ihnen war Franz Weinert. Vielleicht hat seine damalige

Tätigkeit an der pädagogischen Hochschule in Bamberg, sein tiefverwurzeltes Interesse an pädagogisch-psychologischen Fragen und seine Kenntnis des Zustandes der Pädagogik ihm das Verständnis für meinen Konflikt erleichtert. Aber viel mehr haben sicher seine menschlichen Qualitäten, denen ich hier zum ersten Male begegnete, dieses Verständnis ermöglicht. Er konnte jedenfalls durchaus verstehen, daß es in einem solchen Fall eben nicht immer nur um die Schwierigkeiten geht, zwischen zwei attraktiven Karrierechancen zu entscheiden, sondern auch um die Identifikation mit einer von zwei persönlich bedeutsamen Aufgaben gehen kann. Und auch in Franz Weinerts Augen waren offenbar beides wichtige Aufgaben. Ich erinnere mich noch, wie gut mir dieses Verständnis getan hat.

Öfter habe ich darüber nachgedacht, wie wohl Weinerts Karriere verlaufen wäre und wie sich seine Persönlichkeit entwickelt hätte, wenn er damals tatsächlich zu Arnold gegangen wäre. Natürlich sind solche Spekulationen müßig, denn ihre möglichen Ergebnisse sind ja doch nie an der Wirklichkeit zu prüfen. Dennoch erwähne ich solche Überlegungen hier, weil ich dabei seit 1968 immer von zwei Konstanten ausging, nämlich zwei Konstanten der Persönlichkeit Weinerts, die ich auch heute noch für zutreffend halte: eine außergewöhnliche Schaffenskraft und wissenschaftliche Kompetenz, die nicht zuletzt auf unverkrampfter Selbstdisziplin beruhen, und echte Menschlichkeit.

Erst seit Ende der 70er Jahre haben sich unsere Wege öfter berührt, als Franz Weinert in der DFG zu wirken begann und ich Mitglied des Wissenschaftsrates war, und schließlich haben sie sich teilweise miteinander verflochten.

Wie sicher viele Kollegen, die ihm gerne nacheifern würden, habe ich mich oft gefragt: wie macht er das nur, diese bewundernswerte wissenschaftliche Kompetenz aufzubauen und außerdem noch die enormen organisatorischen und wissenschaftspolitischen Aufgaben zu bewältigen? Ich bin überzeugt, es beruht in der Tat auf einer außergewöhnlichen Mischung von besonderen Fähigkeiten mit hoher Selbstdisziplin einerseits und mit besonderen menschlichen Qualitäten, wie Wärme, Verständnis und Hilfsbereitschaft andererseits. Es kommen aber sicher auch noch hohe wissenschaftliche und menschliche Ideale hinzu und zugleich eine ungewöhnliche Fähigkeit, Wege für einen Interessenausgleich zu finden.

Einen wirklichen Einblick in seine Fähigkeiten und menschlichen Qualitäten habe ich von dem Moment an bekommen, als Franz Weinert als mein Nachfolger Präsident der Deutschen Gesellschaft für Psychologie wurde und wir gemeinsam im Vorstand tätig waren, und sodann in meiner Tätigkeit als Vorsitzender des Fachbeirates für das Max-Planck-Institut für psychologische Forschung. Von der ersten von ihm geleiteten Vorstandssitzung an beeindruckte mich sein straffer Arbeitsstil. Er war planvoll und effizient, ohne je hastig oder oberflächlich zu werden oder gar Eile als Mittel zu benutzen, Entscheidungen "durchzupauken" - was ja keine seltene und auch keine unwirksame Methode ist. Und seit ich Franz Weinert auch bei den verschiedensten Gelegenheiten im MPI habe wirken sehen, weiß ich, daß gerade die Flexibilität in der Handhabung dieses Arbeitsstils, die ihm durchaus erlaubt, einmal viel Zeit für besondere Angelegenheiten oder auch für ganz persönliche Gespräche zu haben, eines der Geheimnisse seiner Leistungen ist. Ein anderes ist, wie er seine wissenschaftlichen Ideale vertritt und wie er ihnen als Persönlichkeit Ansehen und Geltung verschafft. Darauf komme ich später zurück.

Zunächst zu einer Episode, die mir in besonderer Erinnerung ist und mir vieles, was seinen Erfolg ermöglicht und ihn zugleich als Menschen charakterisiert, sichtbar machte. Als Weinert das Amt des Präsidenten der DGfPs übernahm, bestand unter anderem ein Konflikt zwischen dem Vorstand der Gesellschaft und der Studienreformkommission Psychologie. Dieser Konflikt war von sachlichen Differenzen über Inhalt und Aufbau des Psychologie-Studiums ausgegangen. Es ging u.a. um die Zweckmäßigkeit und Form postgradualer Studien in der Psychologie, um den Praxisbezug und damit die Fächerstruktur des Studiums und der Diplomprüfung und um die Studienzeit. Es waren Punkte, deren zukünftige Gestaltung nicht ohne Einfluß auf die künftige Struktur des Faches selbst bleiben konnte.

Insbesondere über den ersten Punkt hatte sich der Dissenz zu einem unschönen, in die Öffentlichkeit getragenen Konflikt entwickelt, der auch persönliche Vorwürfe gegen Vorstandsmitglieder mit einschloß (Albert, Baumann, Heckhausen, Kornadt & Rollett, 1985; Eyferth, 1985). Daß Weinert als neuer Präsident es als wichtige Aufgabe ansah, diesen Konflikt aus der Welt zu räumen, ist sicher nichts Besonderes; jeder neue Präsident hätte das bestimmt genauso gesehen. Das Bemerkenswerte ist, wie er den Konflikt behandelt und einer Lösung zugeführt hat.

Da ist zunächst der äußerliche Rahmen: Er lud den alten und den neuen Vorstand der Gesellschaft und die Mitglieder der Studienreformkommission, soweit sie auch Mitglieder der Gesellschaft waren, zu einer ausführlichen Gesprächsrunde ein. Es wurde aber nicht eine übliche Sitzung, etwa in seinem Institut, sondern er lud zu sich nach Hause ein, wo er, wie auch bei anderen Gelegenheiten, gemeinsam mit seiner Frau - und deren besondere Gastfreundschaft und Herzlichkeit darf hier nicht unerwähnt bleiben - eine freundschaftliche Atmosphäre zu schaffen verstand.

In diesem Rahmen wurden nun ohne Hast alle Konfliktpunkte diskutiert. Franz Weinert erwies sich als exzellenter und - fast möchte ich sagen - überlegener Kenner der Materie. Er hatte sich in kürzester Zeit umfassend eingearbeitet, jeden der konfligierenden Standpunkte auf seine Hintergründe und Konsequenzen hin analysiert, die Argumente und Gegenargumente hatte er bis in die Details parat und auf den Punkt gebracht.

Sein Ziel war es, eine sachliche, der langfristigen Entwicklung der Wissenschaft und der Ausbildung dienende Lösung zu finden. Es ging ihm nicht etwa um eine Kompromißformel, nur damit der Konflikt endlich aus dem Wege geräumt ist. Seine besondere Stärke lag auch darin, eine menschliche und verständnisvolle Atmosphäre zu schaffen, auf Meinungen einzugehen, Schärfen zu vermeiden, und - obwohl er auch aus seinem eigenen Standpunkt keinen Hehl machte - ein gemeinsames Ziel herauszuarbeiten.

Ähnliche Ziele hat er an vielen Gelegenheiten verfolgt, zum Beispiel, wenn es um Konflikte zwischen Interessengruppen innerhalb der Gesellschaft oder zwischen der Gesellschaft und dem BDP ging. Es mag ihm nicht immer ein voller Erfolg beschieden gewesen sein. Im Falle des Konfliktes mit der Studienreformkommission war er jedoch erfolgreich, er hat den Standpunkt des Vorstandes behauptet und zugleich ein Fortschwelen des Konfliktes vermieden, so daß von dem Konflikt heute nicht mehr die Rede ist. Sein Erfolg spiegelt sich in der endgültigen Fassung der Empfehlungen der Studienreformkommission (Sekretariat der Ständigen Konferenz der Kultusminister der Länder in der BRD, 1985), in denen z.B. dann doch postgraduale Studien einen wesentlichen Stellenwert erhalten haben, oder in dem von ihm mit Gerd Lüer herausgegebenen Buch über die zweite Bad Homburger Tagung zu postgradualen Studien in der Psychologie (Weinert & Lüer, 1987).

Franz Weinerts Qualitäten, die ich an dieser Stelle beobachten konnte, sind sicher auch der Grund dafür, daß er häufig mit besonders schwierigen und delikaten Aufgaben betraut oder um Rat gefragt wird, wie z.B., wenn es um die Besetzung bedeutender Führungspositionen ging, wie sie das Amt des Präsidenten der MPG oder der DFG darstellen.

Ein weniger singuläres, aber dafür um so nachhaltiger wirkendes Beispiel seiner wissenschaftlichen und menschlichen Fähigkeiten ist die Art und Effizienz, mit der Franz Weinert sein Amt als Direktor des Max-Planck-Instituts für psychologische Forschung ausfüllt. Vielleicht war es seine größte Leistung, daß es überhaupt zur Gründung des Instituts kam (Paul Baltes hat das in seinem Beitrag näher ausgeführt). Inzwischen hat er das Institut und insbesondere auch die von ihm geführte Abteilung Entwicklungspsychologie zu einem international anerkannten Zentrum der psychologischen Forschung gemacht, und er selbst ist mit seiner international gewürdigten Kompetenz zu einer unbestrittenen Autorität in Deutschland geworden.

Aber neben den im engeren Sinne wissenschaftlichen Leistungen ist zu bewundern, wie er Leistungsmaßstäbe im Institut setzt und zugleich eine menschliche Atmosphäre bewahrt. Gütemaßstäbe im Sinne von McClelland können für ihn wohl kaum zu hoch sein, aber er hütet sich auch hier vor unflexibler Dogmatik. Er wendet sie allererst auf sich selbst an, sich dabei am internationalen Niveau orientierend. Daß entsprechende Anforderungen auch für seine Mitarbeiter gelten, steht dann außer Frage, zumal dem Setzen eines solchen Anspruchs nichts Selbstherrliches oder Verletzendes anhaftet; es wird schlicht akzeptiert, auch weil die Attitüde des Überlegen-sein-Wollens fehlt.

Ich habe den Eindruck, daß es ihm durch sein Vorbild und durch seine eigene Tüchtigkeit und Selbstdisziplin gelungen ist, für seine Mitarbeiter selbstverständlich zu machen, daß in dem Institut strenge wissenschaftliche Maßstäbe zu gelten haben und daß persönliche Interessen, so wichtig sie auch dem einzelnen immer sind und auch von Weinert immer genommen werden, den wissenschaftlichen Anforderungen jedenfalls nicht vorgeordnet werden dürfen. Gleichzeitig kümmert er sich aber um das individuelle Schicksal und Wohlergehen jedes einzelnen Mitarbeiters, und er tritt aktiv fördernd für sie ein. Ich glaube, daß die Tatsache dieser Festschrift und die Idee, in sie einen Teil mit persönlichen Würdigungen aufzunehmen, schon alleine dafür spricht, daß ich dies richtig einschätze.

Zum Schluß möchte ich hier nur andeuten, daß sich Franz Weinerts Menschlichkeit für mich in ganzer Tiefe erschlossen hat, als der Ko-Direktor am Institut, Heinz Heckhausen, von seiner tückischen Krankheit befallen wurde und mehr und mehr in seiner Arbeit beeinträchtigt war. Franz Weinert hat sich mit einer absoluten Selbstverständlichkeit und fast aufopfernd um den kranken Heckhausen gekümmert, ihn trotz der immer schlimmer werdenden Krankheit und der darauf beruhenden Verständigungsschwierigkeiten bis zuletzt als Kollegen voll einbezogen. Er hat mit großem Nachdruck alles getan, um ihm ein Weiterarbeiten zu ermöglichen und ihm sein Schicksal zu erleichtern, wo es nur ging, und das mit großer menschlicher Wärme und Feinfühligkeit bei allem schmerzhaften Mitleiden mit diesem schrecklichen Schicksal. Heinz Heckhausen blieb auf diese Weise gefordert; er wußte sich im Institut gebraucht und eingebunden, und er hat zugleich Hilfe und Zuwendung erfahren.

Weinerts Geschick war es auch zu verdanken, daß eine Lösung gefunden werden konnte, um das wissenschaftliche Vermächtnis von Heinz Heckhausen nicht ganz unvollendet liegen zu lassen, sondern der von Heckhausen selbst gewünschten Arbeitsgruppe auch ohne ihn noch eine Zeitlang die Arbeitsmöglichkeiten zu erhalten. Franz Weinert hat dafür selbst die Verantwortung zusätzlich übernommen, sowohl für die wissenschaftlichen Arbeiten wie auch für das persönliche Schicksal der Mitarbeiter, und auch das wieder ohne Abstriche an wissenschaftlichen Anspruch. Es ist ihm auch auf diese Weise gelungen, die Erschütterungen, die der tragische Tod von Heinz Heckhausen ausgelöst hat, nicht zu einer kritischen Situation für das noch junge Institut werden zu lassen.

Für eine fruchtbare Weiterentwicklung des Instituts, das wesentliche Beiträge zum Fortschritt unserer Wissenschaft und zu deren Ansehen leisten wird, hat Franz Weinert hervorragende wissenschaftliche und menschliche Voraussetzungen geschaffen, zuletzt auch durch seinen Vorschlag, Wolfgang Prinz an das Institut zu berufen. Ich wünsche Franz Weinert weiterhin alle Produktivität und Erfüllung seiner Vorhaben, und dies ist begleitet mit meinen herzlichen Wünschen für Schaffenskraft und persönliche Lebenserfüllung.

LITERATUR

Albert, D., Baumann, U., Heckhausen, H., Kornadt, H.-J. & Rollett, B. (1985). Ein konsekutiver Studienaufbau, aber kein dritter Studienabschnitt. *Psychologische Rundschau, 36,* 32-34.

Eyferth, K. (1985). Zwei- oder dreiphasiges Psychologiestudium? *Psychologische Rundschau, 36,* 28-31.

Sekretariat der Ständigen Konferenz der Kultusminister der Länder in der BRD (Hrsg.) (1985). Empfehlungen der Studienreformkommission Psychologie vom 19./20. April 1985. Bonn.

Weinert, F.E. & Lüer, G. (Hrsg.) (1987). *Graduiertenstudien in der Psychologie.* Göttingen: Hogrefe.

ERINNERUNGEN AN GEMEINSAME BONNER ASSISTENTEN-JAHRE

Ursula Lehr

Vor nunmehr gut 30 Jahren löste die Nachricht, daß der Erlanger Professor Hans Thomae den Ruf auf den neugeschaffenen ersten ordentlichen Lehrstuhl für Psychologie an der Universität Bonn erhalten und angenommen hatte, großen Jubel bei den meisten der Bonner Studenten und den wenigen, meist "ehrenamtlichen" Mitarbeitern auf "Volontärassistenten-" oder "Forschungsassistentenstellen" aus. Voller Spannung erwartete man, wen Thomae sich wohl als Assistenten auf die von ihm in Berufungsverhandlungen erkämpfte neue Assistentenstelle mitbringen werde. Als es dann hieß, ein gewisser Franz WEINERT werde aus Erlangen mitkommen, war gewiß manch einer, der sich selbst Hoffnung auf diesen Posten machte, enttäuscht, mußte jedoch schon nach der ersten Begegnung mit dem "sympathischen Neuen" Thomae's Entscheidung verstehen.

Franz Weinert erlebten wir als einen Kollegen, der zupackte, der anpackte, der - meist mit etwas verschmitztem Lausbubengesicht - voller Optimismus auf Probleme zuging und sie optimal löste. Stets voller Initiative und Tatendrang, fand er auch in schwierigen Situationen meistens einen Ausweg; "Problemlöseverhalten" war für ihn nicht nur Gegenstand seiner Forschungen und Lehrveranstaltungen, sondern auch Gegenstand "sozialen Lehrens". Weinert verstand es, seinen Studenten Mut zu machen, ihnen aber auch erhebliche Leistungen abzuverlangen. Weinert war damals als junger Assistent bei seinen Studenten zugleich sehr beliebt und doch gefürchtet, galt als verständnisvoll zugewandt und doch sachlich distanziert.

Wir Kollegen - Carl F. Graumann (bis 1963), Werner Fröhlich, Wolfgang Böhm, Burkhard Schade und ich - schätzten Franz Weinert sehr: seine Hilfsbereitschaft, seine Kameradschaftlichkeit, sein Teamgeist und nicht zuletzt sein Organisationstalent. Seine kreativen Einfälle und brillanten Gedanken, die er klar strukturiert in Diskussionen einbrachte, führten dazu, daß manches Manuskript daraufhin noch einmal überarbeitet wurde, ehe man es zur Veröffentlichung freigab. In einer Hinsicht konnte Franz Weinert damals schon uns allen unheimlich werden: er hatte stets nicht nur die allerneuesten Zeitschriftenbeiträge auch entlegener Journals gelesen, sondern diese auch derart exakt im Gedächtnis gespeichert, daß er daraus seitenlang wörtlich zitieren konnte. Weinert - das wandelnde Literaturverzeichnis - exakt nach APA-Norm, mit genauen Seitenangaben!

Als guter Diagnostiker und Experte für Lernschwierigkeiten und deren Bekämpfung war Weinert stark gefragt. Wie beispielsweise Florian, der heute erfolgreiche Psychologe und Kulturmanager, so verdankt ihm heute manch einer, nicht in einer Sonderschule gelandet zu sein, in die ihn die Lehrerin aufgrund einer nicht erkannten Legasthenie einweisen wollte. Weinert konnte Lehrer, Eltern und die Kinder überzeugen und motivieren. Ich erinnere mich noch sehr gut an das Echo der Eltern- und Lehrerschaft in einem renommierten Bonner Gymnasium auf seinen Vortrag, zu dem ich ihn gebeten hatte. Er wählte das Thema: "Ist Intelligenz lernbar?". Die Schlußfolgerungen seiner Analysen - wie "Intelligenz ist nicht nur lernbar, sondern *muß* gelernt werden - im Rahmen der gegebenen Möglichkeiten" oder "es kommt nicht auf Chance*ngleichheit* an, sondern auf die für jeden *optimale* Chance" oder auch die Feststellung: "*den* besten Lehr-Stil gibt es nicht: es kommt immer darauf an, *welche* Lehrerpersönlichkeit in *welcher* Situation *welchem* Schüler *welchen* Stoff vermitteln will" - wurden in der Elternschaft wie auch im Lehrerkollegium noch Jahre später immer wieder zitiert. Weinert verstand es ausgezeichnet, auch schwierige Zusammenhänge allgemeinverständlich darzustellen und komplexe Sachverhalte prägnant zu strukturieren. Er war damals schon ein Redner, der sich auf sein jeweiliges Publikum einzustellen und es zu fesseln verstand.

Die Sechziger Jahre in Bonn - für Professoren, Assistenten und Studenten des Psychologischen Instituts eine ereignisreiche und herausfordernde Zeit, die neben Thomae sehr stark von Franz Weinert mitgeprägt wurde. Es wurde damals hart gearbeitet, aber auch ausgelassen gefeiert! Es gab eindrucksvolle Faschingsfeste im Kollegen- und Studentenkreis, sei es in der "Blauen Grotte" der Universität, sei es im Institut oder gar in der Wohnung von Kollegen und Mitarbeitern. Manche Sommerfeste in Roisdorf endeten erst am frühen Morgen. Der Kontakt zwischen Professoren, Assistenten und Studenten war innerhalb und außerhalb der Universität bei den Psychologen in idealer Weise gegeben, bis 1968 die Beziehungen durch die Einführung des "Institutsrats" neu geordnet wurden.

1960 bis 1968 war eine Zeit, in der das Institut stark expandierte. Die Zahl der Psychologie-Studenten verdoppelte sich von 1960 bis 1965, so daß damals - erstmals in der Bundesrepublik - erfolgreich der numerus clausus eingeführt wurde.

In diese Zeit fiel die Planung, die Einrichtung und dann der Umzug vom alten, ehrwürdigen Universitätsgebäude in das neue Institut "An der Schloßkirche 1" (das, geplant für 150 Studenten, schon Ende der 60iger Jahre aus allen Nähten platzte). Auch hier war Weinerts Rat sehr hilfreich und sehr geschätzt; sei es bei der Einrichtung der Bibliothek, des Tonstudios, des Beobachtungsraumes mit den "one way windows", oder auch bei der Gestaltung der Mitarbeiter-Räume. Seine Anordnungen wurden sowohl von unserem Leiter der Fotowerkstatt, Herrn Verhey, als auch vom Leiter der elektromechanischen Werkstatt, Herrn Rieden, die sonst nur das Wort des "Chefs" gelten ließen, angenommen und durchgeführt.

Auch mit unseren "Altersgästen", die sich für die Bonner Gerontologische Längsschnittstudie BOLSA jeweils eine Woche lang für Untersuchungen zur Verfügung stellten, verstand sich Weinert gut. Er war sich nicht zu schade, Stunden und Stunden für diese empirischen Untersuchungen zu opfern, obwohl er während der schwierigen und zeitraubenden

Anfangsphase der BOLSA seine Habilitationsschrift fertigstellen mußte. Sein Sicherheit ausstrahlendes Verhalten und die innere Ruhe, mit der er zum Habilitations-Colloquium ging, war bewundernswert, war "typisch Weinert". Ihm konnte keiner was, da er jede Aussage mit einer Vielzahl empirischer Unterssuchungsergebnisse, die nur er kannte, und die er sehr differenziert darzulegen verstand, belegte.

So sehr wir ihm seinen direkt nach der Habilitation erfolgten Ruf nach Bamberg und dann an die Universität Heidelberg gönnten, so sehr hatten wir sein Fortgehen doch bedauert und ihn in Bonn wirklich vermißt. Sein Rat war uns so wichtig geworden!

Weinert war - und ist auch heute noch - ein immer hilfreicher Kollege, immer inspirierend und immer "einen Schritt" voraus. Nach Heidelberg bin ich ihm - mit großer zeitlicher Verzögerung - noch "nachgefolgt"; nach München nicht mehr. Dennoch sind wir in vieler Hinsicht gedanklich sehr nahe. Wir haben nicht nur denselben Geburtsjahrgang, sondern auch acht Jahre unserer beruflich stark prägenden Zeit gemeinsam; und wir haben vor allem gemeinsam unseren Lehrer Hans Thomae, der unseren Lebensweg stark bestimmte und somit Entwicklungswege vorzeichnete, die trotz beachtlicher Unterschiede und intra- und interidividueller Differenzierungen doch gemeinsame Grundlinien erkennen lassen.

DIE STUDIEN- UND ASSISTENTENJAHRE VON F. E. WEINERT AUS DER SICHT EINES SEINER LEHRER

Hans Thomae

Die Zahl der Studierenden im Hauptfach Psychologie an der Universität Erlangen, an der ich von 1953 - 1960 lehrte, war mit etwa 20 überschaubar. Die Mehrheit von ihnen stand schon als Lehrerin oder Lehrer an einer Volks- bzw. Hauptschule im Beruf. Heute ist eine Reihe von ihnen als Hochschullehrer(-in) tätig, so G. Dietrich (München), H. Glöckel (Nürnberg), Th. Rank (Bamberg), R. Rabenstein (Nürnberg), W. Zielinski (Heidelberg) und andere. Am erfolgreichsten aber verlief die spätere Laufbahn des damaligen Bamberger Lehrers und Erlanger Psychologiestudenten F. Weinert. Das Psychologiestudium hatte er bei dem damaligen Erlanger Privatdozenten und späteren Würzburger Ordinarius W. Arnold begonnen. Im Jahre 1958 schloß er es mit der Diplom-Hauptprüfung ab.

Ehemalige Kommilitonen berichteten mir, daß Weinert ihnen allen durch sein ungewöhnliches Fachwissen manchmal geradezu unheimlich war. Es erschien ihnen rätselhaft, wie er neben seiner schulischen Tätigkeit - zuletzt an einer Ausbildungsklasse der Pädagogischen Hochschule Bamberg - und seinen familiären Verpflichtungen so viel Zeit für die Durcharbeitung auch nicht leicht zugänglicher Fachveröffentlichungen fand. Zweifellos kam ihm dabei seine ungewöhnlich rasche Auffassungsgabe wie sein sowohl analytischer wie systematisch ordnender Verstand zu Hilfe, der ihn später zu einem der bewährtesten Vizepräsidenten der DFG bei der Leitung konfliktreicher Diskussionen zwischen Vertretern der unterschiedlichsten natur- und geisteswissenschaftlichen Fächer qualifizieren sollte.

Als Dissertationsthema griff er Anregungen auf, die aus meiner damaligen Beschäftigung mit dem Problem unterschiedlicher Formen der Annäherung an die Lösung intellektueller Probleme - heute würde man von "Problemlösestrategien" sprechen - stammten. Er wandelte die Fragestellung seinem schon damals ausgeprägten Interesse für Probleme des Lernens und des Gedächtnisses ab und behandelte es unter dem Aspekt des "Einflusses der Übung auf das aufgabenbezogene Verhalten bei 10jährigen Kindern". In der im Jahre 1958 abgeschlossenen Dissertation wurden von ihm auch Fragen angeschnitten, die erst Jahrzehnte später in das Interesse der psychologischen Öffentlichkeit rücken sollten, so etwa jene der Rolle von Person und Situation in der Steuerung menschlichen Verhaltens.

"Ein Verhaltensbegriff, der nur der abstrakten Kennzeichnung bestimmter Äußerungsformen "des Menschen" dient, mag für alle typisierenden und generalisierenden Bemühungen innerhalb der Psychologie seine Bedeutung haben; er verführt aber leicht dazu, über menschliches Verhalten zu diskutieren, ohne dabei an handelnde Persönlichkeiten zu denken. Verhalten ist aber im konkreten Sinne nur bestimmbar als Ausdruck "eines Menschen" in seiner momentanen Lebensbefindlichkeit, wobei der verfestigten Persönlichkeitsstruktur des Handelnden ebenso große Bedeutung zukommt wie dem aktuellen Erleben eines spezifischen Ausschnittes seiner gegenwärtigen Umwelt" (a.a.O., S. 173).

Ansätze moderner interaktionistischer und kognitiver Theorieansätze finden sich hier vorweggenommen.

Im Rahmen seiner schulischen Tätigkeit in Bamberg widmete sich Weinert in den Fünfziger Jahren auch dem Aufbau der Institution des psychologischen Beratungslehrers, eine Aufgabe, für die er meine Unterstützung wegen meines Interesses für entwicklungspsychologische Fragen suchte. Wegen dieses Interesses brachte er mich auch mit dem damaligen Bundestagsabgeordneten J. Rommerskirchen in Verbindung, der sich im Bundestagsausschuß für Jugend- und Familienfragen mit den Problemen der "Jugendkrawalle" beschäftigen mußte. Es ist heute weitgehend unbekannt, daß Mitte der Fünfziger Jahre in mehreren Städten der Bundesrepublik - wie etwa Hannover - heftige Auseinandersetzungen von randalierenden Jugendlichen mit der Polizei stattfanden. Die Politik war sehr beunruhigt über diese Störungen im Adenauerschen Ordnungsstaat und suchte nach Rezepten für eine Abhilfe. In einem Gespräch, das Rommerskirchen, Weinert und ich damals in Erlangen führten, wurde von uns Psychologen die Forderung nach einer systematischen Erforschung jugendlicher Verhaltensweisen und ihrer Hintergründe erhoben. Nur auf diesem Wege könne man zu einer wirklichen Klärung der Hintergründe jener Unruhen kommen, die im übrigen eine politische Motivation nicht erkennen ließen. Rommerskirchen griff diese Anregungen auf und brachte die Idee eines Instituts für Jugendkunde ins Gespräch, das zunächst in der Form eines auf dem Bonner Venusberg angesiedelten "Büros für Jugendfragen", später in jener des Münchner Instituts verwirklicht wurde. Fast möchte man wünschen, daß die "Alten" auch mehr Randale machten, damit ihre Probleme in einer vergleichbaren Institution untersucht werden könnten.

Bei meinem Wechsel bzw. meiner Rückkehr an die Universität Bonn im WS 1959/60 fragte ich Weinert, ob er bereit wäre, eine am dortigen Psychologischen Institut geschaffene neue Assistentenstelle zu übernehmen. Ich brachte diese Anfrage m. E. sehr zögerlich vor, da sie eigentlich eine Zumutung war. Hieß es doch für ihn, eine Stelle als Beamter auf Lebenszeit mit der damals wie heute unsicheren Position eines Beamten auf Widerruf zu tauschen. Nach einer Zeit des Überlegens, in welcher auch die Haltung seiner Frau sehr hilfreich war, nahm er das Angebot an. Vom 1. 4. 1960 an war er neben C. F. Graumann, und K. Böhm als Assistent am Psychologischen Institut der Universität Bonn tätig.

Dieses Institut war damals mit der Vorbereitung des XVI. Internationalen Kongresses für Psychologie beschäftigt, der im Vorjahr wegen interner Zwistigkeiten im Organisationskomitee von Köln nach Bonn verlegt und für Anfang August 1960 anberaumt war. Weinert übernahm neben anderen Aufgaben das Amt eines Kongreßschatzmeisters und trug dadurch dazu bei, daß ich - als unvermutet plötzlich zum Hauptverantwortlichen Gewordenen - mir wenigstens wegen der Abwicklung der Finanzen keine Sorgen zu machen brauchte. Darüber hinaus aber war er in vielen mit der Vorbereitung und dem Ablauf des Kongresses verbundenen organisatorischen und menschlichen Problemen eine große Hilfe.

Als wieder an wissenschaftliche Arbeit zu denken war, übernahm er die wissenschaftliche Betreuung eines von außen herangetragenen Forschungsprojekts, das der Untersuchung der Auswirkungen unterschiedlicher Schreibmaterialien- und Methoden des ersten Schreibunterrichts auf die spätere Entwicklung des Schreibens galt. Er erweiterte die Anlage des Projekts von vornherein so, daß die in Bonn und Marburg durchgeführten Untersuchungen die Basis einer Differentiellen Psychologie des Lernens werden konnten. Diese stellte auch das Thema seiner Habilitationsschrift dar.

Im Rahmen der Lehrtätigkeit, die bis 1963 von mir allein, bis 1969 mit Unterstützung von A. Däumling organisiert werden mußte, übernahm Weinert die Ausbildung in Pädagogischer Psychologie. Neben der Betreuung von Vorexamensarbeiten, deren Themen er selbst gestellt hatte, beriet er auch Kandidaten, die Daten aus den Längsschnittuntersuchungen über die physische, pädagogische und psychische Entwicklung von Kindern der Geburtsjahrgänge 1944/45 auswerteten. Von besonderer Bedeutung waren in diesem Zusammenhang Studien über den Zusammenhang von Ernährungsart bzw. Stilldauer einerseits und Persönlichkeitsentwicklung im Schulater (Thomae, Blankenburg, Uhr & Weinert, 1962), welche ein größeres Maß an "Unsicherheit" bei nicht oder überdurchschnittlich lang gestillten Kindern aufwiesen. Unter seiner Betreuung standen auch die Auswertungen der Daten über die Entwicklung von Kindern berufstätiger und nicht berufstätiger Mütter durch Schreiner (1963), welche Thesen über ungünstige Effekte mütterlicher Berufstätigkeit nicht bestätigen konnten.

Auch bei der inhaltlichen Detailplanung der "Bonner Gerontologischen Längsschnittstudie" war Weinert beteiligt. Auf seine Anregung hin waren in den ersten Jahren Untersuchungen an einem Pursuit-Rotor-Gerät in das Programm aufgenommen worden, in denen die Zunahme interindividueller Differenzen in der psychomotorischen Adaption mit zunehmendem Alter nachgewiesen werden konnten (Schreiner, Rudinger & Schmitz-Scherzer, 1971). In der Anfangsphase dieser Längsschnittstudie übernahm Weinert auch die Exploration und Testung mehrerer unserer Untersuchungspartner. Für den Grad der Beherrschung qualitativer Methoden durch Weinert sprechen mehrere Niederschriften seiner Gespräche. Ein von ihm erhobener Tageslauf eines vor der Pensionierung stehenden Angestellten dient mir noch heute als willkommene Arbeitshilfe bei der Einführung in die Technik des Tageslauf-Interviews.

Manche Psychologen beklagen sich darüber, daß die Praxis so wenig auf die Erkenntnisse der Psychologie gebe. Bei der häufigen Beanspruchung des Bonner Psychologischen Instituts in den Jahren 1961 - 1967 durch Eltern und Studierende, die Rat suchten, konnte Weinert die Anwendung psychologischer Untersuchungstechniken und Erkenntnisse erproben. Die Katamnese einiger seiner Fälle verweist auf eine hohe Treffsicherheit seiner Urteile und Ratschläge.

Auch im forensisch-psychologischen Bereich war Weinert eine große Hilfe. Dies traf u.a. auf ein Gerichtsverfahren zu, in welchem die Schuldfähigkeit von einer Gruppe von Fürsorgezöglingen untersucht wurde, die im Rahmen einer "Strafaktion" einen Kameraden zu Tode geprügelt hatten. Entwicklungspsychologie und Psychologische Diagnostik waren dabei gefragt.

Vor seiner Berufung nach Bamberg und Heidelberg war Weinert an einer benachbarten Hochschule in die engste Wahl gezogen, seine Berufung aber durch einen Kollegen verhindert worden, der Weinert jede wissenschaftliche Begabung absprach. Man muß solche Dinge angesichts des außergewöhnlichen Erfolgs und der Außergewöhnlichkeit der wissenschaftlichen Leistung von F. E. Weinert aussprechen, um zu zeigen, durch welches Maß von Dummheit deutsche wissenschaftliche Hochschulen manchmal in ihren Entscheidungen beeinflußt wurden.

LITERATUR

Schreiner, M. (1963). Auswirkungen mütterlicher Berufstätigkeit auf die Entwicklung von Grundschulkindern. *Archiv für die gesamte Psychologie, 115,* 334-361.

Schreiner, M., Rudinger, G. & Schmitz-Scherzer, R. (1971). Veränderungen der psychomotorischen Leistungsfähigkeit im Alter. *Actuelle Gerontologie, 1,* 141-147.

Thomae, H., Blankenburg, J., Uhr, R. & Weinert, F.E. (1962). Orale Frustration und Persönlichkeit. *Zeitschrift für Psychologie, 167,* 31-41.

Weinert, F.E. (1958). *Der Einfluß der Übung auf das aufgabenbezogene Verhalten bei 10jährigen Kindern.* Dissertation, Erlangen.

PUBLIKATIONEN VON FRANZ E. WEINERT

1958 Weinert, F.E. (1958). *Der Einfluß der Übung auf das aufgabenbezogene Verhalten bei 10jährigen Kindern.* Dissertation, Erlangen.

1959 Weinert, F.E. (1959). Der Einfluß der Übung auf das aufgabenbezogene Verhalten bei 10jährigen Kindern. *Zeitschrift für experimentelle und angewandte Psychologie, 6,* 212-247.

1962 Weinert, F.E. (1962). Untersuchungen über einige Bedingungen des sprachlichen Lernens bei Kindern und Jugendlichen. *Vita humana, 5,* 193-202. (Abgedruckt in *Studien zur Entwicklung des Denkens im Kindesalter.* Darmstadt: Wissenschaftliche Buchgesellschaft, 1972).

Weinert, F.E. & Essing, W. (1962). Aufgabengemäßes Verhalten, Lernleistung und Intelligenz. *Archiv für die Gesamte Psychologie, 114,* 173-186.

Thomae, H., Blankenburg, J., Uhr, R. & Weinert, F.E. (1962). "Orale" Frustration und Persönlichkeit. Ergebnisse einer Repräsentativerhebung. *Zeitschrift für Psychologie, 167,* 31-41.

1963 Weinert, F.E. (1963). Untersuchungen über die Entwicklung des sprachlichen Gedächtnisses bei Kindern und Jugendlichen. In G. Lienert (Hrsg.), *Bericht über den 23. Kongreß der Deutschen Gesellschaft für Psychologie, Würzburg 1962* (pp. 167-168). Göttingen: Hogrefe.

1964 Weinert, F.E. (1964). Experimentelle Untersuchungen über Formen und Bedingungen des kognitiven Lernens bei Kindern. *Archiv für die Gesamte Psychologie, 116,* 126-164.

1965 Weinert, F.E. (1965). Experimentelle Beiträge zur differentiellen Psychologie des kindlichen Lernens. In G. Lienert (Hrsg.), *Bericht über den 24. Kongreß der Deutschen Gesellschaft für Psychologie, Wien 1964* (pp. 343-349). Göttingen: Hogrefe.
(Abgedruckt in W. Reinartz (Hrsg.) (1981), *Empirische pädagogische Forschung,* (pp. 271-279). Darmstadt: Wissenschaftliche Buchgesellschaft).

Weinert, F.E. (1965). Hunger und Durst. In H. Thomae (Hrsg.), *Handbuch der Psychologie. Bd. 2/2: Motivationslehre* (pp. 465-512). Göttingen: Hogrefe.

Weinert, F.E. (1965). Schülerpersönlichkeit und Schulleistung. In K.Ingenkamp (Hrsg.), *Schulkonflikt und Schülerhilfe* (pp. 19-31). Weinheim: Beltz.

1966 Weinert, F.E. (1966). Erziehungsstile in ihrer Abhängigkeit von der individuellen Eigenart des Erziehers. In Th. Herrmann (Hrsg.), *Psychologie der Erziehungsstile* (pp. 91-109). Göttingen: Hogrefe.

Weinert, F.E. (1966). Lernen und Motivation in entwicklungspsychologischer Sicht. *Gawein, 14,* 355-370.

Weinert, F.E. (Hrsg.) (1966). *Pädagogische Psychologie. Textbuch.* Neue Wissenschaftliche Bibliothek. Köln: Kiepenheuer & Witsch.

Weinert, F.E., Simons, H. & Essing, W. (1966). *Schreiblehrmethode und Schreibentwicklung. Eine empirische Untersuchung über einige Auswirkungen verschiedener Lehrmethoden des Erstschreibunterrichts auf die Entwicklung des Schreibens im Grundschulalter* (2. Aufl., 1970). Weinheim: Beltz.

1967 Weinert, F.E. (1967). *Persönlichkeit und Lernen. Untersuchungen zur Differentiellen Psychologie des kindlichen Lernens.* Bonn: Universitätsverlag.

Weinert, F.E. (1967). Über den Einfluß kurzzeitiger Lernprozesse auf die Denkleistung von Kindern. In F. Merz (Hrsg.), *Bericht über den 25. Kongreß der Deutschen Gesellschaft für Psychologie, Münster 1966* (pp. 395-400). Göttingen: Hogrefe.

1969 Weinert, F.E. (1969). Der Beitrag der Psychologie zu einer Theorie des Lehrens. *Neue Folge der Ergänzungshefte zur Vierteljahresschrift für wissenschaftliche Pädagogik* (Heft 10). Bochum.
(Abgedruckt in H. Nickel & E. Langhorst (Hrsg.) (1973), *Brennpunkte der Pädagogischen Psychologie* (pp. 30-43). Bern/Stuttgart: Huber/Klett).

Weinert, F.E. (1969). Lehrt die Lernpsychologie lehren? Einleitung zum Symposium "Bedeutung lernpsychologischer Grundlagenforschung für die angewandte Psychologie des Lernens und Lehrens". In M. Irle (Hrsg.), *Bericht über den 26. Kongreß der Deutschen Gesellschaft für Psychologie, Tübingen 1968* (pp. 53-59). Göttingen: Hogrefe.

Weinert, F.E. (1969). Pädagogisch relevante Ergebnisse der neueren Lernforschung. In E. Siersleben (Hrsg.), *Lernen heute* (pp. 15-30). Weinheim: Beltz.

1970 Weinert, F.E. (1970). Analyse und Untersuchung von Lehrmethoden. In J. Ingenkamp (Hrsg.), *Handbuch der Unterrichtsforschung, Teil II* (pp. 1217-1351). Weinheim: Beltz. (Deutsche Bearbeitung des Kapitels von Wallen & Travers, Analysis and investigation of teaching methods).

Weinert, F.E. (1970). Begabung und Lernen im Kindesalter. *Die Grundschule,* 2, 29-37.

Weinert, F.E. (1970). Entwicklungspsychologie. In J. Speck & G. Wehle (Hrsg.), *Handbuch pädagogischer Grundbegriffe* (Bd. 1, pp. 325-351). München: Kösel.

Weinert, F.E. (1970). Motorische Anpassungsleistungen im höheren Alter. In R. Schubert & H. Thomae (Hrsg.), *Veröffentlichungen der Deutschen Gesellschaft für Gerontologie. - Aktuelle Probleme der Geriatrie, Geropsychologie, Gerosoziologie und Altenfürsorge* (Bd. 3, pp. 249-253). Darmstadt: Steinkopff.

Weinert, F.E. (1970). *Verwendung audio-visueller Unterrichtsmedien in lerntheoretischer und instruktionspsychologischer Sicht. Audio-visuelle Bildungsmittel in der Schule von morgen.* München: Institut für Film und Bild.

Weinert, F.E. (1970). Gesellschaft und Persönlichkeit. In K. Hinst (Hrsg.), *Wir und die anderen - Eine Sozialpsychologie des Alltags* (pp. 102-110). Reinbek: rororo tele.

Eyferth, K., Hinst, K. & Weinert, F.E. (1970). Führungsstile und Gruppenleistung. In K. Hinst (Hrsg.), *Wir und die anderen - Eine Sozialpsychologie des Alltags* (pp. 89-101). Reinbek: rororo tele.

1971	Weinert, F.E. (1971). Antizipation. In J. Ritter (Hrsg.), *Historisches Wörterbuch der Philosophie* (Bd. 1, pp. 419-425). Basel/Stuttgart: Schwabe.

Weinert, F.E. (1971). Verhaltenstherapeutisch relevante Grundbegriffe der Lerntheorie. *Praxis der Psychotherapie, 16,* 215-221.

Weinert, F.E. & Graumann, C.F. (1971). Psychologie in Studium und Beruf. In K.E. Rogge (Hrsg.), *Steckbrief der Psychologie* (pp. 261-273). Heidelberg: Quelle & Meyer. (3. Aufl. 1977).

1972	Weinert, F.E. (1972). Bildungsreform durch Unterrichtstechnologie? *Westermanns Pädagogische Beiträge, 24,* 635-639.

Weinert, F.E. (1972). Engramm. In J. Ritter (Hrsg.), *Historisches Wörterbuch der Philosophie* (Bd. 2, pp. 503). Basel/Stuttgart: Schwabe.

Weinert, F.E. (1972). Ist Intelligenz lernbar? *Education, 6,* 123-129.

Weinert, F.E. (1972). Schule und Beruf als institutionelle Sozialisationsbedingungen. In C.F. Graumann (Hrsg.), *Handbuch der Psychologie. Bd. 7/2: Sozialpsychologie* (pp. 825-885). Göttingen: Hogrefe.

1973	Weinert, F.E. (1973). Der Einfluß didaktisch provozierter Lernprozesse auf die kognitive Entwicklung. In W. Edelstein & D. Hopf (Hrsg.), *Bedingungen des Bildungsprozesses. Psychologische und pädagogische Forschungen zum Lehren und Lernen in der Schule* (pp. 184-199). Stuttgart: Klett.

Weinert, F.E. (1973). Probleme der frühkindlichen Sozialisation. Was entscheidet sich in den ersten Lebensjahren? In W. Ratz & A. Sam (Hrsg.), *Wie erziehbar ist der Mensch? Tutzinger Texte 11* (pp. 59-77). München: Claudius Verlag.

Weinert, F.E. & Hofer, M. (Hrsg.) (1973). *Reader zum Funkkolleg Pädagogische Psychologie 2: Lernen und Instruktion.* Frankfurt: Fischer Taschenbuchverlag.

Weinert, F.E. & Simons, H. (1973). The Bavarian State Institute for Educational Research and Planning, Germany. In CERI (Ed.), *Case studies of educational innovation. I: At the central level* (pp. 449-518). Paris: OECD.

Bennwitz, H., Engelhardt, L. & Weinert, F.E. (1973). CIEL - Genese und Perspektive. In H. Bennwitz & F.E. Weinert (Hrsg.), *CIEL, ein Förderungsprogramm zur Elementarerziehung und seine wissenschaftlichen Voraussetzungen* (pp. 305-371). Göttingen: Vandenhoeck & Ruprecht.

Bennwitz, H. & Weinert, F.E. (Hrsg.) (1973). *CIEL, ein Förderungsprogramm zur Elementarerziehung und seine wissenschaftlichen Voraussetzungen.* Göttingen: Vandenhoeck & Ruprecht.

1974	Weinert, F.E. (1974). Gedächtnis. In J. Ritter (Hrsg.), *Historisches Wörterbuch der Philosophie* (Bd. 3, pp. 35-42). Basel/Stuttgart: Schwabe.

Weinert, F.E. (1974). Lernen. In C. Wulf (Hrsg.), *Wörterbuch der Erziehung* (pp. 389-395). München: Piper.

Weinert, F.E. (1974). Pädagogische Psychologie. In C. Wulf (Hrsg.), *Wörterbuch der Erziehung* (pp. 443-449). München: Piper.

Weinert, F.E., Graumann, C.F., Heckhausen, H. & Hofer, M. (1974, 1981). *Funkkolleg Pädagogische Psychologie* (Bde. 1 und 2). Frankfurt: Fischer Taschenbuchverlag.

1975   Weinert, F.E. (1975). Probleme der Unterrichtsdifferenzierung in psychologischer Sicht. *Neue Sammlung, 15*, 35-47.
(Abgedruckt in *Education*, 1979, *19*, 81-90).

Weinert, F.E., Keller, M. & Zebergs, D. (1975). Kognitive Sozialisation. Probleme einer allgemeinen Theorie der kognitiven Sozialisation. In F. Neidhardt (Hrsg.), *Frühkindliche Sozialisation* (pp. 7-75). Stuttgart: Enke.

Weinert, F.E. & Lehr, U. (Hrsg.) (1975). *Entwicklung und Persönlichkeit*. Stuttgart: Kohlhammer.

Weinert, F.E., Simons, H. & Ahrens, H.J. (1975). Untersuchungen zur differentialpsychologischen Analyse von Rechenleistungen. *Zeitschrift für Entwicklungspsychologie und Pädagogische Psychologie, 7*, 153-169.

Simons, H., Ahrens, H.J. & Weinert, F.E. (1975). Der direkte Einfluß kognitiver und motivationaler Bedingungen auf Schulleistungen. In W.H. Tack (Hrsg.), *Bericht über den 29. Kongreß der Deutschen Gesellschaft für Psychologie, Salzburg 1974* (Bd. 2, pp. 215-219). Göttingen: Hogrefe.

1976   Weinert, F.E. (1976). *Lernen im System der Schule. Bd. 1: Der Beitrag der Lernpsychologie zur Rekonstruktion von Unterricht. Bd. 2: Der Beitrag der Lernpsychologie zur Konstruktion von Unterricht. Fernstudienlehrgang Erziehungswissenschaft.* Tübingen: Deutsches Institut für Fernstudien an der Universität Tübingen.

Weinert, F.E. & Bredenkamp, K. (1976). *Lernprozesse. Bd. 1: Soziales Lernen. Bd. 2: Kognitives Lernen. Fernstudienlehrgang Erziehungswissenschaft.* Tübingen: Deutsches Institut für Fernstudien an der Universität Tübingen.

Weinert, F.E., Graumann, C.F., Heckhausen, H. & Hofer, M. (Hrsg.) (1976). *Pädagogische Psychologie* (Beltz Lehrgang, Teile I-VI). Weinheim: Beltz.

Treiber, B., Weinert, F.E. & Groeben, N. (1976). Bedingungen individuellen Unterrichtserfolgs. *Zeitschrift für Pädagogik, 22*, 153-179.

1977   Weinert, F.E. (1977). Bekräftigung. In F.E. Weinert, Th. Herrmann, P.R. Hofstätter & H.P. Huber (Hrsg.), *Handbuch psychologischer Grundbegriffe* (pp. 58-67). München: Kösel.

Weinert, F.E. (1977). Entwicklungsgemäßer Unterricht. *Unterrichtswissenschaft, 5*, 1-13.
(Abgedruckt in R. Rost (Hrsg.) (1988). *Entwicklungspsychologie für die Grundschule* (pp. 207-221). Bad Heilbrunn: Klinkhardt).

Weinert, F.E. (1977). Individualisierung im Unterricht. Zwang zu optimaler Leistung oder Freiraum in der Erziehung? In E. Meyer (Hrsg.), *Freiräume in der Erziehung?* (pp. 27-43) (Europäisches Pädagogisches Symposium Oberinntal 3). Wien: Österreichischer Bundesverlag.

Weinert, F.E. (1977). Legasthenie: Defizitäre Erforschung defizienter Lernprozesse? *Psychologie in Erziehung und Unterricht, 24*, 164-173.

Weinert, F.E. (1977). Legasthenieforschung - Defizitäre Erforschung defizitärer Lernprozesse? *Psychologie in Erziehung und Unterricht, 27*, 164-173.

Weinert, F.E. (1977). Pädagogisch-psychologische Beratung als Vermittlung zwischen subjektiven und wissenschaftlichen Verhaltenstheorien. In W. Arnhold (Hrsg.), *Texte zur Schulpsychologie und Bildungsberatung* (Bd. 2, pp. 7-34). Braunschweig: Westermann.

Weinert, F.E., Herrmann, Th., Hofstätter, P.R. & Huber, H.P. (Hrsg.) (1977). *Handbuch psychologischer Grundbegriffe.* München: Kösel.

Weinert, F.E. & Zielinski, W. (1977). Lernschwierigkeiten - Schwierigkeiten des Schülers oder der Schule? *Unterrichtswissenschaft, 5,* 292-304.

1978

Weinert, F.E. (1978). Aus Schaden wird man klug. In M. Brauneiser (Hrsg.), *Pädagogische Banalitäten.* München: Kösel.

Weinert, F.E. (1978). Die Entwicklung des moralischen Urteilens und Handelns. In G. Stachel et al. (Hrsg.), *Sozialisation, Identitätsfindung, Glaubenserfahrung* (pp. 29-42). Zürich: Benziger.

Weinert, F.E. (1978). Ist Denken lehrbar? *DFG-Mitteilungen, 3,* I-VIII. (Abgedruckt in *Unterricht/Erziehen,* 1984, 2, 6-12).

Weinert, F.E. (1978). Kommentar zu Hofer und Dobrick. In D. Görlitz, W.U. Meyer & B. Weinert (Hrsg.), *Bielefelder Symposium über Attribution* (pp. 65-69). Stuttgart: Klett-Cotta.

Weinert, F.E. (1978). Remediales Lehren und Lernen. In K.J. Klauer (Hrsg.), *Handbuch der Sonderpädagogik. Bd. 9: Sonderpädagogik in allgemeinen Schulen* (pp. 256-269). Berlin: Marhold.

1979

Weinert, F.E. (1979). Entwicklungsabhängigkeit des Lernens und des Gedächtnisses. In L. Montada (Hrsg.), *Brennpunkte der Entwicklungspsychologie* (pp. 61-76). Stuttgart: Kohlhammer.

Weinert, F.E. (1979). Über die mehrfache Bedeutung des Begriffs "entwicklungsangemessen" in der pädagogisch-psychologischen Theorienbildung. In J. Brandstädter, G. Reinert & K.A. Schneewind (Hrsg.), *Probleme und Perspektiven der Pädagogischen Psychologie* (pp. 181-207). Stuttgart: Klett-Cotta.

Weinert, F.E., Treiber, B. & Schneider, W. (1979). Educational psychology. *The German Journal of Psychology, 3,* 236-266.

1980

Weinert, F.E. (1980). Grundprobleme eines pädagogisch-psychologischen Leistungsbegriffs: Kollektive Leistungsanforderungen, individuelle Leistungsentwicklungen und normative Leistungsbewertung. In 31. Gemener Kongreß (Hrsg.), *Was kann, was muß in der Schule geleistet werden?* (pp. 37-53). Bottrop: Verlag Wilhelm Postberg.

Weinert, F.E. (1980). Lernmotivation - Psychologische Forschung und pädagogische Aufgabe. *Unterrichtswissenschaft, 8,* 197-205.

Weinert, F.E. (1980). Mnemismus. In J. Ritter (Hrsg.), *Historisches Wörterbuch der Philosophie* (Bd. 5, pp. 1444). Basel/Stuttgart: Schwabe.

Weinert, F.E. (1980). Programmatische Anmerkungen zur Überwindung allzu optimistischer und pessimistischer Sackgassen in der Bildungsforschung. *Bildung und Erziehung, 33,* 39-43.

Weinert, F.E. (1980). Schulpsychologie zwischen Wissenschaft, Idealogie und Praxealogie. *Bildung und Erziehung, 33,* 206-218.

Weinert, F.E. (1980). Theoretischer Provinzialismus in der Pädagogischen Psychologie. Zur Geschichte der Entfremdung von psychologischer Grundlagenforschung und pädagogisch-psychologischer Anwendungsperspektive. *Entwicklungspsychologie und Psychologie-Entwicklung. Symposium zum Gedenken an Günther Reinert.* Trierer Psychologische Berichte: Sonderband, 90-106.

Weinert, F.E. & Petermann, F. (1980). Erwartungswidrige Schülerleistungen oder unterschiedlich determinierte Schulleistungen. In H. Heckhausen (Hrsg.), *Fähigkeit und Motivation in erwartungswidriger Schulleistung* (pp. 19-52). Göttingen: Hogrefe.

Weinert, F.E., Treiber, B. & Schneider, W. (1980). Bedingungsanalyse von (erwartungswidrigen) Schulleistungen. In H. Heckhausen (Hrsg.), *Fähigkeit und Motivation in erwartungswidriger Schulleistung* (pp. 106-128). Göttingen: Hogrefe.

Becker, F., Huber, G.L., Mandl, H., Wahl, D. & Weinert, F.E. (1980). *Fernsehkolleg Schülerprobleme - Lehrerprobleme. Ein Training für schwierige Situationen in der Klasse. Pilotphase.* (Blöcke 1-3). Tübingen: Deutsches Institut für Fernstudien.

1981

Weinert, F.E. (1981). Gedächtnisentwicklung. In H. Schiefele (Hrsg.), *Handlexikon zur Pädagogischen Psychologie* (pp. 134-137). München: Ehrenwirth.

Weinert, F.E. (1981). Geschichte der Pädagogischen Psychologie. In H. Schiefele (Hrsg.), *Handlexikon zur Pädagogischen Psychologie* (pp. 148-153). München: Ehrenwirth.

Weinert, F.E., Knopf, M. & Storch, Ch. (1981). Erwartungsbildung bei Lehrern. In M. Hofer (Hrsg.), *Informationsverarbeitung und Entscheidungsverhalten von Lehrern* (pp. 157-191). München: Urban & Schwarzenberg.

Weinert, F.E. & Rotering-Steinberg, S. (1981). Schülerprobleme - Lehrerprobleme. Ein Lehrertraining für schwierige Situationen in der Klasse. Bericht über erste Erfahrungen mit einem Fernstudienprogramm zur Lehrerweiterbildung. *Unterrichtswissenschaft, 9,* 64-69.

Weinert, F.E. & Treiber, B. (1981). Entwicklungspsychologische Analyse des Unterrichts. In W. Twellmann (Hrsg.), *Handbuch Schule und Unterricht* (pp. 593-607). Düsseldorf: Schwann.

Weinert, F.E. & Treiber, B. (1981). Gibt es theoretische Fortschritte in der Lehr-Lernforschung? In F.E. Weinert & B. Treiber (Hrsg.), *Lehr-Lern-Forschung* (pp. 242-290). München: Urban & Schwarzenberg.

Weinert, F.E. & Treiber, B. (Hrsg.) (1981). *Lehr-Lern-Forschung.* München: Urban & Schwarzenberg.

Voigt, F. & Weinert, F.E. (1981). Preschool children's understanding of number: Evaluating alternative theories: Progress Report. *German Journal of Psychology, 5,* 85-88.

1982

Weinert, F.E. (1982). *Fernsehkolleg Lehrerprobleme - Schülerprobleme. Ein Programm zur Verbesserung pädagogischer Handlungsmöglichkeiten.* Tübingen: Deutsches Institut für Fernstudien.

Weinert, F.E. (1982). Psychology and instruction - Historical perspectives. In R. Glaser & J. Lompscher (Eds.), *Cognitive and motivational aspects of instruction* (pp. 14-21). Berlin: VEB Deutscher Verlag der Wissenschaften.

Weinert, F.E. (1982). Selbstgesteuertes Lernen als Voraussetzung, Methode und Ziel des Unterrichts. *Unterrichtswissenschaft, 2,* 99-110.

Weinert, F.E. (1982). Subjektive Begabungstheorien von Lehrern: Eine vergessene Komponente in der Anlage-Umwelt-Kontroverse. *Bayerische Schule, 2,* 15-18.

Weinert, F.E. & Gundlach, H. (1982) (Hrsg.). *Psychologie der Entwicklung und Erziehung. Bd. 6 der Kurt-Lewin-Werkausgabe* (C.F. Graumann, Hrsg.). Bern/Stuttgart: Huber/Klett-Cotta.

Weinert, F.E. & Treiber, B. (1982). School socialization and cognitive development. In W.W. Hartup (Ed.), *Review of Child Development Research* (Vol. 6, pp. 704-758). Chicago: The University of Chicago Press.

Knopf, M. & Weinert, F.E. (1982). Selbststeuerung des Lernens im Erwachsenenalter. In R. Oerter (Hrsg.), *Bericht über die 5. Tagung Entwicklungspsychologie* (pp. 470-475). Augsburg: Dokumentation der Universität.

Treiber, B., Weinert, F.E. & Groeben, N. (1982). Unterrichtsqualität, Leistungsniveau von Schulklassen und individueller Lernfortschritt. *Zeitschrift für Pädagogik, 4,* 563-576.

1983

Weinert, F.E. (1983). Die Beeinflußbarkeit der kindlichen Entwicklung durch die Elementarschule; CIEL: Erwartungen - Projektschicksale - Perspektiven. In A. Garlichs, D. Knab & F.E. Weinert (Hrsg.), *CIEL II: Fallstudie zu einem Förderungsprogramm der Stiftung Volkswagenwerk zur Elementarerziehung* (pp. 46-57; 58-82). Göttingen: Vandenhoeck & Ruprecht.

Weinert, F.E. (1983). Gedächtnistraining - Übung von Lernstrategien. *Universitas, 38,* 157-164.

Weinert, F.E. (1983). Ist Lernen lehren endlich lehrbar? Einführung in ein altes Problem und in einige neue Lösungsvorschläge. *Unterrichtswissenschaft, 4,* 329-334.

Weinert, F.E. & Kluwe, R.H. (Hrsg.) (1983). *Metakognition, Motivation und Lernen.* Stuttgart: Kohlhammer.

Weinert, F.E. & Knopf, M. (1983). Gedächtnisentwicklung. In R.K. Silbereisen & L. Montada (Hrsg.), *Entwicklungspsychologie* (pp. 103-111). München: Urban & Schwarzenberg.

Weinert, F.E., Knopf, M. & Barann, G. (1983). Metakognition und Motivation als Determinanten von Gedächtnisleistungen im höheren Erwachsenenalter. *Sprache & Kognition, 2,* 71-87.

Weinert, F.E., Knopf, M. & Körkel, J. (1983). Zusammenhänge zwischen Metawissen, Verhalten und Leistung bei der Lösung von Gedächtnisaufgaben durch Kinder und ältere Erwachsene. In G. Lüer (Hrsg.), *Bericht über den 33. Kongreß der Deutschen Gesellschaft für Psychologie, Mainz 1982* (pp. 262-271).

Garlichs, A., Knab, D. & Weinert, F.E. (Hrsg.) (1983). *CIEL II - Fallstudie zu einem Förderungsprogramm der Stiftung Volkswagenwerk zur Elementarerziehung.* Göttingen: Vandenhoeck & Ruprecht.

1984 Weinert, F.E. (1984). Forschung für eine kindgemäße und entwicklungsgerechte Frühpädagogik. In W.E. Fthenakis (Hrsg.), *Tendenzen der Frühpädagogik* (pp. 29-47). Düsseldorf: Schwann.

Weinert, F.E. (1984). Metakognition und Motivation als Determinanten der Lerneffektivität: Einführung und Überblick. In F.E. Weinert & R.H. Kluwe (Hrsg.), *Metakognition, Motivation und Lernen* (pp. 9-21). Stuttgart: Kohlhammer.

Weinert, F.E. (1984). Vom statischen zum dynamischen zum statischen Begabungsbegriff? Die Kontroverse um den Begabungsbegriff Heinrich Roths im Lichte neuerer Forschungsergebnisse. *Die Deutsche Schule, 5,* 353-365. (Abgedruckt in *Magazin Primarschule,* 1984, 4, 29-34).

Weinert, F.E., Knopf, M., Körkel, J., Schneider, W., Vogel, K. & Wetzel, M. (1984). Die Entwicklung einiger Gedächtnisleistungen bei Kindern und älteren Erwachsenen in Abhängigkeit von kognitiven, metakognitiven und motivationalen Einflussfaktoren. In K.E. Grossmann & P. Lütkenhaus (Hrsg.), *Bericht über die 6. Tagung Entwicklungspsychologie* (pp. 313-326). Regensburg: Universitäts-Druckerei.

Wahl, D., Weinert, F.E. & Huber, K.L. (1984). *Psychologie für die Schulpraxis.* München: Kösel.

1985 Weinert, F.E. (1985). Bildung - was ist das? In Telemanuskript (Hrsg.), *Sendereihe des Bayerischen Rundfunks* (pp. 14-22). München: TR-Verlagsunion.

Weinert, F.E. (1985). Förderung und Gefährdung kindlicher Entwicklung durch Massenkommunikationsmittel. In P. Karlson (Hrsg.), *Information und Kommunikation, naturwissenschaftliche, medizinische und technische Aspekte* (pp. 445-457). Verhandlungen der 113. Versammlung der Gesellschaft Deutscher Naturforscher und Ärzte. Stuttgart: Wissenschaftliche Verlagsgesellschaft.

Weinert, F.E. (1985). Kognitive Entwicklung im Kindesalter: Was entwickelt sich eigentlich? *Monatsschrift für Kinderheilkunde, 133,* 421-425.

Weinert, F.E. (1985). Lernzeit, Lernaktivität, Lerneffektivität. In D. Albert (Hrsg.), *Bericht über den 34. Kongreß der Deutschen Gesellschaft für Psychologie, Wien 1984* (pp. 727-729). Göttingen: Hogrefe.

Weinert, F.E. & Waldmann, M.R. (1985). Das Denken Hochbegabter - Intellektuelle Fähigkeiten und kognitive Prozesse. *Zeitschrift für Pädagogik, 31,* 789-804.

Lehr, U.M. & Weinert, F.E. (Hrsg.) (1985). *Hans Thomae - Dynamik des menschlichen Handelns. Ausgewählte Schriften zur Psychologie 1944 - 1984.* Bonn: Bouvier.

Treiber, B. & Weinert, F.E. (1985). *Gute Schulleistungen für alle?* Münster: Aschendorff.

1986 Weinert, F.E. (1986). Computer als Modelle menschlicher Informationsverarbeitung - Wirkungen. In Hochschul-Kongress '86 (Hrsg.), *Dokumentation - IBM Deutschland.* München: Referat 15.

Weinert, F.E. (1986). Developmental variations of memory performance and memory-related knowledge across the life-span. In A. Sörensen, F.E. Weinert & L.R. Sherrod (Eds.), *Human development: Multidisciplinary perspectives* (pp. 535-554). Hillsdale, NJ: Erlbaum.

Weinert, F.E. (1986). Früherziehung. In Görres-Gesellschaft (Hrsg.), *Staatslexikon* (7. Aufl., Bd. 2, pp. 768-774). Freiburg: Herder.

Weinert, F.E. (1986). Gedächtnis. In W. Sarges & R. Fricke (Hrsg.), *Psychologie für die Erwachsenenbildung/Weiterbildung* (pp. 228-232). Göttingen: Hogrefe.

Weinert, F.E. (1986). Lernen ... gegen die Abwertung des Wissens. In Friedrich Jahresheft IV (Hrsg.), *Lernen - Ereignis und Routine* (pp. 102-104). Seelze: Friedrich Verlag.

Weinert, F.E. (1986). Psychologie - Psychische Entwicklung als Anpassung an eine wissenschaftlich-technische Welt? In Ruprecht-Karls-Universität Heidelberg (Hrsg.), *Zukunft der Wissenschaften, Studium Generale SS 86* (pp. 134-147). Heidelberg: Heidelberger Verlagsanstalt.

Weinert, F.E. & Hasselhorn, M. (1986). Memory development: Universal changes and individual differences. In F. Klix & H. Hagendorf (Eds.), *Human memory and cognitive capabilities. Mechanisms and performances* (pp. 423-435). North-Holland: Elsevier.

Weinert, F.E. & Schneider, W. (Eds.) (1986). *First report on the Munich Longitudinal Study on the Genesis of Individual Competencies (LOGIC)*. Munich: Max Planck Institute for Psychological Research.

Weinert, F.E. & Schrader, F.W. (1986). Diagnose des Lehrers als Diagnostiker. In H. Petillon, J.W.L. Wagner & B. Wolf (Hrsg.), *Schülergerechte Diagnose* (pp. 11-29). Weinheim: Beltz.

Helmke, A., Schneider, W. & Weinert, F.E. (1986). Quality of instruction and classroom learning outcomes: The German contribution to the IEA Classroom Environment Study. *Teaching and Teacher Education*, 2, 1-18.

Sørensen, A., Weinert, F.E. & Sherrod, L.R. (Eds.) (1986). *Human development and the life course: Multidisciplinary perspectives*. Hillsdale, NJ: Erlbaum.

1987

Weinert, F.E. (1987). Bildhafte Vorstellungen des Willens. In H. Heckhausen, P.M. Gollwitzer & F.E. Weinert (Hrsg.), *Jenseits des Rubikon: Der Wille in den Humanwissenschaften* (pp. 10-26). Berlin, Heidelberg, New York: Springer-Verlag.

Weinert, F.E. (1987). Developmental processes and instruction. In E. de Corte, H. Lodewijks, R. Parmentier & P. Span (Eds.), *Learning and instruction. European research in an international context* (Vol. 1, pp. 1-17). Oxford: Pergamon Press, & Leuven: University Press.

Weinert, F.E. (1987). Introduction and overview: Metacognition and motivation as determinants of effective learning and understanding. In F.E. Weinert & R.H. Kluwe (Eds.), *Metacognition, motivation and understanding* (pp. 1-16). Hillsdale, NJ: Erlbaum.

Weinert, F.E. (1987). Probleme der systematischen Trainierbarkeit von hohen Denk- und Lernkompetenzen. In F.E. Weinert & H. Wagner (Hrsg.), *Die Förderung Hochbegabter in der Bundesrepublik Deutschland: Probleme, Positionen, Perspektiven* (pp. 17-28). Bad Honnef: Bock-Verlag.

Weinert, F.E. (1987). Wie löst man schwierige Probleme? In Technische Universität München (Hrsg.), *Jahrbuch 1986* (pp. 17-31). München: Universitätsbibliothek, TU München.

Weinert, F.E. (1987). Zur Lage der Psychologie. *Psychologische Rundschau*, 38, 1-13.
(Englischsprachiger Nachdruck in *German Journal of Psychology*, 1987, *11*, 304-322).

Weinert, F.E. & Helmke, A. (1987). Compensatory effects of student self-concept and intructional quality on academic achievement. In F. Halisch & J. Kuhl (Eds.), *Motivation, intention, and volition* (pp. 233-247). Berlin: Springer-Verlag.

Weinert, F.E. & Helmke, A. (1987). Schulleistungen - Leistungen der Schule oder der Kinder? *Bild der Wissenschaft, 24*, 62-73.

Weinert, F.E. & Kluwe, R.H. (Eds.) (1987). *Metacognition, motivation, and understanding*. Hillsdale, NJ: Erlbaum.

Weinert, F.E., Knopf, M. & Schneider, W. (1987). Von allgemeinen Theorien der Gedächtnisentwicklung zur Analyse entwicklungstypischer Lern- und Erinnerungsvorgänge. In M. Amelang (Hrsg.), *Bericht über den 35. Kongreß der Deutschen Gesellschaft für Psychologie, Heidelberg* (pp. 447-460). Göttingen: Hogrefe.

Weinert, F.E. & Lüer, G. (Hrsg.) (1987). *Graduiertenstudien in der Psychologie. Begründungen, Empfehlungen, Realisierungen*. Göttingen: Hogrefe.

Weinert, F.E. & Schneider, W. (Eds.) (1987). *The Munich Longitudinal Study on the Genesis of Individual Competencies (LOGIC): Report No. 2: Documentation of assessment procedures used in waves one to three*. Munich: Max Planck Institute for Psychological Research.

Weinert, F.E. & Schneider, W. (Eds.) (1987). *The Munich Longitudinal Study on the Genesis of Individual Competencies (LOGIC), Report No. 3: Results of wave one*. Munich: Max Planck Institute for Psychological Research.

Weinert, F.E. & Wagner, H. (1987). *Die Förderung Hochbegabter in der Bundesrepublik Deutschland: Probleme, Positionen, Perspektiven*. Bad Honnef: Bock-Verlag.

Heckhausen, H., Gollwitzer, P.M. & Weinert, F.E. (1987). *Jenseits des Rubikon: Der Wille in den Humanwissenschaften*. Berlin, Heidelberg, New York: Springer.

Helmke, A., Schrader, F.W. & Weinert, F.E. (1987). Zur Rolle der Übung für den Lernerfolg. Ergebnisse der Münchner Studie. *Blätter für Lehrerfortbildung, 7-8*, 247-252.

Schneider, W., Körkel, J. & Weinert, F.E. (1987). The effects of intelligence, self-concept, and attributional style on metamemory and memory behavior. *International Journal of Behavioral Development, 10*, 281-299.

Strube, G. & Weinert, F.E. (1987). Autobiographisches Gedächtnis: Mentale Repräsentation der individuellen Biographie. In G. Jüttemann & H. Thomae (Hrsg.), *Biographie und Psychologie* (pp. 151-167). Berlin: Springer-Verlag.

1988

Weinert, F.E. (1988). Der Laie als "Chemie-Experte"? - Das Bild einer Wissenschaft im Lichte alltäglichen Wissens und Wertens. *125 Jahre Hoechst - Wissenschaftliches Symposium* (pp. 15-29). Frankfurt a.M.: Hoechst.

Weinert, F.E. (1988). Epilogue. In F.E. Weinert & M. Perlmutter (Eds.), *Memory development: Universal changes and individual differences* (pp. 381-395). Hillsdale, NJ: Erlbaum.

Weinert, F.E. (1988). Jenseits des Glaubens an notwendige und hinreichende Bedingungen des schulischen Lernens. In J. Lompscher, W. Jantos & S. Schönian (Hrsg.), *Psychologische Methoden der Analyse und Ausbildung der Lerntätigkeit* (pp. 116-139). Berlin: Gesellschaft für Psychologie der DDR.

Weinert, F.E. (1988). Kann nicht sein, was nicht sein darf? Kritische Anmerkungen zu einer anmerkungsreichen Kritik. *Zeitschrift für Pädagogische Psychologie, 2*, 113-117.

Weinert, F.E. (1988). Lernen Behinderter in einer veränderten Welt. *Zeitschrift für Heilpädagogik, 39*, 7-15.

Weinert, F.E. (1988). Motivationsprobleme und Lösungsmöglichkeiten. In Zentralverband des Deutschen Handwerks (Hrsg.), *Weiterbildung sichert Zukunft* (Schriftenreihe Heft 41) (pp. 176-181) Bonn.

Weinert, F.E. (1988). Sozialwissenschaftliches Alltagswissen und Expertenwissen. *Mannheimer Universitäts-Reden* (Heft 2). Mannheim: Rektorat der Universität (27 S.).

Weinert, F.E. (1988). ... und kein bißchen weiser? Intelligenz und Lernfähigkeit im Alter. In H. Scheidgen (Hrsg.), *Die allerbesten Jahre. Thema: Alter* (pp. 57-67). Weinheim: Beltz.

Weinert, F.E. & Helmke, A. (1988). Individual differences in cognitive development: Does instruction make a difference? In M. Heatherington, R. Lerner & M. Perlmutter (Eds.), *Child development in life span perspective* (pp. 219-239). Hillsdale, NJ: Erlbaum.

Weinert, F.E., Helmke, A. & Schrader, F.W. (1988). Eltern als Diagnostiker ihrer Kinder - Eine empirische Überprüfung des Vorurteils über die Vorurteile von Müttern bei der Diagnose ihrer Kinder. In B. Schäfer & F. Petermann (Hrsg.), *Vorurteile und Einstellungen. Sozialpsychologische Beiträge zum Problem sozialer Orientierung* (pp. 213-250). Köln: Deutscher Institutsverlag.

Weinert, F.E. & Perlmutter, M. (Eds.) (1988). *Memory development: Universal changes and individual differences*. Hillsdale, NJ: Erlbaum.

Weinert, F.E. & Schneider, W. (Eds.) (1988). *The Munich Longitudinal Study on the Genesis of Individual Competencies (LOGIC): Report No. 4: Results of wave two* (Technical report). Munich: Max Planck Institute for Psychological Research.

Weinert, F.E., Schneider, W., Asendorpf, J., Helmke, A., Knopf, M., Kuhl, J., Nunner-Winkler, G. & Strube, G. (1988). Entwicklung im Vorschulalter: Bericht über eine Längsschnittstudie. In W. Schönpflug (Hrsg.), *Bericht über den 36. Kongreß der Deutschen Gesellschaft für Psychologie, Berlin 1988* (Bd. 1, pp. 471-472). Göttingen: Hogrefe.

Weinert, F.E., Schneider, W. & Knopf, M. (1988). Individual differences in memory development across the life-span. In P.B. Baltes, D.L. Featherman & R.M. Lerner (Eds.), *Life-span development and behavior* (Vol. 9, pp. 39-85). Hillsdale, NJ: Erlbaum.

Weinert, F.E. & Waldmann, M.R. (1988). Wissensentwicklung und Wissenserwerb. In H. Mandl & H. Spada (Hrsg.), *Wissenspsychologie* (pp. 161-199). München: Psychologie Verlags Union.

Heckhausen, H. & Weinert, F.E. (1988). Psychologie. In Görres-Gesellschaft (Hrsg.), *Staatslexikon* (7. Aufl., Bd. 4, pp. 615-619). Freiburg: Herder.

Knopf, M., Körkel, J., Schneider, W. & Weinert, F.E. (1988). Human memory as a faculty versus human memory as a set of specific abilities: Evidence from a life-span approach. In F.E. Weinert & M. Perlmutter (Eds.), *Memory development: Universal changes and individual differences* (pp. 331-352). Hillsdale, NJ: Erlbaum.

1989   Weinert, F.E. (1989). A tribute to knowledge. Review of E. van der Meer & J. Hoffmann (Eds.), Knowledge aided information processing. *Contemporary Psychology, 34,* 1102-1103.

Weinert, F.E. (1989). Die unterschätzte Bedeutung des Gedächtnisses für die geistige Produktivität. In R. Gerwin (Hrsg.), *Wie die Zukunft Wurzeln schlug - Aus der Forschung der Bundesrepublik Deutschland* (pp. 108-112). Berlin, Heidelberg, New York: Springer-Verlag.

Weinert, F.E. (1989). Introduction to the special issue "The relation between education and development". *International Journal of Educational Research, 13,* 829-833.

Weinert, F.E. (1989). *Ist die Lernkompetenz vom Lebensalter abhängig?* Würzburg: Studium Generale an der Universität.

Weinert, F.E. (1989). Models of normal memory help to understand abnormal memory. Review of A.J. Parkin, Memory and amnesia: An introduction. *Contemporary Psychology, 34,* 575.

Weinert, F.E. (1989). Psychologische Orientierungen in der Pädagogik. In H. Röhrs & H. Scheuerl (Hrsg.), *Richtungsstreit in der Erziehungswissenschaft und pädagogische Verständigung. Wilhelm Flitner zur Vollendung seines 100. Lebensjahres am 20. August 1989 gewidmet.* Frankfurt a.M: Lang.

Weinert, F.E. (1989). The impact of schooling on cognitive development: One hypothetical assumption, some empirical results, and many theoretical speculations. *EARLI-News, 8,* 1-24.

Weinert, F.E. (1989). Übergänge und Brüche im Bildungswesen: Einführung in die Thematik. In W.E. Fthenakis, R. Geipel & E. Happ (Hrsg.), *Übergänge und Brüche im Bildungswesen* (pp. 15-36). München: Ehrenwirth.

Weinert, F.E. (1989). Zu Max J. Hillebrand: "Zum Problem eines psychologischen Prüfverfahrens beim Übergang zur höheren Schule". In Th. Herrmann (Hrsg.), *Positionen der Psychologie 1949 und 1989 - demonstriert an kommentierten Beiträgen des 1. Bandes der Psychologischen Rundschau* (pp. 161-166). Göttingen: Verlag für Psychologie.

Weinert, F.E., Helmke, A. & Schneider, W. (1989). Individual differences in learning performance and in school achievement: Plausible parallels and unexplained discrepancies. In H. Mandl, E. de Corte, N. Bennett & H.F. Friedrich (Eds.), *Learning and instruction* (pp. 461-479). Oxford: Pergamon Press.

Weinert, F.E. & Schneider, W. (Eds.) (1989). *The Munich Longitudinal Study on the Genesis of Individual Competencies (LOGIC): Report No. 5: Results of wave three* (Technical report). Munich: Max Planck Institute for Psychological Research.

Weinert, F.E. & Schneider, W. (Eds.) (1989). *The Munich Longitudinal Study on the Genesis of Individual Competencies (LOGIC), Report No. 6. Psychological development in the preschool years: Longitudinal results of wave one to three.* Munich: Max Planck Institute for Psychological Research.

Weinert, F.E., Schrader, F.W. & Helmke, A. (1989). Quality of instruction and achievement outcomes. *International Journal of Educational Research, 13,* 895-914.

Kurtz, B.E. & Weinert, F.E. (1989). Metamemory, memory performance, and causal attributions in gifted and average children. *Journal of Experimental Child Psychology, 48,* 45-61.

Schneider, W., Körkel, J. & Weinert, F.E. (1989). Domain-specific knowledge and memory performance: A comparison of high- and low-aptitude children. *Journal of Educational Psychology, 81,* 306-312.

Schneider, W. & Weinert, F.E. (1989). Universal trends and individual differences in memory development. In A. de Ribaupierre (Ed.), *Transition mechanisms in child development: The longitudinal perspective* (pp. 68-106). Cambridge: Cambridge University Press.

1990 Weinert, F.E. (1990). Der Beitrag Hildegard Hetzers zur differentiellen Entwicklungspsychologie. *Psychologie in Erziehung und Unterricht, 37,* 4-12.

Weinert, F.E. (1990). Theory building in the domain of motivation and learning in school. In P. Vedder (Ed.), *Fundamental studies in educational research* (pp. 91-120). Amsterdam: Swets & Zeitlinger.

Weinert, F.E. (1990). Entwicklungsgenetik und Sozialisationsforschung. Widersprüche, Probleme und Perspektiven. In MPI für Bildungsforschung (Hrsg.), *Entwicklung und Lernen. Beiträge zum Symposium anläßlich des 60. Geburtstages von Wolfgang Edelstein* (pp. 13-36). Berlin: Max-Planck-Institut für Bildungsforschung.

Weinert, F.E. & Knopf, M. (1990). Lassen sich Gedächtnisleistungen verbessern, während sich das Gedächtnis verschlechtert? In R. Schmitz-Scherzer & E. Olbrich (Hrsg.), *Neuere Erkenntnisse der Alternsforschung. Festschrift zum 60. Geburtstag von U.M. Lehr.* Darmstadt: Steinkopff.

Schneider, W., Körkel, J. & Weinert, F.E. (1990). Expert knowledge, general abilities, and text processing. In W. Schneider & F.E. Weinert (Eds.), *Interactions among aptitudes, strategies, and knowledge in cognitive performance* (pp. 235-251). New York: Springer-Verlag.

Schneider, W. & Weinert, F.E. (Eds.) (1990). *Interactions among aptitudes, strategies, and knowledge in cognitive performance.* New York: Springer-Verlag.

Schneider, W. & Weinert, F.E. (1990). The role of knowledge, strategies, and aptitudes in cognitive performance. In W. Schneider & F.E. Weinert (Eds.), *Interactions among aptitudes, strategies, and knowledge in cognitive performance* (pp. 286-302). New York: Springer-Verlag.

im Druck Weinert, F.E. & Schneider, W. (im Druck). Entwicklung des Gedächtnisses. In D. Albert & K.H. Stapf (Hrsg.), *Gedächtnis.* Göttingen: Hogrefe.

Weinert, F.E., Schneider, W. & Beckmann, J. (im Druck). *Fähigkeitsunterschiede, Fertigkeitstraining und Leistungsniveau* (Vortrag Internationales Symposium Motorik- und Bewegungsforschung). Saarbrücken.

Waldmann, M.R. & Weinert, F.E. (im Druck). *Intelligenz und Denken. Perspektiven der Hochbegabungsforschung.* Göttingen: Hogrefe.

Weinert, F.E. (Hrsg.) (in Vorber.). *Gedächtnisentwicklung.* Göttingen: Hogrefe.

SACHREGISTER

Abrufdefizit 105
Adoptionsmethode der Verhaltensgenetik 210
Alterseffekt 106, 111, 112, 114
Ängste über die Gesundheit des Kindes 90, 92
Aufgabenschwierigkeit 113, 114

Bayley-Scale 3, 11
Bildungsforschung 226
Brazelton Neonatal Assessment Scale 2
Buchstaben-Laut-Verbindungen 162, 176

Clusteranalyse 186, 192, 193, 195
Cognitive avoidance 9
Cueing-Strategie 50, 52

Digrammfrequenzindex (DFI) 164
Differentielle Entwicklungsverläufe 11, 17
Dilemma 21, 30, 34, 35, 37, 38
- Autoritäts- 36, 37, 39
- Freundschafts- 30, 32-34, 37, 39
- Heinz- 21
- Joe- bzw. Judy- 20, 21, 37
- Kohlberg- 34, 35

Eltern-Kind-Konflikt 34
Entwicklungsniveau 6, 9, 10, 12, 13, 31, 33, 39
Entwicklungsstufen 24, 30, 33, 35-37, 41, 166
Experimenter-performed tasks 100
Extrauteriner Foetus 4, 5

Fragebogen zum Kindschema 88
Freundschaft 30, 65-74, 76-81, 226
- Begriff von 70-72, 77
- Entwicklung von Vorstellungen über 66
- Entstehung von 68
- Ende einer 77, 79
Freundschaftsvorstellungen 65, 70, 72, 75, 76, 78, 80
- geschlechtsspezifische Unterschiede von 65, 67, 68, 80
Frühförderung 1, 2, 10, 11, 13

Gedächtnisentwicklung 45, 46, 54, 62, 119, 122
Gedächtnisstrategien 50, 51, 53-55, 117, 119-121, 145, 156
Gedächtnis für Handlungen 100, 101, 113-115

Genetischer Einfluß auf Verhaltensunterschiede 204
- Altersabhängigkeit 65, 75, 76, 80, 131, 212
- Destabilisierende Wirkung 204, 212, 213, 218
- Populationsabhängigkeit 202-204
- Veränderbarkeit 205, 212
Genomanalyse 219, 221
Genotyp-Umwelt-Wechselwirkung 215, 218

Instruktion 46, 47, 53-55, 147, 180, 181, 195, 197
- direkte 180, 181, 197
- indirekte 180, 181
Instrumentelle Reziprozität 39

Kaiser-Wilhelm-Institut für Anthropologie 201
Kategoriales Organisieren 117-123, 125, 127-133, 137-140
Kind
- als getrenntes Wesen 89-93, 98
- als individuelle Person 87, 89, 91-93, 98
- kognitives Schema vom 84-85, 87-90, 92-95
Kinder
- behinderte 1-3, 6, 10, 11
- frühgeborene 4, 5, 13-14
- gefährdete 1-3, 6
- mit Down-Syndrom 6, 7, 9-13
- -wunsch 89, 91-93
Konflikt(e)
- in Freundschaften 67
- -bewältigung 65
- -entstehung 65
Kontext
- -bedingungen 194
- -merkmale 185, 188-190, 196, 198
- -variablen 188-190
- -voraussetzungen 194, 195
Körperschema des Kindes 85, 89, 92

Latenzzeiten 163, 164, 168-170, 172, 173
Lehr-Lern-Modelle 197-198
Leseentwicklung 162, 169, 176
Leselernmethode 162
Lesertypen 163, 167, 168, 170, 171
- gute Leser 163, 165, 167
- schwache Leser 163-165, 167, 172, 176-177
Lesetraining 177
LISREL-Analysen 148, 153, 155

Memorierstrategien 45, 46, 49
Metagedächtnis 45, 48-50, 56-58, 62, 118, 120-121, 123-133, 135-136, 138, 139, 140, 145, 146, 153-157
- aufgabenspezifisches 118, 120-129, 131-133, 138-139
- deklaratives 146, 153, 156
- distales 124, 127-128, 130-133, 135-136, 138-139
- proximales 123-124, 127, 132
- prozedurales 146, 153-156
Metagedächtnisinterview 146, 148
Modalitätseffekt 103-106, 108, 110, 112-114
Moralische
- Konfliktsituation 26, 29, 39
- Normen 19, 29
- Regel 23, 26-27, 29, 32
Moralisches Urteil/Denken
- präkonventionell 19, 23-24, 26-30, 38, 40-41
- konventionell 22, 24, 27-28
- postkonventionell 23, 28

Neuartige Handlungen 108-112
Norm 19, 21, 25, 26, 30, 31, 33, 34, 40, 239
- Autoritäts- 34, 36-38
- Versprechens- 20-22, 30, 33, 37-39

Organisationsstrategien 47, 48, 51, 53, 55, 61, 118, 120, 138
- semantische 51, 61

Prämoralisches Denken 38
Pränatale Diagnostik 83-84, 94-95
Primacy-Effekt 101, 104
Prognosegenauigkeit 147
Prognosegüte 154, 155
Pseudowörter 165-175

Retrieval cues 49

Schülermerkmale 185
Self-performed tasks 100
Stabilität individueller Unterschiede 54
Strategiehypothese 118, 120
Suchaufgabe 49, 52, 56-60

Temperamentsforschung 84
Textbezogene Gedächtnisleistungen 145, 155
Textlernen 146, 156
Theory of mind 45
Trisomie 21 7, 11, 12
Typenansatz 195
Typenkonzept 196

Umwelteinfluß auf Verhaltensunterschiede
Unterricht(s)
- direkter 181
- indirekter 181
- -erfolg 194
- -merkmale 183-185, 187-193, 195, 196
- -qualität 182-184, 187, 192, 195, 196
- -variablen 182, 188, 192
- Effektkriterium des 180-181, 186, 192, 195-196
- Wirkungen des 180-181, 183, 196-197
- Zielkriterium des Unterrichts 180

Variablenansatz 195
Variablenkonzept 196
Veränderungen in den Merkmalen des kognitiven Schemas vom Kind 93
Vertrautheit der Handlungen 102, 104
Vertrautheitseffekt 104, 106, 110, 114
Vorkenntnisse 144-153, 155, 157, 158, 185
- bereichsspezifische 145
- inhaltliche 144, 153
Vorschulalter 7, 11, 45-49, 54-56, 130
Vorwissenshypothese 117, 118

Wichtigkeitsurteil 147
Wissensaktivierung 118, 120, 128, 130-132, 139, 140
- automatische 118
- strategische 130
Wissensanmutung 147

Zwillingsmethode der Verhaltensgenetik 209-211

PERSONENVERZEICHNIS

Adalbjarnardóttir, S. 29, 37, *43*
Adelson, J. 67, *82*
Ainsworth, M.D.S. 84, *95*
Albert, D. 235, *238*
Aldenderfer, M.S. 186, *198*
Als, H. 4-6, *14*
Amstad, T. 147, *158*
Anders, T.F. 84, *97*
Andreassen, C. 120, *141*
Andrews, R. 6, *14*
Asendorpf, J. 55, 59, *62*, 201, 202, 204, 208, 210, 213-215, *221*
Ash, M.G. 205, 206, 208, *222*
Asher, S.R. 158, *158*

Bäckman, L. 101, 102, 105, 106, *115*
Badian, N.A. 162, *177*
Baker-Ward, L. 46, 51, *62*, 119, *142*
Baltes, P.B. 6, *15*
Barann, G. 153, *161*
Barden, H.S. 12, *14*
Bates, J.E. 84, *95*
Baumann, U. 235, *238*
Bayley, N. 58, *62*
Beal, C.R. 49, 51, *62*
Becker, G. 28, 41, *44*
Beedle, J. 84, *96*
Belmont, J.M. 124, *141*
Bennett, N. 180, *198*
Berliner, D.C. 196, *199*
Bernholtz, J.F. 119, *141*
Berry, P. 6, 9, 11, 12, *14-15*, *17*
Bibring, G.L. 84, *95*
Biddle, B.J. 180, *199*
Bigelow, B.J. 67, 78, 80, *82*
Biringen, Z. 84, *95*
Bjorklund, D.F. 118-119, 139-140, *141*, 144, *158*
Bjorklund, B.R. 119, *141*
Blankenburg, J. 244, *245*
Blashfield, R.K. 186, *198*
Bloom, B.S. 180, 197-198, *199*
Board on Basic Biology, Commission on Life Sciences, National Research Council 209, 219, *222*
Boder, E. 176, *177*
Boehnke, K. 26, *43*
Borkowski, J.G. 45, 48, *63*, 124, 140, *141-142*
Bornstein, M.H. 217, *222*
Bortz, J. 186, *198*
Bowman, T. 9, 11, *17*
Bracken, H. v. 207, *222*
Bransford, J.D. 158, *158*
Breen, D. 84, *95*
Bremer, C.D. 163, *178*
Brenot, J.L. 85, 93, *95*
Brenot, M. 85, 93, *95*
Bretherton, I. 84, *95*

Brickenkamp, R. 148, *158*
Bricker, D.D. 2, *14*
Brophy, J.E. 180, *199*
Brügelmann, H. 174, *178*
Brun, H. 46, *63*
Bruner, J.S. 2, *15*
Bryant, N.D. 177, *178*
Buhrmester, D. 66, *82*
Burgard, P. 37, 41, *42*

Campbell, S. 84, *96*
Candee, D. 19, *42*
Carey, G. 206, 216, *222*
Carey, S. 62, *62*
Carr, J. 6, 7, *15*
Carr, M. 47, *62*, 140, *141*
Carter-Jessop, L. 84, *96*
Cassidy, J. 84, *96*
Cattell, R. 148, *159*
Cavalier, L. 53, *62*
Cavanaugh, J.C. 48, *63*, 118, *141*
Ceci, S.J. 144, *159*
Chapman, M. 6, *15*
Chi, M.T.H. 144, 146, 155, *159*
Chudleich, J. 84, *96*
Cicchetti, D. 6, 8, *15*, *17*
Cohen, G. 100, *115*
Cohen, R.L. 100, *115*
Colby, A. 19-22, 24, 28, 31, 34, *42*
Coltheart, M. 162, 176, *179*
Coon, H. 206, 216, *222*
Corsale, K. 117, *142*
Cox, D.N. 84, *96*
Craik, F.I.M. 108, 113, *115*, *116*
Crandall, B.F. 83, *96*
Crocker, J. 85, *96*
Cronk, C.E. 8, *17*

Damon, W. 19, 27-29, *42*, 66, 80, *82*
Davenport, C.B. 205, *222*
Davies, 7, *15*
DeFries, J.C. 215, 217, *222-223*
Demorest, A.P. 79, *82*
Dempster, F.N. 144, *159*
Diesch, E. 9, *17*
Döbert, R. 28, 29, *42*
Douvan, E. 67, *82*
Dwyer, T.F. 84, *95*

Eckensberger, L.H. 24, 29, 37, 41, *42-43*
Eckes, T. 185, *198*
Edelstein, W. 28-30, 41, *42-43*
Edwards, C. 24, *42*
Eichler, L.S. 84, *96*
Eigler, G. 197, *198*
Einstein, G.O. 108, *115-116*
Eisenberg, N. 26-28, *42-43*
Ellis, A.W. 162, *178*
Endres, K. 95, *97*

Endres, M. 83, 95, *96*
Engelkamp, J. 100, 111, *116*
Enzensberger, H.M. 218, 221, *222*
Essen, C. v. 31, *43*
Eyferth, K. 235, *238*

Fabricius, W.V. 53, *62*
Fantz, R.L. 6, *16*
Fayne, H.R. 176, *178*
Fend, H. 180, 181, *198*
Field, T. 10, *15*
Fienberg, S.E. 70, *82*
Fincher-Kiefer, R. 144, *160*
Fischer, E. 205-206, 208, *222*
Fischer-Winkler, G. 95, *96*
Fisher, R.A. 208, 209, *222*
Fiske, S.T. 85, *96*
Fitch, J.P. 49, *63*
Flavell, J.H. 45, 47-49, 52, *62-63*, 118, *142*, 146, *159*
Forrest-Pressley, D.L. 153, *159*
Frankel, M.T. 119, 121, 129, 132, 139, *141*
Frankena, W. 28, *43*
Franks, J.J. 158, *158*
Fresco, N. 84, *96*
Frith, U. 8, *15*
Fulker, D.W. 217, *223*
Furman, W. 66, *82*

Gaedike, A.K. 159, 185, *199*
Gage, N.L. 196, *199*
Galton, F. 205, 206, *222*
Garner, R. 153, *159*
Geerdink, J. 4, 5, *17*
Geis, M.F. 49, *63*
Geuter, U. 206, *222*
Gibbs, J. 19, 24-26, *42-43*
Gilligan, C. 28, *43*
Gloger-Tippelt, G. 83, 84, 88, 95, *96*
Gold, A. 144, *160*
Good, T.L. 180, 181, 194, 197, *199*
Goodnow, J.J. 85, *96*
Gopnik, A. 51, *63*
Gordon, F.R. 49, *63*
Goswami, U. 174, 175, *178*
Gottmann, J.M. 66, *82*
Gottschaldt, K. 206-208, *222*
Green, J.A. 70, *82*
Green, T. 144, *160*
Griffith, S.B. 47, *63*
Grossman, F.K. 84, *96*
Gruber, H. 144, *160*
Gunn, P.V. 6, 9, 11, 12, *14*, *15*, *17*
Günther, K.B. 162, *178*

Hallidie-Smith, K.H. 7, *15*
Halves, T.G. 47, *63*
Hand, H.H. 10, *15*
Hanselmann-Groβ, H. 88, *96*
Hanson, M.J. 7, *15*
Harnack, A. v. 206, *222*

Hasselhorn, M. 46, 56, 61, *63-64*, 119, 120, 122-124, 140, *141*, *143*, 145, 156, 157, *159-160*
Hayes, A. 9, 11, *17*
Haywood, H.C. 1, *15*
Heckhausen, H. 227, 235, 237, *238*
Heller, K. 185, *199*
Heller, M.S. 148, *159*
Helmke, A. 180-184, 195-197, *199-200*
Helstrup, T. 100, *116*
Henderson, L. 174, *178*
Henderson, S.E. 6, 8, *15*
Hershey, D.W. 83, *96*
Hewer, A. 19, *42*
Hirth, R. 177, *178*
Hoffmann, D. 31, *43*
Holden, D.J. 46, 51, *62*
Holmes, B.C. 153, *159*
Holt, L. 83, 95, *96*
Hoppe-Graff, S. 66, 80, *82*
Hughston, K. 26, *43*
Hunt, R.R. 108, *115-116*
Huntington, D.S. 84, *95*
Hymel, S. 158, *158*

Innerhofer, P. 2, *17*
Istomina, Z.M. 46, *63*

Jacobs, J.W. 118, 119, *141*
Jacoby, L.L. 108, *116*
Jaspers, A. 117, 123, 124, *141*
Jensen, A.R. 208, *222*
Jensen, L.C. 26, *43*
Johnson, N.S. 147, 159, *160*
Jordan, S. 1, *17*
Jorm, A.F. 162, *179*
Justice, E.M. 120, *142*

Kail, R.V. 54, *63*
Kaplan, N. 84, *96*
Kaprove, B.H. 49, *63*
Karweit, N.L. 180, *199*
Kay, J. 174, *178*
Keating, D. 3, 13, *15*
Keller, B. 84, *96*
Keller, M. 28-31, 37, 41, *42-43*, 66, 80, *82*
Kennell, J.H. 84, *96*
Kern, A. 162, *178*
Kerwin, K. 140, *142*
Kevles, D. 205, *222*
Klaus, M.H. 84, *96*
Knopf, M. 54, *63-64*, 102, 106, *116*, 122, *143*, 153, 157, *161*
Kohlberg, L. 19-29, 31, 34-41, *42-44*
Kopp, C.B. 13, *16*
Körkel, J. 54, *63*, 120, *142*, 144-146, 153, 156, 157, *159-161*
Kornadt, H.-J. 235, *238*
Krathwohl, D.R. 180, *199*
Kretschmann, R. 162, *178*
Krettenauer, T. 31, *43*

Kreutzer, M.A. 48, *63*, 146, *159*
Krumnacker, H. 100, *116*
Kunzinger, E.L. 54, 60, *63*
Kurtz, B.E. 48, *63*, 140, *141-142*

La Gaipa, J.J. 67, *82*
LaBerge, D. 163, *178*
LaBuda, M.C. 217, *222-223*
Lange, G. 47, 49, 61, *63*, 117, 118, *142*
Langer, J.A. 145, 153, *159*
Leifer, M. 84, *96*
Leonard, C. 48, *63*, 146, *159*
Lichter-Roth, K. 95, *96*
Lieberman, M. 24, *42*
Lindberg, M.A. 144, *160*
Loehlin, J.C. 215, *223*
Lösche, G. 10, *16*
Luck, H. 67, 78, *82*
Lüer, G. 236, *238*
Lukas, H.G. 95, *96*

Macke, G. 197, *198*
MacKinnon, C.E. 61, *63*
MacLean, R. 162, *179*
MacTurk, R.H. 7, *16*
Mähler, C. 117, 123, 124, *141*
Main, M. 82, 84, *96*
Malinowski, M. 4, *17*
Mandler, J.M. 147, *159-160*
Manke, A. 88, *96*
Marascuilo, C. 166, *178*
Marcel, A. 174, *178*
Marker, R. 88, *96*
Masia, B.B. 180, *199*
Maslin, C. 84, *95*
Mathews, R. 162, *179*
McCall, R.B. 13, *16*
McCarthy, M.E. 7, *16*
McCartney, K. 215-217, *223*
McConkey, R. 6, 7, *16*
McDaniel, M.A. 108, *116*
McQuiston, S. 7, *16*
McSweeney, M. 166, *178*
Mechler, W. 177, *178*
Meyers, C.E. 1, *15*
Millis, E.A. 7, *16*
Miranda, S.B. 6, *16*
Mitchell, D.B. 108, *116*
Moely, B.E. 47, *63*, 117, *142*
Mohr, G. 17, 111, *116*
Mönnig, M. 31, *43*
Mooney, R. 84, *96*
Morris, J. 8, *15*
Morss, J.R. 6, 8, 9, *16*
Much, N.C. 26, *44*
Müller-Schäfer, O. 85, 93, *97*
Murken, J. 95, *97*
Murphy, M.D. 123, *142*
Myers, M. 146, *160*

Naus, M.J. 117, 119, *142*

Neber, H. 144, 159, *160*
Neidhardt, E. 102, 106, *116*
Nenniger, P. 197, *198*
Nicolich, M. 145, 153, *159*
Nida, R.E. 61, *63*
Nitsch, K.E. 158, *158*
Nunner-Winkler, G. 27, 28, 43, *44*

O'Neill, D. 51, *63*
Olson, F.A. 47, *63*
Opwis, K. 144, *160*
Ornstein, P.A. 46, 51, *62*, 117, 119, *141-142*
Oyama, S. 216, 217, *223*

Paris, S.G. 46, *64*, 146, *160*
Pearson, K. 205, *223*
Perdue, S. 83, *96*
Perlmutter, M. 47, 48, *64*, 118, 122, *141*, *143*, 156, *160*
Peterander, F. 2, *17*
Peterson, P.L. 181, *199*
Piaget, J. 8-10, *16*, 20, *44*
Plomin, R. 203, 209-211, 215-217, *222-223*
Post, T. 144, *160*
Power, C. 19, *42*
Pressley, M. 45, *63*, 117, 119, 141, *142*, 144, 146, 153, 159, *160*
Pueschel, S.M. 7, 8, 11, *16-17*

Rauh, H. 1, 3, 4, 6, 8, 9, 11, 12, *16-17*
Reading, A.E. 84, *96*
Reed, R.B. 8, *17*
Reid, M.K. 48, *63*
Rest, J.R. 19, 24, 29, *44*
Reuss, S. 28, 30, 31, 41, *43-44*
Ribot, T. 101, 115, *116*
Ridgeway, D. 84, *95*
Ritter, K. 49, *63*
Robbins, P. 66, *82*
Rollett, B. 235, *238*
Rollins, H.A. 119, 121, 129, 132, 139, *141*
Rosen, K. v. 29, 31, 36, 37, *43-44*
Rosenshine, B.V. 180, 181, *199*
Roßbach, H. 185, *198*
Roth, C. 144, *160*
Rothman, B.R. 84, *97*
Rott, C. 162, 163, 172, 177, *178*
Rubin, Z. 66, *82*
Ruddick, H. 84, *96*
Rudinger, G. 9, 11, 12, *17*, 244, *245*

Salatas, H. 118, *142*
Samuels, S.J. 163, 172, *178*
Scanlon, D.M. 162, *179*
Scarr, S. 215-217, *223*
Scheerer, E. 162, *178*
Scheerer-Neumann, 162, 174, *178*
Schmid, H. 175, *178*
Schmitz, S.M. 11, *17*

Schmitz-Scherzer, R. 244, *245*
Schneider, W. 45-50, 52-54, 56, 59, 60, *62-64*, 117, 119-122, 140, *141-143*, 144-146, 148, 153, 155, 156-158, *159-161*, 165, *179*, 180, 183, *199*
Schnell, R.R. 8, *17*
Schofield, H.L. 180-182, *199*
Scholz, C. 95, *97*
Schönpflug, W. 164, *179*
Schrader, F.-W. 196, *200*
Schreiner, M. 244, *245*
Schroeder-Kurth, T. 95, *97*
Schuler, P. 26, *43*
Schumacher, M. 109, *116*
Schuster, P. 31, *43*
Schwahn, A.E. 113, *116*
Schwarz, N. 85, *97*
Sekretariat der Ständigen Konferenz der Kultusminister der Länder in der BRD 236, *238*
Selman, R. 79, 80, *82*
Serafica, F.C. 6, 8, *17*
Share, D. 162, *179*
Shereshefsky, P.M. 84, *97*
Sherman, M. 84, *95*
Shweder, R.A. 26, *44*
Siaw, S.N. 48, *64*
Siegler, R.S. 156, 159, *160*
Sigman, M.D. 217, *222*
Silbereisen, R.K. 26, *43*
Silvestre, D. 84, *96*
Skinner, E.A. 6, *15*
Slavin, R.E. 2, *17*, 180, *199*
Sledmere, C.M. 84, *96*
Snarey, J.R. 24, *44*
Sodian, B. 27, 28, *44*, 47-53, 56, 59, 60, *64*
Speck, O. 2, *17*
Speicher, B. 19, *42*
Sroufe, L.A. 6, 8, *15*
Stallings, J.A. 184, *199*
Stern, W. 202, *223*
Stevens, K.C. 158, *160*
Stevens, R. 181, *199*
Stratford, B. 7, *17*
Stuart, M. 162, 176, *179*
Switzky, H.N. 1, *15*

Tanaka, J.S. 148, *160*
Tatsuoka, M.M. 167, *179*
Taylor, S.E. 85, *96*
Thomae, H. 3, *17*, 244, *245*
Thompson, B.E. 119, *141*
Treiber, B. 180, 184, *199*
Turiel, E. 19, 26, 28, 29, 39, *44*
Turner, L.A. 140, *141*

Uhr, R. 244, *245*

Valenstein, A.F. 84, *95*
Valentine, D.P. 84, *97*
van Beek, Y. 4, 5, *17*

Van den Daele, W. 95, *97*
Vellutino, F.R. 162, *179*
Vietze, P.M. 7, *16*
Vogel, D. 1, 2, 10, *17*
Vogel, K. 120, *142*, 153, *161*
Voss, J. 144, 153, *160*

Waldmann, M.R. 85, *97*
Walker, C.H. 145, 153, *161*
Waller, T. 153, *159*
Waters, H.S. 120, *141*
Weinert, F.E. 9-11, 14, *18*, 46, 54, *63-64*, 85, *97*, 120, 122, *142-143*, 144-145, 153, 156-157, *160-161*, 180, 182-184, 195-197, *199*, 236, *238*, 242, 244, *245*
Weinläder, H. 148, *159*, 185, *199*
Weiss, R. 148, *159*
Weissberg, J.A. 46, 62, *64*
Wellman, H.M. 46-49, *64*
Wetzel, M. 153, *161*
Widaman, K.F. 24-26, *43*
Wigfield, A. 158, *158*
Wilson, R.S. 212, 213, *223*
Wimmer, H. 51, *64*
Winickoff, S.A. 84, *96*
Wippich, W. 117, *143*
Wishart, J.G. 9, *18*
Wood, Ph. 30, *43*

Yarrow, L.J. 7, *16*, 84, *97*
Youniss, J. 28, 39, *44*, 65-69, 71, 75, 77-80, *82*

Zach, J. 95, *97*
Zaremba, J. 7, *18*
Zeanah, Ch.H. 84, *97*
Zeigarnik, B. 100, *116*
Zelazo, P.R. 13, *18*
Zeman, B.R. 144, *158*
Zielinski, W. 163, 172, 177, *178*
Zimmer, H.D. 100, 111, *116*

AUTOREN

PD Dr. Jens Asendorpf
Max-Planck-Institut für
psychologische Forschung
Leopoldstr. 24, 8000 München 40

Prof. Dr. Paul B. Baltes
Max Planck Institut für
Bildungsforschung
FB Psychologie und
Humanentwicklung
Lentzeallee 94, 1000 Berlin 33

Dipl.-Hdl. Ute Becker
Universität Mannheim,
Erziehungswissenschaft II
Schloß, 6800 Mannheim 1

Dr. Gabriele Gloger-Tippelt
Psychologisches Institut
der Universität Heidelberg
Hauptstr. 47-51, 6900 Heidelberg 1

Prof. Dr. Carl-Friedrich Graumann
Psychologisches Institut
der Universität Heidelberg
Hauptstr. 47-51, 6900 Heidelberg 1

Dr. Marcus Hasselhorn
Institut für Psychologie
der Georg-August-Universität
Göttingen
Goßlerstr. 14, 3400 Göttingen

Dr. Andreas Helmke
Max-Planck-Institut für
psychologische Forschung
Leopoldstr. 24, 8000 München 40

Prof. Dr. Manfred Hofer
Universität Mannheim
Erziehungswissenschaft II
Schloß, 6800 Mannheim 1

Dr. Monika Keller
Max-Planck-Institut für
Bildungsforschung
FB Psychologie und
Humanentwicklung
Lentzeallee 94, 1000 Berlin 33

Dr. Monika Knopf
Max-Planck-Institut für
psychologische Forschung
Leopoldstr. 24, 8000 München 40

Prof. Dr. Joachim Körkel
Evang. Stiftungsfachhochschule
Nürnberg
Burgschmietstraße 10
85 Nürnberg 90

Prof. Dr. Hans-Joachim Kornadt
Universität des Saarlandes
Fachbereich Sozial- und
Umweltwissenschaften, FR 6.1
Bau 12, 6600 Saarbrücken

Prof. Dr. Dr. h. c. Ursula Lehr
Bundesministerin für Jugend, Familie,
Frauen und Gesundheit
Kennedyallee 105-107, 5300 Bonn 2

Dr. Peter Noack
Universität Mannheim
Erziehungswissenschaft II
Schloß, 6800 Mannheim 1

Prof. Dr. Hellgard Rauh
Freie Universität Berlin
FB Erziehungs- und Unterrichts-
wissenschaften, WE 7
Habelschwerdter Allee 45
1000 Berlin 33

Dipl.-Psych. Christoph Rott
Institut für Gerontologie
der Universität Heidelberg
Akademiestr. 3, 6900 Heidelberg

Dipl.-Hdl. Beate Schmid
Universität Mannheim
Erziehungswissenschaft II
Schloß, 6800 Mannheim 1

PD Dr. Wolfgang Schneider
Max-Planck-Institut für
psychologische Forschung
Leopoldstr. 24, 8000 München 40

Dr. Friedrich-Wilhelm Schrader
Max-Planck-Institut für
psychologische Forschung
Leopoldstr. 24, 8000 München 40

Dr. Beate Sodian
Institut für Empirische Pädagogik
und Pädagogische Psychologie
der Ludwig-Maximilians-Universität
Geschwister-Scholl-Platz 1
8000 München 22

Prof. Dr. Dr. Hans Thomae
Langemarckstr. 87, 5300 Bonn 3

Prof. Dr. Werner Zielinski
Psychologisches Institut
der Universität Heidelberg
Hauptstraße 47-51, 6900 Heidelberg 1